JN074363

一歩進める 英語学習・研究ブックス

大学で英語を教える父が
高校生の娘に贈る

プレミアムな英文法・熟語

中村良夫

開拓社

はじめに

本書は『大学で英語を教える父が高校生の娘に贈る　プレミアムな英文法・熟語』とかなり気恥ずかしいタイトルがついていますが，実際に高校生の娘に伝えたものをベースにしましたのでなにとぞご容赦ください．正確には，「実力以上の高校に入って四苦八苦する娘に英文法だけでもと少し手助けした話」ということになります（笑）．親が子に語るという形の英文法というのは，大昔に William Cobbett という人が書いた *A Grammar of the English Language*（初版 1818 年！）があります．その本は著者が 14 歳の息子 James に宛てた手紙という設定で英文法を解説するというもので，当時よく読まれたそうです．

なぜ娘に英文法を教えたかと問われれば，父（私）にできることが他になかったというのが答えなのですが（お恥ずかしい），**合理的で軽量化した英文法**に触れてほしいという願いがありました．たとえば数学や物理の教科書や参考書を授業で使っていて，先生方が「あれ？ この記述はおかしいな」と思われることはまずないでしょう．残念ながら学習英文法の場合，参考書や問題集あるいはインターネットで目にする情報の中には古い時代の説明がそのまま残っていたり，首をかしげるような解説が与えられていたりすることもあるようです．そんなわけで本書には英語学・理論言語学研究の知見などをそれとなく，でも誠心誠意入れてみました．（さらに詳しく網羅的に調べたい場合には，『実例解説英文法』（中村捷著，開拓社，2009 年）がお勧めです．生成文法という新しい文法の理論に基づいて書かれており，本書もその枠組みをベースにしています．）

また，本書は**高校 1 年生レベルから一気に大学入試などに対応できるようになる**ことを狙っています．たとえば "John is as tall as Bill." のような同等比較であれば，なぜ 'as ... as' の形になるのかを理解するところから始めます．そして，必要に応じて練習問題形式の問題を解きながら，理解を深めるための詳しい解説を読んでいく形になっています．たとえば関係代名詞関連の練習問題を見てみましょう．（ここでは本文中のものよりも選択肢を減らしてあります）．

(1)　This is the key (　　) I opened the door.
　① with that　　② with which

(2)　The typhoon suddenly became weaker, (　　) was good news for the village.
　① that　　② which　　〈センター試験〉

上で述べた「合理的」とか「軽量化」ということで言えば，たとえば（1）の限定用法の関係節の例と（2）の叙述用法の関係節の例を見てみましょう．従来の学習文法では，それぞれのケースについて①にある that が使えないと丸暗記するしかないということになっています．本書では，どちらの例においても that が使えない理由が，実はただ 1 つのことを理解すればあれこれ覚える必要がなくなるという可能性を示します．本書はそこらあたりの説明が一般の参考書や問題集とはひと味違ったものになっています．また，「補語」とか「5 文型」あるいは「名詞（形容詞，副詞）節」などの概念は基本的に使いませんし，「連鎖関係詞節」といった名称で呼ばれているものがわざわざ名前をつけて特別扱いするような存在ではないことも見ていきます．なお，細かい部分については脚注をふんだんに入れて説明してありますし，文法事項についてやや踏み込んだ，興味深いいくつかのトピックを「ミニ講義」としてまとめておきましたので，さらに詳しく知りたい人や英語を教えている先生方にも役に立つ内容になっています．

本書は三部構成となっています．第 I 部（第 1 章から第 11 章）では，英語の文を形成する文法のメカニズムについて見ていきます．第 II 部（第 12 章から第 16 章）では，主として品詞別の特性について見ていきます．第 III 部（第 17 章および第 18 章）では，いわゆる熟語等を扱いますが，そこでの例文のほとんどが書き下ろしで**ネイティブ・スピーカーの口から自然に出てくる英文**にしてあります．（例文作成にあたっては横浜国立大学でも教えておられる Stuart Brison 先生にとてもお世話になりました．）前置詞と関連したイディオムや句動詞などかなりの量を収録してありますので，熟語用の参考書などを別に買う必要もないくらいの範囲をカバーしてあります（お得ですよ⁉）．また，下にあげたように，熟語など覚えておきたい表現には，できるだけ**英語での言い換え**をつけておきました．（基礎的な表現には ☆ をつけています．また，反対の意味になる表現も ⇔ として入れています．）

☆ **make much of A** （＝to treat [consider] A as very important）「A を大事にする」，「A を重大視する」（⇔ ☆ make light [little] of A「A を軽んじる」，「A を軽視する」）；否定文で「を理解する」

▶ He’s **making much of** a small piece of work.

（彼は小さな仕事にだらだら時間をかけている／ささいなことに大騒ぎしている）

英語での言い換えがあることで日本語訳に引きずられてうっかり誤解することがなくなりますし，このような言い換えを見ておくことは会話や英作文の力をつける上でとても効果的です．ぜひ有効活用してください．

なお，本書と合わせて，すでに出版している『ネイティブの語感に迫る　アクティブな英単語力〈大学入学レベル〉』（開拓社，以下では『アクティブな英単語力』と表記）を利用していただければ，英文法・語法・英単語・熟語のすべてがカバーできます．ぜひ両者をあわせて活用していただければと思います．本書と『アクティブな英単語力』の役割分担はおおざっぱには下のようになっています．（語法については，本書では文法事項と関連したものを主としてとりあげて解説し，個別の語彙については『アクティブな英単語力』に詳しく書いてあります．）

	単語	熟語	語法	文法	発音
アクティブな英単語力	◎	△	◎	△	◎
本書	△	◎	○	◎	×

本書の中の例文等を引用した箇所では，特に特徴的なものには〈...〉という形でできるだけ辞書名（略称）や文献の名称を入れましたが，本書が研究書ではないという性格上そのすべてに引用先をあげることはしておりません．本書終わりにあげてある参考文献を見ていただければと思います．なお，シャーロック・ホームズものから引用した例が多くありますが，それらには引用した作品名を入れておきました．今なお使える用例ばかりとりあげていますし（現代の英語として不自然になりかねない箇所には（数か所ですが）最小限の修正を加えておきました），物語の文脈を思い出しながら読むと，ニュアンスまで理解するのはもちろんのこと，文法の仕組みがどう機能しているかを理解でき，英文解釈や英作文の学習として大いに役立つことうけあいです．ホームズものは日本語訳の文庫でも数冊ほどですから一通り読み直してみるのもいいでしょう．ねころがってシャーロック・ホームズを読むのが勉強に直結するなんて素晴らしいことではありませんか⁉

本書の中身は実際に娘に教えたものですので，**ときにユーモラスに**やっています．不定詞ではなく動名詞をとる動詞の語呂合わせを娘と考えてみたりとか，文章中には父が娘に（嫌がられても）語るオヤジ（なにしろ実の親父）ギャグ的な部分もあります．重要ポイントを印象に残すために意図的に入れたところも多いので，かなりの部分そのまま残しました（そんなわけですのでお目汚しのところもあろうかと思いますがどうかお許しください）．

もともと娘に読ませるためのおおざっぱなプリントであったものが，執筆協力者の先生方に多くの知恵と工夫を加えていただくことで１冊の本になりました．本書の完成度をぐんと高めてくださった先生方の加筆修正の一部には，先生方の名前を書き入れてあります．このように執筆協力を快く引き受けてくださった先生方がおられるということは，とりもなおさず，英文法を教える・学ぶことが有効であることをよく知っておられる方々が世に多いことの表れであろうと私自身も意を強くしました．

よい英語教育というのは，力のある教員が良質の教材を使って教えるということに尽きるのではないかと考えますが，その良質の教材という部分のわずかでも本書および『アクティブな英単語力』が担うことができればと願ってやみません．

（ときにあきれながらも）ずっとオヤジに付き合ってくれた三女，そして原稿整理を手伝ってくれた長女と次女，快く本書に（ネタとして）登場してくれた妻に感謝します．

最後になりましたが，理論言語学はもとより学習用の英文法に関しても数多くのことを教えてくださった恩師の中村捷先生に心より感謝申し上げます．そして，本書の出版に際しては，原稿の段階から出版に至るまで開拓社の川田賢氏に大変お世話になりました．すべての段階での細やかな心配りに厚く御礼申し上げます．

2020 年 3 月　　　　　　中村良夫

目 次

はじめに ii

第I部 文を作るメカニズム

第1章 **文（節）と動詞のメカニズム** ………… **2**

1.1 文（＝節）を理解しよう 2
1.2 自動詞と他動詞 10
1.2.1 自動詞と他動詞：スペリングの似ている動詞 10
1.2.2 自動詞と他動詞：前置詞をつけてしまいがちな他動詞 11
1.2.3 自動詞と他動詞：'talk A（人）into / out of *doing*' について 13
1.2.4 動詞（＋前置詞）＋目的語のメカニズム 15
1.3 動詞がとる必須要素 16
1.3.1 say タイプの動詞 16
1.3.2 tell タイプの動詞 17
1.3.3 give タイプの動詞（SVOO の典型例） 18
1.3.4 provide タイプの動詞 22
1.3.5 deprive タイプの動詞 23
1.3.6 rob と steal 25
1.3.7 remove タイプの動詞 26
1.4 'X（動詞，前置詞）＋「主部＋述部」' で注意する例 26
1.4.1 ' 動詞＋of' の応用例 27
ミニ講義1：存在を表す there 構文 28
1.4.2 suggest タイプ 31
1.4.3 使役動詞 33
1.4.4 知覚動詞 41
1.4.5 keep / leave A running / locked / open（SVOC の典型例） 44
1.4.6 make / believe＋[主部＋述部（形容詞句）] 45
ミニ講義2：二次述語 46

第2章 **時制，進行形，完了形，仮定法** ………… **48**

2.1 基本時制（現在・過去，未来表現） 48
2.1.1 現在形を活用しよう 48
2.1.2 例外に見える場合 50
2.2 進行形の急所 51
2.2.1 進行形にならない動詞について 51
2.2.2 'be going to' 54
2.2.3 未来進行形 55
2.3（現在・過去・未来）完了形 57
2.4 仮定法 64
2.4.1 仮定法過去 65
2.4.2 仮定法過去完了 67
2.4.3 仮定法の定型的な表現 69
2.4.3.1「願望・意見」などの表現 69
2.4.3.2 if に代わる表現 72
2.4.3.3 仮定法の慣用表現 72

第 3 章　助動詞 …… 76

3.1 助動詞の分類 76
3.2 can 78
3.2.1 can と ‘be able to’ 78
3.2.2 can と may (might) 79
3.3 must と ‘have to’ 80
3.4 will 81
3.4.1 will (単純未来以外の用法) 81
3.4.2 will と shall 82
3.5 would 83
3.5.1 will と would 83
3.5.2 would と ‘used to’ 84
3.6 should 85
3.6.1「義務・必要」を表す should / ‘ought to’ 86
3.6.2「感情（驚き・意外・怒りなど）」を表す should 88
3.6.3 表現を和らげる should 89
3.7 助動詞としての need 90
3.8 助動詞としての dare 91
3.9 ‘助動詞＋have＋過去分詞’ 92
3.10 助動詞の慣用表現 94

第 4 章　態（能動文と受動文）…… 100

4.1 能動文と受動文の関係 100
4.2 受動文と句動詞・イディオム 104
4.3 by 以外の前置詞が使われるケース 104
4.4 ‘*be done*’ 以外の形の受動文 106

第 5 章　to 不定詞節，動名詞節，分詞節 …… 108

5.1 to 不定詞 111
5.1.1 to 不定詞の意味上の主語 111
5.1.2 to 不定詞と否定の not 116
5.1.3 to 不定詞節をとる動詞 117
5.1.4 appear と seem が to 不定詞をとる例について 119
5.1.5 ‘be to’ について 123
5.1.6 不定詞の「名詞的用法」とは 125
5.1.7 不定詞の「形容詞的用法」とは 128
5.1.8 不定詞の「副詞的用法」とは 135
5.1.9 ‘easy-to-*do*’（難易や快・不快を表す形容詞＋to 不定詞節） 139
5.1.10 to 不定詞を含む慣用的な表現 143
♕ミニ講義 3：‘be＋形容詞＋that 節 / to 不定詞節 149
5.2 動名詞 154
5.2.1 動名詞（節）の概要 154
5.2.2 動名詞節の特性 157
5.2.3 動名詞を含んだ慣用表現 164
5.3 分詞節について 168
5.3.1 現在分詞の概要 168
5.3.1.1 名詞を修飾する現在分詞 168
5.3.1.2 分詞の叙述用法 171
5.3.2 分詞構文 173

第 6 章　比較構文のメカニズム …… 180

6.1 同等比較 180
6.2 同等比較の慣用表現 186
6.3 比較級による比較 190
6.4 比較級の慣用表現 196
♕ミニ講義 4：クジラ文 201
6.5 最上級と慣用表現 203

第 7 章 関係節の基本構造 208

7.1 関係節の作られ方 208
7.2 叙述用法の関係節 215
7.3 関係代名詞 what (=the thing which [that]) 220
ミニ講義 5：関係節（主部の関係代名詞） 225
7.4 関係代名詞としての as / than 229
7.5 関係副詞，複合関係詞 230
7.5.1 関係副詞 230
7.5.2 複合関係詞 234

第 8 章 話法と時制の一致 238

8.1 時制の一致 238
8.1.1 時制の一致の代表例 238
8.1.2 時制の一致が起きない例 239
8.2 話法 240

第 9 章 否　定 245

9.1 文否定 245
9.1.1 'not' と 'never' 245
9.1.2 節の代わりをする 'not' 246
9.1.3 準否定語 'hardly / scarcely / rarely / seldom' 247
9.1.4 'no＋名詞', none, neither, nor 248
9.2 部分否定／全部の否定 251
9.3 否定要素の右側？ 253
9.4 否定要素と慣用表現 254
9.4.1「少しも...でない」,「決して...でない」 254
9.4.2 否定語なしの否定表現 255

第 10 章 倒置・強調・省略 256

10.1 倒置のメカニズム 256
10.1.1 否定語が文頭に出る倒置 256
10.1.2 その他の倒置 260
10.2 強調のメカニズム 267
10.2.1 強調のために加えられる語句 268
10.2.2 強調構文 268
10.3 省略のメカニズム 270
10.3.1 既出の語句の省略 270

第 11 章 無生物主語と名詞構文 273

11.1 無生物主語 273
11.2 名詞構文 276

第 II 部　各品詞の特性

第 12 章 名　詞 280

12.1 限定詞，定冠詞，不定冠詞 280
12.2 可算名詞・不可算名詞 284
12.3 具体的な設問例 289
12.3.1 複数形になる「交換」「相互」を表す名詞 289
12.3.2「関係」を表す名詞 289

12.3.3 the＋形容詞 290
12.3.4「動詞＋人＋前置詞＋体の部分」 290
12.3.5「分数」 291
12.3.6「minute(s)」 291

第 13 章 代名詞 292

13.1 it, one, ones の用法 292
13.2 that, those, such の用法 294
13.3 it の特殊な用法(形式上の主語・目的語) 296
13.4 再帰代名詞を含む慣用表現など 298
13.5 所有代名詞の注意点 299
13.6 不定代名詞 another, the other, the others 300
13.7 数量詞 301
13.7.1 both, every, each 301
13.7.2 either, neither, none 304
13.7.3 some, any 307
13.7.4 most, almost 311
13.8 具体的な設問例 312
13.8.1 (the) other(s) 312
13.8.2 another/other (1) 313
13.8.3 another/other (2) 313
13.8.4 every 313
13.8.5 所有代名詞 314
13.8.6 前置詞＋再帰代名詞 314
13.8.7 代名詞の慣用表現 (1) 315
13.8.8 代名詞の慣用表現 (2) 315

第 14 章 形容詞 316

14.1 形容詞の限定用法と叙述用法 316
14.2 数や量を表す形容詞 (many, much, few, little, enough) 320
14.2.1 many, much 320
14.2.2 few, little 321
14.2.3 enough 322
14.3 分詞形容詞 323
14.4 つづりや意味のまぎらわしい形容詞 325
14.5 その他注意すべき形容詞 328
14.6 形容詞の具体的な設問例 331
14.6.1 形容詞の叙述用法 (1) 331
14.6.2 形容詞の叙述用法 (2) 331
14.6.3 形容詞の叙述用法 (3) 331
14.6.4 形容詞の語順 332
14.6.5 人が主語にならない形容詞 333
14.6.6 数量の慣用表現 333
14.6.7 形容詞的に機能する ‘of＋抽象名詞’ 334
14.6.8 紛らわしい派生形の形容詞 (1) 334
14.6.9 紛らわしい派生形の形容詞 (2) 335
14.6.10 紛らわしい派生形の形容詞 (3) 335
14.6.11「...しそうだ」という意味の形容詞 336
14.6.12 heavy/light の慣用的用法 337
14.6.13 most/almost の語順 337
14.6.14 so/such の語順 338

第 15 章 副　詞 339

15.1 副詞が修飾する要素 339
15.1.1 形容詞や副詞を修飾する副詞 339
15.1.2 動詞を修飾する副詞 340
15.1.3 文副詞 341
15.2 使い分けに注意する副詞 343
15.2.1 -ly の有無で意味の異なる副詞 343
15.2.2「〜前に」の使い分け：ago/before 345

15.2.3「もう／まだ」の使い分け：
already / yet / still 346
15.2.4 almost / most / mostly の使い分け 347
15.3 接続詞の働きをする副詞 350

第 16 章 接続詞 353

16.1 等位接続詞 353
16.2 節を導く従属接続詞 356
16.2.1 節を導く that, whether, if 356
16.2.2 いわゆる副詞節を導く従属接続詞 358
16.2.3 その他の注意すべき接続詞 370

第 III 部　前置詞と熟語

第 17 章 前置詞 376

17.1 前置詞がとる要素 376
17.2 いわゆる補語としての前置詞句 377
17.3 名詞（句）を修飾する前置詞句 380
17.4「空間・場所」や「時間」に関する前置詞 380
17.4.1 空間・場所に関する前置詞句 380
17.4.2 時間に関する前置詞句 386
17.5 その他の意味に注意すべき前置詞 388
17.5.1 日本語との比較に注意すべき前置詞 388
17.5.2「...のほかに（は）」besides ⇔ except 389
17.5.3 注意すべき with の用法 391
17.5.4 to を含む定型的な用法 392
17.5.5 by を含む定型的な用法 392
17.5.6「譲歩」の despite (=in spite of) 393
17.5.7 前置詞としての as 393
17.5.8 前置詞としての like / unlike 393
17.5.9「観点・基準」の for 394
17.5.10 'catch A（人）by the arm' 型の定型表現 394
17.6 群前置詞 395

第 18 章 句動詞と定型的な表現 405

18.1 句動詞 407
18.1.1「動詞＋前置詞」の句動詞 407
18.1.2「動詞＋副詞」の句動詞（自動詞型） 425
18.1.3「動詞＋副詞」の句動詞（他動詞型） 434
18.1.4「動詞＋副詞＋前置詞」の句動詞 449
18.2 定型的な表現 453
18.2.1 定型的表現：「動詞＋特定の名詞（句）＋前置詞句」型 453
18.2.2 定型的表現：「動詞＋目的語＋前置詞句」型 458
18.2.3 定型的表現：「be 動詞＋形容詞（分詞）＋前置詞句」型 466
18.2.4 定型的表現：「be 動詞＋形容詞（分詞）＋to 不定詞」型 475
18.2.5 動詞始まりの定型的表現 477
18.2.6 その他の定型的表現 485

参考文献 …… **504**

索　引 …… **506**

事項索引 506　語句索引 508

第Ⅰ部

文を作るメカニズム

第Ⅰ部では，英語の文を形成する文法のメカニズムについて見ていきます．たとえば，いわゆる「○○構文」といったものがどのようなプロセスを経て形成されるのかという仕組みを理解します．そういうものだと丸暗記するのではなく，なぜそうなるのかを理解しながら英文法の世界をのぞいてみましょう．第Ⅰ部では，生成文法という新しい文法の考え方に基づいて書かれた『実例解説英文法』（中村捷著，開拓社，2009 年）をベースにして以下の章の項目を扱います．

第 1 章　文（節）と動詞のメカニズム
第 2 章　時制，進行形，完了形，仮定法
第 3 章　助動詞
第 4 章　態（能動文と受動文）
第 5 章　to 不定詞，動名詞節，分詞節
第 6 章　比較構文のメカニズム
第 7 章　関係節の基本構造
第 8 章　話法と時制の一致
第 9 章　否定
第 10 章　倒置・協調・省略
第 11 章　無生物主語と名詞構文

さまざまな形の文がどのような情報を伝えているのかをしっかり理解することで，文法問題がわかるようになるだけでなく，読解や作文・会話のレベルが段違いに向上しますよ．

第1章 文（節）と動詞のメカニズム

本章の狙いは，5 文型といったものにとらわれず，英語の文がどのようなメカニズムで形作られているのかを理解することにあります．特に，文の中で中心的な役割を果たす動詞がその意味を完結させるためにどのような要素をとるのかを理解することが重要です．（なお，動詞ごとの細かいニュアンスなどについては『ネイティブの語感に迫る アクティブな英単語力』（中村良夫 他著，開拓社，2018 年，以下本書では『アクティブな英単語力』と表記します）に詳しい説明がありますので参照してください．）

1.1 文（＝節）を理解しよう

文章はいくつもの文（sentences）で構成されています．では，文（sentence）とは何かと言われたら，どのように説明すればよいでしょうか．次の例で考えてみましょう．

(1) a. You have the ability to do it.（君はそれをやってのける能力がある）
　b. That you have the ability to do it is quite certain.
　（君がそれをやってのける能力があるのはきわめて確かだ）

文とはピリオドの左にあるもの？ うまいことを言いますね（笑）．でも（1b）の英文の中にある波線のついた部分（‘(That) you have the ability to do it’ のところ）も，ピリオドのすぐ左にあるわけではありませんが文という気がしますね．

まず用語としてですが，面倒なので（エヘヘ）文法を考えるうえでの用語としては

「文」と言わず「節」（clause）と呼ぶことにしましょう．教科書などでは文の中にその一部として含まれる「主部＋述部」の形を持つものを節と呼ぶといった説明があるかもしれませんが，特にそのような区分が必要なわけでありません．すべて「節」で統一してさしつかえありません．ただしこの後でも，たとえば名称として「受動文」といった言い方をして「文」という語を使うことはあります．

具体的に見てみましょう．上の（1b）の例では，まず全体が節です．「主節（main [matrix] clause）」と呼ぶこともあります．その主節の中に含まれた波線の部分も節です．そのような that に導かれた節を that 節といいます．その that 節は主節の中に埋め込まれているので，「埋め込み節（embedded clause）」とか「従属節（subordinate clause）」と呼ぶこともあります．そうそう，（1b）のような文はなんだか頭でっかちですから，次の（2）のようにしてすっきりした形にすることができるのでしたね．

(2)　It is quite certain (that) you have the ability to do it.

ここでは埋め込まれた that 節が文の終わりのほうに出ています．この that は省略できるので（　）をつけておきます．

さて，どれが節かはなんとなくわかってきたところで節を次のように定義しておきましょう．

➡ **節**とは，**主部**（文の中の主語の部分）と**述部**（動詞など述語を中心とする部分），そして時制の情報を含むまとまりのこと

日本語でも同じことで，簡単に書くと次のようになります．

(3)　a.　[節 [主部 … は（が）] + [述部 … である]]
　　 b.　[節 [主部 … は（が）] + [述部 … する]]
　　　　→ 時制に関する情報は「である」や「する」の中に「現在形」として反映されています

おおざっぱですが枝分かれしたような図に書いてみると下のような形ですね．

(4)　節
　　[主部 … は（が）]　[述部 … する]

日本語の（3a）に対応するような英語の典型例は次のようになります．

(5)　[節 [主部 She] + [述部 is beautiful]]
　　→ 時制は be 動詞の中に「現在形」として反映されています

これもやはり図にすると次のようになります．(細かく言えば，述部の内部も is と beautiful が枝分かれした図になりますが，ここでは省略しておきます．)

(6)　　　　節
[主部 she]　[述部 is beautiful]

関連として見ておきますが，(1b) にあった埋め込み節の that 節の構造は次のようになります．ここでも述部内の詳細は省略します．(節の構造については第 5 章や第 10 章で詳しく扱います．)

(1b′)　That you have the ability to do it …

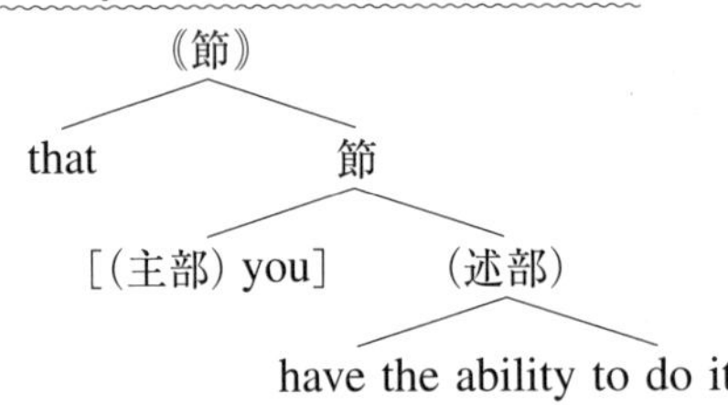

that 節全体で節を構成しており，さらにその内部に you 以下の節があるという二重構造になっていますので，上位のまとまりの節を「《節》」，下のほうの節を《　》なしの「節」と表記して分けておきます．

(3a) と (5) の例に戻りましょう．(3a) は「… は (が) … である」ですが，「述部 … である」の中の「…」の部分には特徴や性質を表す形容詞的な要素が入ります．英語の (5) の例 (“She is beautiful) では形容詞 beautiful が入っていました．これに対して，たとえば “×She is.” とだけ言ったのでは「述部 … である」のうち「…」の部分に入るべき必須要素が欠けています (特別な文脈がある場合は “She is.” だけでよいこともあります)．あるいは，“×She is beautifully.” だと，beautifully は形容詞ではなく副詞なので be 動詞に続く必須要素として不適切ですから文が完成しません (本書では，英語として誤りであるという意味の標記として × を使うことにします．) 副詞は修飾要素ですから，それがなくても文が成立するはずですが，“×She is beautifully.” から副詞を消してみると “×She is.” になるので，文として成立しませんよね．

(5) のタイプの文では，be 動詞の他に，be 動詞にもう少しだけ意味が加わった

「be＋α」という感じの内容を表す be 動詞もどきの動詞も入ります.「be 動詞もどきの動詞」を下に整理しておきます.

➡ be 動詞もどきの動詞

(i) 「... になる」という状態変化を表す動詞： become, come, get, grow（成長して ... になる）, turn（変化して ... になる）

▶ It has **become** much warmer.（ずっと暖かくなりました）

▶ My hair **turned** white.（私の頭髪が白くなった）

(ii) 感覚に関わる動詞： seem（思考上の判断）, appear（外見）, look（外見）, feel（人が ... と感じる；物が ... の感じ（触覚など）がする）, smell（嗅覚）, sound（聴覚）, taste（味覚）

▶ That **seems** very clear.（その点はまず疑いなさそうです）

▶ You **look** tired. / I **feel** tired.

（疲れた顔をしているね／私は疲れを感じている）

▶ Your hands **feel** cold.（君の手は冷たい［肌に冷たく感じられる］）

▶ It **smells** good.（いいにおい（香り）がする）

▶ "Shall we go out for dinner tonight?" "(That) **sounds** great."

（「夕飯は外食しない？」「(それは) いいね」）

《会話では That はよく省略されます（高橋）》

▶ This **tastes** great!（すごくおいしい！）

《会話ではこの This もよく省略されます（高橋）》

(iii) 「... とわかる・判明する」： prove, turn out

▶ Our food supply **proved** (to be) insufficient.

（うちにある食糧の備蓄が不十分だとわかった）

《prove が他動詞として目的語をとる場合には「... を証明する」という意味です》

▶ Her story **turned out** (to be) false.

（彼女の話はうそだということがわかった）

※ 下の例のように 'turn out' は「進行する」,「... の結果になる」という意味では様態の副詞(句)を伴います（石渡）.

▶ Everything turned out well [badly, all right].

（すべてうまくいった［ダメだった，申し分なかった］）

語法問題だと次の例のような形で問われることがよくあります．

(7) a. The student seemed (　　).　　① wise　② wisely
b. These grapes smell (　　).　　① sweet　② sweetly
c. When I told Misako the news, she seemed (　　).
① surprising　② to have surprised　③ to surprise　④ surprised
〈センター試験〉
d. The leaves in my neighborhood have recently (　　) yellow.
① come　② developed　③ led　④ turned　〈センター試験〉
e. We keep many roses throughout the house, so every room (　　).
① is smelled sweet　② is smelled sweetly
③ smells sweet　④ smells sweetly　〈センター試験〉

「be 動詞もどき」(seem や smell など）の入っている文ですから，be 動詞の文 (5)（"She is beautiful."）と同じ形になります．ですから副詞の wisely や sweetly ではおかしいことは be 動詞のときと同じです．いずれも動詞の次には副詞ではなく，主語（(7a) の 'the student' や (7b) の 'These grapes'）に対して「…である」という特徴や性質を記述する述語として働くことのできる形容詞形が必要です．解答は (7a) が① wise，(7b) が① sweet です．(7c) の正解は④の形容詞 surprised（驚いた）です．①の surprising は「驚くべき」という意味の形容詞です．(7d) の正解は④の turned です．前の「➡ be 動詞もどきの動詞」の項を参照してください．(7e) は「家中にバラをたくさん置いているので，どの部屋も甘い香りがします」という内容で文が長いのですが，(7b) と同じ理屈です．正解は③です．

おや，もういわゆる SVC の文型まで見てしまいましたよ．では次に，いわゆる SVO の文型について見ることにしましょう．

上で見た (3b)（「主部 … は（が)」＋「述部 … する」）の文の形ですが，その英語での典型例は次のようになります（娘よ，例文をいちいちお母さんに見せに行かなくてもよろしい！)．

(8)　[節 [主部 My wife] + [述部 loves me]]
→ 時制は loves の中に「現在形」として反映されています

'[主部 … は (が)] + [述部 … する]' という形の述部の中心部には動作・行為を表す動詞が入りますが，文が完成するためにどのような必須要素が動詞に後続するかが問題になります．(8) の例だと目的語の me が他動詞 loves の右に入って文が完成しています．動詞によって必要な要素が何であるかはいろいろありますので，1.2 以降で重要なパターンを見ていくことにしましょう．

え？ “Stay here.”（ここにいなさい）みたいに主語のない文はどう考えるかって？ ~~うちのお母さんがお父さんによく使う~~命令文ですね（わが家では私が使います（高橋））．とりあえず英語では you のような主語が（発音はされないけれど）隠れていると考えておきましょう．強く言おうとするときには，“You stay here!” なんていう具合に you をつけますし,[1] 命令文に付加疑問をつけてみると，“Come with me, won’t [will] you?”（一緒に来てくれるね？）のように you が姿を現します．ついでに言うと，この付加疑問文には won’t が生じていますので，動詞は原形ですが命令文の時制の情報を担う要素として will が隠れていると考えておきます．（否定の命令文ではよく ‘Don’t ..., will you?’ となります．）

これで節（文）の基本的な形は理解できました．1.2 に入る前に，「句」についても触れておきましょう．たとえば日本語で「髪の長い少女」が「名詞句」であるというのはすんなり受け入れられるでしょう．「少女」という「品詞的に名詞である語が中心になって形成されているまとまり」のことを名詞「句」と呼ぶわけです．たとえば “the girl with long hair” も名詞句ですが，それではその中にある修飾要素の “with long hair” はどうでしょう？ これも「品詞が前置詞である語（with）が中心になって形成されているまとまり」ですから「前置詞句」であると考えておけば十分です．古い文法書の説明のままになっている本では「形容詞と同等のはたらきをしているので形容詞句である」というような説明があるかもしれませんが，名詞を修飾するという機能の話は形容詞や前置詞といった品詞の話とは分けて考えておくべきです．たとえば，‘by rail’（鉄道で）という句を考えてみてください．

(9) a. I traveled **by rail**.（私は列車で旅をした）
　　b. London theatre breaks **by rail**.
　　　（列車で行くロンドン劇場の旅）（ステキ！（≧◇≦））
　　　《theatre は《主に英》.《米》では theater．break は「短い休暇」》

(9a) であれば ‘by rail’ という句は動詞（traveled）を修飾していると言えますし，(9b) であれば名詞句（London theatre breaks）を修飾しています．だからといっ

[1] 親しい人との別れ際に「じゃあね」というときの “You take care.”（＝“Goodbye.”）とか，“Take care.”（じゃあね）と言われて “You take care, too.”（またね）と返すときの you には思いやりが込められたニュアンスが生じます（田中）．

て，(9a) では ‘by rail’ という句は副詞句で，(9b) では同じ ‘by rail’ という句が形容詞句であるというのは奇妙な話でしょう．(じゃあ ‘by rail’ 単体では何なのかと言われたら答えられなくなってしまいますしね．) ‘by rail’ という句は品詞的なラベルづけをするのであれば，前置詞 by が中心となって形成されている前置詞句であるとしておくとすっきりします．[2]

動詞を中心としたまとまりは動詞句となります．たとえば，上の (8) では，「述部」の中に動詞句があります．細かく書くと次の (8′a–b) のようになります．(「述部」は品詞に基づく名称ではありませんが，正確な構造については本書では踏み込まないことにします．) また，下の (8′b) の図で，「?」の部分の詳細はここでは扱いませんが，助動詞や to 不定詞の to が生じる場所と考えられています．たとえば，否定文の doesn’t であれば下の (8′c–d) のように表されます．

(8′) a.　[節 [主部 My wife] + [述部 [動詞句 loves me]]]

b.

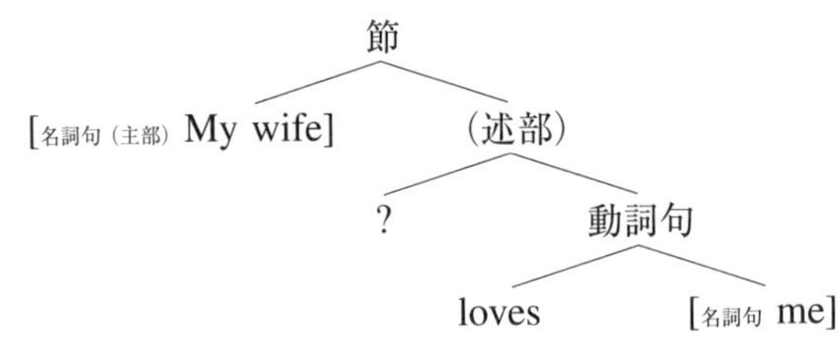

c.　[節 [主部 His wife] + [述部 **doesn’t** [動詞句 love him]]]

↑よそのおたくの話ということで (^^;)

d.

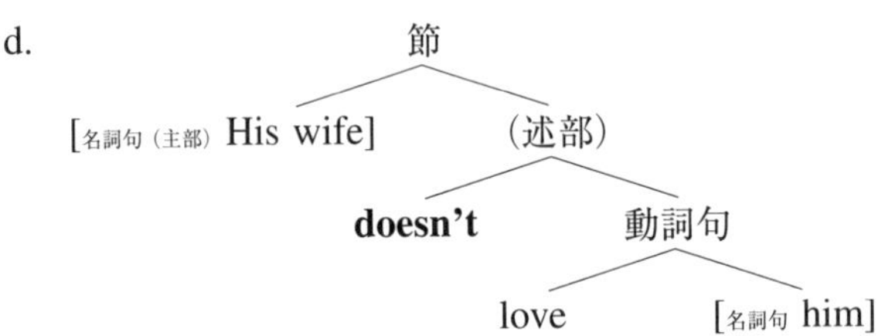

せっかくですから，節の構造をもう少しだけ見ておきましょう．前の (1b′) のところで that 節について扱いましたが，「《節》」と「節」の区別は他にも疑問文のときに出てきます．たとえば Yes/No 疑問文の “Does his wife love him?” であれば次のようになります．

---

[2] 詳しい議論は中村捷 (2012)「句構造の重要性」(藤田耕司他編『最新言語理論を英語教育に活用する』(開拓社) pp. 2–11) を参照してください．

(8″) a.　[《節》 Does [節 [(主部) his wife] + [(述部)[動詞句 love him]]]?

↑ですから，よそのおたくの話ですって (^^;)

b.

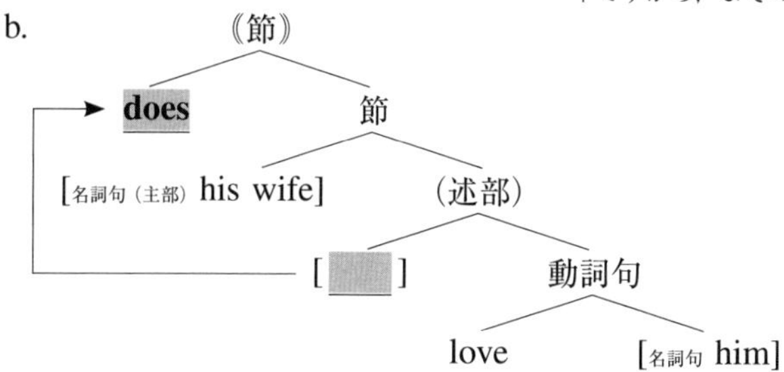

助動詞の does は，上の (8′c–d) で見たように，いったん (8′b) において「?」で示した部分に生じてから文頭に移動すると考えられています．さらに wh 疑問文になると下のような形になります．意味的には動詞 like の目的語である who が文頭に移動してできた節全体を《節》と表記します．

(8‴) a.　[《節》 Who [does [節 [(主部) his wife] + [(述部)[動詞句 love]]]]] ?

↑なんてアブナイ例文ですこと (^^;)

b.

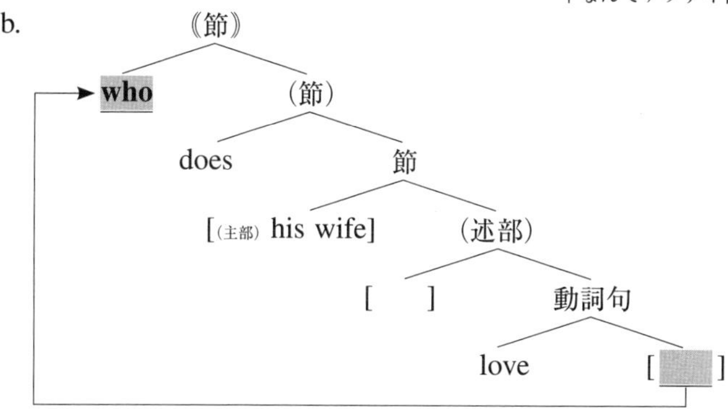

(節) の部分は (8″) では《節》となっていましたが，(8‴) ではさらに上に節があって，その最上位の節に《　》をつけましたので，does 以下の部分はとりあえず (節) と表記しておきます．言語学的にはともかく，この表記にあまり深い意味はありませんので神経質になる必要はありません．(面倒くさいようですが，この構造を頭に入れておくと 7.1 や 10.1.1 などでいろいろな謎が解けますよ．)

さて話をもとに戻しましょう．結局のところ，「句」というのは「完結したまとまり」と考えておけばよいでしょう．たとえば，“the girl with long hair” は名詞句として完結したまとまりを形成していますが，細かいことをいえば，「完結したまとまり」というのは，わかりやすく考えれば文の中で（たとえば主語とか目的語の役割を果たすものとして）使えるまとまりになっているということです．たとえば “girl with long hair” と言ったのでは a とか the がついていませんから，そのままで文の中に登場させて使うわけにはいきません．したがって “girl with long hair” は名詞句としては完結していないということになります．（なお，言語学的には「《節》」や「節」も一種の句として扱われますが，本書では立ち入らないことにします．）

逆に，Mary とか He といった名前や代名詞とか，apples のような複数形はそれ単体で文の中の主語や目的語となりますから，単語 1 つであっても完結したまとまりになっており，「名詞句」としてのステータスを持っているものとして扱われます．さて，それでは 1.2 に入りましょう．

1.2　自動詞と他動詞

1.1 では他動詞に続く必須要素が何かということを考えました．1.2 ではまず自動詞と他動詞を区別することから始めましょう．

1.2.1　自動詞と他動詞：スペリングの似ている動詞

動詞だけで意味内容が完結する自動詞に対して，他動詞は目的語がその後ろにあります．次の動詞は自動詞と他動詞が似ているので，混同しないよう注意しましょう．

(10) a. lie（自動詞）《「… **が**寝ころぶ」なら lie（原形–過去–過去分詞：lie-lay-lain)》（‘lie on the bed’ は「ベッドに寝そべる」）
　　b. lay（他動詞）《「… **を**寝かせる」なら lay（原形–過去–過去分詞：lay-laid-laid)》（‘lay a baby in its crib’ は「赤ちゃんをベビーベッドに寝かせる」）

(11) a. rise/arise（自動詞「上がる」/「起こる」）
　　b. raise（他動詞「上げる」）

具体例を見ましょう．たとえば（11）との関連で，下の英文（12）の空欄に入る適切な語は何かという問題です．

(12) a. Our salaries will be (　　) a little bit.
① arise　② raised　③ risen
b. On average, pullets start (　　) eggs at about 6 months of age.
① laying　② lying　③ to lie　(pullet: 若いめんどり)

(12a) で，日本語で「給料が上がった」と考えて自動詞の rise や arise が頭に浮かぶかもしれませんが，ここは「給与が引き上げられた」という受動文の意味で他動詞の raise（上げる）が使われる箇所ですから正解は②です．そうでないと be 動詞（上の例では ‘be’）の居場所がなくなってしまいます．受動文なので，(13) に示したように，もともとは他動詞 raise（… を上昇させる）の目的語であった ‘our salaries’ が文頭に移動しています．

(13) [Our salaries] will **be raised** ＿＿ …

次の (14) のような自動詞の例との区別を確認しておきましょう．

(14) She has **risen** in her company very quickly.
（彼女は会社でとても早く昇進してきた）

(12b) は「平均すると，若いめんどりは生まれて6か月ほどで卵を産み始める」という意味で，‘lay eggs’ が「卵を横たえる＝卵を産む」ということです．他動詞 lay が動詞 start に続いていますから動名詞形 laying になっています．正解は①です．動詞 start は to 不定詞もとれますから，選択肢に ‘to lay’ があればそれも正解になります．

1.2.2　自動詞と他動詞：前置詞をつけてしまいがちな他動詞

下の (15) にあげた動詞は日本語訳に引きずられてつい前置詞を加えてしまいがちですが，どれも他動詞ですので注意しましょう．「部屋に入る」と言おうとしてつい “… enter ×into the room.” などとしがちです．[3] また「… と結婚する」という日本語につられて “… marry ×with her” などとしてしまいがちです．「… をめと

[3] ‘enter into’ で「（条約・契約などを）結ぶ」とか「（議論・考察などに）入っていく」，「（協議などを）始める」といった熟語としての言い方はあります．

る」みたいな感覚と思っておいたほうがよいかもしれません（もっとも日本語の「めとる（娶る）」は男性が女性を妻として迎えるという意味でしか使えませんが）．以下の例では不要なのに間違って加えてしまいそうな前置詞という意味で ×をつけて表示してあります．例文を見てもらえればわかる通り，いずれの動詞も他動詞として目的語を直接とります．

(15) a. resemble ×**to**（「… に似ている」）

▶ Do you **resemble** your father, your mother, or neither?

（あなたは父親と母親のどちらに似ていますか，それともどちらにも似てない？）

b. answer ×**to**（「… に答える［応答する］」）

《特殊な意味（「… に釈明する［従う］」）で ‘answer to’ ということもありますが，本書では扱いません》

▶ The boy **answered** all the questions I asked.

（その少年は私が出した質問にすべて答えた）

c. address ×**to**（「… に取り組む」）

▶ You need to **address** our staff problems soon.

（あなたは直ちに私たちのスタッフの問題に取り組む必要がある）

d. obey ×**to**（「… に従う」）

▶ I don’t think a child should always **obey** his or her parents.

（子供はいつも親の言う通りにすべきだとは思わない）

e. attend ×**to**（「… に参加する」）

▶ Can you **attend** tomorrow’s meeting?

（明日の会議には出席できるかい？）

《‘attend to’ で「… の世話をする」，「… に専心する」という意味での用法はあります（石渡）》

f. reach ×**to**（「… に到着する［届く］」）

▶ We **reached** agreement after long negotiations.

（長い交渉の末に私たちは合意にこぎつけた）

g. enter ×**into**（「… に入る」）

▶ We could not **enter** the apartment as the door was locked.

（ドアにカギがかかっていてマンションに入れなかった）

h. approach ×**to**（「… に接近する」）

▶ The homeless man **approached** the charity to ask them for help.

（そのホームレスの男性は援助を求めて慈善団体に接触した）

i. mention ×**to**（「…に簡単に触れる」）

▶ I only just **mentioned** it to him. (i.e. spoke about it very briefly)
（私はそれを彼にちょっと言っておいただけだ）〈*ISED*〉

j. discuss ×**about**（「…を論じ合う」）

▶ The meeting was too short, so we couldn't **discuss** things in any detail.（会議の時間が短すぎて，細部まで話し合えなかった）

k. join ×**to**（「…に参加する」）

▶ Will you **join** us for dinner tonight?
（今晩の夕食を私たちと一緒にどう？）

l. marry ×**with**（「…と結婚する」）
《「結婚してくれますか」（キャア♡）は "Will you marry me?" です．marry は他動詞なので with などの前置詞は入りません》）

問題を1つやってみましょうか．

(16) Our teacher's voice doesn't (　　) the back of the classroom.
① arrive to　② get　③ reach　④ sound to　〈センター試験〉

arrive に着く前置詞は to だっけ，なんて考える問題ではありませんよ．問題文は「先生の声が教室の後ろのほうまで届かない」という意味です．正解は③で他動詞の reach です．

1.2.3　自動詞と他動詞：'talk A（人）into / out of *doing*' について

talk と speak は，意味やスペリングの似た他動詞（tell, say）があるために混同しがちですが，いずれも自動詞です．「…について話す」のであれば talk には 'on…' や 'about…' がつきますし「…と話す」のであれば 'to…' や 'with…' がつきます．ただし例外的に他動詞として使われる状況がありますので，問題形式でまとめておきましょう．((18) は並び替え問題です．)

(17) a. Does anyone in this class (　　) French?
(このクラスの誰かフランス語を話しますか？)
① say　② speak　③ talk　④ tell
b. I don't (　　) a word of French.
(私はフランス語をまったく話せない)
① say　② speak　③ talk　④ tell

(18) 私は辞任するよう彼を説き伏せようとした
I tried (him/into/resigning/talk/to).

(17) の正解はいずれも②の speak ですが，他動詞として使われる speak は (17) にある例のように「(ある言語を) 話す」とか「(ことばを) 発する」といった限定的な意味で使われるだけです．(17b) の 'not speak a word of…' は「…語をひと言も話せない」という意味の定型的な言い方です.[4] なお，talk の場合は (18) のように **'talk** A **into** *do*ing'「A (人) を説き伏せて…させる (≒ **'persuade** A **to** *do*')」とか，**'talk** A **out of** *do*ing'「A (人) を説得して…するのをやめさせる (≒ **'persuade** A **not to** *do*')」というときに他動詞として直接目的語をとる形になる用法があります.[5] 正解は "I tried to talk him into resigning." となります．

問題を 1 つやってみましょう．

[4] 日本語訳が「ひと言も…ない」となっていることからわかるように，ひと言も (a word) と否定の語「… ない」がセットになった表現です．なお，「(ことばを) 発する」というときも speak が使われます．

(i) They waited for an answer, but he didn't **speak** a (single) word.
(彼らは返事を待ったが，彼はひと言も発しなかった)

[5] この 'into/out of *do*ing' がつく例として persuade を取り上げている本などがあるかもしれませんが，'persuade A into *do*ing' (A (人) を説き伏せて…させる) や 'persuade A out of *do*ing' (A (人) を説得して…するのをやめさせる) という言い方はあることはあるのですが，使われる頻度は低く，'persuade A to *do*' とか 'persuade A not to *do*' というかを用いるのが普通です．なお，(18) のような例について，この文は 5 文型の何に該当するだろうといったことは考えてみてもあまり意味のないことです．(詳しくは 5.1.1 を参照のこと.)

(19)　I was talked (　　) buying a big car by my sister.
　　① about　② away from　③ out of　④ to　〈センター試験〉

「私は姉に説得されて大きな自動車を買うのをやめた」という内容で，「A を説得して…するのをやめさせる」というときの 'talk A out of *do*ing' が受身形になっていることに注意しましょう．正解は③の 'out of' です．

1.2.4　動詞（＋前置詞）＋目的語のメカニズム

英語では，動詞の直後に目的語がある場合には動詞と目的語の間に直接的な関係があり，前置詞が介在する場合には動詞と目的語の関係は直接的でないものになります．[6] たとえば "I know John." では「私はジョンと知り合いだ．」という意味であるのに対して "I know of John." だと「私はジョンのことを（うわさなどで）知っている」という意味になります．あるいは approve は他動詞として直接目的語をとる場合は「(法案などを) 認可［可決，承認］する」という意味です．approve することで案やプランが公式なものとなるという影響を受けます．それに対して，動詞の後に 'of…' が入って 'approve of…' というときは「…についてよいと認める，賛成する」という意味です．[7]

(20) a.　The committee **approved** the plan.
　　(委員会がその計画を承認した)
　b.　Her father will never **approve of** her marrying such a poor man.
　　(彼女の父は彼女がそんな貧しい男と結婚するのを許すまい)

↑わかるわかる (ﾟ-ﾟ)(. _.)ｳﾝｳﾝ

---

[6] 言語学ではこれを「**影響性の条件** (the affectedness condition)」と言います．詳しい説明は『実例解説英文法』p. 31 を参照してください．

[7] 動詞 prepare は他動詞としては 'prepare *something*' で「…を準備しておく」，自動詞としては 'prepare **for** *an event/action*' の形で「…に備える」という意味になります (森)．

(i) a.　…we sat down together to the excellent breakfast which Mrs. Hudson had **prepared**.
〈Doyle「ブラック・ピーター」〉
(私たちは席についてハドソン夫人が用意したすばらしい朝食をともにした)

b.　We must **prepare for** the worst.
〈Doyle「レディ・フランセス・カーファックスの失跡」〉
(最悪の事態に備えなければなりません)《'prepare for' については 18.1.1 も参照》

このように「... について」というときにはしばしば 'of...' や 'about...' が入ります．ほかにもたとえば，'complain of [about] ...' は「... について文句を言う［不平やぐちをもらす，抗議する，（病苦などを）訴える］」という意味です．この complain は他動詞としては that 節をとります．

(21) a. He **complained of a** pain in the head.《自動詞》
（彼は頭部の痛みを訴えた）
b. He **complained (to me) that** his wife was always late home.《他動詞》
（彼は妻の帰宅がいつも遅いと（私に）こぼした）
↑いえ，ワタクシはだまってガマンしてますとも　(ノД T)ｱｩｩ

では，次の 1.3 で動詞がとるさまざまな必須要素を見ていきましょう．(21b) のような伝達動詞（「... と言う」という意味の動詞）として that 節をとる動詞は 1.3.1 および 1.3.2 で触れます．

1.3　動詞がとる必須要素

本節では，いくつかの代表的な動詞をとりあげ，それらが必須要素として何をとるかによってタイプ分けし，それぞれのタイプに属する動詞としてどのようなものがあるのか見ていきます．

1.3.1　say タイプの動詞

伝達動詞の例として，まず say タイプの動詞を見ましょう．

(22)　'say (to A（人）) that...' の形をとる動詞：say，explain，suggest

(22) にある動詞は「情報の移動」を表しますから，「... に」という移動先の要素が 'to...（人）' として入ることがあります．[8] 本来ならば 'say that... to A（人）' の語順になりそうなものですが，情報量が多くて重い that 節のほうが後ろに置かれています．具体的な語法問題を見ておきましょう

[8] 'say to A（人）that...' の形は学習用の英和辞典にも載っていますが，'to A' を入れるのは《比較的まれ》とか，'tell A（人）that...' の形のほうが普通といった注記がなされていることが多いようです（石渡）．

(23)　He (　　) <u>to</u> his wife how things were.
（彼は妻にどういう状況か説明した）←何を話したのでしょうドキドキ (-_-;)
① convinced　② explained　③ informed　④ told

'explain to A（人）B（物事）' という形で前置詞の to が必要になるというのがポイントです．正解は②です．他の選択肢の動詞は，次の 1.3.2 で見るように 'V＋A（人）＋節' の形で「人」と「節」を二重目的語としてとります．

1.3.2　tell タイプの動詞

伝達動詞の次の例として tell タイプを見ていきます．次の 3 つのパターンがあります．（例文には tell と convince をあげておきます）

(24)　tell, remind, convince, persuade（「納得させる」の意味での用法．「説得する」の意味での用法は 1.2.3, 5.1.1 を参照），warn, inform（ただし (24c) のパターンなし）

a. '動詞 A（人）that...'（A に ... と話す／確信させる）
▶ He **told** me **that** he was coming.（彼は私に来ると言ってました）
▶ I couldn't **convince** him **that** he was mistaken.
（私は彼が間違っていると彼にわからせることができなかった）

b. '動詞 A（人）of B'（A に B のことを話す／納得させる）
▶ They **told** us **of [about]** their misfortunes.
（彼らは私たちに自分たちの不幸について話した）
▶ I couldn't **convince** him **of** his mistake.
（私は彼の間違いを彼にわからせることができなかった）

c. '動詞 A（人）to *do*'（A に ... するよう話す／説得して ... させる）
▶ **Tell** him **to** wait.（彼に待つよう言ってください）
▶ I **convinced** him **to** buy the car.[9]
（私は彼を説得してその自動車を買わせた）

---

[9] 'convince A（人）to *do*' や 'persuade A（人）to *do*' は A に納得させた，A を説得できたということを含意します（宗像）．（もちろん，動詞 try を加えた "I tried to persuade her to come." では説得できたかどうか不明になりますが，説得できなかったことを含意することも可能です．実例としては，'tried to' は失敗を含意することのほうが多いようです．）

(24a) にあるように，このタイプの動詞は that 節 (that が先導する節) の内容を「人に確信させる・伝達する・警告する」という意味です．単に「言う」ではなく，「A (人) に」という目的語が入る点が重要です．たとえば日本語で「言って聞かせる」とか「言い含める」というときに「誰それに…と」という内容が必要で必ず話す相手のことが意識されているのと似たような感覚なのかもしれません．

具体的な語法問題を見ておきましょう．

(25) a. I tried to convince her ( ) that.
① about ② of ③ on ④ with
b. I ( ) the employees of our president's arrival.
① conveyed ② explained ③ informed ④ noticed
〈センター試験〉

(25a) に出ているのは tell タイプで (24b) のパターンの 'convince A (人) of B' という形です.「…について」という情報に関する部分は 'of…' の形で入ります．正解は②です．(25b) は「従業員たちに社長の到着を知らせた」という内容で 'inform A (人) of B' という形です．正解は③です．

なお，tell タイプの動詞と言っていますが，tell 自体は of を使った形よりも 'tell A (人) **about** B' という形がよく使われます (高橋)．「… について」という意味で about や of をとるのは(tell タイプ以外の) 'know of [about]' や 'think of [about]' でも同じです．また，tell は 'tell A (人) B (あること)' ("I told him my name.") や 'tell B (あること) to A (人)' ("I told it to everybody.") という形も覚えておきましょう．

さて, (24) にある動詞は目的語として2つの要素 (名詞句と 'of [about] …' / that 節 / to 不定詞) をとるのでした．次節では2つ目的語をとる典型的な例である「二重目的語構文」を見てみましょう．

1.3.3 give タイプの動詞 (SVOO の典型例)

授与を表す動詞のタイプについて見ましょう．このタイプは動詞の後に名詞句が2つ目的語として並ぶ二重目的語構文になります (いわゆる SVOO の型の代表的

な例です). 代表的な動詞と, 例文を 1 つあげておきます.[10]

➡ **'動詞 A (人) B (物など)' の形をとる代表的な動詞 (give タイプ):**
bring, hand, lend, offer, pass, pay, send, show, teach, tell, write

---

(26) a. They **sent** John the parcel.
(彼らはジョンにその荷物を送った (ジョンは受け取った))
b. They **sent** the parcel <u>**to**</u> John. (彼らはジョンにその荷物を送った)

(26a) は動詞 sent の後に John と 'the parcel' という目的語が 2 つ並んだ二重目的語構文 ('give A (人) B (物など)' の形) になっています. この場合, 荷物の「送り先 (John)」が「送られたもの (parcel: 小包)」を所有するという関係を含意するので「ジョンが荷物を受け取った」というところまで意味します. それに対して (26b) の形 ('give B (物など) to A (人)') の文では, 単に「ジョンに荷物を送った」ということで物が移動したという意味になります.[11]

少々大胆に言えば, (26a) では動詞 sent の後には 'John **HAVE** the parcel.' という「主部＋述部」関係が隠れており, (26b) では動詞 sent の後が 'the parcel **GO** to John.' という内容の「主部＋述部」関係になっているというわけです. もちろん **HAVE** や **GO** は表面には表れていませんが, (26b) で前置詞 to が生じているのはいわば '**GO** to' の中にある行き先／移動先を示す to だけが表面に出ていると考えてもいいでしょう.

二重目的語語法問題としては次のような成句にも注意しておきましょう.

---

[10] 本文中にあげた give などの動詞は間接目的語 (A (人)) を後ろにまわすと 'give B to A' の形になり, A には前置詞 to がつきます. 一方, 次のような動詞では間接目的語 (A (人)) を後ろにまわすと 'buy B for A' の形になり, A には前置詞 for がつきます (石渡).

☞ '動詞 A (人) B (物など)' の形をとる代表的な動詞 (buy タイプ):
bring, buy, choose, cook, find, get, leave, make, *etc.*

bring は give タイプと buy タイプのどちらにも入っています.

[11] 動詞 rent は「… を借りる [レンタルする]」という意味と,「… を貸す [賃貸する]」という意味がありますが, 二重目的語になるのは「… を貸す [賃貸する]」という意味のときです (下記 (ic)) (宗像).

(i) a. We **rented** an apartment **from** her. (彼女から部屋を借りた)
b. She agreed to **rent** the room **to** us. (彼女は私たちにその部屋を貸すことに合意した)
c. She agreed to **rent** us the room. (彼女は私たちにその部屋を貸すことに合意した)

(27) a. (　　) **it a try**. (試しにやってみよう)

① Do　　② Give

b. A mistake like that won't (　　) his political career a lot of **harm**.

(それくらいの失敗で彼の政治家としての経歴に大した傷はつかないよ)

① do　　② give

(27a) は "Give it a try." 全体で成句として覚えておけばよいでしょう.[12] (27b) の 'do A (人) harm'(A に危害／被害／損害を与える) という成句では, harm には great/much/no などの程度を表す語がつくこともあります.

もし物の移動がない状況であれば二重目的語構文にしかなりません. たとえば "Give me another chance." ではチャンスを移動させるわけではなく, 人 (この場合は「私」) に機会を「持たせる」ということですから "×Give another chance to me." とはなりません. あるいは, 「風邪をうつされた」なら "You've given me a cold." と言えますが "×You've given a cold to me." とは言えません.

なお, (26) にある文を受動文にしようとするとき, 主語になれるのは動詞の直後にある要素 ((26a) では John, (26b) では 'the parcel') に限られます.[13]

(28) a. John was sent ___ the parcel (by them).

b. The parcel was sent ___ to John (by them).

以上のように, give のようないわゆる授与動詞は二重目的語構文 ('give A (人) B (物など)' の形) になりますが, 二重目的語の形になる他の動詞の例もあげておきます.

---

[12] 次の例文も give を使い, かつ物の移動がない例です.

(i) Give it a good/hard push. (強く押してみろ)

物の移動はないので 'give a good/hard push to it' の形にはなりません. ジェスチャーを表す "He gave me a wink."(彼は私にウインクした) というときも二重目的語の形だけで 'give a wink to...' とはなりませんね (石渡).

[13] 現実の用例としては (28b) よりも (28a) のほうが普通です (新情報を文末に置くといった事情に従うのはもちろんです). また, (28b) では, 'to...' の部分の人が代名詞のときには to がしばしば省略されます. 詳しくは Swan (2005: 389) を参照のこと.

(i) This watch was given (to) me by my father.

(29) a. We **wish** you a Merry Christmas.（楽しいクリスマスをお迎えください）

b. It may have been a comedy, or it may have been a tragedy. It **cost** one man his reason, it **cost** me a blood-letting, and it **cost** yet another man the penalties of the law. 〈Doyle「3 人ガリデブ」〉
（それは喜劇だったかもしれないし，悲劇だったかもしれない．それのために 1 人の男は推理させられ，私は流血するはめになったし，もう 1 人の男にいたっては法の裁きを受けたのだ）
《'cost A B' で「A に B（損失・犠牲）を払わせる」「A に B（費用）がかかる」．11.1 (6a) も参照．'cost B 前置詞＋A' の形にはなりません》

c. "That must have **saved** them trouble," said Holmes, thoughtfully. 〈Doyle「入院患者」〉
（「それが彼らの手間を省いたにちがいない」ホームズは思案ありげに言った）
《'save A B' で「A の B（労力など）を省く」．11.1 (6b) も参照．"Save me some coffee."（私にコーヒー少し残しておいて）という使い方もあります．'save B for A' の形も可能です（"Save some coffee for me."）》

d. I can **spare** you five minutes if you have anything to say. 〈Doyle「最後の事件」〉
（何か言うことがあるなら 5 分ほど時間をとるよ）
《'spare A B' で「B を（自分のために使わないで）A に与える」の意味．詳しくは『アクティブな英単語力』pp. 61–62 を参照．'spare B for A' の形も可能です（"Could you spare five minutes for me?"）》

e. Because it would **spare** your Majesty all fear of future annoyance. 〈Doyle「ボヘミアの醜聞」〉
（なぜならそれによって陛下（your Majesty）に将来の災いをもたらすおそれがなくなりますから）
《'spare A B' で「A に B（問題や苦痛など）がふりかからないようにする」の意味．詳しくは『アクティブな英単語力』pp. 61–62 を参照》

f. Can I **ask** you a question?（1 つお尋ねしてもよいでしょうか？）
《"Can I **ask** a question of [to] you?" はかたい言い方．前置詞が to になっていることもありますが誤用とされるようです》

g. They **envied** (her) her wealth. / They **envied** her **for** her wealth.
（彼らは彼女の富をうらやましがっていた）
《上記左側の例のように，二重目的語の形に加え 'envy A（人）' の形も可能．また，上記の右側のように 'envy A（人）前置詞＋B' の形で前置詞を入れることも可能ですが，A と B の語順が二重目的語の形の場合と比べて入れ替わらないことに注意（石渡）．『アクティブな英単語力』p. 196 も参照》

1.3.4 provide タイプの動詞

下の動詞グループは前節の授与動詞に近い意味ですが with をともなう形が独特なので注意しましょう．

（30） 'provide A（物など）to B（人など）' / 'provide B with A' の形をとる動詞：[14] provide, supply, furnish, feed, present

これらは「供給する・贈与する」というタイプの動詞です．意味としては上の授与を表す動詞と似ているので，実際にアメリカ英語では 'provide B A'（B に A を供給する）という二重目的語構文で用いられることもありますが，通常は 'provide A to [for] B'（A を B に供給する）や 'provide B with A'（B に A を供給する）の形で用いられます．

（31） a. Bill **provided / presented / furnished** some books **to** the students.
（ビルは学生に数冊の本を提供した／プレゼントした／与えた）
b. Bill **provided / presented / furnished** the students **with** some books.

この場合も，give タイプの場合にならって次のように考えておけばわかりやすいでしょう．

（31′） a. Bill provided / presented / furnished [some books **GO** **to** the students]
b. Bill provided / presented / furnished [the students **BE** **with** some books]

（31′a）では 'some books **GO** **to** the students'（本が学生たちのほうに移動する）という内容が潜んでおり，（31′b）では 'the students **BE** **with** some books'（学生たちが本とともにある）という内容が潜んでいることを表しています．（31′b）は「誰が供給・贈与を受けたか」に重点を置いた言い方となります．

---

[14] equip や endow も '動詞 B（人）with A（物）' の形はとりますが，'動詞 A（物など）to B（人など）' の型はありません．動詞 equip / endow の後には 'B **BE** **with** A' が潜んでいます．一方，動詞 equip / endow の意味内容は A（物など）の移動ということを含意しないため，'B **GO** **to** A' という関係がそぐわない equip / endow には '動詞 A（物など）to B（人など）' の型がないと考えられます．なお，equip には '動詞 A（物など）for B（人など）' の型もあります．

文法問題としては，次の（32）の例文のように受動文になって B（人）が前に出ているような例にも注意しておきましょう．

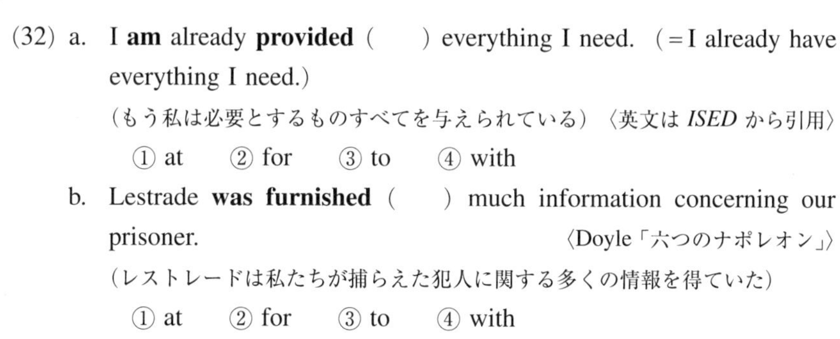

(32) a. I **am** already **provided** (　　) everything I need. (=I already have everything I need.)
（もう私は必要とするものすべてを与えられている）〈英文は *ISED* から引用〉
① at　② for　③ to　④ with

b. Lestrade **was furnished** (　　) much information concerning our prisoner. 〈Doyle「六つのナポレオン」〉
（レストレードは私たちが捕らえた犯人に関する多くの情報を得ていた）
① at　② for　③ to　④ with

（32a）の文は受動文になっているので，動詞 provided の目的語（I）が下線部の元位置から文頭に移動しているためにわかりにくくなっていますが，'provide B（人）with A（物）' の形です．下の（32a′）のようになっています．

(32a′) [B I] am already **provided** ____ **with** [A everything I need]

（32b）は動詞 furnish が用いられている例です．（32a）と（32b）のいずれも正解は④の with になります．

1.3.5 deprive タイプの動詞

次の deprive タイプに出てくる前置詞 of には注意が必要です．

(33) 'deprive A（人・場所など）of B（物・権利など）' の形をとる動詞：
rob, deprive, cure, clear, relieve, rid

deprive は「権利を侵害する」といった意味で，rob は「（不法な手段で）強奪する」といった意味です．文法・語法問題としては，前置詞が何かと問われたり，動詞に続く語順が問われたりします．（34b）は問題形式にしてあります．

(34) a. … the terrible event occurred which has **deprived** me **of** my only companion. 〈Doyle「まだらの紐」〉
(その恐ろしい出来事が起きて私からたった 1 人の話し相手を奪ったのです)

b. 下の文の（ ）内の語句を正しく並べ替えなさい．ただし（ ）内には不要な語(句)が 1 つあります．
The criminal **robbed** (from, of, the bank, two million dollars).
(犯人は銀行から 200 万ドル奪った)

(34b) の動詞 rob は強奪の被害を受ける場所や人などが直接目的語となり 'rob A (場所・人) of B (金品)' の形になります．正解は "The criminal robbed the bank of two million dollars."(from は不要) となります．もともと of は off と語源が同じですから,「分離を表す of」なんていう言い方をされるのを聞いたことがある人もいるでしょう．そうすると，たとえば (34b) では，動詞 robbed の右側の部分は「銀行－（マイナス）お金」という引き算の形になっていると考えるとわかりやすいでしょう．(あるいは 'the bank **LOSE** two million dollars' という形が潜んでいると考えてもいいでしょう．)

➡ 'rob the bank of two million dollars' は：
動詞 rob の後に '[the bank 🏢] – [two million dollars 💰]' という引き算がある．
↳この「－（マイナス)」記号として機能するのが of

(33) にある deprive や rob といった動詞は,「…(人・場所など) から何か本質的なもの（重要な物や権利など）を取り除く」という少々特殊な意味で，動詞の後に直接目的語として生じるのは影響を受ける人や場所などです．したがって，前置詞 of が示す「取り除かれる対象となる名詞句」は重要な物や権利などであることにも注意しておきましょう．[15]

deprive と rob だけに注意していると次のような問題に足をすくわれますよ．

[15] なお，rob は目的語 1 つだけでも文が成立しますが，deprive は必ず 'of…' が必要となる点に注意しましょう．
(i) Bill **robbed/deprived** Harry **of** his money. (ビルはハリーからお金を奪った)
(ii) Bill robbed/×deprived Harry. (ビルはハリーを（金品強奪の目的で）襲った)

(35)　Let me (　　) you of your bag. (=carry it for you)　〈*ISED*〉
（バッグをお持ちしましょう）
①bring　②help　③keep　④relieve

'relieve A of B' は「A（人）から B（荷物，苦痛など）を取り除いて楽にさせる」という言い方です．正解は④です．

次節では，deprive や rob の目的語が「影響を受ける人など」であることを少し考えてみましょう．

1.3.6　rob と steal

次の rob と steal の対比も語法問題の定番です．

(36)　a.　They stole money (　　) the bank.
①from　②of　③to　④with
b.　They have robbed him (　　) the treasure!　〈Doyle『四つの署名』〉
（奴らは彼から宝を奪い取ったのだ）
①from　②of　③to　④with
c.　We were (　　) our energy by the thin air and the steep paths in the high mountains.
①robbed from　②robbed of　③stolen from　④stolen of
〈センター試験〉

前置詞を選ぶ部分は，正解は（36a）が①で from，（36b）が②で of です．下線の引いてある目的語の部分にも注意しましょう．（36a）では銀行からお金を「こっそり盗み出す」という意味で動詞 steal が使われており，盗みだす対象（お金）に重点があるのでとられる物（money）が動詞の直後に続く形になります．それに対して，（36b）の rob は無理やりに，あるいは本質的なものを奪うことですから deprive タイプの形で影響を受ける人（him）が直接的な目的語として動詞の直後に続く語順になります．（36b）の例文では，人生をかけて大事にしてきた宝を奪うという話でしたし，少し前に出た（34b）では銀行に押し入って銀行に影響を及ぼすような大金を強奪したということがわかる例になっています．(36c) では受動文になったことで 'rob A (人) of B' の形のA (人) の部分が前置されて主語になっていることに気づけば大丈夫です．正解は②です．

steal タイプの語順になる例として次節では remove タイプの動詞を見ましょう．

1.3.7 remove タイプの動詞

次の remove タイプの動詞でも前置詞が介在する要素が生じます．[16]

(37) 'remove A (物) from B (物・場所)' の形をとる動詞：
remove, withdraw

(38) a. Please **remove** your things **from** the dining table.
(ダイニング・テーブルからあなたの物を片付けてください)
↑娘よ，食卓で勉強してもいいけど消しゴムのカスも捨てなさい

b. He **withdrew** his hand **from** the hot stove.
(彼は熱いストーブから手を引っ込めた)

これらは「ある場所 (B) から物 (A) などを移動させて取り除く」という意味の動詞ですから，移動する物が動詞の目的語となり，「…から」という場所に関する情報が 'from…' として生じています．'from…' の部分は，文脈から明らかであれば省略できます．

1.4 'X (動詞，前置詞) +「主部＋述部」' で注意する例

この章の最後として，動詞 (あるいは「動詞＋前置詞」) の後に「主部＋述部」が続くパターンで特に注意しておく例について見ておきます．具体的には 'think of' のような言い方に「主部＋述部」が続く構成になる例，that 節の中が '… (should +) 動詞の原形…' になる例，使役動詞や知覚動詞，そしていわゆる SVOC と呼ばれてきた例について見ていきます．

[16] 'borrow A from B' (A を B から借りる) という場合でも，同じように B から ('from B') 借りて物が移動すると考えてもよいかもしれません (宗像)．

1.4.1 '動詞＋of' の応用例

1.2.4 および 1.3.2 では，「…と言う」という意味の動詞に関して，「…について」という意味の 'of…' が入るということを見ました．そのほかにも「…について」という意味の 'of…' は「…と思う」，「…と知る・わかる」，「…と認める」という意味の動詞とともに生じます．

「…と思う」という意味の 'think of…' や 'think that…' なんて楽勝？ いえいえ，甘く見てはいけません．語法問題としては次のような 'think of' とか 'dream of' について応用的に there 構文と組み合わせた問題は難しい面があります．(39a) の文を見て，(39b) の英文を作れと言われたらなかなか大変ですよ．

(39) 下の a の文と同じ内容になるように b の文の（　）内の語句を正しく並べ替えなさい．

a. I never dreamed that **there was** such a famous person among my own ancestors.

b. I never **dreamed** (being / of / there) such a famous person among my own ancestors.

問題の英文は「私の先祖にそんな有名な人がいるなんて夢にも思わなかった←わが一族には残念ながらおりません (^^;」という意味です．(39a) では 'dream that…' の that 節の中が "there was such a famous person among …" という there 構文になっています．存在や出現を表現する there 構文ですが，この場合 'such a famous person' が存在するということが新しい話題として話の中に導入されています．意味としてはその 'such a famous person' が主語なのですが，英語の文の形を保持するために**（意味のない）there という語が形式的に**入っています．したがって，(39a) は次のように表せます．

(40) (…dreamed **that**) [節 [主部 **there**] [述部 **was** such a famous person among…]]

形式上の主語↑　　　↑意味上の主語

つまり，この形式的な主語 there は (39b) のように動名詞の being になっている例でもそのまま居座っているわけです．ですから (39b) は次のように表すことができます．

(41)　(…dreamed **of)** [節 [主部 **there]** [述部 **being** such a famous person among…]]
形式上の主語↑　　　　　　　　↑意味上の主語

このような面倒な例については，また第 5 章の冒頭で触れますので，ここでは (40) と (41) でなんだか語の並びが似ているなあというくらいで大丈夫です．なお，(41) では 'there being…' の部分は「主部＋述部」の形式になっていますから節です．動名詞が節を形成していることについては第 5 章で詳しく見ますが，(40) と (41) では同じように「(形式上の) 主語」と「述部」からなる「節」の形になっていることがわかるでしょう？

この項に出てきた 'of…' をとる動詞や 'be…of' の形になる形容詞をまとめておきます．[17]

(42)　think, dream, complain ; know, approve, boast ; be sure of (を確信している), be conscious of (に気づいている), be ignorant of (を知らない), be proud of (を誇りにしている), be ashamed of (を恥ずかしく思う), be afraid of (がこわい), be careful of (に気をつける)

ミニ講義　1：存在を表す there 構文

前節の終わりに there 構文が出てきましたね．それではミニ講義を 1 つ．ミニ講義は他にもありますが，いずれも「ふーん (·o·)」というくらいでのんびり読んでもらえば結構です．

さて，存在を表す there 構文は，"Once upon a time **there** was a little girl who lived in a village near the forest…."(むかしむかし森の近くの村に 1 人の女の子がおりました…) みたいな物語の冒頭のなどで典型的に見られるように，状況を説明する中で新しい情報を担う要素 (上の例であれば登場人物の女の子) を話や会話に導入する機能を持つ構文です．英語は「旧情報から新情報へ」という流れが基本原則になっていますから，この後に新しい情報が出て来るよという信号として there がまず置かれて新情報を後回しにする形を作っているのが there 構文です．日本語でも

[17] think/dream/complain (不満を言う) は 'V＋'that …' または 'V of [about]＋名詞句 ' の形をとります．これと少し違って，know/approve/boast は 'V＋that …' や 'V＋of [about]＋名詞句)' に加えて 'V＋目的語 (名詞句)' の形をとります．なお，boast (自慢する) が他動詞として直接目的語の名詞句をとるのは「(誇らしいものを) 持っている」という意味で使われるときです．

(i)　The museum **boasts** the largest collection of Japanese art in the world.
(その美術館は日本美術の世界最大級のコレクションを誇っている)

何の前触れもなしに「女の子がむかしあるところに…」といって物語を始めたのでは「が」のついている新しい情報がいきなり出て来てなんだか座りの悪い文になります．また，談話の中の新しい情報として「…がいる［ある］」ということを述べるわけですから，動詞は存在を表す be 動詞が使われるのが標準的な形です．[18]

上に述べたように，意味上の主語は新情報ですから不定冠詞の a/an がつくのが典型的です．文の形を整えるために節の主部の位置に置かれている there には意味内容はありません．“There are a lot of people here, aren't there?” と言えることからわかるように，場所については here と言っているのですから「そこに（で）」という意味の there とは違うものです．また，主語の現れる位置（付加疑問文の部分 ‘aren't there’）に生じていることからも形式的には主語であるといえます．

there 構文はすでにおなじみだと思いますが，この there に相当する語は日本語にはないので（39）に出てきた ‘there being’ のような形は注意しておきましょう．あるいは分詞構文（5.3.2 参照）として次のような例もよく出てきます．

(i) **There being** no fear of interruption I proceeded to burgle the house.
〈Doyle「退職した絵具屋」〉
（じゃまの入るおそれがなくなったので私はその家に押し入る（burgle）ことにしました）

なお，存在を表す there 構文では，意味上の主語としては新情報であるものが置かれるので，旧情報つまり特定できるもの（the/this/that などのついた名詞句，固有名詞，代名詞など）はなじみません．[19]

---

[18] さらに，「存在」を表す動詞（exist, live, remain など）や出現を意味する動詞（appear, arise など）が用いられることもあります．

(i) a. Not far from him at Lewisham there **lives** a young doctor who is also a chess-player.
〈Doyle「退職した絵具屋」〉
（ルイシャムで彼のところからそう遠くないあたりに若い医者がいて彼もチェスをやるんだ）

b. Upon the fourth day there **appeared** a long telegram from Paris which seemed to solve the whole question. 〈Doyle「第二のしみ」〉
（四日目になって長い電文が発表されて謎がすべて解き明かされたかに思えた）

[19] 下のような例では of 以下の修飾語がある影響で冠詞が the になっていますが，ここでの ‘the possibility’ は意味的には ‘a…’ と同じようなものです．

(i) There's **the** possibility of improving the defects of the theory.
（その理論には欠点（defects）を改善する余地がある）

(ii) a. There is **another** possibility.（もう 1 つ可能性があるよ）
b. ×There is **the** possibility.

ただし，次のように該当するものの一覧表を読み上げるような場合は存在を表す there 構文ではなく，こういうタイプは「リストの there 構文」と呼ばれます．

(iii) Ms. A: How many can we get for our group?
Mr. B: Well, there's Tom, and Gladys, and Lucille…

〈Bolinger (1977) *Meaning and Form*〉

（「僕たちのグループに何人集められるかな？」「ええと，Tom と，Gladys に，Lucille …」）

さて，ここまでくれば次のような there 文の洪水（？）を見ても驚かないでしょう？ シャーロック・ホームズがワトソンに調査すべき人物をリストアップ←和製英語している場面です．一重下線部は，そこだけ見れば存在を表す there 構文のように見えるかもしれませんが，文章全体の中でリストの一部になっています．どれもリストに入る人物をあげているわけですから，存在を表す there 構文と違って，二重下線部のところで明らかなように，名前とか特定の人を指す 'his wife' といった名詞句を入れることができます．

(iv) No, no, we will preserve them upon our list of suspects. Then there is a groom at the Hall, if I remember right. There are two moorland farmers. There is our friend Dr. Mortimer, **whom I believe to be entirely honest,** and there is his wife, of whom we know nothing. There is this naturalist, Stapleton, and there is his sister, **who is said to be a** young lady of attractions. There is Mr. Frankland, of Lafter Hall, who is also an unknown factor, and there are one or two other neighbours. These are the folk who must be your very special study.

〈Doyle『バスカヴィル家の犬』〉

（いやいや，彼らは容疑者（suspects）のリストに入れたままにしておこう．それから館（Hall）にはたしか馬丁（groom: 馬の世話をする人）が 1 人いたね．荒地（moorland）の農場主が 2 人．我々の友人モーティマー先生，彼はシロだと信じているが，奥さんもいて，彼女のことは何もわからない．例の博物学者のステイプルトンがいて，妹があるのだが，若くて魅力的な女性だそうだ．ラフター邸にはフランクランド氏，これも未知の要素で，1 人 2 人隣人（neighbour《英》= neighbor）がある．君にこの人たちを特別調査してほしいのだ）

なお，there 構文とは関係ありませんが，（iv）の中の太字にしてある部分はよく確認しておきましょう．動詞（believe，'is said'）の右側は to 不定詞節になっていて，その主部の部分（whom，who）が関係代名詞として左側に移動しています．

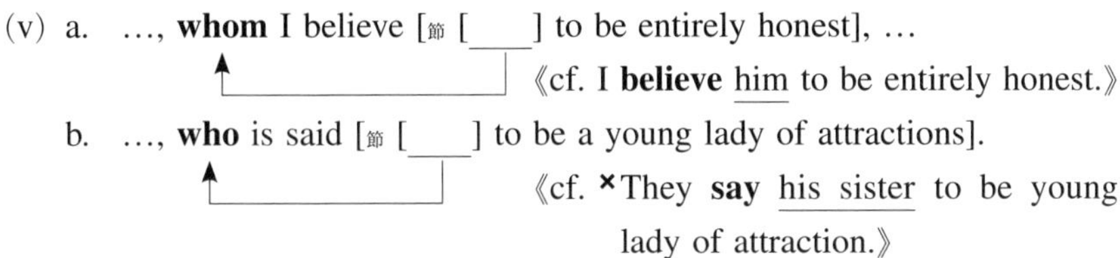

（v）a.　…, **whom** I believe [節 [＿＿] to be entirely honest], …
《cf. I **believe** him to be entirely honest.》
b.　…, **who** is said [節 [＿＿] to be a young lady of attractions].
《cf. ×They **say** his sister to be young lady of attraction.》

このような例については，ミニ講義 5 で扱っています．また，（vb）の形については 4.1 でも扱います．《　》に示したように，（va）の believe の場合とは異なり，say が能動態で 'to be…' の意味上の主語（ここでは 'his sister'）が元の位置にとどまる形は許されません．

1.4.2　suggest タイプ

1.3.1 および 1.3.2 では伝達動詞をはじめとする that 節をとる動詞について見ましたが，今度は that 節の中が少々くせのある動詞について取り上げましょう．

（43）　'**suggest** [that 主語（**should**）動詞の原形…]' の形になる動詞：
suggest, propose, recommend; advocate; insist, request, require, demand, ask; order, urge; decide; advise

意味としては，「提案；主張；要望；命令；強制；決定；忠告」などさまざまに分類できるでしょうが，「… すべし」という意味内容を持つ動詞とひとくくりにして理解しておけば十分でしょう．これらの動詞では that 節の中に義務や助言の意味を表す助動詞の should が入り，それに動詞の原形が続きます．アメリカ英語では should が出ていなくても動詞が原形になる用法があります．次の（44a）を見てください．（44b）は問題形式になっていますから考えてみてください．

（44）a.　I strongly **recommend** that you **should stop** smoking at once.
＝I strongly recommend you to stop smoking at once.
（直ちに禁煙するよう強くお勧めします）

b. Then may I recommend that you return there and (　　) on hand in case I should want you?

〈Doyle「レディ・フランセス・カーファックスの失跡」〉

（それでは，そこにお戻りいただき，私があなたにいつでも連絡を取れるよう待機していて（on hand）くださいますか？）

① are　② be　③ being　④ would be

(44a) の例では，主節の動詞が recommended で過去形だからといっても時制の一致で stopped になるわけではなく，suggest タイプの動詞なので 'should stop' または原形の stop になります．should が入らない場合，動詞が be 動詞であれば be，否定の not が入る場合であれば「not＋動詞の原形」という形になります．[20] (44b) の問題では，(　) の左側にある動詞 return は原形で，(　) 内に入るのも同様に原形の be となります．正解は②です．日本語訳にあるように，'on hand' は「近くに居合わせている」とか「出席している」あるいは「準備ができている」という意味です．

なお，「suggest タイプ」と言いながら，(43) にある動詞は (44a) にあるように that 節の代わりに to 不定詞をつかった使った形でもよいのですが，suggest だけは to 不定詞をつかった形はなくて that 節をとる形になります．次の問題を見てみましょう．

(45) Our family doctor suggested that our son (　　) a complete medical checkup every year.

① get　② getting　③ is getting　④ to get　〈センター試験〉

「主治医は私たちの息子が毎年健康診断をうけるようにと提案した」という内容で，should がなくて動詞の原形が入る形です．正解は①の get です．すぐ上で述べた通り，'suggest A（人）×to *do*' の形はありませんので注意しましょう．

---

[20] 例文をあげておきます．

(i) a. We ask that justice **be done.**（私たちは正義がなされることを求めます）

b. The doctor recommended that I **not go** to work for a couple of days.
（医者は私に仕事を 2，3 日休むように勧めた）

念のためにつけ加えておきますが，suggest が「… すべし」ではなく「… であると示唆する」という意味の場合にはもちろん ‘should *do*’ や動詞の原形が入った形ではなく普通に時制の情報がある that 節になります．また，recommend は that 節や ‘recommend A（人）to *do*’ の形のほかに，次のような問題にも注意しましょう．‘your muscles feel stiff’ は「筋肉がこわばった感じがする」という意味です．この feel の用法にも注意．

(46)　If your muscles feel stiff and you want your body to be more flexible, I recommend (　　) yoga exercises.
　① did　② do　③ doing　④ done　〈センター試験〉

ここでは recommend が動名詞を目的語としてとっています．正解は③の doing です．

1.4.3　使役動詞

使役動詞について見ましょう．使役動詞は英語では Causative Verb といいます．cause の意味は「（偶発的に，非意図的に）ある事象を引き起こす」ということです．「ある事象」の部分には，たとえば “Careless driving causes accidents.”（不注意な運転が事故を引き起こす）のような例の下線部のように名詞句が入ります．あるいは ‘cause A to *do*’ で「A（人）に … させる」の意味になります．

(47)　What caused [名詞句 you] [動詞句 to change your mind]?

上の例はいわゆる無生物主語の what ですが，「君が心変わりをするという事態を引き起こした」のが何であるかと尋ねています．こなれた日本語としては「どうして心変わりしたの（なにが君に心変わりさせたの）」ということになります．（無生物主語は「意外感」を表すのに有効です ⇒ 11.1 参照）

使役動詞としては cause よりも make，have，let が語法問題でよく使われるようです．次の（48）は make と let の例です．いずれも目的語に続く動詞は原形になります．

(48) a. What (　　) you think so? (どうしてそう思ったのですか ?)
① caused　② forced　③ had　④ made
b. … but I judged it better (him / let / think / to) he had fooled us.
〈Doyle「3 人ガリデブ」〉
(しかし僕は彼に僕たちをだましとおせたと思わせておくのがよいと判断したのだ)

(48a) は 'make A *do*' の形で「A に (強制的に) … させる」(＝force A to *do*) という意味ですから正解は④です. (48b) は 'judge it better [to let him think …]' の形で, it が [to let him think …] の代用として動詞 judge の目的語の位置にあることに気づけば簡単です. [　] 内の to 不定詞以下は 'let A *do*'「A に (望み通りに, 勝手に) … させる」(＝allow A to *do*) の形です. 日本語訳が「… させる」となるので同じような語と思いがちですが, 意味の違い (make は force や compel に近い感じ, let は allow や permit に近い感じ) をきちんと理解しておきましょう.

意味や語順が似ている動詞として help「(人を) 手助けして … させる」があります.

(49) I sometimes **help** my daughter **do** her homework.
(私はときどき娘が宿題をするのを手伝います) ←内緒ですが, これ実話ですな (´ ∀`)

'help A to *do*' の形も可能です (《米》では to が入っていない形がよく使われるようです).

なお, 次の (50a) の文に含まれている 'make *one*self understood' は (understood は過去分詞形)「自分の言うこと (考えやことば) を人にわからせる」という成句で別の構文です. (50b) の文に含まれている 'make *one*self heard' も同じように 'make *one*self 過去分詞 ' の形です.

(50) a. He was able to **make** him**self** **understood** in French.
(彼はフランス語で意思を伝えることができた)
b. There was so much noise in the classroom that Hisako could not **make** her**self** **heard**.
(教室内がとてもうるさかったのでヒサコの声は聞こえなかった)〈センター試験〉

さて, 上で見た make や let とは少しニュアンスが異なるのが have です. make

のように「A に強制的に嫌なこと・不利なことをさせる」であるとか，let のように「A が望む通りに［勝手に］させる」といったような，目的語（A に入る人など）にとってどうであるかという観点の語ではありません．パターンもいくつかありますから，語法問題で難しいのは have かもしれませんね．下に整理しておきましょう．[21] 下の例の下線部にある要素の形を確認しながら見てください．

(51) a. 'have A 形容詞' または 'have A *do*ing'

「A を …（形容詞／*do*ing（現在分詞））の状態・様子・局面にする［しておく，させておく，保つ］」

▶ "I suppose you **have** everything ready to leave."〈Doyle「最後の挨拶」〉
（立ちのく準備はすべてできているのだろうね？）

▶ He **had** us laughing all through the meal. 〈Swan 2005: 209〉
（彼は食事の間中私たちをずっと笑わせていた）

▶ No, no, we should **have** him loitering here always.
〈Doyle「ぶな屋敷」〉
（いやいや，奴をずっとうろつかせる（loiter: ぶらぶら歩く）ことになってしまいますよ）

b. 'have A *do*（原形動詞）'

「A（人）が…するようにさせる」（have に強勢が置かれます）
《業者や専門家あるいは部下や子供など目下の人に仕事を依頼する〔仕事をさせる〕という意味です》

▶ Please **have** the boy bring these things to my house. 〈*ISED*〉
（その少年にこれらのものを私の家に運ばせてください）

▶ What would you **have** me do? 〈*ISED*〉
＝What do you want me to do?
（私に何をしてほしいのですか）

c. 'have A *done*'

・「A（物（ときに人））を…してもらう・させる」（have に強勢が置かれます）

---

[21] 'have A *do*ing' と 'have A *do*' の違いについて，前者は「何か工夫してだれかにうまく … させる」（succeed in making someone do something by acting in a particular way）という意味で，後者は「だれかに…するように命ずる，あるいは，取り決める（やってもらう）」（order or arrange that somebody does something）という意味であると説明されることがあります（『現代英文法総論』を参照）．

《上の b と同じく，業者や専門家あるいは部下や子供など目下の人に仕事を依頼して A を … してもらうという意味です．日常的な行為などでは have が使われますが，努力などが必要な困難なことをさせるという場合に have の代わりに get が好まれることがあります．》

▶ I must **have** (＝get) my hair cut.
（私は髪を切ってもらわなければならない）

▶ We ought to **have** her examined by the doctor. 〈*ISED*〉
（彼女を医者に見てもらうべきだ）

▶ "One would think that we were the criminals. Let us **have** him arrested on his arrival." 〈Doyle「最後の事件」〉
（人が見たら僕たちのほうを悪者だと思いかねない．奴が追いついたところで逮捕してもらおうよ）
《この例のように have の目的語として「人 (him)」がくることがあります》

・「A を … される」
《内容が悪いことであれば「A を … (V) される」という被害の意味の日本語訳になります（この場合は V-ed に強勢が置かれます）》

▶ He **had** his pocket picked. (＝Someone stole something from his pocket.)（彼はスリの被害にあった） 〈*ISED*〉

▶ He **had** his leg broken. (＝He broke his leg by accident) 〈*ISED*〉
（彼は足の骨を折った）

具体的な例を確認しておきましょう．

(52) a. Let's take a break now. We (　　) cakes and coffee ready on the table.
① are fixing　② have　③ share　④ will prepare 〈センター試験〉

b. I had the door (　　).
（私はドアをあけたままにしておいた）
① to open　② open　③ opening

c. I had the water (　　) in the bathtub.
（私はバスタブの水を出しっぱなしにした）
① to run　② run　③ running

d. I'll have him (　　) tomorrow.

（彼に明日来させましょう《使役》）

① be coming　② come　③ coming　④ to come

e. I had my wall (　　).

（家の壁を塗ってもらった）

① to paint　② paint　③ painting　④ painted

いずれも have の例です．動詞 have の元来の意味は「…をもつ」ということですから，使役の意味としても「…を〜の状態でもつ」ということが根っこにあると考えるとわかりやすいかもしれません．「…を（〜の状態で）もつ」という概念が，形式としては have の後に「…が〜の状態だ」という主部・述部の関係を表す表現が続くという形に込められているということです．具体的に（52）の正解を考えながら見てみましょう．

（52a）は「休憩しましょう．ケーキとコーヒーがテーブルに用意してあります」という内容で，正解は②の動詞 have を選びます．ここでは「cakes and coffee が ready という状態だ（cakes and coffee are ready）」という主部・述部関係が have の後に含まれています．

（52b）は ‘have A 〜’ の形（〜は形容詞・名詞・副詞）で「A（人や物）を〜（という状態）にしておく」という言い方です．正解は②の open（形容詞「開いた」）です．[22] ここでも have (had) の後には「the door が open という状態だ（the door is (was) open）」という主部・述部関係が潜んでいます．③の opening だと，‘the door is (was) opening’ が含まれているということになり「ドアが開きつつあるようにしておいた」（？）といった内容になってしまって変ですし，少なくとも設問にある日本語訳とは違います（森）．

（52c-e）は have の後に続く主部・述部関係の述語に動詞が入っています．「…を〜の状態でもつ」という言い方の一種として，いわば「〜する…をもつ」という意

[22] “I had the door opened.” というように opened とすることは可能ですが，意味の違いがあることに注意しましょう（石渡）．次の例で整理しておきましょう．

(i) a. I **had** the door open.
  b. I **had** the door opened.
  c. I **left** the door open.
  d. ×I **left** the door opened.

The difference between (ia) and (ib) is as follows (McAulay):

(ia′) The door was open. It was probably me who opened the door.
(ib′) The door was opened. I ordered a servant or member of staff to open it.

So (ib) has meaning, but (id) does not. It is grammatically wrong.

味になるというと大胆過ぎるかもしれませんが，have の後に「…が〜する」という主部・述部関係が潜んでいるわけです．

(52c) は 'have A *doing*' の形で「A（人や物）に〜させておく」という言い方です．正解は③の running です．have のあとに「水が流れている」という主部・述部関係が含まれていますが，問題の文は「水を出しっぱなしにしている」という意味ですから，have の後に含まれているのは，水がいま流れている状態だということを表せる進行形の 'the water is (was) running' であると考えるのが適切です（この文脈に 'the water runs' は合いませんよね（森））．

(52d) は 'have A *do*'（＝get A to *do*《下記 (54) 参照》）の形で「A（人）に〜させる」という言い方で，当然してもらえることを指示するという文脈で使われます．have の後にいわば "he will come" といった内容が込められています．正解は②の come です．[23]

(52e) は 'have A *done*' の形で「（お金を払って）A を〜してもらう」という言い方です．この場合は，have の後に "my wall is painted" といった受動文的な内容が込められています．正解は④の painted です．

(52d) も (52e) も大胆に言えば have の後に続く主部・述部関係が表す出来事を「もつ」という内容です．ただし，(52d) では主語（I：私）はその出来事が生じる原因となる「使役主」として解釈され，(52e) ではその出来事の結果を被る「経験者」として解釈されるというわけです．[24]

整理できたところで問題をもう 1 つやってみましょう．

---

[23] 専門的な話になりますが，'have A *do*' の動詞 *do* の部分には進行形 (be *doing*) 受身形 (be *done*) の助動詞 be は生じることができません．したがって，選択肢①にある 'be coming' のような形にはなりません．それに対して，'make A *do*' や 'let A *do*' の動詞 *do* の部分には助動詞が生じることができます．

(i) a. John {made/ ×had} Bill **be arrested**.（ジョンはビルを逮捕させた）
《(51c) の "Let us have him **arrested** …" と比較してみてください．ただし "John made Bill be arrested." を不可とする話者もいます》

b. John let Bill **be promoted**.（ジョンはビルを昇進させた）

c. John {makes/ ×has} Bill **be shelving** books whenever the boss walks in.
（ジョンは上司が入って来るときには必ずビルに本を棚に入れさせている）

この違いについては，'make A *do*' や 'let A *do*' の 'A *do*' の部分は一種の節になっているので助動詞が入りうるのに対して，'have A *do*' の 'A *do*' の部分は節の形になっていないので助動詞が生じる場所がないと考えられています．詳しくは『英語の主要構文』p. 127 を参照してください．(47) にある 'cause A to *do*' の 'A to *do*' の部分は「to 不定詞節」という一種の節です．to 不定詞が節を形成するという点については第 5 章で扱います．

[24] 使役主になるのか経験者として解釈されるかは，要するに have に続く主部・述部関係の表す出来事の前か後かということですから，次の例は 2 通りの解釈が可能です．

(53) My wife wanted to have our son (　　) dinner for us, but I ordered a pizza instead.
① cook ② cooked ③ cooks ④ to 〈センター試験〉

もう迷いませんね．「妻は息子に夕食を作らせたかったが，私はそうせずピザを注文した」という内容で，正解は ‘have A *do*’ の形になる①の cook です．動詞 have の後には ‘our son will cook…’ という主部・述部関係があります．ざっくり言うと，私の妻は ‘our son will cook…’ という状況を「もつ」ことを望んだ（のだが…）ということです．

なお，get も上述 have とほぼ同じ使い方（上記（51a）および（51c）に対応）があります．

(54) a. I must **get** the breakfast ready / cooked.《(51a) と (51c) 参照》
（朝食の支度をさせなければならない）

b. Don’t **get** him talking about his illness.《(51a) 参照》
（彼に自分の病気について話させるな）
《‘get + 目的語 + *do*ing’ の形は ‘make somebody / something start …ing’（人・物に …し始めさせる）の意味〈Swan 2005: 200〉》

c. See if you can **get** the car **to** start.《(51b) 参照．ただし to 不定詞になります》
（その車を始動させられるか見てください）
《‘get + 目的語 + to 不定詞’ は ‘make somebody / something do something’（人・物に … させる）または ‘persuade somebody / something to do something’（人・物に言うことをきかせて …（困難なことを）させる）という意味合い〈Swan 2005: 200〉》

d. He **got** his wrist broken.
(≒He broke his wrist by accident.)《(51c) 参照》
（彼は手首を故障した）
《不注意や外的な力で被害を受けたというニュアンス〉》

(i) John **had** half the students walk out of his lecture.
（ジョンは，半数の学生に講義室から出て行かせた）《ジョンが使役主》
（ジョンは，半数の学生に講義室から出て行かれた）《ジョンが経験者》
詳細な説明は『英語の主要構文』p. 127 を参照してください．

例を少し見ておきましょう．

(55) a. Scott went to the police station because he (　　).
① caused his computer stolen ② got stolen his computer
③ had his computer stolen ④ was stolen his computer
〈センター試験〉

b. He (A) his umbrella (B) in the door by accident when he boarded the rush hour train.
① A: got B: caught ② A: got B: to catch
③ A: made B: caught ④ A: made B: to catch 〈センター試験〉

(55a) は「コンピュータを盗まれた」ということで，'have A 過去分詞' の形になります．正解は③です．(55b) では 'get A 過去分詞' の形で，「ドアに傘をはさまれた」という悪い内容ですので「A を … (V) される」という被害の意味になります．正解は①です．

なお，(54c) にあげたように，(51b) の have の用例に相当する get の用法では原形不定詞ではなく to 不定詞になります．

(56) a. I can't **get** anyone <u>**to**</u> do the work.
(=I can't get the work done by anybody.)
(私はこの仕事を誰にもやってもらえない)

b. I can't **get** this old radio <u>**to**</u> work.
(この古いラジオを聞けるようにはできない)

また，have は当然やってもらえるような文脈で，get は頼んだり説得たりしてやってもらうような状況で用いられるというように使い分けられます．具体例を見ておきましょう．(57b) は問題形式です．

(57) a. I **had** my daughter clean the dishes.
(娘が皿を洗ってくれた) ←わが家？ (´∀')

b. I **got** my son (　　) the dishes. (息子に言って皿を洗わせた) ←高橋家？
① clean ② to clean ③ cleaning ④ cleaned

'get A to *do*' の形ですが，'have A *do*' の場合とのニュアンスの違いや to があることに注意しましょう．正解は②です．

'get A to *do*' が 'have A *do*' のニュアンスが異なることやto不定詞になる点は，動詞 have と get の違いから出てくるのかもしれません（森）．(52) の下で見たように，'have A *do*' は「A が～する」という出来事を「もつ (have)」というのが根っこにある感覚だとすると，(57a) であれば「娘が皿を洗う」という出来事を「もつ」というのが中核的な内容になります．「持っている」という状態を表す have と違い，(57b) にある get は動作や変化を表す動詞ですから，「皿を洗う」という状況に移行するという意味合いになり，また，まだ起きていないことを述べるという機能を持つ to 不定詞と相まって，「息子が（これから）皿を洗う」という事態に「する」というのが中核的な内容になると考えることができるかもしれません．そんなふうに見ていくと 'get A to *do*' の型の持つニュアンスが理解しやすくなりますね．

1.4.4　知覚動詞

知覚動詞も使役動詞の場合のように，目的語に動詞の原形が続きます．よく取り上げられる知覚動詞としては次のものがあります．[25]

(58)　see（見る），watch（観る），hear（聞く），feel（感じる），think（思う），consider（思う），find（発見する），catch（見つける），smell（においを感じる），observe（気づく），sense（感じる），notice（気づく）

これらの知覚動詞とそれに続く要素がつくる形は次のようになります．

(59) a.　'…V A [動詞句 V…]'《動詞句内の V は動詞の原形》
　　 b.　'…V A [動詞句 V-ing…]'《V-ing は動詞の ing 形＝現在分詞》

次の例文がそれぞれ上の (59a) と (59b) の形にあてはまります．

(60) a.　I **saw** him **change** the tire.
　　 b.　I **saw** him **changing** the tire.

---

[25] 知覚動詞 see の類推から 'look at' で 'look at A *do*/*doing*' の形が取り上げられることがあるかもしれませんが，この形は認めない人も多いので使わないほうが無難です．命令文で 'Look at A *do*' の形は受け入れられるようです．

日本語にするといずれも「私は彼がタイヤを交換しているのを見た.」という日本語訳になりますが，動詞の原形が使われている（60a）は動作が完結するまで見ていたという含みがあります．現在分詞の使われている（60b）は動作の一部を意味すると説明されていることが多いようです．

さて，この例で him と change/changing は意味的には「主部＋述部」の関係にありますから “He changed the tire.” とか “He was changing the tire.” という能動文と同じような意味内容です．次の語法問題のような例でも，知覚動詞に続く部分の「主部＋述部」関係に注意しましょう．

(61) a. When I looked out of the window last night, I saw a cat (　　) into my neighbor's yard.
① is sneaked　② sneaking　③ sneaks　④ to sneak
〈センター試験〉
b. I heard my name (　　). (私は自分の名前が呼ばれるのを聞いた)
① call　② called　③ calling　④ to call

知覚動詞 saw/heard に続く部分が「主部＋述部」関係になっていますが，(61a) では ‘I saw [主部 a cat] [述部 sneaking]’，(61b) では ‘I heard [主部 my name] [述部 called]’ という形です．また，(61a) では “A cat is sneaking.” という意味関係になっていますから，空所には③の sneaking が入ります．(61b) では “My name is called.” に相当する意味関係が ‘my name’ と ‘called’ の間に成立しています．本来なら “I heard my name be called.” となりそうなものですが，**「知覚動詞が受動態の不定詞をとる場合は，be 動詞は削除されなければならない」**（『現代英文法総論』p. 680）という規則がありますので，過去分詞形 called だけがある②が正解です.[26]
もう 1 つやってみましょう．

---

[26] なぜこのような規則があるのかは不明です．あるいは “I heard my named being called.” の being が省略されているという可能性もあるかもしれませんが，“I heard my named called.” とは意味がやや異なる（being があるときは進行中の一時点）という問題が生じることになります．

(62)　I really hate to see food (　　), so I always try to eat everything on my plate.

　① have wasted　② to be wasted　③ to waste　④ wasted

〈センター試験〉

ここでは “food is wasted” という意味関係になっていますから，空所には④の wasted が入ります．

なお，下の（63a）のように知覚動詞が受動化された場合には，その後の不定詞は to 不定詞にならなければならないということが文法書に書いてあります．同じ現象は使役動詞の make でも見られますので注意しておきましょう．（63b）は受動文なので ‘make A *do*’ の do の部分が to do になっています．

(63)　a.　Nobody **was seen to** enter the lab after 5 o’clock.
（5時以降は実験室に入ったのを誰も見られていない）

　b.　John **was made to** stay after school.
（ジョンは放課後に居残りさせられた）

問題形式でも見ておきましょう．

(64)　To recover his strength, the patient was made (　　) his arms above his head many times every day.

　① raise　② rise　③ to raise　④ to rise　〈センター試験〉

「体力を取り戻すために，その患者は毎日何度も両腕を頭より上にあげる動作をさせられた」という内容で，正解は to 不定詞の形になっている③の ‘to raise’ です．（rise は自動詞です．）

（63a）のような知覚動詞の受動文は see のような静的・受身的な知覚動詞の場合に可能で，watch, listen to, notice といった動的・積極的な知覚を表す動詞の場合は受動文になりません．また，このタイプの受動文は裁判などでの証言とか新聞などの報道といった中で使われるくらいで，日常的に使われるものではありません．とはいえ，これをうろ覚えのままにしていると次のような例で混乱しますので注意しましょう．

(65)　The thief was caught (　　) a television from the hotel.
　① stealing　② to steal　③ stolen　④ stole　〈センター試験〉

このような問題で，うっかり早合点して to 不定詞を選んだりしないよう注意しましょう．この catch は「(よくないことをしているところを) 見つける」という意味です．主語の ‘The thief’ はそれがもともとあった位置から受動文の主語として文頭に移動していることに注意しましょう．

(65′)　[The thief] was caught [____] stealing a television from the hotel

もともとは ‘the thief’ は下線部の位置にあって動詞 ‘steal’ とは ‘the thief is stealing…’ のような意味関係です．そして，そもそも知覚動詞としての catch はその後に「目的語＋原形動詞」という形をとりません．これは動詞 catch の意味が「…している最中に」とか「…しているところを」つかまえる［とらえる］ということであるというのが理由です．

(60) の下で述べた通り，知覚動詞の後に「名詞句＋動詞の原形」がくる ‘… V A [動詞句 V…]’ の形では「動作の全過程」が知覚の対象になります．たとえば “I saw him cross the street.” は「道を渡り終えるまで見た」という意味になります．一方，知覚動詞の後に「名詞句＋動詞 -ing」がくる ‘…V A [動詞句 V-ing…]’ の場合は「動作の一時点」を知覚の対象にできます．(65) の例文のベースにある形は ‘…**caught** the thief steal**ing**…” です．したがって (65) は「その泥棒はホテルからテレビを盗み出しているところを目撃された」という内容で，正解は①の stealing です．[27]

1.4.5　keep / leave A running / locked / open（SVOC の典型例）

keep や leave には次の例のように V-ing 以外にもいろいろなタイプの述語が続きます．(いわゆる SVOC の例です.)

[27] なお，catch は「…を捕える」という意味もありますから，次の例は 2 通りに解釈できます．
(i)　I caught the girl smoking a pipe.
(その少女がパイプたばこを吸っているところを見つけた／パイプたばこを吸っている少女を捕らえた)　〈『現代英文法総論』p. 638〉

(66)　'keep / leave A **running / locked / open**'

keep なら「A を … のまま保つ」, leave なら「A を…のままほうっておく」という日本語訳になります.

(67) a.　You shouldn't leave your car engine (　　) when pumping gas.
（給油中に車のエンジンをかけたままにしておいてはいけません）
① be running　② run　③ running　④ to run
b.　Bill, please keep the window (　　) while the air conditioner is on.
① close　② closed　③ closing　④ to close　〈センター試験〉

(67a) の例では, **'leave** [A your car engine] **running'** の形で, "Your car engine is running." という状態のままにしておくという意味内容になります. 正解は③ running です. (67b) のように「ドアを閉めたままにする」というのであれば "The window is closed." という関係ですから '…**keep** [A the window] **closed**…' となります. 解答は②の closed です（形容詞の close は「近い」という意味ですからこの文脈では使えません（石渡））.

(52) でも触れましたが, open の例には少し注意しましょう.

(68)　Look!　There's a dog in the hall. Someone must have left the door (　　).
① be opened　② open　③ opening　④ to open
〈センター試験〉

上の例の open は形容詞 ("The door is **open.**") です. 正解は②の open です.

1.4.6　make / believe＋[主部＋述部（形容詞句）]

これも, いわゆる SVOC と呼ばれてきたタイプの文型で,「動詞＋目的語＋形容詞(句)」という語順になっていますが, 動詞の後に続く部分が「主部＋述部」の関係であることを理解しましょう.

(69) a. She made [(主部) her father (述部) angry]. (彼女は父親を怒らせた)
b. Wipe [(主部) your hands (述部) clean]. (手をきれいにふきなさい)
c. She found [(主部) him (述部) (to be) boring]. (彼女は彼を退屈に思った)

(69a) では「父親が怒っている」という事態を起こすということで，(69b) では「手がきれいだ」という状態にする，(69c) は「彼が退屈な人だ」ということがわかるという内容です．どの例も［　］の中は「主部＋述部」の意味内容になっていることだけ意識できればよいでしょう．[28]

ミニ講義　2：二次述語

「述部」は常に節という形で主部と連結してまとまりを構成するわけではなく，ときに注意が必要な場合があります．次の例を考えてみましょう．従来の学習文法では，下の例の (i) の太字の部分 (young, young) はいずれも「主格補語」とされますし，(ii) の太字の部分 (raw, public) はいずれも「目的格補語」としていっしょくたになります．しかしながら，(ia) は (ib) のタイプの文とは異なりますし，(iia) は (iib) の文とは別種です．(ib) の "He looks young." といったタイプの文は 'young' の部分なしには成立しませんし，(iib) のような文は 'public' の部分が必須要素です．それに対して (ia) の "Kennedy became president." とか (iia) の "He ate the meat." といった部分はそれだけでも文として成立します．

(i) a. Kennedy became president **young.** (ケネディは若くして大統領になった)
b. He looks **young.** (彼は若く見える)
(ii) a. He ate the meat **raw.** (彼はその肉を生で食べた)
b. We made our study findings **public.** (私たちは研究成果を公にした)

(i) の例では主語 Kennedy に対して文末の形容詞 young は述語としての意味内容を持ち叙述関係にありますが，文（節）を形成しているのは "Kennedy became president" の部分です．ここでは Kennedy に対しての 'became president' がメインの述部なので，このような場合，young は「二次述語」と呼ばれます．1 つの節としては一応 "Kennedy became president" で一応完結しているのですが，その

[28] 言語学的には［　］の部分をどう分析するかいろいろと考えられています．「主部＋述部」の形になっていますから節のようなものですが，時制の情報はないので純粋な節とは考えません．なお，(69c) で 'to be' があるときは［　］の部分は通常の to 不定詞節ということになります．

Kennedy に対して young も副次的に述語として機能しています．いわば "Kennedy became president." と "Kennedy was young." といった2つの内容が合わさっている形といえます．

(iii)　[Kennedy became president] young

主部＋述部　　《Kennedy に対しての二次的な述部》

《グレーの部分が二次的な主部・述部の関係にある》

(ii) の例でも同じように考えることができます．ここでは，[He ate the meat] の部分がメインの主部＋述部で節を形成しています．そしてそれと同時に 'the meat' に対して raw が述語として機能して，いわばもう1つ "the meat was raw" という叙述関係を成立させています．ただし，'the meat' と raw は通常の形の節構造を構築しているわけではなく，これも二次述語の例です．

(iv)　[He ate the meat] raw

主部＋述部　　《the meat に対しての二次的な述部》

なお，二次述語には，上記の (i)-(iv) のように動詞が表す出来事に付帯する状況描写になるものと，次の (v) のように対象が被った作用の結果としての状態を表すものがあります．

(v) a.　[The river froze] solid.（その川が凍りついた）

主部＋述部　《↑the river に対しての二次的な述部》

b.　[She shot him] dead.（彼女は彼を撃ち殺した）

主部＋述部　《↑him に対しての二次的な述部》

この (v) のような例は特に「結果構文 (resultative construction)」と呼ばれます．

時制，進行形，完了形，仮定法

この章では，時制に関連する項目として，基本時制（現在・過去，未来表現），進行形，完了形，そして特殊な例として仮定法を取り上げます．

2.1 基本時制（現在・過去，未来表現）

2.1.1 現在形を活用しよう

まず，現在形についてざっと復習しておきましょう．日本語と同じで，現在形は「現在の状態や事実」（たとえば「私は3人の娘がいる（I **have** three daughters.）」（←だからわが家は騒がしい（+_+）），とか「現在の習慣」，あるいは「不変の真理」を述べるのに使われます．過去形も「過去のある時点での動作や状態」を表しますが，「過去の習慣」を表す場合は usually のような習慣を表す副詞があることがしばしばです（“I *usually* **rode** my bicycle to school.”「ふだん自転車で通学してました」）．

英語の動詞には現在形や過去形はありますが，未来形というのはありませんから助動詞の will をつけたり次節で見るように現在進行形を使ったりします．でもそれだけではなく，現在形でもたとえば**「確定的な未来の予定や計画を表現する現在形」**は便利に使われます．“I leave tonight.” なら「今晩出発します」ということでよほどの事情がない限り変更ありませんとか，本人の意思とは無関係に決定されている計画という感じ，“I'm leaving tonight.” なら出発の準備はしてあるけれども予定を変更する余地は残されているという感じになります．

もう1つは，**「条件や時を表す節（いわゆる副詞節）の中では未来のことであっても現在形になる」**というケースです．代表的な if/when の例をあげておきましょう．

(1) a. **If** Bill **comes**, I'll ask him.（ビルが来れば聞いてみましょう）
b. **When** he **comes** back, he will advise us for the best.
（彼が帰ってくれば，きっといい考えを思いついてくれますよ）

副詞節でなければ，未来を表す表現が使われますので注意しましょう．

(2) a. I don't know **if** it **will** rain tomorrow.（明日雨が降るかどうかわかりません）
b. I know when my aunt **will come** back to Japan.
（おばがいつ日本に帰ってくるか私は知っています）

この例では when 以下の節は動詞 know の目的語になっていますので，(1) のようないわゆる副詞節ではありません．なお，過去形であれば，たとえば "I **knew** when my aunt **would come** back to Japan."（おばがいつ日本に帰ってくるか私は知っていた）となります．これはいわゆる「時制の一致」(8.1 参照) の効果で助動詞 will が would になっています．

問題で確認しておきましょう．

(3) a. (　　) に入る適切なものを選びなさい．
If it (　　) raining soon, shall we go out for a walk?
① stopped　② stops　③ will stop　④ would stop
〈センター試験〉

b. 誤りのある箇所を1つ選びなさい．
I asked ①her ②if she ③came to the meeting next Monday.

c. Ms. Bell is stuck in a traffic jam. The important meeting will have finished by the time she (　　).
① arrives　② may arrive
③ will arrive　④ will have arrived　〈センター試験〉

(3a) は「雨がすぐにやんだら散歩に行きませんか」という内容で，'If ...' の部分が条件を表す節なので正解は②です．(3b) では if 節 (if ... next Monday) は「今度の月曜日に会議に出席するかどうか」という意味で (her とともに) 動詞 ask の目的語になっていますから，時制は未来を表す助動詞を入れますが，時制の一致の効果で would が入り 'would come' になります．したがって正解は③となります．(3c) は「ミズ・ベルが交通渋滞につかまっています．重要な会議が彼女が着くまでに終わってしまいます」という内容です．‘by the time …’ という時を表す副詞的な要素の中なので未来の話でも現在形になります．正解は①の arrives です．

2.1.2 例外に見える場合

細かいことを言えば，次のような例では条件や時を表す節の中が現在形ではなく ‘will＋動詞’ になります．[1]

(4) a. We might as well cancel the tour now **if** no one **will** sign up.
(誰も参加を申し込まないようなら，今ツアーを中止しておくのがいい)
b. If it**’ll** be of any help, I’ll come along.
(私がいっしょに行くことが少しでもお役に立つなら，そういたしましょう)
〈英文・日本語訳とも 荒木一雄他 1977『助動詞』(現代の英文法第 9 巻)〉

そもそも，なぜ条件や時を表す節の中では未来のことを現在形で表すのかという理論的な説明は（諸説あるものの）まだ明確にはされていないと思いますが（父が知らないだけ？（￣▽￣;)!! ｶﾞｰﾝ)，(1) の例と (4) の例で何が異なるかは明らかです．

(1) のように原則として現在形になる場合，if 節の中の出来事が起きてから主節の出来事が生じます．たとえば (1a) であれば，if 節内にある「ビルが来る」とい

---

[1] 例外的に見える場合の will が持つ意味は，「単純未来ではない」と言えます（高橋）．(4a), (4b) だと「推定（推量）」であり，下の (i) では **won’t** は「どうしても … しない」という「意志」，(ii) の **will** は「… するものだ」という「性質」を表します．“Oil will float on water” は「油は水に浮くものだ」という意味で，この will は性質や傾向とか常識を表すのに用いられます．したがって，(i) の **won’t** や (ii) の **will** は実質的には現在のことを述べているとみなせます．（なお，(i) の主節にある will は「意思」，(ii) にある will は「推定」を表します．）

(i) If your father **won’t** see you, I will see him instead.
(もし君のお父さんがどうしても君に会わないというのなら，私が代わりにお父さんに会うよ)
(ii) If oil **will** float on water, this liquid will surely do so.
(油が水に浮くものであるなら，この液体は確実に水に浮きます)

なお，いわゆる副詞節の if 節には現在完了形も生じます．

(iii) We might as well cancel the tour now **if** no one **has signed** up.
(誰も参加を申し込んでいないようなら，今ツアーを中止しておくのがいい)

例外的に見える時制の使い方としては次のようなものもあります．

(iv) I’m going to see a play at the new theater on Saturday night, and I **was** wondering if you can come. 〈センター試験〉
(土曜の夜に新しい劇場で芝居を見るつもりなのですが，あなたも来てくださいませんか)

ここで，現在のことを言っているのに ‘was wondering’ という過去の形になっているのは控えめに［丁寧に］聞こえるようにするための表現として機能しているというわけです．

う出来事があってから，主節にある「聞いてみる」という出来事が起きます．よりいっそう先の未来に起きる方に will がついています．

(4) のように if 節の中に will が生じる場合には，if 節内にある出来事が起きるのは主節にある出来事が起きてからです．(4a) であれば，将来において if 節内にある「誰も参加を申し込まない」という事態が発生する (だろう) から，今「ツアーをキャンセルする」という前後関係があります．

そうすると，例外的に見える (4) のような例の場合でも，遠い方の未来について述べるときに will がつくという点では同じであることがわかります．図式的にしてみましょう．

(1):　[If [When] ...,] [主節 ... **will** ...]
　　　出来事 1　　　　　出来事 2

(4a):　[主節 ... now] [if ... **will** ...]
　　　出来事 1　　出来事 2

(1) においても (4) においても，「出来事 1 → 出来事 2」の順で事態が発生しますが，いずれもより先の未来に起きる出来事 2 について will が生じています．

とはいえ，生じる事態の前後関係だけを見ると (3c) の例は微妙なところがあります (会議が終わるよりも先の未来に彼女が到着するという順番です)．しかしながら，単に前後関係の問題ではなく，(4) のタイプの例では，出来事 1 と出来事 2 の間に因果関係があって，if 節は「出来事 2 の事態になるのであれば」という意味内容になっていることに注意しましょう．このようなパターンがよく生じるのは，(4b) のように if 節に話者の考えや気持ちが込められる場合のようです．(4b) であれば，if 節の内容は「あなたの気分がよくなるというよい結果になるのなら」というように話者の考えが込められています．(4a) でも，「誰も申し込まないという悪い事態になる (くらい) なら」という話者の気持ちが込められています．(3c) の ‘by the time ...’ の部分や (1) の if [when] 節にはそのような話者の考えや気持ちが込められているわけではありません．

2.2　進行形の急所

2.2.1　進行形にならない動詞について

進行形とは「ある時点で進行中の行為・出来事を表す」表現ですから，次のような状態を表す動詞は原則として進行形になりません．

状態を表す状態動詞

- 所有，所属：belong to，have，possess
- 知覚，心理：see，hear，smell，taste，fear
- 認識：believe，know，forget
- 好き嫌い，欲求：like，love，want
- 関係：contain，resemble，consist of，involve

知覚を表す動詞については，進行形は主に**主語の意思があって行われる動作について用いられます．**したがって，listen，look，watch は進行形にできます．また，「食べる」という意味の have,「においをかぐ」という意味の smell,「味見をする」という意味の taste は進行形にできます．なお，resemble であっても次の例のように ‘more and more’ が文に入っているために段階を表す意味になって進行形になるというケースもあります．

(5)　She is **resembling** her mother **more and more**.　〈『実例解説英文法』〉
(彼女はますます母親に似てきている) ←わが家の娘たちもますます…(ﾟДﾟ)

その他の進行形に関するポイントも見ておきましょう．現在進行形は，現在の時点での継続的な行為や出来事を表しますから，(6) のように継続的なことであれば発話の時点で行っていなくてもかまいません．

(6)　I **am teaching** English and **learning** Greek.
(私は英語を教えて，ギリシア語を習っています)

また，近い未来の確定的な予定を表すのにも使われます．

(7)　I'm **getting married** this summer.
(私はこの夏に結婚します)

結婚式などの準備が進行中であり実質的には結婚というイベントが始まっているということで進行形が可能になっています．

さて，ここまでの説明で次のような典型的な問題はもう大丈夫でしょう．

(8)　But I (　　) the rumble of wheels. It is her carriage.

〈Doyle「ボヘミアの醜聞」〉

(車輪の音 (rumble) が聞こえる．彼女の馬車だ)

① am hearing　② hear

動詞 hear は「(… が) 聞こえる」という意味の動詞です．正解は②．hear は進行形にはできないので，進行中であるという意味合いを出そうとするときには can をつけます．たとえば，「その少女の静かな寝息が聞こえている」というのであれば，“I can hear the soft breathing of the little girl.” という言い方をします．(あ，お母さんのはイビキ (snore) ね (^^;))

次の例では，think の意味が変わっていることに注意しましょう．

(9) a.　I'**m thinking of** changing my job.
(仕事を変えようかと検討しているところです)
b.　I'**m considering** going out to South Africa.
(南アフリカに行こうと考えているところです)

‘I think you're right.’ というように「… という意見だ」(‘have an opinion’) の意味では進行形になりませんが，上の例 (9a) では (9b) にある consider のような「検討する (consider)」とか「計画する (plan)」の意味として用いられているので進行形にできます．(9a) の ‘think of’ の後を to 不定詞にしないよう注意しましょう．(9b) にある通り consider の後も動名詞になります．また，「思案している」というように考えがまだ決定しておらず未完了であるという場合に進行形になることがしばしばあります．

(10)　I'm just **thinking** what to do next.
(次に何をすべきか考えているところだ)　〈『ランダムハウス』p. 2815〉

もう 1 つ問題を見ておきましょう．

(11)　John and Mary (　　) each other since 1976.

① have been knowing　② have known
③ were knowing　④ were known

〈センター試験〉

(11) の例は ‘since ...’ があるので「継続」ということがわかりますが，know は状態動詞なので進行形になりません．正解は②です．(11) の know「知っている」は状態動詞ですから (8) の場合と同様に進行形にはなりません．

2.2.2 ‘be going to’

現在進行形が未来を表すということは上で見ましたが，‘be going to’ にも触れておきましょう．まず ‘be going to’ の機能として次のようにまとめておきます．

‘be going to’ の機能

(i) 単純未来として予兆・根拠があっての予測を表す

▶ It’s **going to** rain.（雨が降りそうだ）

《雲行きを見て「降りそうだ」という言い方》

cf. It **will** rain this afternoon.

《発話の時点で晴れていても使える言い方》

(ii) 主語の「計画＋意図」という意思未来を表す

▶ I have bought some bricks and I’**m going to**/×~~I will~~ build a garage.

（もうレンガを買っておいてあり，ガレージを作るつもりでいるのです）

(ii) の意思未来はあらかじめ考えられた意図で，準備のための行動がすでになされているという感じを与えます．したがって，(ii) の例では ‘be going to’ が入っていて，単なる意図のみを表す will は状況に合わないことを理解しましょう（Thomson and Martinet 1986: 185 を参照）．

逆に言えば，あらかじめ準備されている意図などでないことが明らかな状況であれば，‘be going to’ ではなく will が使われるということになります（Swan 2005: 186, Thomson and Martinet 1986: 185 を参照）．次の例を見てみましょう．

(12) a. My friend had sat with his head upon his hands, sunk in the deepest thought. Now he rose and rang the bell. “Ames,” he said, when the butler entered, “where is Mr. Cecil Barker now?”

“**I’ll** see, sir.” 〈Doyle『恐怖の谷』〉

（わが友人（ホームズ）は座って両手で頭を抱えながら深く考え込んでいた．それから不意に立ち上がってベルを鳴らした．「エイムズ」，執事（the butler）が入って来ると彼は言った．「セシル・パーカー氏は今どこにおいでかな？」「見てまいります．」）

b. A: You can have it for £50.（それ 50 ポンドにしとくよ）
B: OK. **I'll** / ×~~**I'm going to**~~ buy it.
（わかった．いただきましょう）〈Swan 2005: 192〉

（12a）では，執事はホームズに何を命じられるか前もって知っていたのではないので，返事の内容はあらかじめ考えられた意図ではありませんから，'be going to' ではなく will が使われています．（12b）では，値段を提示されて買うことにしたという状況ですから，あらかじめ考えられた意図ではないので will が使われます．次の例をやってみましょう．

（13） A: There is somebody at the hall door.（玄関のドアのところに誰かいるよ）
B: （　　）go and open it.（私が行ってドアをあけてあげましょう）
① I'll　② I'm going to　〈Thomson and Martinet 1986: 185〉

（13）の例の状況では，B は誰かいると前もって知っていたのではありません．あらかじめ考えられた意図ではないので，正解は①になります．

2.2.3　未来進行形

進行形の項目の最後に，未来進行形にも触れておきましょう．未来進行形には主として以下の 3 つの用法があります．

まず 1 つ目は，通常の進行形として用いられる例で，未来のある時点が示され，そこで継続中であることを表すというものです．次の問題が典型的な例文です．

（14） I don't think I can meet you at six tomorrow night because we have a lot of extra work this month. Probably,（　　）.
① I'll still be working　② I'll still work
③ I'm still at work　④ I'm still working　〈センター試験〉

その時間には「私はまだ働いていると思います」という内容ですから，正解は①の未来進行形になります．

2つ目は，成り行きや決定事項を表す用法です．この例では進行中であるという意味合いはないことに注意しましょう．((15b) では現在進行形 (15a) との比較を確認しましょう．)

(15) a. I **am** see**ing** her parents tomorrow.（彼女の両親に会うことになっています）
《予定された未来の行動》
b. **I'll be** see**ing** her parents tomorrow.
（彼女の両親に会うことになるでしょう）
《意図や計画ではなく自然な成り行きとしてそうなる》

(16) a. We **will be** stopp**ing** at Shin-Yokohama, Nagoya, and Kyoto stations before arriving at Shin-Osaka terminal.
（終点新大阪駅に到着するまでに新横浜，名古屋，京都の各駅に停車します《新幹線車内アナウンス》）
b. You**'ll be** withdraw**ing** four million dollars from us today …
（本日 400 万ドルのお引き出しということになりますが …）

(16a) の新幹線でのアナウンスが典型的なわかりやすい例ですが，普段通りの経過や当然の成り行きに従って予定通り進行していることを表し，柔らかい感じを与えます．(16b) は映画（「ゴースト／ニューヨークの幻」1990 年）の中の一場面でのセリフです．銀行で口座を解約してお金を下ろすという顧客に対して，金額を確認して驚いた行員が客に間違いないかと念をおしている場面です．「解約すると 400 万ドルもの大金を引き出すことになるが …」という内容です．(16a) と (16b) で共通しているのは，未来進行形にすることで話し手が自分の存在を消したような控えめな言い方になる点です．ですから，これらの例のように担当者が客に対して話すときなどに便利な表現ですね．

最後の 3 つ目は，相手の意思決定に影響を与えたくないという話し手の気持ちを伝えるときの表現としての用法です．下の例の使われている状況や文脈をよく理解してください．

(17) A: Shall I take you to the station?（(車で) 駅まで送っていこうか）
B: Oh, I don't want to trouble you.（あら，わざわざ悪いわ）
A: That's all right. **I'll be** driv**ing** past it **anyway**.
（いいんだよ．どうせ通る道だから）〈英文は『現代英文法総論』p. 224 から引用〉

通り道だからついでだよ（'that will happen anyway'）ということで「聞き手のためにわざわざ行くのではない」という意味合いを伝えようとする言い方になっています．

2.3　（現在・過去・未来）完了形

この章の2つ目の項目として完了形を見ることにします．まず現在完了の特徴について参考書から引用しましょう．この本以上にうまく説明する自信はありません お恥ずかしいことで (#^.^#)．

> 現在完了の表す意味の中核的な部分は，「過去において生じた事柄を現在に結びつける」という点にある．現在完了という語が示しているように，現在完了は現在時制の一種であり，その，いわば，視点は，あくまで現在時にあり，そこから過去を見渡しているといったところがある（中略）完了・経験・継続というように略記されることが多いが，これらの意味は，現在完了の「過去と現在を結ぶ」という本質的意味と，そこに用いられている個々の動詞の特性や文脈から，自動的に導き出される結果を，便宜的に分けたものであるにすぎない．〈『英文法総覧』p. 285〉

（おおざっぱに言うと）もともと古い英語で '[動詞 have（持つ）] + [目的語 名詞 + 過去分詞]' というような形だったものが 'have + 過去分詞 + [目的語 名詞]' と変化して完了の意味合いを持つようになったのが現在完了と言われていますから，現在完了に「現在持っている（現在への影響がある）」という感じがどことなくあるのもうなずけます．

さて，（過去との関係を問題にしているものの）現在ということですから，過去の時点を示す副詞（句）や疑問詞などは現在完了の文に使うことができません．

(18) a.　**When** did he arrive here?（cf. **When** ×has he arrived here?）
　　b.　He arrived **just now**.（cf. He %has arrived **just now**.）

'just now' は「たった今」とか「少し前」という意味で，特定の過去に言及する言い方ということになりますから現在完了とともに用いることはまれです．[2]（(18b)

[2] 'just now' は現在完了と共起しないと説明している本もあるようですが，(18b) の例に示したように文末ではあまり使われませんが，文中の動詞の前位置では使われます．

で % の記号は認めない人が多いという意味で使っています.)

現在完了形に共起できない要素として，下記の表現がよく問われますので注意しましょう.

(19) a. yesterday (昨日《副詞》)
b. in 1984 (… 年に)
c. last night/month/year (昨夜，先月，昨年)
d. then (そのとき)
e. just now (ただし，上記 (18) の解説および脚注 2 を参照)
f. When …? (いつ … したの？)
g. when … (… したときに)
h. ago (… 前に)
《ただし 'long ago' のように漠然とした過去という場合には完了形とともに使うことが可能ですし，「助動詞＋完了形」のときには実質的に過去のことを述べるので ago を使うことが可能です》
▶ … the information which they represent has been sent off **long ago** to the German government. 〈Doyle「最後の挨拶」〉
(それら (の書類) にある情報はずっと前からドイツ政府に送られているのだ)
▶ Something terrible must have happened to her **two years ago**. 〈『ジーニアス』〉
(きっと 2 年前に彼女に何か悪いことが起きたのだろう)
《= It seems certain that something terrible happened to her two years ago.》

単体では just も now も現在完了の文に使えます. 問題を 1 つやっておきましょう.

(20) "Is that Italian restaurant next to the bookstore new?"
"No, I think (　　) for more than a year now.
① it's been open　② it's open
③ it's opened　④ it was open　〈センター試験〉

(i) I('ve) **just now** realized what I need to do.
(何をすべきか今になってわかった)　〈Swan 2005: 288〉

now とあるので現在を基準として 1 年以上ずっとお店がやっているという「継続」です．正解は①の現在完了形です．なお，①の open は形容詞であることも確認しておきましょう．

さて，現在完了の「完了・結果」，「経験」，「継続」というのはよく知られているところですが，現在完了形そのものというよりは，動詞や副詞的な要素などの文脈から与えられるものといえます．以下では若干の注意事項を見ていきます．それぞれのニュアンスや，一緒に使われる副詞的な要素などに注意しましょう．

まず，「完了・結果」ですが，過去のある時点で起こった行為や状態が現在まで残っていることを表し，already, just, lately, not ... yet, now, recently といった要素が副詞的にしばしば入ります．これらのうち already と yet の使い分けについては下記の例に見られる特殊なニュアンスがあることを理解しておきましょう．

(21) a. Have you met the CEO **yet**? (← I don't know whether you've met him/her.)
(もう CEO（最高経営責任者）に会いましたか？)
b. Have you **already** met the CEO? (← I think you've probably met him/her.)
(もう CEO（最高経営責任者）に会いましたね？)

(22) a. Is my coat dry **yet**? (もうコートは乾いたかなあ)
b. Is my coat dry **already**? That was quick! 〈Swan 2005: 558〉
(コートがもう乾いちゃったの？ 早いなあ！)
《「そんなに早く」という意外さや驚く感じが伝わります》

次に「経験」についてです．過去の出来事が現在に関係していることを表すのですが，下の (23) にあるように「経験」の意味を表すときには，before, ever, once, often といった頻度に関係する要素が副詞的にしばしば入ります．過去のある時点から現在までの反復を表すことで「経験」という意味合いに解釈されるということです．次の (23b) にある before のように回数が無指定であれば「少なくとも 1 回」ということになります．

(23) a. He has visited the place **several times**.
(彼はその地を何度も訪れたことがある)
b. I have read the book **before**. (私はその本を前に読んだことがある)

ではここまでのところで練習問題を 2 つ．

(24) a. Even though I (A) spent two years in the US, I've never (B) to the Grand Canyon. Maybe I'll go next year.
① A: ever　B: been　② A: ever　B: visited
③ A: once　B: been　④ A: once　B: visited　〈センター試験〉
b. I (　　) in China for three years when I was a child, but I can't speak Chinese at all.
① have been　② have once stayed　③ lived　④ had lived
〈センター試験〉

(24a) の A のブランクには過去形の動詞の前に置かれて「かつて」という意味になる副詞 once が入ります．なお，副詞 ever は疑問文で「これまでに」という意味になりますし，肯定文では最上級の表現などと一緒に使って「今までに」という意味で使われることもあります．B のブランクには直後に to がありますから，「…に行ったことがある」という意味で 'have been to' の形であることがわかります．正解は③になります．(29b) では，'for three years' とあるからなんとなく完了形を使うと早とちりせず，子ども時代の中の 3 年間という過去の一部の時点を表す言い方になっていることを理解しましょう．正解は③の lived になります．

「継続」は過去の状態が現在まで継続している（そしてこれからも続く）という意味ですから状態動詞が使われます．副詞的な要素として for, long, these three weeks, all the time, etc. といったような表現がよく一緒に使われます．次の例で過去形との違いを確認しておきましょう．

(25) a. She **has lived** there all her life.
（彼女は生涯その地に住んでいる《"She still lives there." を含意します》）
b. They **lived** there for ten years (but they don't live there any more).
（彼らはそこに 10 年住んだ（が今はいない））

活動動詞（進行形になれる動詞）で現在完了の継続という意味にしたければ現在完了進行形を用いることになります（そうでないと通常の完了・結果の意味にしかなりません）．

(26) House prices **have been** go**ing** up steadily this year.　〈Swan 2005: 445〉
（住宅価格は今年も堅調に上昇している）

上の例では今も価格が上昇中という含みがあります．

　現在完了進行形は発話の時点あるいはその直前までずっと動作が継続していたという意味でも用いられますが，その場合もその動作の結果や影響がまだ残っているという含みを感じさせるので，話し手の伝えたいニュアンス（言い訳，説明，非難など）を伝えるのに使われることがあります．

(27)　Sorry I'm late. **Have** you **been** wait**ing** long?　〈Swan 2005: 446〉
　（遅くなってごめん．長く待った？）

(27) では，待たされた相手が怒っているといった様子がある（そしてそれを話者が理解している）というニュアンスが出せます（「待たせちゃったよね，だから今怒ってるよね，ごめんね」みたいな感じ）．

　現在完了進行形の例題を見ておきましょう．

(28)　Saki, why don't you take some time off? You (　　) too hard lately.
　① would work　② had worked
　③ should have worked　④ have been working　〈センター試験〉

活動動詞の継続を表しますから現在完了進行形になる④が正解です．

　現在完了が理解できていれば，過去完了は現在完了では現在にあった視点を過去にシフトしている形と理解できます．したがって，過去完了は過去のある時点に対して，それよりも以前の行為の影響や状態が何らかの関係を継続して持っているという内容を述べます．あとは，次のような具体的な代表例に目を通しておけばよいでしょう．

(29) a.　When I called, he **had** already **left** the house.　〈*ISED*〉
　　×has already left
　（私が電話したときには，彼はもう家を出てしまっていた）
　《「完了・結果」で，副詞節（上では 'when ...' の部分）に視点となる過去の時点が明示されることがよくあります》

b.　He did what he **had** never **done** before.　〈Doyle「這う男」〉
　（彼は以前にしたことのなかったことをやったのです）
　《「経験」（... したことがあった）の用法》

c.　He **had been** sick in bed for three days when the doctor came.

（医者が来たときには，彼はもう 3 日間も病気で寝ていた）
《「状態の継続」（ずっと … だった）》

d. Tom **had been** wait**ing** an hour before the train came in.
（列車が入ってくるまで，トムは 1 時間も待っていた）　〈『英文法総覧』〉
《「過去完了進行形」の例です》

(30) a. We (　　) playing baseball for about half an hour when it started to rain very heavily.
① had been　② have been　③ might be　④ would be
〈センター試験〉

b. Nicole (　　) novels for about seven years when she won the national novel contest.
① had been writing　② has been writing
③ has written　④ is writing　〈センター試験〉

(30a) は過去の時点（「雨の降り始めたとき」）まで動作（野球のプレー）を続けていたということで，正解は過去完了進行形をつくる①の ‘had been’ です．同様に，(30b) は「受賞したときまでに 7 年間小説を書き続けていた」という内容ですから，正解は①の過去完了進行形 ‘had been writing’ になります．

次の例では，過去の 2 つの出来事の前後関係に注意しておきましょう．二重下線部のほうが先に生じた出来事です．(31a) だけが太字で示した通り過去完了形になる通常のパターンで，(31b–d) は文脈などの情報によって過去完了にならず過去形でよいパターンをあげています．(31e) はよく考えれば「私たちの体が動かなくなった」ことや「(魔犬を) 通らせた」ことのほうが「私たちが我に返った」ことよりも前の出来事なのですが，「私たちが我に返る」という出来事の未完了を強調する表現として過去完了が使われています．

(31) a. I didn’t know that the scientist **had won** the Nobel prize.
（私はその科学者がノーベル賞をとったことを知らなかった）

b. He went back to the town where he was born.
（彼は自分の生まれた町に戻った）
《文脈などから時間的な前後関係が明確なときは（二重下線部の箇所のように）過去完了の代わりに過去形が使われることもあります》

c. I watched TV after I came back from school.
（学校から帰ってきた後でテレビを見た）
《after や before など前後関係を明確に示す語句があるときには，過去形が使われることがしばしばです》

d. My grandfather gave me a watch but I lost it.
（祖父が私に時計をくれたのですが，なくしてしまいました）
《2つの出来事が起こった順番で述べられる場合には過去完了形になりません》

e. So paralyzed were we by the apparition that we allowed him to pass **before** we **had recovered** our nerve.　〈Doyle『バスカヴィル家の犬』〉
（その（魔犬の）出現（appariation）によって立ちすくんでしまい，我に返らないうちに私たちは魔犬を通らせてしまっていたのだ）

未来完了形にも触れておきましょう．視点となる時点を未来のある時とすると未来完了形ということになります．使われることはあまり多くないかもしれません．とはいえ次のような代表例は理解しておく必要があります．

(32) a. In a few days you **will have recovered** from your fatigues.
〈Doyle『緋色の研究』〉
（2，3日もすれば疲労から回復していることだろう）《完了・結果》

b. If I visit Paris again, **I'll have been** there ten times.
〈日本語訳とも『英文法総覧』〉
（私が今度パリを訪れるならば，10回行ったことになるでしょう）《経験》

c. They **will have been married** for ten years on May 3rd.
〈日本語訳とも『英文法総覧』〉
（彼らは今度の5月3日で結婚10年になります）《継続》
結婚記念日を覚えてなくてお母さんに怒られたお父さんなんぞ論外ですな (*´Д`)

d. By Christmas **I'll have been** work**ing** here for six years.
〈日本語訳とも『英文法総覧』〉
（クリスマスまでで，私は6年間ここで働いていることになります）
《動作の継続を表す未来完了進行形ですが，めったに使われません》

(33) Eric's friends, Minoru and Sachiko, will be here at seven this evening. He (　　) doing his homework by then.
① has been finished　② has finished
③ will have finished　④ would finish　〈センター試験〉

「ミノルとサチコがやってくるまでに，エリックは宿題をやり終えているでしょう」という内容ですから未来完了形の③が入ります．

そういえば，時や条件を表すいわゆる副詞節では未来を表すときも現在形になるというのがありましたね（2.1.1 で見ましたよ）．同じように，時や条件を表す副詞節で未来において完了することがらを表す場合には現在完了を使います．

(34) a. When I **have eaten** my breakfast, I must go to school.
(朝食を食べ終わったら，学校に行かなくてはならない)
b. Please return the book to me if you **have finished** reading it.
(その本を読み終えたら，私に返してください)

2.4　仮定法

この章の最後として，いわゆる仮定法の注意すべき点を見ることにします．まず仮定を表す言い方として三種類（条件文，仮定法過去，仮定法過去完了）あるということを理解しましょう．

条件文は単なる条件だけで，実現の可能性があるかどうかの判断は含みません．

(35) a. If it **rains** tomorrow, **I'll** stay at home.（明日もし雨なら家にいます）
b. If you **are** right, I **am** wrong.（もし君が正しいなら私が間違っている）

ここで，if 節は未来の事柄を表す tomorrow などの表現があっても現在形になることに注意しましょう．条件文ですから「もし … ならば～です」ということで単なる条件を述べます．

それに対して，たとえば（35b）と違って「あなたは正しくない」という話者の判断が入ると次のように過去形を使った仮定法過去になります．

(36) a. If you **were** right, we **would** all be in trouble now.
(君が正しければ（実際には間違っている（と思う）が), 私たちは今ごろは困ったことになっているだろう)

b. If you **were** right, the company **would** have been bankrupt by now.
(君が正しければ（実際には間違っている（と思う）が), その会社は今ごろまでには破産しているはずだ)

※ 主語が 1 人称や 3 人称の単数の場合には were より was がよく使われますが, if を省略して倒置した場合や ‘as it were’（いわば, ある意味で）のような定型表現では were が普通です.[3]

次節で仮定法過去の注意事項について見ましょう.

2.4.1　仮定法過去

仮定法過去は ‘If …〔過去形〕…, … would / should / could / might / *etc.* + 動詞（原形）…’ の形で表現されます. そして仮定法過去が表す意味内容には次の二種類があることを理解しておきましょう.

まず, **(i) if 節が現在の事実に反対の仮定を表す場合**です.

(37) If I **lived** near my office **I'd be** in time for work. (But I don't live near my office.)
(会社の近くに住んでいれば遅刻しないのだけれど（会社の近くに住んではいない))
↑お父さんのボヤキそのまんまですな (*´Д`)

仮定法過去の応用として代表的な問題の例を (38) で見ておきましょう.

---

[3] if を省略して倒置した場合と ‘as it were’ の例をあげておきます. 詳しくは 2.4.3.3 [E] を参照してください.

(i) **Were** it mixed with any ordinary dish the eater would undoubtedly detect it, and would probably eat no more. 〈Doyle「シルヴァー・ブレイズ」〉
(もしそれ（粉末アヘン）が普通の料理 (dish) に混ぜられていたら, 食べる人は間違いなく気づいて (detect) それ以上食べはしないでしょう)

(ii) The person becomes, **as it were**, the epitome of the history of his own family. 〈Doyle「空き家の冒険」〉
(いわば個人はその一族の歴史の縮図 (epitome) なのさ)

(38) a.　(　　) your financial help, we wouldn't be able to carry out our plan.
① Except　② Instead of　③ Thanks to　④ Without
〈センター試験〉

b.　And now it is high time we (　　) off.　〈Doyle『四つの署名』〉
① were　② had been　③ will be

(38a) の 'Without …' の部分に仮定の意味（「あなたの経済的援助がなかったら」）が含まれています．正解は④です．(38b) は 'it is (high [about]) time＋仮定法過去' の形で「… してよいころだ」の意味になる例です．正解は①の were で「そろそろ出発する時間だ」という意味です．2.4.3.3 [G] の解説も参照してください．

もう 1 つは，**(ii) if 節が現実に起こる可能性の低い事柄を表す場合**です．

(39)　If a burglar **came** into my room at night **I'd** scream.
〈Thomson and Martinet 1986: 198〉
（強盗が夜中に部屋に入ってきたりしたら大声で叫ぶわよ）

次の例では，上記の **(i)**（if 節が現在の事実に反する仮定を表す場合）および **(ii)**（if 節が現実に起こる可能性の低い事柄を表す場合）のどちらのようにも解釈できます（日本語訳にはきれいに反映させにくいのですが内容をしっかり理解してください）．

(40)　If he **left** his bicycle outside someone **would** steal it.
（もし自転車を外に (i) 置いてるなら（実際には置いてないけど）／(ii) 置いたりなんかすると誰かがもっていってしまうよ）

もし，(ii) の「現実に起きる可能性が低い」という意味であることを明確にしたい場合には 'were to' を使って次のように言います〈Thomson and Martinet 1986: 199〉．

(41)　If he **were to** leave his bicycle outside someone would steal it.
（もし彼が自転車を外に置いてたりなんかしたら誰かが持っていてしまうよ）
《この例には (ii) の解釈しかありません》

つまり，**'were to' は実現の可能性が低いと話し手が考えることについての仮定を表します**（話し手の想像であるということであって，客観的にありそうにないことにも使いますし，実現の可能性がある場合にも使えます）．

'If 主語 should ...' の形も「実現の可能性が低いという話者の判断」を表します. 日本語訳はしばしば「万が一 ... すれば」となりますが, 実現する可能性がまったくないという意味ではありません.

(42) a. If he **should** fail the exam, what would he do?
(万が一試験に落ちたら, 彼はどうするだろう ?)
b. If Bob **should** hear the news, he will get angry.
(もし万が一ボブがその知らせを聞いたら, 彼は怒りますよ)

(42b) に見られるように, 主節の助動詞は will のこともあります.

2.4.2 仮定法過去完了

次に, 仮定法過去完了について触れておきましょう. 仮定法過去完了は 'If ... 〔過去完了形〕..., ... would/should/could/might/*etc.* + have + 動詞 (過去分詞) ...' の形で表現されます. ここで, if 節が過去の事実に反対の仮定を表すので, 主節も実現しなかったことを表します.

(43) If I **had taken** a taxi, I **could have been** in time for the meeting.
(タクシーに乗っていれば会議に間に合っただろうに)
《"I didn't take a taxi, so I couldn't be in time." という実際の状況を含意します》

問題を少しやってみましょう.

(44) a. If our last batter had not finally hit a home run, our team would (　　) the game.
① have lost　② have won　③ lose　④ win　〈センター試験〉
b. I would (A) the movie last night much more if I (B) the novel before I saw it.
① A: enjoy　B: had read　② A: enjoy　B: read
③ A: have enjoyed　B: had read　④ A: have enjoyed　B: read
〈センター試験〉
c. If I (A) you were here before I left home, I (B) your book with me.

① A: didn't know　B: have brought
② A: had known　B: would have brought
③ A: hadn't know　B: would bring
④ A: knew　B: had brought　〈センター試験〉

(44a) は「我々の最後のバッターがホームランを打ってなかったら私たちのチームは負けていた（実際には負けなかった）」という意味ですから（野球のルールを知らない君にはわかりにくいか？），実現しなかった内容（負けた）を選ぶので①が正解です．(44b) は「映画を見る前に小説の方を読んでおいたら昨夜見た映画をもっと楽しめたのに」という内容で，③が正解です．(44c) は「私が家を出るまえに君がここにいるのだと知っていたなら，君の本を持ってきていたのになあ」という内容です．過去の事実として「君がいると知らなかったので持ってこなかった」ということです．正解は②です．

文法問題では，If 節が過去完了（過去の事実と反対の仮定）で，主節に仮定法過去（現在の結果を示す）が使われているパターンもよく目にしますので注意しておきましょう．

(45) If I **had** taken his advice, I **would** now **be** a rich man.
←過去の事実と反対の仮定→ ←――現在の結果――→
（彼の助言の通りにしていれば，今頃お金持ちになっているのだが）
(＝As I didn't take his advice, I am not a rich man now.)

ではここまでの復習として次の例を実際に解いてみましょう．

(46) a. I'm sorry to hear about your problem. But if you had taken my advice, you (　　) in such trouble now.
① haven't been　② would be
③ would have been　④ wouldn't be　〈センター試験〉

b. If I hadn't broke up with Hannah last month, I (　　) going out with her for two years.
① had been　② have been
③ will have been　④ would have been　〈センター試験〉

(46a) では，if 以下は仮定法過去完了ですが，主節には now があるので現在の事実と異なる内容を表すための仮定法過去になっていなければなりません．正解は④です．「アドバイスを聞いていれば今そんなトラブルに巻き込まれていないのに」という内容なので，②では意味が通りません．(46b) は「先月ハンナと別れていなければ (break up with: …と別れる)，(今頃は) 彼女と2年付き合っていることになっていたのに (go out with: …と付き合う)」という内容で，if 節の中の仮定法過去完了で過去の事実と異なる仮定をしておき，その仮定にもとづいて現在の帰結 (現在の事実と異なる) を述べている形です．現在の事実と異なる内容で，かつ「付き合って2年になる」という内容を表せる完了形でなくてはなりませんから 'would have been' となります．正解は④です．

2.4.3　仮定法の定型的な表現

本章の最後に仮定法の定型的な表現について触れておきましょう．「願望・意見」などの表現，if に代わる表現，慣用表現の3つについて見ていきます．

2.4.3.1　「願望・意見」などの表現

「願望」を表す表現ということですが，まずは次の問題を確認しておきましょう．

(47)　My granddaughter has started a career as a singer, but I really (　　) an actress as well in the future.

① hope she became　② hope she will become
③ wish she became　④ wish she will become　〈センター試験〉

'in the future' とあるので未来のことだとわかります．正解は hope と will の入っている②で「私は孫娘に将来女優としても活躍してほしい」という内容です．現在形の動詞 hope は「(現在や未来の可能性を信じて) 望む」という意味で，現在形の動詞 wish は現在の事実に反することや現在実現不可能なことへの願望を述べます．混同しないように注意．

さて，wish ですが，wish に続く節に，「仮定法過去を入れて現在の事実とは違うことを表す」場合 (下の (48a)) と，「仮定法過去完了を入れて過去の事実と違うことを表す」場合 (下の (48b)) があります．

(48) a. I **wish** it were [was] true.（それが本当ならよいのですが（そうではない））
《I **hope** it is true.（それが本当であることを望む）は「実現の可能性があることを望む」》

b. I **wish** I **had finished** my homework.
（宿題をすませておけばよかったのだが（すませていなかった））

問題形式で 1 つやってみましょう．

(49) "He's a good skier, isn't he?"
"Yes, he really is. I wish I (　　) like him."
① can ski　② could ski　③ ski　④ will ski　〈センター試験〉

「彼のようにスキーができない」というのが現在の事実ですから，それと異なる内容の過去形である②が正解です．

wish が過去形の場合には，望んだ時点の事実と違うことを言う場合には仮定法過去，望んだ時点よりも前の事実と違うことを言うなら仮定法過去完了を入れます．例文と問題を見ておきましょう．

(50) a. I **wished** I **were** not the way I was.
（私はもっと違う自分だったらなあと思った）

b. He **wished** he **had been** born ten years earlier.
（彼は自分が 10 年早く生まれていたらなあと思った）

(51) a. Kenji told me his trip to London was wonderful. I wish I (　　) in that program.
① had participated　② have participated
③ participate　④ will participate　〈センター試験〉

b. The beach was beautiful! I wish I (　　) longer.
① have stayed　② could have stayed
③ can stay　④ will stay　〈センター試験〉

(51a) は「プログラムに参加していたらなあ」，(51b) は「もっと長く滞在することができていたらなあ」というように，過去の事実と異なる内容が入りますから，正解はそれぞれ① 'had participated'，② 'could have stayed' です．

(51b) の例のように，wish に続く部分には could や would が使われることもあります．

(52) a. I **wish** I **could**, but I have work.
(そうできればよいのですが，仕事がありますので（できません）)

b. I **wish** you **wouldn't** smoke. (あなたがたばこをすわないでくれたらなあ)
《この would は未来（厳密には意志未来の仮定法）について述べています》

余談になりますが，次の (53a–b) ような例が「仮定法現在」と呼ばれることもあります．「現在」といっても動詞は現在形ではなく原形というべき形ですし，内容も現在のことを述べているわけでもありません．まだ実現していない「非現実」のことについて述べる言い方です．

(53) a. They **demand** that he <u>**be**</u> arrested.
(彼らは彼が逮捕されるべきだと要求している)

b. It is **essential** that she <u>**join**</u> us. (彼女が参加することが不可欠だ)

c. It was his own **suggestion** that you <u>**should be**</u> called in, but …
〈Doyle「有名な依頼人」〉
(あなたをお呼びするのがよかろうというのは彼自身のご提案なのですが …)
《'call in' は（助けを求めて専門家などを）「その場に呼ぶ」という言い方》

(53a) のような例については 1.3.1 の suggest タイプの動詞のところで見ました．また，(53b) のような例では，要求や重要性を表す形容詞 (desirable, essential, important, necessary, obligatory など) とともに使われますし，(53c) のように要求や提案などを表す名詞 (demand, determination, order, proposal, suggestion など) に続く節や条件節などでも用いられます．なお，イギリス英語では (53c) のように「should＋動詞の原形」になることもあります．問題を 1 つやってみましょう．

(54) I suggested to Mary (　　) with me to collect empty cans on the street, but she said she was too busy.

① come　　② that she come
③ that she had come　　④ to have come
〈センター試験〉

例文は「メアリーに私といっしょに道の空き缶をひろおうと言ったのだけれど，彼女はとても忙しくてできないと言った」という内容で，空欄には ‘that she (should) come’ が入りますが，設問では should がない形になっています．正解は②です．くり返しますが，このcomeは現在形ではなく「原形」です．驚きや怒りなど「感情」を表す場合の should については 3.4.2 で扱います．

2.4.3.2　if に代わる表現

if 節を使わずに，仮定を表す場合の代表例として次のようなものがあります．いずれも主節に would が生じていることから仮定法になっていることがわかります．

(55) a. **To hear** him, one would think he knew everything. (＝If you hear him, …)
(彼が話すのを聞くと，彼は何でも知っていそうに思える)〈英文は『斎藤和英大辞典』〉

b. **A true friend** would not lie to you. (真の友人なら君にうそなどつかない)
〈If she [he] were a true friend, …〉

c. **Two years ago**, I would have married him. (＝If it was [were] two years ago, …)
(2 年前だったら彼と結婚していたでしょう) (´；ω；`) ｳｳｯ・・

2.4.3.3　仮定法の慣用表現

仮定法を含む慣用表現の代表例をあげておきます．

[A]　wish

▶ I **wish** I **knew** how you reach your results.　〈Doyle「唇のねじれた男」〉
(あなたがどうやって結論に到達するものか私にもわかるとよいのですが (見当がつきません))

※ wish [節 … 動詞の過去形 …]《現在の事実と反対のことを述べる形》

▶ And yet—Well!　I **wish** she **had been** of my own station!　What a queen she **would have** made!　〈Doyle「ボヘミアの醜聞」〉
(しかしそれにしても，ああ，彼女が私と同じ身分 (station：やや古い言い方) であったなら，どんなに素晴らしい女王になったことであろうか！)
《この英文の最後にある動詞 make (文中では made) は「(将来) … になる」とか「… になる素質がある」という意味です》

※ wish [節 … 動詞の過去完了形 …]《過去の事実と反対のことを述べる形》

▶ Oh, Mr. Holmes, I **wish** you **would do** as much for me.

〈Doyle「花婿失踪事件」〉

（ホームズさま，どうぞ私もお助けくださいませ）

※ wish [節 … would *do* …]《これからのことに対する願望を述べる形》

[B]　'if only'

▶ It had all been so clear, **if only** my own sight **had** not **been** dimmed.

〈Doyle「レディ・フランセス・カーファックスの失跡」〉

（すっかり明白なことだったのだよ，僕の目がかすんで（dim）さえいなかったならばね）

※ 'If only + 仮定法過去・仮定法過去完了（可能性が高い場合は現在形（直接法）も用いられる）'「… でありさえすれば［あったら］なあ」

[C]　'as if' / 'as though'

▶ You speak **as if** he were dead. 〈Doyle「白面の兵士」〉

（彼が死んでしまっているという口ぶりじゃないか）

《生きているはずなのに，そうでないかのようだということで were になっています》

▶ It looks **as though** all the moles in England had been let loose in it.

〈Doyle『四つの署名』〉

（その様子はまるでイングランド中のモグラを室内で野放しにしたかのようだ）

《'let A loose'「A（人・動物）を解き放つ」》

※ 'as if [though] + 仮定法過去・仮定法過去完了' の形で「まるで … する［した］かのように」の意味．ただし，「… のようだ」の意味では仮定法ではない現在形や通常の過去形になります．《16.2.2 でも扱います》

[D]　'if it were not for' / 'if it had not been for'

▶ I must confess that the case would seem to me to be very black against her **if it were not for** one thing. 〈Doyle「ソア橋事件」〉

（白状するとこの事件は彼女にとっては実に悲観的（black）に見えるよ，もしたった 1 つのことがなければね）

▶ **If it had not been for** her coming, I should not have known where his hiding-place was. 〈Doyle「第二のしみ」〉

（彼女の来訪がなければ，私は彼の隠し場所がどこなのか知る事ができませんでした）

※ 'if it were not for A'（仮定法過去《現在の事実とは違う》）「もし A がなければ」／'if it had not been for A'（仮定法過去完了《過去の事実と異な

る》)「もし A がなかったら」

[E] **《if が省略されて主語と助動詞が倒置される例》**

▶ **Were it not for** the ugly wound upon my hand, all that had passed during those dreadful hours might have been an evil dream. 〈Doyle「技師の親指」〉
(私の手のみにくい傷がなければ，このひどかった何時間もの出来事がすべて悪夢であったかのようでした)

※Were it not for＝If it were not for

▶ **Had** he read that letter his confidence would have been for ever destroyed. 《＝If he had read …》 〈Doyle「第二のしみ」〉
(もし彼（私の夫）がその手紙を読んだら（私への）信頼は永遠に失われてしまったことでしょう)

▶ He looked at me in a most singular fashion. **Had** it not been too fiendish, I **could** have imagined that the gleam of the fanlight showed exultation in his face. 〈Doyle「瀕死の探偵」〉
(彼はとても妙な顔で私を見た．とても残虐（fiendish）というのでなかったとしても，明かり窓（fanlight）のかすかな光（gleam）に照らされた彼の顔は得意げ（exultation）とでもいうような具合ではあっただろう)

※この場合は ‘Even if it had not been too fiendish …’ というように ‘even if’ の意味として解釈します

▶ I would have spoken now **had it not been for** my dear girl. (＝if it had not been for → 上記 **[D]**) 〈Doyle「ボスコム谷の謎」〉
(かわいい娘がいなかったら私は今頃はもう白状していただろうが)

▶ **Should** you hear him pass your door, do not interrupt him, but follow him as discreetly as you can. 〈Doyle「這う男」〉
(もし彼があなたの部屋のドアの前を通る音がしてもそのまま行かせるのですよ．可能な限り慎重にあとを追ってください)

※Should you hear ….＝If you should hear ….

※‘if A should do’ は「もし A が（たまたま［万一（可能性がゼロではない)]) … すれば［しても］」という意味で，帰結を表す主節は命令文や will [can]＋動詞の形であることがしばしばですが，内容にしたがって現在形や ‘would [could]＋動詞’ などにもなります．

▶ The whole force of the State is at your back **if** you **should** need it. 〈Doyle「ブルース・パーティントン型設計図」〉

（万が一必要となれば，国の総力をあげてお前を支援する）

[F]　《仮定の内容を if 節以外の要素で表す例》

▶ “You **could have** told us,” growled Mr. Bellamy.
“So I would, father, if you had ever shown sympathy.”

〈Doyle「ライオンのたてがみ」〉

（「私たちに話してくれればよかったものを」ベラミ氏は怒って言った（growl）．「お父様が一度でも理解を示してくださっていれば」）

※「… してくれればよかったのに」；「… できたろうに」．文脈の中に「…（する）ならば」とか「…（する）にしても」という仮定の内容を探る必要がありますが，助動詞の過去形が仮定法であることの手がかりになります．

[G]　‘It is (high/about) time (that) A *did*’「そろそろ … する時間だ」（＝it is time（for A）to *do*）《‘It is time’ の後には to 不定詞が来ることのほうが多いようです．that 節の場合 that は通例省略されます．動詞はまれに現在形や仮定法現在（‘(should) *do*’）になることもあります．しばしば非難のひびきがこめられます．2.4.1 (38) も参照のこと》

▶ And now, Doctor, we’ve done our work, so **it’s time** we **had** some play.

〈Doyle「赤毛組合」〉

（さて，ドクター，私たちは仕事をすませたから，少し気晴らしをしよう）

▶ **It’s high time** you **get** a job.（君はもう職についてよい頃だ）

第3章 助動詞

3.1 助動詞の分類

ひとくくりに「助動詞」といいますが，ちょっと次の例を見てください．ウワ，なんだこれ（ﾟωﾟ）!!

▶ Which building (A) do you believe (B) will (C) have (D) been (E) being constructed for ten years next month?
（来月で 10 年間も建設され続けていることになる建物はどれだと思いますか？）

もちろん，上の例のような言い方は現実にはまず使われませんが，いわゆる助動詞を詰め込んでみました．そこに登場している助動詞は 3 種類のグループに分けられます．

(i) (A) のような否定文や疑問文を作るときの do など
(ii) (B) のような can，may，must，will など
(iii) (C) (D) (E) のような完了形の have，進行形の be，受動態の be

この章では，(ii) にある can，may，must，will 等の助動詞について見ていくことにします．これらの助動詞は大きく分けて次の二通りの概念を表します．

I. 主語の能力・許可・義務・意思
II. 出来事の可能性（推量）・必然性

それぞれの助動詞について具体的に見てみると次のようになります．

	I.	II.
will	つもりである《意思》	だろう《可能性》
can	できる《能力》	あり得る《可能性》
may	してよろしい《許可》	かもしれない《可能性》
must	ねばならない《義務》	に違いない《推量・必然性》
should	すべき《義務》	のはず《推量》

I と II の分類について，日本語で次の例を考えてみましょう．上の分類の may（してよろしい《許可》，かもしれない《可能性》）に相当する例です．

(1) a. ここで（君は）[動詞句 たばこを吸ってよい]
　b. [節 彼が正しい] かもしれない

(1a) では動詞（句）の「たばこを吸う」という行為に付随して許可の意味を表しています．(1b) では「彼が正しい」という節全体を修飾する形になって，「彼が正しい」という文全体が真かどうかの可能性について述べています．英語についても同様に，may の働き方を次のように図式化して考えてみると I と II の分類という意味がわかりやすいかもしれません．[1]

(2) a. You **may** → [smoke here]《You **may** smoke here.》
　b. **may** → [he be right]《He **may** be right. (=It **may** be that he is right.)》

(2a) では I タイプの機能として，主語に対して ‘smoke here’ という行為への許可を表しているということであり，(2b) では [he be right] という内容のまとまりについて話者が考える可能性を述べているというわけです．(2b) の形をベースとして，he を先頭に出せば “He may be right.” となりますし，it を文頭に入れれば “It may be that he is right.” という文になります．（こう考えると，(2a) には ‘it may be that …’ の形がないこともわかりますね．）

could の用例も見ておきましょう．

---

[1] (2b) のほうは seem に関して “It **seems** that he …” あるいは “He **seems** to …” の二通りがあるというメカニズムと似ているのかもしれません．5.1.4 を参照．

(3)　Don't go too far out from the shore in that small boat. (　　).
　① It cannot be in danger　　② It could be dangerous
　③ You wouldn't be dangerous　　④ You'd be out of danger.
〈センター試験〉

「そんな小さなボートでは危ないかもしれないから沖に行ってはいけませんよ」という意味で，「… かもしれない」という could が入りますので正解は②です．

次節以下では，個別に助動詞の特徴や注意点を見ていきます．

3.2　can

3.2.1　can と 'be able to'

can と 'be able to' はともに「… できる（内在的な能力がある，状況的に可能である）」を表します．現在形では can のほうがよく使われますが，can が使えないケースで 'be able to' が役に立ちます．

(4)　**Being able to** speak Chinese may be a great advantage.
（中国語を話せることは大きな強みになるかもしれない）

上の例では 動名詞が文の主語になっていますが，もちろん助動詞の can は動名詞になれませんので 'be able to' を使わなければなりません．

'be able to' 独自の性質として，単に「可能」というだけでなく「実現性」があるという点があげられます．次の例を見てみましょう．

(5) a.　I ran fast and **was able to** catch the bus.（急いで走ってバスに間に合った）
b. ×I ran fast and **could** catch the bus.
c.　I ran fast but **couldn't** catch the bus.
（急いで走ったがバスに間に合わなかった）　〈『助動詞』〉
d.　I **could hardly** breathe.（私はほとんど息ができなかった）
e.　The regiment was stationed in India at the time, and **before I could** join it, the second Afghan war had broken out.　〈Doyle『緋色の研究』〉
（連隊（regiment）は当時インドに駐留していたが，私がそこに着任しないうちに第二次アフガン戦争が勃発したのだった）

could は「... しようと思えば（これから）することができる」という仮定法的な意味で用いられるのが普通で，実現したという意味合いで「... できた」というときにはあまり使われません（少なくとも標準的ではありません）．(5b) では，could に「実現性」という意味合いがないために「バスに乗れた」という事実とそぐわないので，文としておかしくなっています．否定文の (5c) は「実現性」が否定された内容であるので could を使うことが可能になります．また，否定語の not のほかにも，(5d) のように準否定語の barely, hardly, just, only を伴う場合や，(5e) のように before 節内で「... しないうちに」というときには過去の特定の行為について could を使うことができます．

3.2.2　can と may（might）

一般的に，can は備わっている能力について言い（"Can you speak English?"），'be able to' は一時的なことに用いられます．

can の持つ「能力・可能（～できる）」の意味のいわば延長として「許可」の意味もあります．can を使った例と，上述の may を使った例を比較してみましょう．[2]

(6) a. "**Can** I smoke in here?"（ここでたばこを吸っていいのかな？）
《部屋などで内的な空間を意識するときしばしば in をつけて 'in here' とします（石渡）》
"So far as I know you **can**—there's no notice to the contrary."
（僕の知る限りじゃ，いいんじゃない．ダメだという貼り紙がないもの）
b. **May** I smoke in here?（ここでたばこを吸ってよろしいでしょうか？）

may は「話者による許可」や「規則などによる一般的許可」のどちらでも表します．can は「話者による許可」よりは「一般的な許可」の意味で用いられます．したがって，(6) では「貼り紙がないのだから」という答え方が適合します．一方，"May I ...?" のほうが，"Can I ...?" よりも相手が話者に許可を与えるという意味を出せるのでていねいな言い方になります．（逆に言えば，"You may ..." は目下の相手に対して用いるということになります．）might を使って "Might I ...?" になると，may を使った言い方よりていねいな表現になります．[3]

---

[2]『助動詞』p. 172 および Leech, G. (1971) *Meaning and the English Verb.* Longman. p. 70 から引用．

[3] might は may を使った場合より用心深い言い方にもなります．
(i) It **might** rain in the afternoon. / It **may** rain in the afternoon.

否定形についても見ておきましょう．「許可」を表す may（II タイプ）の否定形 can't [cannot] や 'may not' は「… してはいけない」という軽い禁止の意味になります．

(7) a. You **can't** come in if you don't have a ticket.
(チケットを持っていなければ入れません)
b. You **may not** smoke in here.（ここでたばこを吸ってはいけません）

可能性を表す II タイプの否定形にも注意しておきましょう．can't [cannot] は「… であるはずがない」という日本語訳になります．

(8) a. She **cannot** be at school now. She's just left home for school.
(彼女が今学校にいるはずがないよ．学校に行こうとたった今家を出たばかりだ)
※ (8a) は "There is no possibility that she is at school now." という内容で，可能性自体を否定しています（宗像）.
b. She **may not** be at home now.（彼女は今家にいないかもしれない）
※ (8b) は "It is possible that she is **not** at home now." という意味であり，not は may でなく be を否定していることに注意しましょう．いわば '**may** → [she be not at home now]' というような構造になって，may は [　] の内容にかかっているということです．

3.3　must と 'have to'

must と 'have to' はともに「義務」を表しますが意味合いに違いがあります．肯定文では，must は話者の意思によって文の主語に課される義務を表すのに対して，'have to' は第三者や周囲の状況など外部からの義務を表します．

(9) a. You **must** try to get to work on time.
(時間通りに仕事にかかってもらわないと困るよ)
≒ I want you to try to get to work on time.
b. You **have to** go and see the boss.
(上司のところに行ってこないといけませんよ)
≒ He (the boss) wants you to see him. 〈『助動詞』〉

(ことによると雨が降るかもしれない（実現度が低い）／雲ゆきから見て雨になりそうだ)

否定形も確認しておきましょう.

(10) a. You **must not** park here.（ここに駐車してはいけません）《禁止を表す》

b. You **don't have to** go shopping today.

（今日は買い物にいかなくてもいいですよ）《不必要であることを表す》

可能性を表す II タイプとしては，must は「... に違いない」という確かな可能性・推量になります．過去に起こったかもしれない出来事について言うのであれば 'must＋have＋過去分詞' の形になります（3.9 を参照）.

(11) a. I think that it is quite clear that there **must** be more than one of them.

〈Doyle「五つのオレンジの種」〉

（(脅迫していたのは）奴らの中の何人かに違いないということはきわめて明白だろうね）

b. "Yet if the lady is correct in saying that the flooring and walls are sound, and that the door, window, and chimney are impassable, then her sister **must have been** undoubtedly alone when she met her mysterious end."　〈Doyle「まだらの紐」〉

（もし彼女が言うように床や壁におかしなところがなく，ドアや窓も煙突も出入りできないとすれば，彼女の姉は謎の死を遂げた（meet *one*'s end [death]: 死ぬ）とき 1 人でいたのは間違いないな）

3.4　will

3.4.1　will（単純未来以外の用法）

will と shall はともに「未来」を表します.

(12) a. **I'll** be seventeen next month.　《単純未来》

（私は来月で 17 歳になります）

b. **I'll** study physics in the U.S.A.　《意志未来》

（私はアメリカで物理学を学ぶつもりです）

(12b) では I タイプとして「意志」を表しています．下の (13) になると「主張」を表し，will に強勢が置かれます（will を大文字表示にして強勢が置かれていることを示しておきます）.

(13)　He **WILL** go swimming in dangerous waters.
(彼はどうしても危険海域に泳ぎに行くと言ってきかない)

さらに，次の否定形では「拒絶」という意味になります．

(14) a.　The window **won't** [**wouldn't**] open.
(その窓がどうしても開かない［開かなかった］)

b.　The patient **won't** eat anything.　〈『実例解説英文法』〉
(その患者はどうしても何も食べようとしない)

c.　"... But did she tell you who it was?"
"No, I asked her; but she **wouldn't** tell."　〈Doyle『恐怖の谷』〉
(「(相手が) 誰なのか彼女はお前に話したか？」「いや，彼女に尋ねたのだが，でもどうしても話してくれなかった」)

可能性を表す II タイプとしては，「可能性（推量）」の意味を表す次のような例に注意しておきましょう．may よりも強い確信のある言い方で，must に近い感じになります．

(15)　"Yes, there is one rough fellow near the door."
"That **will** be Sam Merton—the faithful but rather fatuous Sam ....
〈Doyle「マザリンの宝石」〉
((ホームズから外に誰かいないかと尋ねられたワトソンが窓から外をのぞいて)「ああ，荒っぽいのがひとり玄関先にいるぞ」「そいつはサム・マートンに違いない．ボスに忠実だが無能な (fatuous) やつだ ...」)

3.4.2　will と shall

shall は「話者の意思」を表すので，1 人称で "I/We shall ..." というと "I/We will ..." というのと意味は変わりませんが，2 人称や 3 人称では目下の人へのやや高圧的な感じになります．

(16)　"'Very well,' said he, 'you **shall** know all about the machine.' ...
〈Doyle「技師の親指」〉
(「よかろう」と彼が言いました．「お前にこの機械についてすべて教えてやろう」...)

shall は古風な感じがするので使われることは少なく，現代の英語では 1 人称でも "Shall I/we ～" という「申し出・提案」の意味で用いられるくらいと考えておいてよいでしょう.

3.5 would

"They said that they **would** do it at once." (彼らはそれをすぐやると言ってました) は時制の一致で would が使われていますが, それ以外での would の用法を見ておきましょう.

(17) a. She **would** not even speak. 〈Doyle「サセックスの吸血鬼」〉
(彼女は口をきこうとすらしませんでした)《過去の意志・(否定文で) 拒絶》

b. "Exactly. We could not explain the absence of a ticket. This **would** explain it. Everything fits together."
〈Doyle「ブルース・パーティントン型設計図」〉
(「まさしく. われわれは切符がなかったことを説明できなかった. これで説明がつくよ. すべてが整合する (fit together)」)
《現在の可能性・推量 (will より確信度がやや低い)》

c. **Would** you come back later?
(あとで戻って来てもらえますか?)《'Will you ... ?' よりていねいな依頼》

d. I **would like to** go there (if it were possible, if I were invited, *etc.*).
〈*ISED*〉
(そこに行きたい)《「... したい」'want to ... ?' よりひかえめな願望》

e. "**Would** you **like to** join us?" "I'd love to."
(「私たちとご一緒しませんか?」「ええ, ぜひ」)《ていねいな勧誘》

3.5.1 will と would

時や条件を表す if 節の中では通常は未来のことでも現在時制を使うのでしたね. ("I'll call you if I <u>have</u> time."「時間があれば電話します」). ただし, ていねいな依頼を表す場合に 'if + will / would' が用いられます. この場合, 未来というよりも 'be willing to' (... してくだされば) という意味合いです (Swan 2005: 237). なお, would を使うと will よりもなおていねいな感じになります.

(18) a. **If** you **will** wait outside, I shall be with you in five minutes.

〈Doyle「唇のねじれた男」〉

(外で待っていてもらえれば，5 分ほどでそちらに行くから)

b. I should be very much obliged if you **would** slip your revolver into your pocket. 〈Doyle「まだらの紐」〉

(ポケットにリボルバー(連発拳銃)をしのばせておいてくれるとありがたいね (be obliged: 感謝している))

c. Bring him here, Mrs. Merrilow, and **if** he **won't** come, tell him I am the wife of Ronder's wild beast show. 〈Doyle「覆面の下宿人」〉

(あの方を連れてきてください，メリロウさん．もしあの方がどうしても来てくださらないようであれば，猛獣使いロンダーの妻だとお伝えください)

※(18c) の例のように，主語の意思を表す will も時や条件の副詞節において用いられることがあります．否定文にすると「拒絶」の意味になります (上記 (14) 参照)．

3.5.2 would と 'used to'

'used to *do*' は現在との対比を含意して「以前は … だった」とか，過去の習慣的な動作「… するのが常だった」という意味を表します．(現在との対比というのは含意なので，文脈などで明示されていなければ習慣などがなくなっていることを暗示しますが，習慣などが今も続いているという内容を明示して加えることもできます．(19c) 下線部参照．) 次の例を見てみましょう．

(19) a. I'm not so light to lift as I **used to** be. (下線部発音注意：/ˈjuːs(t)tə/)

〈Doyle『緋色の研究』〉

(私を担いでいこうにも，私の体は昔のように軽くありませんよ)

b. I would be surprised if he didn't like whisk(e)y. He certainly **used to**. (下線部発音注意：/ˈjuːs(t)tu/《文末や母音の前ではこちら》)

〈『現代英文法総論』〉

(彼がウイスキーを好まなければ驚きだ．昔は好きだったから)

c. He **used to** be, and still is, the only unofficial consulting detective.

(彼はかつてただ 1 人の私的な諮問探偵だったし，そして今なおそうである)

'would (often) *do*' は「よく … したものだ」という過去の習慣的な動作を表します．'used to' の持つ「現在と対比させる」という用法はありません．過去を示す副詞節（句）をしばしば伴い，物語風の文体で用いられます．

(20) Mr. Abelwhite was a kind man, and he **would often** drop into my little shanty and smoke a pipe with me, … 〈Doyle『四つの署名』〉
（エイブルホワイトさんは親切な人で，私の掘っ立て小屋（shanty）によく立ち寄って一緒にパイプをふかしたりしました …）

そもそも would にはさまざまの用法があるため前後関係や文脈によって意味がまぎらわしくなりかねません．過去の習慣を表す would が積極的に用いられるのは主として物語文などでの文体で，個人的な回想などノスタルジアを感じさせる響きがあることがしばしばです．問題も見ておきましょう．

(21) a. I remember that whenever my parents went out in the evening, I (　　) the job of looking after my young sister.
① must have got　② ought to get
③ have got　④ would get 〈センター試験〉

b. Wood (A) be used as the main fuel, but nowadays fossil fuels (B) widely.
① A: used to　B: are used
② A: used to　B: have been used
③ A: was used to　B: are used
④ A: was used to　B: have been used 〈センター試験〉

(21a) は「両親が夜出かけるときはいつも私が妹の世話を引き受けていたのを覚えている」という意味です．whenever（… するたびに，… するときはいつも）の意味合いを理解しましょう．過去の習慣を表す④の ‘would get’ が正解です．(21b) は nowadays が使われているように過去（(A) を含む部分）と現在（(B) を含む部分）の対比を表す例です．正解は①（used to, are used）です．

3.6 should

would と should はそれぞれ will と shall の過去形ということになります．とはいえ，would や should が will と shall のように未来の意味を表すのに使われることはあまりありません．いわゆる時制の一致という事情で will と shall の過去形が必要になるケースくらいです．また，重要性・命令・提案などを表す that 節にでてくる should については，1.4.2 で suggest タイプの動詞を扱ったところ，および 2.4.3.1 の仮定法現在に関するところで見ました．

3.6.1 「義務・必要」を表す should / ‘ought to’

should や ‘ought to’ は日本語の「… すべき」よりずっと弱い意味の「義務」や「提案」を表します．過去のことを言うときには「should [ought to] have＋過去分詞」の形になります．

(22) a. You **should** [**ought to**] be more careful.（もっと気をつけてください）

b. I knew I **should** [**ought to**] write to him.
（彼に手紙を書かなくてはとわかっていました）
※時制の一致が起きるはずですが，(22a) における意味での should や ‘ought to’ に対する過去形というものはありませんから，ここでは語形は変わりません．[4]

c. I/You **should** [**ought to**] **have** been more careful. 《後悔／非難》
（私／あなたはもっと気をつけるべきでした）

d. “… When I came to I found that it was still bleeding, so I tied one end of my handkerchief very tightly round the wrist and braced it up with a twig.” “Excellent! You **should have** been a surgeon.”
〈Doyle「技師の親指」〉
(「… 気がついた (came to) とき，まだ出血していましたから，ハンカチの端で手首をきつくしばり小枝 (a twig) をはさんで締め付けておきました」「すばらしい！あなたは外科医になるべきでしたよ」)
※「残念」という意味を表す「should [ought to] have＋過去分詞」の形ですが，ここでは冗談めかした言い方になっています．

should や ‘ought to’ には must の「話者の意志で課す義務」とか，‘have to’ の「外部から課された義務」というような意味合いはありません．むしろ，義務が遂行される［されている］という感じを欠いているという意味合いがあります．したがっ

[4] 下の (22c-d) に関する解説と比較してください．時制の一致を受ける状況でも形が変わらないという状況と同じことは，must/had better/‘lest … should’ の場合でもあてはまります．

て，(22c) と (22d) のような「should [ought to] have＋過去分詞」の形では「過去において実行されなかった行為」を含意し，後悔や非難の意味を表すことがしばしばあります．問題形式で見てみましょう．

(23)　The boys should not (　　) the ice cream, but they did.
　①ate　②be eaten　③be eating　④have eaten
〈センター試験〉

「... すべきであった」という「should [ought to] have＋過去分詞」ですが，ここでは not が入って「アイスを食べるべきではなかった（のに食べてしまった）」という意味になっています．正解は④の 'have eaten' です．

なお，実際に実行された行為であることを含意する場合には 'had to *do*' を使います．たとえば，"I **had to** quit school and go to work." であれば「学校をやめて働きに出なければならなかった」という意味で，実際に学校をやめたことが含意されます．

should と 'ought to' の違いとして，should は主観的な判断に基づく義務，'ought to' は客観的な判断による義務を表します．したがって，次のような公式の掲示での指示や注意書きなどに should は使われますが，'ought to' はそのような状況では使われません．

(24) a. Manuscripts **should** be prepared following the guidelines below.
（投稿する原稿は以下のガイドラインに従って作成すること）

b. Detection is, or **ought to** be, an exact science, and **should** be treated in the same cold and unemotional manner. 〈Doyle『四つの署名』〉
（探偵術というものは厳密な科学なのだし，またそうであらねばならないものだ．だから常にぶれることのない冷徹なやり方をもって扱われるべきなのだ）

(24a) の例は論文等の投稿規定にある文の例で，論文の編集委員会が自分たちからの指示を投稿者に与えているという文脈ですから，'ought to' ではなく should が使われています．(24b) は，ホームズが解決した事件を『緋色の研究』という作品にして書いたと言うワトソンに対して，ロマンチックな小説になってしまっていると不満を持つホームズが述べたセリフの一部で，「(探偵術は科学であるし，そうあらねばならないというのが一般的な真理なので (← ought to)) 探偵術を科学として書いてくれないと困るよ (← should)」というホームズの気持ちが読み取れるのではないでしょうか？

「義務」以外にも，should と 'ought to' には「見込み」(… するはずだ) を示す用法があります．

(25) a. If you leave now, you **should** arrive there by six o'clock. 〈*Chambers*〉

(今発てば，そこに 6 時までには着きますよ)

b. If he started at nine, he **ought to** be (=probably is) there by now. 〈*ISED*〉

(9 時に出発したなら，彼は今頃はそこに到着していますよ)

c. I have no doubt that I **should have** been arrested either at my City office or at my home. 〈Doyle「ノーウッドの建築業者」〉

(間違いなく，シティの事務所か自宅にいたら私は逮捕されていたはずです)

ただし，この用法では 'ought to' よりも should を使うのが普通です．(25c) のように「… したはずだ [するはずだった (のに)]」と過去のことを言うときには「義務・必要」の意味の場合と同様に「should [ought to] have＋過去分詞」の形になりますが，やはり 'should have *done*' の形のほうが普通です．

3.6.2 「感情 (驚き・意外・怒りなど)」を表す should

主としてイギリス英語ですが，下線で示したような「驚き・意外・怒りなどの感情」を表す形容詞や名詞に続く that 節の中で should が用いられて，「… する [した] とは」という意味を表します．

(26) a. It was certainly, as you said, very surprising that he **should** have contracted an out-of-the-way Asiatic disease in the heart of London—a disease, too, of which I had made such a very special study. 〈Doyle「瀕死の探偵」〉

(確かに，君の言った通り，彼がロンドンのど真ん中で珍しい (out-of-the-way) アジアの病気にかかる (contract: 重い病気にかかる) なんて実に驚くべきことだよ，しかもその病気は私が特に研究したものだったときてはね)

b. "Yes, I was chasing a Cyclopides. He is very rare and seldom found in the late autumn. What a pity that I **should** have missed him!" 〈Doyle『バスカヴィル家の犬』〉

（「ああ，シクロピデス（蝶の一種）を追いかけていたんだ．とても珍しくて晩秋にはまず見つからない．取り逃がしたとは残念なことをした！」）

このような that 節が続く形容詞としては，natural，proper，strange，wonderful，important，good，right，wrong がよく見られますし，名詞としては ‘a pity’ の例をよく目にします．should が入ると感情的な主観が強く入り，(27b) のように should を入れなければ事実を客観的に述べる言い方ということになります．

(27) a. It is natural that he **should** think so.（彼がそう思うのも当然だよ）
　b. It is natural that he **thinks** so.
　《think という原形ではなく現在形であることに注意》
　（彼がそう思っているのも当然だ）

should は why，how，who などで始まる文で疑問詞の意味を強めて「いったい …」という「驚き」や「意外」を表すのに使われます（アメリカ英語では (28c) のように would が使われます）．下の (28b) のように反語的な意味でも使われることもあります．

(28) a. But why **should** any criminal wish to ring the bell? It is a most insoluble mystery. 〈Doyle「海軍条約」〉
　（しかしいったい犯人がなんでベルを鳴らしたがるのか？ とても不可解な謎だ）
　b. Why **should** he fear a trap? There would be no reason in his eyes why the finding of the ring should be connected with the murder. 〈Doyle『緋色の研究』〉
　（奴（犯人）がわなを恐れることなどあろうか．奴からしてみれば指輪が見つかったことと殺人事件を結びつける理由など何もないのだから）
　c. Are you crazy? Why **would** you do that? You know what happened to her?（バカじゃないの？ なんだってそんなことするの？ 彼女に何があったかわかってるよね？）

3.6.3 表現を和らげる should

婉曲でていねいな言い方であることを表す例をあげておきます．

➢ **I should say**「まあ … でしょうね」

▶ “I **should** say that he has been dead about three hours, judging by the

rigidity of the muscles," said I. 〈Doyle「入院患者」〉
(「筋肉の硬直具合から見て，亡くなっておよそ 3 時間というところだろうね」と私は言った)
※ 文頭や文末に置いて断定を避ける言い方です

➢ **I should [would] like to *do***「… したいのですが」

▶ "I **should like to** see him very much."
"Would you? That is easily done. Come this way. You can leave your bag." 〈Doyle「唇のねじれた男」〉
(「ぜひ彼に会いたいのですが」「お会いになりたいのですか？ おやすいご用です．こちらへどうぞ．お持ちのカバンはここに置いて結構です」)
※ 'want to' よりていねいな願望を表す言い方です．

➢ **think などの動詞の前において意味を和らげる**

▶ Perhaps he was not so strong as you suppose. I **should** think he may have had some secret trouble. 〈Doyle「スリークォーターの失跡」〉
(ひょっとすると彼はあなたが考えているほど丈夫でなかったのかもしれません．彼は何か人に言えない病気をかかえていたのではないかと思いますよ)

▶ "Could it be done on five thousand pounds?"
"Well, I **should** think so, indeed!" 〈Doyle「スリー・ゲイブルズ」〉
(「それには 5 千ポンドもあれば間に合いますか？」「そうね，十分すぎるほどですわ (= five thousand pounds is more than enough)」)
※ この例のように "I should think so." は文脈次第で「もちろん」という強調を示す言い方になることもあります．

3.7　助動詞としての need

助動詞としての need が使われることは少なく，主にイギリス英語で疑問文と否定文 (hardly のような否定の意味を表す語がある場合も含みます) で使われます．

(29) a. "**Need** I tell you more, Jimmie? … 〈Doyle「白面の兵士」〉
(「僕がこれ以上話す必要があるかい，ジミー？ …」)

b. "Hadn't you better reserve that for your trial?" asked the Inspector.
"I may never be tried," he answered. "You **needn't** look startled. It isn't suicide I am thinking of … 〈Doyle『緋色の研究』〉

(「それは裁判まで待つのがよいのではないかね？」と取調官が言った．「裁判を受けることはないでしょう」彼は答えた．「驚くことはありませんよ．自殺をしようと考えているのではないのです …」)

下の (30) は動詞として使われている例です．

(30) a. You'll only **need** to wait a little longer, … 〈Doyle「黄色い顔」〉
(もう少しだけお待ちください，…)

b. He doesn't **need** to be told. (i.e. he already knows so it is not necessary to tell him)
(彼に話す必要はありません)《状況や規則から不必要であるという場合《英》》

cf. He **need**n't be told. (i.e. we may keep it secret from him; there is no necessity for us to tell him) 〈*ISED*〉《話し手の命令で「… する必要はない」という言い方《英》》

3.8 助動詞としての dare

下の (31a) にあるような助動詞としての dare「あえて［思い切って］… する」は，主にイギリス英語で否定文に使われます．一方，(31b) にあるような一般動詞としての 'dare to *do*' の形はよく使われ，否定文でしばしば目にします．

(31) a. "Then it is he whom you suspect?"
"I **dare not** go so far as that. But of the three he is perhaps the least unlikely." 〈Doyle「3人の学生」〉
(「ではあなたが疑っておられるのは彼ですね」「そこまでは申し上げておりません．でも3人のうちで最も疑わしくないと言えないのは彼です」)

b. You know how masterful he is. I didn't **dare to** disobey him. 〈Doyle「瀕死の探偵」〉
(あの方がどんなにわがまま (masterful：主人風を吹かせる) かご存知でしょう．言う通りにしないわけにはいかなかったのです)
※一般動詞としての 'dare to *do*' の to はしばしば省略されます．

主としてイギリス英語の慣用的な表現として，「おそらく … でしょう」という意味の 'I dare say' (=I think that it is possible [probable] that ….) があります ('I daresay' ともつづりますが古めかしい感じになります).

(32) a. You're tired, **I dare say**. (お疲れになったでしょう)
b. **I dare say** he will come later. (彼はおそらく後でやって来るでしょう)

3.9 '助動詞＋have＋過去分詞'

過去の事柄に対して現在時点で推量するというときには '助動詞＋have＋過去分詞' の形になります. 次の例文は, いずれも現時点から過去の推量を行っていることがわかります.

(33) a. I fainted when it was done, and I think that I **must have been** senseless for a long time. 〈Doyle「技師の親指」〉
(やられたときに気が遠くなり, 今思うにかなり長い時間失神していたようです)
b. He was the favorite son, you know, and I sometimes think that my father **may have told** him more than he ever told me. 〈Doyle『四つの署名』〉
(彼のほうが父のお気に入りの息子で, ときおり思うのですが, 父は私に話したよりも彼にいろいろ話していたのかもしれません)
c. What can it mean? Surely my whole chain of reasoning **cannot have been** false. It is impossible! 〈Doyle『緋色の研究』〉
(これはどういうことだ? 確かに僕の推理の連鎖が間違っていたはずはない. そんなことはありえないのだ!)
《通例否定文の形で使われ「... であったはずがない」の意味》
d. It excludes the idea that anyone **could have placed** the note there after death in order to furnish a false clue. 〈Doyle「ソア橋事件」〉
(そのことは死後に誰かがうその手がかりを残そうとしてそこにメモを置いたのかもしれないという可能性を排除します)
《過去や完了したことに関する「... だったかもしれない」という推量. 肯定文でも可能》
e. There were four protruding fingers and a horrid red, spongy surface where the thumb **should have been**. 〈Doyle「技師の親指」〉
(4 本の指が飛び出ており (protruding), 親指があったはずの場所はぞっとする (horrid) 真っ赤な海綿状になっていた)

問題も見てみましょう．

(34)　"You don't know?　It's 'Yesterday' by the Beatles.　You (　　) it before!"
　① hadn't heard　② might hear
　③ must've heard　④ shouldn't hear　〈センター試験〉

「前に聞いたことがあるはずだよ」という意味ですから，「… した［だった］に違いない」という 'must have＋過去分詞' になります．正解は③です．

(35)　"I don't see Tom. I wonder why he's late."
"Well, he (　　) his train, or maybe he overslept.
　① might have missed　② might miss
　③ should have missed　④ should miss　〈センター試験〉

「列車に乗り遅れたのかもしれない」という過去を推量する言い方ですから正解は①の 'might have missed' です．'should have done' は「… すべきであった」とか「… してしまっているはずだ」という意味なので，③では意味がうまくつながりません．

次に，'助動詞＋have＋過去分詞' の形が過去において実行されなかった行為を表す例をあげておきましょう．3.6.1 (22c) および (22d) も参照．

(36) a.　I know I **ought to have spoken** to Lord St. Simon, but it was dreadful hard before his mother and all those great people.[5]《後悔》

〈Doyle「独身貴族」〉

（セント・サイモン卿にお話しすべきだったとは思うのですが，彼のお母様やあのような身分の高い方々の前ではとても困難だったのです）

---

[5] (36a) の例文の中で，hard という形容詞を dreadful という語が修飾しています．dreadful が dreadfully のように副詞的に使われているわけです．このような（ややインフォーマルな）使い方は awful/awfully や horrible/horribly でも見られます．

(i)　It's awful [awfully] hot in here.（この中はひどく暑い）

b. I regret the injustice which I did you. I **should have had** more faith in your marvellous faculty.《後悔》 〈Doyle『四つの署名』〉
(君のことを不当に評価して申し訳ない．私は君の驚くべき（marvellous《英》= marvelous）能力をもっと信じるべきだった)

c. Your hiding-place, my dear Watson, was very faulty. You **should have been** behind the hedge; then you **would have had** a close view of this interesting person.《非難・残念》 〈Doyle「1 人ぼっちの自転車乗り」〉
(君の隠れた場所は，ワトソン，まるでよくなかったよ．生け垣のかげに隠れるべきだったんだ．そうすればこの興味深い人物を近くで見ることができたのに)

d. I managed to be close to her so as to hear the address, but I **need not have been** so anxious, for she sang it out loud enough to be heard at the other side of the street, 'Drive to 13, Duncan Street, Houndsditch,' she cried.《必要としないの意》 〈Doyle『緋色の研究』〉
(何とか彼女の近くに行って住所を聞き取ろうとしたんだが，心配する必要はなかったんだ．というのも彼女は通りの反対側にいても聞き取れるくらい大きな声ではっきりと言ったんだ（sing out）「ハウンズディッチのダンカン街 13 番まで」って叫んでね)

問題を 1 つやってみましょう．

(37) "No one was prepared for Professor Hill's questions."
"I guess we (　　) the lesson last night".
① could read　② ought to read
③ read　④ should have read 〈センター試験〉

「昨夜その課を読んでおくべきだった」という後悔の気持ちを表す言い方です．正解は④の 'should have read' です．

3.10　助動詞の慣用表現

助動詞関連の慣用表現として代表的なものをあげておきます．

➢ **Couldn't be better.**「最高だよ」

▶ "How's it going?" "Fine! **Couldn't be better**."

（「調子はどう？」「ばっちり！ 最高です（これ以上よくなりようがない）」）

➢ **had better *do***「… すべきである」(should や 'ought to' よりも強い言い方になります)

▶ I think that you **had better** return to England, Watson. 〈Doyle「最後の事件」〉

（どうやら君はイギリスにもどらなければならないようだよ，ワトソン）

否定形は 'had better not *do*' になります．

▶ "Perhaps you **had better not** speak of the matter. It is evidently trying to your nerves." 〈Doyle「技師の親指」〉

（何があったかお話しにならないのがよいでしょう．きっと神経にさわりますよ（trying は形容詞で「苦しい」とか「つらい」の意味））

➢ **would rather *do* (than …)**「(… するくらいなら) ～したい」

▶ … this man **would rather** risk anything **than** lose the ring. 〈Doyle『緋色の研究』〉

（この男は指輪を失うくらいならどんな危険だっておかすだろう）

※ 'would rather *do* than *do*' の形になっています．通例 *do* の部分は動詞の原形です．

▶ I should wish to speak to you, but **would rather not** do so in your house. 〈Doyle『恐怖の谷』〉

（君に話をしたいのだが，君の宿ではごめんこうむりたい）

※ 形がよく似ていますが，'would rather (that) A *did*' は rather の後に動詞がありません．「A が … するのがよい」とか「A に … してもらいたい」という意味です．that は省略されることがしばしばです．下の例で下線で示したように，通例 that 節内の動詞が過去形になる（仮定法過去の形ということであって意味は過去ではない）点に注意しましょう．

▶ 'Arthur **would rather** that we spoke the truth,' the girl answered firmly. 〈Doyle『緋色の研究』〉

（「アーサーだって本当のことを話すほうがいいと思うわよ」とその娘はきっぱりと言った）

▶ Oh, very well, madame, if you **would rather** she stayed I can see no objection. 〈Doyle「サセックスの吸血鬼」〉

（ああ，結構ですよ，奥様，もし彼女にいてもらいたいのでしたら反対いたしません）

では練習問題を少し.

(38) a. Most young people would rather spend money than (　　) it in the bank.
① having put　② put　③ to put　④ putting　〈センター試験〉
b. Melissa said she (A) rather go snowboarding next weekend (B) go ice-skating.
① A: could　B: than　② A: could　B: to
③ A: would　B: than　④ A: would　B: to　〈センター試験〉

(38a) は 'than *do* …' の部分の *do* のところに動詞の原形が入る点に注意しましょう. 正解は②の put です. (38b) も 'would rather … than …' の形の問題です. 正解は③です.

➢ **may well *do*** 「… するのももっともだ」, 「おそらく … だろう」

※程度を表す well (十分に) が許可や可能性を表す may を修飾することで, 上にある日本語訳の示すような意味になっています.

▶ You **may well** think so. (君がそう思うのも無理はない)

▶ So painful a scandal **may well** be allowed to die out. 〈Doyle「3 人の学生」〉
(そんなに痛ましいスキャンダルは葬り去られてしかるべきなのだ)
《'so painful a scandal' = 'such a painful scandal'》

▶ You've not seen Miss Dunbar. She is a wonderful fine woman in every way. He **may well** have wished his wife out of the road …
〈Doyle「ソア橋事件」〉
(まだダンバー嬢にお会いではありませんね. 彼女はあらゆる点でたいへんすばらしい女性ですよ. 奥さまがいなくなれば (out of the road) いいのにと彼が思ったとしても無理はありません …)
《富豪 (彼) とその女性秘書 (ダンバー嬢) の関係を疑う妻が起こした事件を調査するホームズに地元の警察が状況を説明する場面》

▶ "You will observe," said Holmes, laying down the volume, "that the sudden breaking up of the society was coincident with the disappearance of Openshaw from America with their papers. It **may well** have been cause and effect. 〈Doyle「五つのオレンジの種」〉

（「君も気づくだろうが」ホームズが本を置きながら言った．「その結社の突然の崩壊とオープンショーが書類を持ってアメリカから消えたのは同じときだ．これは因果関係（cause and effect：原因と結果）にあるということなのだろう」）

▶ My father's yacht **may well** have been blown to the north, and there met by Captain Peter Carey's ship. 〈Doyle「ブラック・ピーター」〉

（私の父の船はおそらく北に吹き流されて，そこでピーター・ケアリ船長の船と遭遇したのでしょう）

➢ **might [may] (just) as well *do***「（控えめな提案・助言で … してもいいじゃない［したらどう］」，「（～するくらいなら）… したほうがましだ」，「まるで … するようなものだ」

《'had better' より婉曲的な言い方で，他にもっとよい［面白い，役に立つ］ものがないので … するという状況で使われます．might がよく使われますが，may と might の使い分けは特にありません》

▶ As there isn't anything more to do, I **may as well** go home early. 〈Thomson and Martinet〉

（もうほかにやることがないので，早めに家に帰ってもいいだろう）

▶ If you can only spend 30 minutes at the party, you **might just as well** not come.

（そのパーティーに 30 分しか参加しないくらいなら来ないほうがましだよ）

▶ If my husband is going to bring his laptop and mobile phone on the holiday, I **might just as well** go alone.

（休日にもし私の夫がノートパソコンと携帯電話を持って出かけようものなら，（一緒にいる私の相手をしないので）私はひとりで行くようなものだわ）←お父さんががそんなことをしようものならアナタ (((; ° Д° ;))))

※ 'may [might] *do* A as well as *do* B'（B をするのと同じように A をしてよい）がもとで，'as *do* B' の部分が消えた結果としてできた形といわれています．

'may [might] *do* A as well as *do* B'

→ 'may [might] as well *do* A ＿＿ as *do* B' 《'as well' を '*do* A' と連結》

→ 'may [might] as well *do* A as *do* B' 《'as *do* B' の部分を省略》

そのほかに，「（前後にその根拠を表す発言を伴って）… してもさしつかえない」，「… かもしれない」といった意味でも用いられます．以下の例文で一通り確認しておきましょう.

▶ But really, Watson, I am keeping you up, and I **might just as well** tell you all this on our way to Aldershot tomorrow. 〈Doyle「背の曲がった男」〉
(しかしワトソン，君が寝るのをすっかり邪魔してしまったね．何だったらこれは明日オルダーショットへ行く途中に話そうか) 《「控えめな提案」》

▶ “Good! and Gregson can come inside with me. You too, Doctor, you have taken an interest in the case and **may as well** stick to us.” 〈Doyle『緋色の研究』〉
(ありがたい，ではグレグスンは僕と（馬車の）中に乗っていこう．君もだ，ドクター，この事件に興味があるのだから我々と一緒に来てもいいよ) 《「さしつかえない」の意味》

▶ “It recalls nothing to my mind. But that Mycroft should break out in this erratic fashion! A planet **might as well** leave its orbit. By the way, do you know what Mycroft is?” 〈Doyle「ブルース・パーティントン型設計図」〉
(「僕は何も思い出せないな．でもあのマイクロフトがこんなに不規則に脱線するなんて！惑星だって軌道をはずれかねないよ．ところで君はマイクロフトのことを知っていたかな？」) 《「かもしれない」の意味》

練習問題を1つ.

(39) It’s not very important. We might (　　) forget about it.
① as much　② as possibly　③ as quickly　④ as well
〈センター試験〉

「それはあまり重要ではありません．忘れても結構です」ということで ‘might as well *do*’ を選びます．正解は④です．

➢ **might [may] as well *do* … (as *do* 〜)**「〜するくらいなら … するほうがよい」,「(〜するのは) … するようなものだ」《might を使うのが普通》
※上記の ‘might [may] (just) as well *do*’ のできる過程において，‘as *do* B’ の部分を省略しなかった形（may [might] as well *do* A as *do* B）といってもよいかもしれませんが，‘as … as’ の比較表現がついて ‘*do* A’ の部分をいっそう強めた感じになり「… するほうがましだ」という意味になります.

▶ You **might as well** expect a river to flow backward **as** hope to move me.

〈『ランダムハウス』〉

（私の心を動かそうとするのは，川が逆に流れるのを期待するようなものだ／河が逆に流るるとも我心は動かじ〈『熟語本位英和中辞典』（斎藤秀三郎）〉）

《「… するようなものだ」》

▶ … a man **might as well** live in Russia **as** in Vermissa while folk like you are running the police. 〈Doyle『恐怖の谷』〉

（お前のようなやつらが警察をやっているんだから，ヴァーミッサにいるよりロシアに住むほうがましだぜ）　《「～するくらいなら … するほうがよい」》

第4章 態（能動文と受動文）

この章では能動文と受動文をとりあげます．受動文の作り方についてはすでに第1章でも概要を見ましたが，あらためて関連事項をまじえながら見ていきましょう．受動文については次のような矢印が交差する図式での説明を受けてきたかもしれません．

(1) a. Mary **invited** John. 《能動文》

b. John **was invited** (by Mary). 《受動文》

この章は受動文のでき方をもう少し正確に理解するところから始めることにしましょう．

4.1 能動文と受動文の関係

受動文の主語は，能動文のときに動詞の直後に目的語として生じる名詞句が移動していると考えます．「お母さんがお父さんの大事にしていたマンガを捨てたｴｰﾝ!o(T◇T o)」という能動文は「お父さんの大事にしていたマンガがお母さんに捨てられた」という受動態にもできます．

(2) a. [節 [主部 お母さんが] + [述部 [目的語 お父さんのマンガを] [動詞 捨てた]]]

b. [節 [主部 お父さんのマンガが] + [述部 (お母さんに) [目的語 ＿＿][動詞 捨て**られ**た]]]

受動文は，日本語でも英語でも，誰がやったのかという動作主が不明・自明・不要なときによく使われます．たとえば，歯を磨こうと思って私の歯ブラシを見たら濡れていたという場合，誰が間違って使ったかわからないとか，~~使ったのはまたお母さんだとわかっているけれど~~誰かは言わないでおこうと思うときに「私の歯ブラシが使われた」という受動文で言うことになるわけですよね（なんて便利！）．

（2b）では日本語の例でしたが，次の（3）で英語での受動文の作られ方を確認しておきましょう．

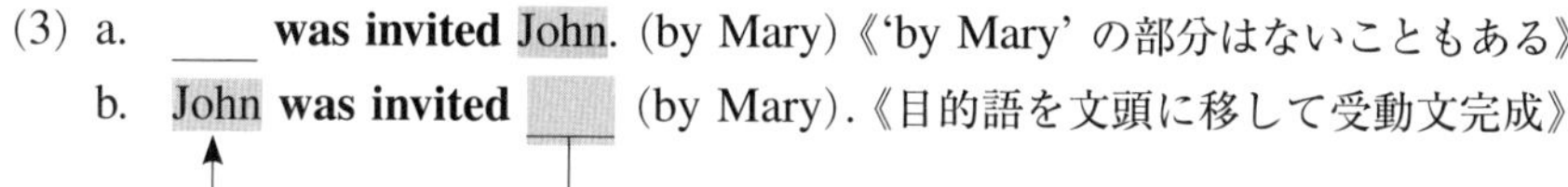

(3) a. ____ **was invited** John. (by Mary)《'by Mary' の部分はないこともある》
b. John **was invited** ____ (by Mary).《目的語を文頭に移して受動文完成》

前述のように受動文は動作主が明らかにされないことが多い言い方ですから，そのベースは上の（3a）のように意味上の主語がない（あるいは 'by Mary' として修飾要素となる）形になります．これで意味内容としては完結しているのですが，形を整えるために動詞 invite の目的語であった John が主語の位置に移動します．結果としてできる受身形は，能動文の直接目的語を主語にすることで，主語になった目的語についての出来事や状況を言うのに便利です（宗像）．

受動文の基本形は初歩的なものとして十分理解されているでしょうが，次のような複合的な形はどうでしょう？

(4) It has been hard to concentrate on my studies lately because a road (　　) in front of my house.
① builds　② has built　③ is being built　④ is building
〈センター試験〉

「家の前で道路が建設されていて（この頃勉強に集中しにくくなっている）」ということで，受動態（'being built'）とともに現在進行形（'is being'）もあって be 動詞が2つ登場するので複雑ですね（助動詞を扱った前章の冒頭の例も思い出してください）．正解は③の 'is being built' です．

次に動詞 believe の例を考えてみましょう．

(5)　They **believed** [the custom **to be** unique to Japan].
(その習慣は日本に特有のものだと信じられていた)
(≒ They **believed** that the custom **was** unique in Japan.)

動詞 believe の右側に to 不定詞を含んだ「主部＋述部」の形が続いています．(to 不定詞を含む [　] の部分が節であるという点は第 5 章で詳しく扱います．) [　] 内の 'the custom to be unique in Japan' は，下の (6a) に示したように，'the custom' を主部とし，'to be unique in Japan' の部分を述部とする節になっています．ただし，受動文になる場合には (3) で見たように，ベースとなる形では文頭の主語の位置は空所になっていますから (6b) のようになります．(受動文の場合には they はなくてもよい (あるいは 'by them' となる) ことになりますが，とりあえずここでは省略しておきます．)

(6)　a.　They **believed** [節 the custom to be unique in Japan].
《主部》　《述部》
b.　＿＿ was **believed** [節 the custom to be unique in Japan]

believe の部分が受動態 ('be believed') になっている (6b) の形から，'the custom' の部分が表面上の主語として文頭に移動して (7a) のようになります．できあがったのが (7b) の受動文です．

(7)　a.　The custom **was believed** [節 ＿＿ to be unique in Japan].
《主部》　《述部》
b.　The custom was believed to be unique in Japan.

さて，(5)-(6) では believe の右に to 不定詞を含む節が目的語としてきていましたが，次の (8a) のように 'to be' の部分は省略できます．その場合に受動文にすると (8b) のようになります．

(8)　a.　They **believed** [小節 the custom unique in Japan]
《主部》　《述部》
b.　The custom **was believed** [小節 ＿＿ unique in Japan].
《主部》　《述部》

この場合の believe の右側にある要素は時制の情報がないので純粋な節とは考えられませんが，節とほぼ同等の「主部＋述部」という意味内容を持つまとまりで，言語学では「小節 (small clause)」と呼ばれています．(この用語自体を覚える必要はありませんが，後の章でもいろいろ出てきますので，このような「節もどき」があるということは頭に入れておいてください）.

さて，(8b) はいわゆる第 5 文型（SVOC）の受動態で補語が残っている形です．関連として，次の問題を考えてみましょう．

(9)　カッコ内の語を適切にならび変えなさい
Well, there's no reason it (a / be / kept / secret / should).
〈Doyle「3 人ガリデブ」〉
（そうですね，それが秘密にされておく理由はありますまい）

'There is no reason (why) ...'（... という理由はない）という言い方で，ここでは why は省略されていますが，その後の ... に入る語の順番を考える問題です．能動態であれば 'keep it a secret'（内緒にしておく）という形になりますが，ここでは受動文ですので "it should be kept a secret" となります．下線部が正解です．なお，ここでは名詞句 'a secret' となっていますが，'keep it secret' というように形容詞 (secret) にすることも可能です．

いわゆる第 4 文型（SVOO）の受動態については 1.3.3 ですでに見ています．(10) にある文を受動文にしようとするとき，主語になれるのは (11) に示してある通り，動詞の直後にある要素（(11a) では Mary，(11b) では 'a book'）に限られるのでしたね．

(10) a.　John gave Mary a book.
b.　John gave a book to Mary.

(11) a.　Mary was given ___ a book (by John).
b.　A book was given ___ to Mary (by John).

なお，(11b) の 'to Mary' にある前置詞 to は，それに続く要素が代名詞であれば省略されることもあります ("A book was given (to) her.").

(7a) のような受動態の動詞に続く to 不定詞について補足しておきましょう．to 不定詞の表す内容のほうが以前のことであれば完了形になります．

(12) a. People believed that he **had been** …（世間は彼が … であったと信じていた）
b. It was believed that he **had been** …
c. He was believed **to have been** …

《to の後なので have であることに注意》

なお，次のように say が使われる例文も目にすると思います．

(13) a. They say that he is in Italy.（彼はイタリアにいるという話だ）
b. It is said that he is in Italy.
c. He is said **to be** in Italy.

《say 以下の節の主語 he が文頭に出ていることに注意》

(13c) は上で見た (7b) と同じ形と考えることができそうですが，受動態に対応する能動態の形はありませんので注意しましょう（“×They say him to be in Italy.” とは言えません）.

知覚動詞や使役動詞の場合の動詞の後に続く「主部＋述部」の主部を受動文にして文頭に出すケースについては 1.4.4 で扱いました.

4.2　受動文と句動詞・イディオム

動詞と前置詞が意味的に緊密に結びついている「句動詞」と呼ばれる場合や，イディオムの場合にも受動文になります.

(14) a. I was **spoken to** by a police officer that night.
（私はあの晩警官に声をかけられた）(￣‥￣；)ﾏ､ﾏｽﾞｲ‥
b. Our dog is **taken care of** by my father.
（うちの犬はお父さんが面倒を見ている）ヽ(´▽`)/

(14a) では「動詞＋前置詞」（‘speak to’）がまとまって 1 つの他動詞のように機能していると考えられますし，(14b) でも ‘take care of’ というイディオム全体が 1 つの動詞のように扱われてています.

4.3　by 以外の前置詞が使われるケース

受動文で ‘*be*＋過去分詞’ の後に by 以外の前置詞を含む句が続く場合を見てお

きます．過去分詞の部分が形容詞のようになって成句を形成している表現として理解しておけばよいでしょう．

(15) a. I'm not interested **in** politics.（私は政治に興味がない）
b. Is he interested **in** (buying) a second-hand car?
（彼は中古車を買いたいと思っていますか？）

少し話がわきにそれますが，'*be* interested in' を条件反射的に「… に興味［関心］がある」と日本語訳すると意味がずれることがあります．(15b) のような '*be* interested in *do*ing [to *do*]' の形が典型的ですが，「… したいと思う」，「… が欲しい」，「… を買いたい」という日本語訳がふさわしいことがありますので，使われている状況に注意しましょう．他の感情を表す言い方も見ておきましょう．

(16) a. be satisfied **with**（… に満足する）
b. be surprised [astonished, amazed] **at**（… に驚く）
《動詞間のニュアンスの違いは『ネイティブの語感に迫るアクティブな英単語力』pp. 122–123 を参照》
c. be pleased **with [at]**（… に喜ぶ，… を気に入る）
d. be delighted **with [at]**（… を喜ぶ）
e. be disappointed **at [with, in]**（… に失望する）
f. be absorbed **in**（… に夢中になっている）
g. be convinced **of**（… を確信する）

ほかにも「被害」を受けた場合の言い方などで by 以外の前置詞が使われます．日本語訳との対比に注意を払いましょう．

(17) a. be caught **in**（…（雨や交通渋滞など）にあう）
▶ I was caught **in** a shower on my way home from school.
（学校からの帰り道ににわか雨にあった）
b. be injured **in**（… でけがをする）
▶ He was injured **in** the traffic accident.（彼はその交通事故で負傷した）
c. be killed **in**（…（不測の事故や災害など）で死ぬ）
▶ He was killed **in** the earthquake.（彼はその地震で亡くなった）

その他の受動態的な慣用表現をあげておきます．

(18) a. be known as [for, to] (… として [で，に] 知られている)

▶ He **is known as** a successful lawyer.

(彼は成功した弁護士として知られている)

b. be filled with (… で満たされている)

c. be involved in [with] (… にかかわっている [参加している，巻き込まれている])

▶ He **was involved in** the accident. (彼はその事件に巻き込まれた)

d. be dressed in (… を着ている)

▶ She **was dressed in** white. (＝She was wearing white clothes.)

(彼女は白い服を着ていた)　〈*ISED*〉

e. be seated in [on] (in a chair, in an armchair, on a bench, on a sofa) (… に座る)

f. be drowned in (水死する (させる)，(借金などで) 身動きがとれなくなる)

▶ He **was drowned in** the river. (彼は川で水死した《他殺または事故死》)

g. be engaged in (… に従事している [没頭している])

▶ He **was engaged in** conversation. (＝He was busy talking.)

〈*ISED*〉

(彼はおしゃべりに夢中になっていた)

h. be confronted with [by] (… に直面している)

▶ I **am confronted by** many difficulties. (＝I have many difficulties in front of me.) (私は多くの困難に直面している)　〈*ISED*〉

i. be [get] married to (… と結婚する)

4.4　'*be do*ne' 以外の形の受動文

'*be do*ne' の形ではありませんが受動文の一種とされる例を見ておきます．次の (19a–b) は，状態ではなく動作・出来事・変化を表す言い方になる，いわゆる「get 受け身 (*get*-passive)」の典型的な例です．「get 受け身」は不快な内容について用いられることがしばしばです ("Bill is [×get] liked by everyone.")．また，動作を表す言い方として 'become *done*' の形もあります ((19c) の例)．

(19) a. He **got** canned.（彼はくびになった）
《彼に責任があるという状況で好んで使われます》
b. She **got** shot on purpose.（彼女はわざと撃たれた）
《行為を意図的に行うという状況で使われます》
c. "Did you **become** engaged then?" 〈Doyle「独身貴族」〉
（そのときに婚約なさったのですか？）

「動作」がはっきり示される get や become を使う受動態に対して，be 動詞もどきの {lie, remain, stay etc.} を使う受動文は「状態」を表します．

(21) a. He **lay** injured on the ground.
（彼はけがをして地面に倒れていた）
b. For centuries it had **remained** unchanged; but … 〈Doyle『恐怖の谷』〉
（何世紀もそれは変わらないままでいたが …）

次の例はちょっと特殊で，「中間構文（middle construction）」とか「能動受動文」といった用語で呼ばれる文です．

(22) a. His books **sell** well.（彼の本はよく売れる）お父さんの書いた本はって？（￣っ￣)ﾑｩ
b. Russian novels **read** easily.（ロシア小説は読みやすい）えっ，ほんと？

意味を考えればわかるように，他動詞（sell, read）の目的語が文の主語になっています．このような中間構文は，主語の一般的な性質について述べる文です．したがって，原則として動詞は現在形になりますし，「難易」を表す副詞など（上の例では well や easily）がつくのが通例です．（そういえば「あっちのスーパーでキャベツが安く売ってる」なんてうちのお母さんがよく言いますね．この文脈で主格の「が」を使うのは個人的にはなんだか気持ち悪いように思うのですが，ちょっと中間構文みたいになってるのかも？）

第5章 to不定詞節，動名詞節，分詞節

この章では，to 不定詞，動名詞，分詞をとりあげます．次の例を考えてみましょう．

(1) a. It's important [節 that you (should) go there]. 《that 節》
　　b. It's important [節 for you to go there]. 《to 不定詞節》

(1a) と (1b) は意味内容が「君がそこに行くのは重要なことだ」ということでほとんど同じです．また，それぞれの [ ] の中の語を {(1a) の語／(1b) の語} というように並べてみると，{that/for, you/you, (should)/to, go/go, there/there} となっていますから，対応する単語が並行的に並んでいることもわかります．はい，(1a) の [ ] が節 (that 節) であるのと並行的に，(1b) の [ ] も節 (to 不定詞節) なのです．以上，この章おしまい！「おい親父，マジメにやれ ٩(๑`H´๑)۶」って？ でも，これに尽きるんですよね．そうはいってもなんですからもう少しやりますか．

たとえば to 不定詞はお父さんも中学で勉強したときに「○○的用法の□□」とかで苦労しました (^^;)．でもそういったややこしい話も，実はこの章の冒頭で述べたように「節」の構造を持っていることがわかればすっきり理解できるのです．(娘よ，よい時代に生まれたね)

to 不定詞，動名詞，分詞はいずれも第 1 章でみたような節とは異なり時制の情報が明確には見えません．また，表面的に主語が見えている場合と見えていない場合があります．代表的な例文と，その中にある [節 …] で示されている部分の構造を (2) にあげておきます．表面的に主語が見えない例では，その主語があると想定される場所を「△」で示しています．[1]

(2) a. It's important [節 for you to go there].　《主語が見える to 不定詞節》[2]
=[節 For you to go there] is important.
(君がそこに行くことは重要なことだ)

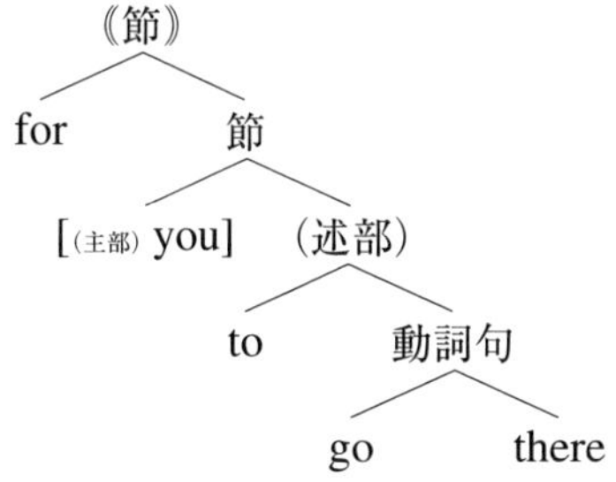

b. I tried [節 △ (=I) to help her].　《主語が見えない to 不定詞節》
(私は彼女を助けようと試みた)

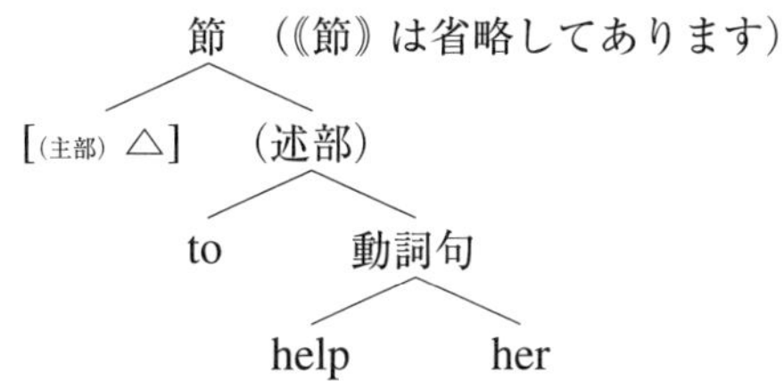

c. My father doesn't like [節 my [me] riding a horse].[3]
《主語が見える動名詞節》
(私の父は私が馬に乗るのを好まない)

---

[1] 本来は，主部・述部は機能の話で「動詞句」は品詞の話です．(2) の図ではそれらが混合してしまっていますが，そのまま話をしていきます．言語学では「節」にも「句」としての名称がありますし，「(述部)」に相当する部分の構造についても分析されていますが，本書の守備範囲を超える話になりますので踏み込まないでおきます．1.1 の (8′)-(8‴) の説明も参照してください．

[2] for の位置については例えば "I think that John loves Mary." のような that 節で that が生じたり，"Do you know him?" のような Yes/No 疑問文で do の生じているのと同じ位置と考えておきます．1.1 の (8′)-(8‴) で扱った内容を思い出してください．なお，この for があることで，たとえば (2a) にある to 不定詞節の主部の人称代名詞が目的格の形としての you になっています．また，「節」が2つあるので上位を《 》と表記して区別しておきます．to は「述部」の中の先端に置いておきます．この場所は助動詞が生じる位置としても使われます (10.1.1 参照)．

[3] -ing 形になる動名詞節や分詞節については，述部先頭の位置 ((2b) であれば to がある場所) は空所としておきます．ただし，そこにもともと -ing があって，動詞 ride と何らかの仕組みで合成されて riding になるという説などもありますが，理論的な話なので立ち入らないことにします．

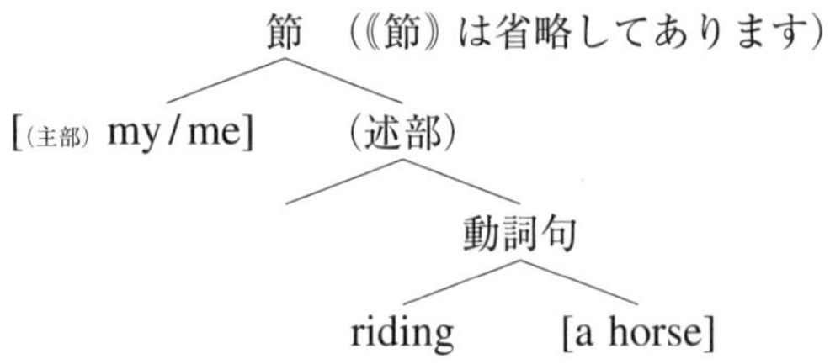

d.　[節 △（＝一般的に人）Riding a horse] is a good hobby.

《主語が見えない動名詞節》

（乗馬はよい趣味だ）

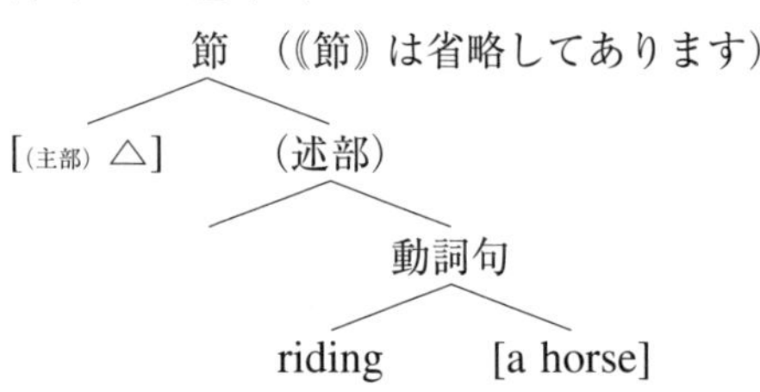

e.　[節 Other things being equal], the simplest explanation is the best.

《主語が見える分詞節》

（他の条件が同じなら，最もシンプルな説明が望ましい）

節　（《節》は省略してあります）

[（主部）Other things]（述部）

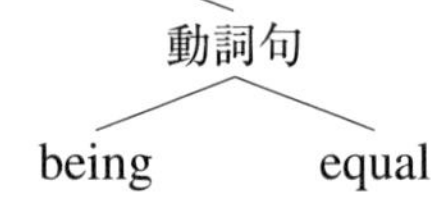

f.　[節 △（＝we）Living in the country], we need a car.

《主語が見えない分詞節》

（いなかに住んでいるので私たちには自動車が必要だ）

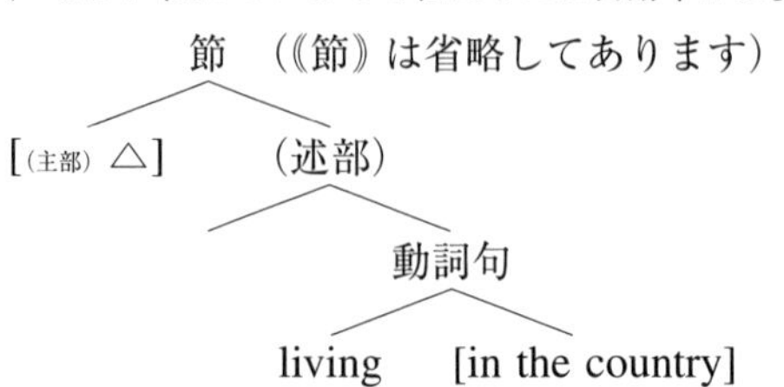

これらの具体例からわかるように，表面には見えていなくても to 不定詞や動名詞の意味上の主語が誰であるのかはわかるようになっています．

このように見てくると，1.4.1 や ミニ講義 1 で見た下のような例もよくわかるでしょう．

(3) a. I never dreamed [(that) **there was** such a famous person among my own ancestors].
(私の先祖にそんな有名な人がいるなんて夢にも思わなかった)

b. I never dreamed of [**there being** such a famous person among my own ancestors].

c. [**There being** no fear of interruption] I proceeded to burgle the house.
(じゃまの入るおそれがなくなったので私はその家に押し入ることにしました)

(3a) の [ ] は that 節です．(3b) の [ ] は動名詞節ですが，主語として there が入っていますので上の (2c) と同様の形になっていると考えられますし，(3c) の分詞節は上の (2e) と同じ形になっていると考えられます．いずれも，動名詞や分詞が節を形成していて，その中の形式的な主語として there が動名詞節や分詞節の [主部] の位置に入っていることを理解しましょう．

ここまで to 不定詞，さらには動名詞や分詞が「節」を形成しているという考え方を概観しました．[4] 以下それぞれの節で詳しく見ることにします．まずは to 不定詞から見ていきましょう．

5.1　to 不定詞

5.1.1　to 不定詞の意味上の主語

(1) では to 不定詞節と that 節を比較しました．さらに，次の (4a) と (5a) のように一見すると同じ形のように見える例も，(4b) や (5b) の that 節になっている場合を比較してみると違いがはっきりします．

(4) a. She **told** me **to** be careful. (彼女は私に用心するよう (に) 言った)

b. She told me that I should be careful.

[4] この考え方の詳細については『実例解説英文法』を参照してください．

(5) a. I **expect** you **to** win.（私はあなたが勝つと期待しています）
b. I expect that you will win.

(4b) にあるように，動詞 tell は 'tell＋目的語＋that 節' の形になりますから（1.3.2 参照），対応する (4a) の構造は下の (4a′) のようになっていると考えられます.[5] 一方，(5b) にあるように動詞 expect は that 節だけをとりますから，(5a) に対応する構造は下の (5a′) のようになっていると考えます.

(4a′) She [動詞句 **told** [目的語 me] [節 [主部 △ (＝me)] [述部 to be careful]]]. (＝(4a))
(5a′) I [動詞句 **expect** [節 [主部 you] [述部 to win]]]. (＝(5a))

tell（人に … するよう（に）話す）のほかに，ask（人に … してくれるよう（に）頼む），advise（人に … するよう（に）忠告する），persuade（人に … するよう（に）説得する）が「相手」と「話す［依頼する・説得する］内容」のように，2 つを目的語としてとる動詞では，その形は (4a′) のようになります．え？「△」って何だよって思いますよね？ でも日本語でもたとえば (4a) の日本語訳（「彼女は私に用心するよう（に）言った」）は次のような形になっていると考えられるのではないでしょうか（「ように」の分析など細かいところは 父には (^^;) よくわからないのですが）.

(6) 彼女は [動詞句 [目的語 私に] [節 [主部 △ (＝私)] [述部 用心する] よう] 言った]

どうです？ (4a′) と (6) は基本的な形は同じといってもいいくらい似ているのではないでしょうか.

さて，(4a′) では to 不定詞節の意味上の主語（△）は主節にある目的語（(4a′) では me）のことを指します．これと同じ型の例として，persuade の例文も見ておきましょう.

---

[5] (4) のような「動詞＋目的語＋節（主部＋述部）」の構造を枝分かれ図にどう示すかは本書の守備範囲を越えますので，(理論的には正確ではありませんが) 下のように考えておきましょう.

(i) 動詞句 → told / me / [節 that …]

それに対して，(5) のような「動詞＋節（主部＋述部）」の構造は次のような枝分かれ図になります.

(ii) 動詞句 → expect / [節 that … / … to …]

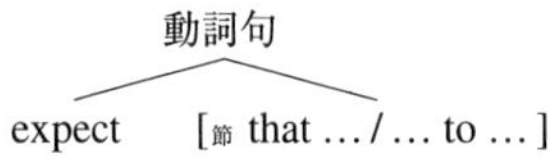

(7) a. The professor **persuaded** her to go out for dinner with him.
(その教授は一緒に夕食に行こうと彼女を説得した) ←いえ，お父さんはそんなことしませんですよ，ハイ

b. The professor **persuaded** her [節 [主部 △ (=her)] [述部 to go out for dinner with him]]

(7) で 'go out' の主語 ((7b) で [主部 △] の部分) が her のことだと理解されるのは，persuade という動詞はその語彙特性として △ が主節の目的語 (説得する相手，(7) では her) と指定されているからです．

それに対して，(5a) のように，expect (そのほかに assume/believe/consider/feel/find/imagine など「… と思う」という意味の動詞) の場合では，(5a′) の形からわかるように，節が動詞の目的語となっていますから △ がありません．

さらに，to 不定詞節には他の型もあります．

(8) a. I want [節 [主部 John] [述部 to go]]. 《for なし[6]》
(私はジョンが行くことを望んでいる)

b. John promised [節 [主部 △ (=John)] [述部 to leave]]. 《for や表面に見える主語なし》
(ジョンは去ると約束した)

少し面倒なのは (8b) のタイプです．[7] 典型的には，(8b) の promise のような動詞で，ほかには try とか hope もこのタイプです．このような動詞では，to 不定詞の示す内容を実行する人は promise の主語であると指定されているので，(8b) では

---

[6] want の文には米語のインフォーマルな言い方では for が生じることもあります．

(i) John wants [**for** Mary to leave].

また，(8a) は一見 (5a) の文 ("I expect you to win.") の形と似ているように見えますが，believe/expect タイプの文と want タイプの文は構造的に異なっていると考えられています．たとえば，それぞれの動詞を受動化してその後にある節の中の主語を前に出そうとすると，believe/expect タイプでは可能ですが，want タイプではそのようなことはできません．

(ii) a. ×John is wanted [____ to leave].
b. John is expected [____ to leave].

[7] 下のような 'promise A (人) to *do*' の形は，認めないという話者も多く，特殊なものと考えておくのがよいでしょう．

(i) … and I must be quick, for I have **promised** Mr. Rucastle to be back before three.
〈Doyle「ぶな屋敷」〉
(急がなければなりません，ルーカッスルさんに 3 時までに戻ると約束したものですから)

この言い方を認める話者の場合，(i) は次のような構造になっています．

(ii) I have promised [目的語 Mr. Rucastle] [節 [主部 △ (=I)] [述部 to be back …]]

'to leave' という行為をなす人（△）は主節の主語（John）という解釈になります．

to 不定詞のいわゆる意味上の主語については，文脈によって決まる場合もあります．次の（9a）では指定する要素がなく一般に誰でもという意味であることがわかりますし，（9b）では 'many students' のこととわかります．

(9) a. It is useful [節 [主部 △] [述部 to have a credit card]].
(クレジットカードを持っていると便利だ)《△＝(一般的に) 人》
b. [節 [主部 △] [述部 To work in Silicon Valley]] is a dream of many students.
(シリコンバレーで働くのは多くの学生の夢だ)《△＝many students》

to 不定詞の主語が表面に現れている場合の形にも注意しましょう．ある行為に対する話し手の判断を表す形容詞（bad, clever, crazy, foolish, good[8], kind, nice, polite, stupid, wise など）に続く場合，to 不定詞の意味上の主語の前に of がついて 'it is ... **of** A to *do*' の形になります．

(10) "**It is** indeed kind **of** you **to** come," he said, "I have had everything left untouched." 〈Doyle『緋色の研究』〉
(「ほんとうによく来てくださいました」と彼は言った．「何も手をつけさせずにおきました」)

このタイプの形容詞の場合，'it is ... **of** A to *do*' の形に対して，A を主語として文頭に置いて 'A is ... to *do*' の形でほぼ同じ内容の文にすることができます．

(11) a. It was kind **of** him to help me.
(彼が私を助けてくれたのは親切なことであった)
b. He was kind to help me. (彼は親切にも私を助けてくれた)

厳密には（11a）の文が「彼が私を助けてくれた」という行為について 'kind' であったと述べているのに対して，（11b）は「(私を助けてくれたときの) 彼」について 'kind' であったと述べている文であるということになります．なお，（11）の例はいずれも彼のそのときの行為について述べていますが，"He is kind." というようにこれらの形容詞が単独で用いられるときには「彼は親切な人だ」というように

[8] "It's good **for** you to take exercise." (運動するのはよいことです) というように「(健康などに) よい」という使い方はあります．また，'it is good **of** A to *do*' は「... してくださってご親切さま」といった具合にやや古めかしく聞こえることがあります (石渡)．

人の本来的な性質を表しますので意味の違いに注意しましょう（形容詞の 14.1 参照）．では練習問題を 1 つやってみましょう．

(12)　(A) so considerate (B) him to come and see his grandmother in the hospital every day.
　① A: He is　B: for　② A: He is　B: of
　③ A: It is　B: for　④ A: It is　B: of　〈センター試験〉

「毎日病院におばあさんのお見舞いに来るなんて彼はとても思いやりがある（considerate）」という内容です．文中に him がありますから，④の 'it is ... of A to *do*' の形にするのが正解です．

なお，(11a) の 'of him' の部分は次の (13a) のような位置関係にあると考えられています．また，(11b) は下のように (13a) の波線部分（'It was kind **of** him'）を (13b) の波線部分（'He was kind'）のようにすることでできあがります．(13c) にあげた，いわゆる 'It is ... for ～ to *do*' の形と比較してみると違いがわかるでしょう（もちろん "×He is important to go there." なんていう言い方はできません）．

(13) a.　It was kind of him [節 △ (=him) to help me]　(= (11a))
　b.　He was kind [節 △ (=He) to help me]　(= (11b))
　c.　It's important [節 **for** him to go there].　(= (2a))

(13b) と少し似ている例として，下の (14a) のようないわゆる 'so ... that ～' の形があります．(13b) の to 不定詞節（[節 △ (=He) to help me]）と下にある (14a) の that 節（'that he helped me'）は並行的な関係と考えられるかもしれません．また，(14b) のようなある種の形容詞の場合に，その形容詞に続く to 不定詞節内の動詞（あるいは前置詞）の目的語が文全体の主語として文頭に生じている形の言い方があります．(14b) は問題形式になっているので考えてみましょう．

(14) a.　He was **so** kind **that** he helped me.
　(≒He was so kind as to help me./He was kind enough to help me.)
　(彼はとても親切で私を助けてくれた)

b. The river is dangerous to (　　) in July.
① being swum　② swim in　③ swim it　④ swimming
〈センター試験〉

(14b) は "The river is dangerous to swim in in July." という形になるのですが，to 不定詞節の部分が '△（＝一般的に「人」）to swim in ~~the river~~' となっていると理解すればわかりやすいでしょう．見え消し線の '~~the river~~' の部分が主語として文頭に移動しています．この問題では前置詞 in が 2 つ並んで戸惑ったかもしれませんが，正解は②です．問題の英文を言い換えれば "It is dangerous to swim in the river in July." となります．(14b) の構文については 5.1.9 で詳しく取り上げます．

5.1.2　to 不定詞と否定の not

この節では，to 不定詞節について見ていきます．節としての構造やはたらきを見る前に，いくつかの注意事項を復習しておきましょう．

まず，to 不定詞節では not は to の前に置くのが原則であったことを思い出しましょう．例文と問題を見ておきます．

(15) It is really unusual [for John **not to** eat lunch].
（ジョンが昼食をとらないなんてきわめて異例だ）

(16) The boy opened the window, although his mother told him (　　).
① not do it　② not to　③ to do not　④ to not　〈センター試験〉

(16) の例では to に続く動詞句 'open the window' が繰り返しを避けるために削除されています．"... although his mother told him **not to** ~~open the window~~" となっていることに気がつけば大丈夫ですね．正解は②です．[9]

[9] 専門的な文献の中には not が to の後に生じることができると書いているものもあります．
(i) a. It is important **not to** be foolish.（馬鹿げていないことが重要だ）
b. It is important **to not** be foolish.
とはいえ，通常のネイティブ・スピーカーの判断は (ib) は「そんなに悪くない」と感じる人がいる一方で，理解はできるがぎくしゃくした感じがするので自分は使わないという人もいるという具合

5.1.3　to 不定詞節をとる動詞

では次に，to 不定詞をとる動詞について見ていきましょう．to 不定詞は現在や過去といった明確な時制を持ちませんが，情報がまったくないわけではなく，「まだ実現していない」という意味をもち，**「未来指向で一般に未来の事柄を表す」**ことが通例です．以下の意味分類にある動詞が to 不定詞をとります．（分類のために「意図」といった名称をつけてはいますが，特にこだわる必要はありません．）

➡ to 不定詞をとる動詞の意味的な分類

（成句としてのイメージの強い ‘come to’，‘get to’，‘learn to’ は「動詞＋to」の形で表記しています）

(i)　「意図・決心・計画」

意図：attempt（... しようと企てる），intend（... するつもりだ）《イギリス英語では ‘intend *do*ing’ あり》，mean（... するつもりだ），try（... しようと努める），seek（... しようと努める）

決心（... しようと決心する）：determine，decide，resolve，make up *one*’s mind

計画：arrange（... する手はずを整える），plan（... する計画を立てる），propose（... するよう提案する）}

(ii)　「同意・拒否」

agree（... するのに同意する），consent（... するのを承諾する）；refuse（... することを拒否する）

(iii)　「願望・好悪・躊躇」

願望：hope（... することを希望する），want（... したい），wish（... したい）

好悪：hate（... するのを嫌う），love（... したい），like（... したい），prefer（... のほうをしたい）

躊躇など：bother（わざわざ ... する）《‘bother *do*ing’ もあり》，hesitate（... するのを躊躇する）

で，人によって容認の度合いに幅はあるようです．ただし，どの話者も to の後が省略されている例では，not が to の後に生じることはできないようで，次の (ii) は絶対ダメという判断になります．やはり私たち学習者は，not は to の前に置くのが原則であると理解しておくのが無難でしょう．(to と動詞の間に副詞が入る分離不定詞の例は p. 480 参照.)

(ii) ×He opened the box, though she had told him to not.

▶ Don't **bother to** call on him.（わざわざ彼を訪問しなくてもよい）

▶ Don't **bother** answer**ing** the letter.（返事を書くには及ばない）

▶ If you need help, don't **hesitate to** ask me.
（手伝いが必要であれば，遠慮せず私に言ってください）

(iv) 開始：begin，start（… し始める）

(v) 記憶・忘却： forget（… するのを忘れる），remember（… するのを覚えている）

(vi) その他，動名詞をとらず to 不定詞をとる動詞

afford（… する余裕がある）

▶ I can't **afford to** get married on such a low salary.
（こんな低収入では結婚する余裕がない）

come to（… するようになる；（成り行きとして）… するはめになる）

▶ I had **come to** believe that he was an orphan with no relatives living … 〈Doyle「ギリシア語通訳」〉
（私は彼が天涯孤独で身寄りもないのだと思うようになっていた …）
《「… するようになる」の意味では，to 不定詞には状態を表す動詞が入ります（上の例では believe「思い込んでいる」）》

▶ How did you **come to** break your leg?
（なんで足を折るようなはめになったの）

expect（… すると予想する）

▶ I **expect to** be back on Sunday.
（私は日曜日に戻って来ようと思います）

fail（… しそこなう）

▶ He **failed to** pass the examination.
（彼は試験でしくじって合格しなかった）

get to（… するようになる［機会がある］）；どうにか … できる）

▶ They soon **got to** be friends.（彼らはじきに仲良くなった）

▶ How long does it take to **get to** know her?
（彼女のことがわかるようになるまでどれくらいの時間がかかるかしら）
《'get *do*ing' 形は「… し始める」. たとえば "Let's get going." は「さあ始めよう［出発しよう］」》

learn to（… の習慣を身につける）

▶ You can **learn to** be more patient with practice.
（訓練すればもっと忍耐強くていられるようになります）

manage（なんとか … する）

▶ In spite of their insult, I **managed** (i.e. was able) **to** keep my temper. 〈*ISED*〉

（彼らの侮辱にもかかわらず，私はどうにか平静を保った）

offer（… しましょうと申し出る）

▶ He **offered to** help me.（彼が私に援助を申し出てくれた）

pretend（… するふりをする）

▶ He **pretended to** be ill and took a day off work.

（彼は病気のふりをして仕事を 1 日休んだ）

promise（… すると約束する）

▶ The mother told her children to **promise** not **to** tell lies again.

（その母親は二度とうそをつかないと子供に約束させた）

5.1.4 appear と seem が to 不定詞をとる例について

以下の節では to 不定詞（節）の特性について見ていきますが，ここでは，**seem**（(考えてみると) … らしい）について確認しておきましょう（**appear**（見たところ … らしい）も同じタイプです）．

最初に，seem の使われ方を大きく 2 つに分けておきます．1 つ目は 1.1 で見た「be 動詞もどき」の seem です．

(17) The student **seemed** wise.（その学生は賢そうだった）

この文は “The student was wise.” と似たようなもので，ただ意味が be 動詞のときのように「賢かった」と断定的にはならず「賢そうだった」という意味になるのでしたね．この形の場合，seem に続く語は多くの場合に形容詞です．このような「完全な be 動詞もどき」のパターンが 1 つ目．（ん？「完全な」で「もどき」って変ですって？ ハイそこの人，静かに．）

もう 1 つが，次の (18) ような ‘It seems that [節 …]’ と ‘「主語」seems [to …]’ の形のパターンです．

(18) a. It **seems that** John likes Mary.（ジョンがメアリーを好きらしい）

b. John **seems to** like Mary.（ジョンはメアリーを好きなようだ）

(18) の例は，「ジョンがメアリーを好きだ」という内容について可能性や蓋然性，つまりその事象が「ありそうだ」ということを表すという意味をもっています．まず (18a) の例がどうやってできるか見てみましょう.「ジョンがメアリーを好きだ」という内容のそれぞれの要素を表す語彙は John, like, Mary で，それに seem が加わります．このことを次の形で仮に表すことにします．

(19)　seem [John like Mary]

この形で,「ジョンがメアリーを好きだ」という「主部＋述部」からなる部分（[John like Mary]）と,「どうやらそうらしい」という意味内容を表す語彙（seem）が列挙されていることになります．もちろんこれではまだ英語の文として不完全です．(i) seem の主語がありませんし，(ii) seem と like の時制も形が確定されていません．そこで次の (20) の形に整えられます．

(20)　It seems [that John likes Mary]
　　　(I)　(II)　(III)　　　(II)

この形になるまでには，次のような 3 つの段階を経ています．

(21)　(I)　seem の主語として，形を整えるための it を挿入し，
　　　(II)　seem と like の時制は現在形であればそれぞれ -s（3 人称単数現在）をつけます．
　　　(III)　さらに，'John likes Mary' に that を添えて that 節の形に整えています (that は省略されることもあります)．これで文として完成です．

同じように to 不定詞の例（18b）を考えてみましょう．下の（22a）を出発点としてみます．また，to 以下が be 動詞の例（"John seems to be sick."）も合わせて考えてみましょう．すでに to 不定詞も節だということは見ましたから，それぞれ，(22a) と (22b) が出発点となります．

(22) a.　seem [John **to** like Mary]　（＝"John seems to like Mary." (18b)）
　　 b.　seem [John **to** be sick]　（＝"John seems to be sick."）

これも to 不定詞節の内容である「ジョンがメアリーを好きだ」あるいは「ジョンが病気だ」ということが「どうやらそうらしい」という内容を表しているのですが，動詞の部分が to 不定詞になっています．このままでは seem の左側に主語がありませんし，John だって仮に代名詞だったらどうするんだ（he にもなれなければ him にもなれない）という問題があるので，この 2 つの問題を一気に片付けるために John が文頭（seem の前）に移動します．そして seem に 3 人称単数現在の -s

がつき，結果として下の形になります．

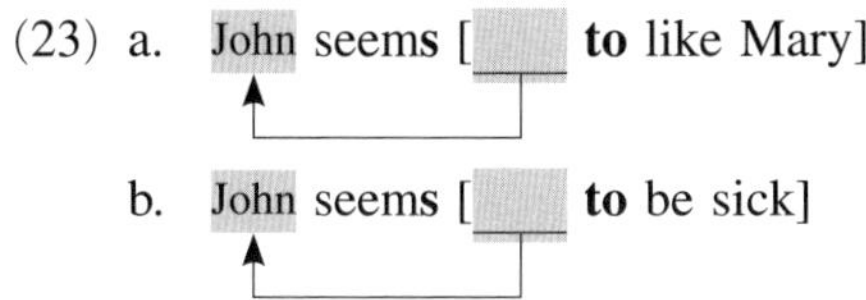

これでめでたく “John seems to like Mary.” や “John seems to be sick.” という正しい英文の出来上がりです．もし John が代名詞なら He になります．[10] また，(23b) からはさらに ‘to be’ が省略されて “John seems sick.” とすることも可能です．[11]

では seem 以外の動詞も見てみましょう．代表的なのは，‘turn out’ (… であるとわかる・判明する)，prove (… であるとわかる・判明する)，happen (偶然 … する，たまたま … する) です．

(24) a. The report **turned out** false. (その報告は虚偽であることが判明した)

b. Our wood supply **proved** insufficient.
(木材の備蓄が不足していることが分かった)

c. She **happened to** be out when I called.
(私が電話したとき彼女はたまたま不在だった)

あ！ すみません，‘seem/prove/turned out to be’ の ‘to be’ は省略できますが，(24c) のような ‘happen to be’ というときの ‘to be’ は省略できないのでした (#^.^#)．もう 1 つ言うと，(24c) の out (外出中［不在］だ) は形容詞なのか副詞なのかは微妙なところです．

(気を取り直して (^^;)) これらの動詞は下に示したように，that 節や to 不定詞節をとることもあります．この場合も，上の seem のときの場合と同じに考えれば大

---

[10] 細かいことを言えば，“It seems that John is sick.” と “John seems to be sick.” にはニュアンスの違いがあって，前者 (“It seems that …”) はほかから得た情報に基づく判断であることを含意しますが，後者 (“John seems to be …”) は話者が直接確かめた情報に基づくときによく使われます．

[11] 以下の場合にも，to 不定詞の構文と that 節の構文で違いが出ます (宗像)．

(i) It **seems** that some Economics student gets a scholarship.

(ii) Some Economics student **seems** to get a scholarship.

(i) の場合は他から得た情報に基づく客観的な判断なので，「経済学部のある学生 (話者はそれが誰であるか知らないかもしれません) が奨学金を得る可能性がある」と言っています．(ii) では，その学生について直接的に得た情報に基づく判断 (話者にはそれが誰だかわかっている) という意味がありますし，(i) と同じ意味にもなります．

丈夫です.

(25) a. It **turned out** that everything was well. (万事問題なしとわかった)
　　b. Everything **turned out** to be well.
(26) a. It **proved** that our wood supply was insufficient.
　　　(木材の供給が不足していると判明した)
　　b. Our wood supply **proved** to be insufficient.
(27) a. It **happened** that she was out when I called.
　　　(私が電話したとき彼女はたまたま留守だった)
　　b. She **happened to** be out when I called. (=(24c))

たとえば, (26) の prove の例であれば, 次のような形を出発点として考えればはっきりします.

(28) a. proved [節 that our wood supply was insufficient]
　　b. proved [節 　　our wood supply to be insufficient]

という形だったとわかれば簡単です. (28a) では先頭に it を入れて主節の主語の位置を埋めてやればいいし, (28b) の形から 'our wood supply' を文頭に移せば (26b) の出来上がりです.

(29) a. It **proved** [節 that our wood supply was insufficient] (=(26a))
　　b. Our wood supply **proved** [節 ____ to be insufficient] (=(26b))

さあ, もう次の「下線部を埋めるのに適切なものを選びなさい」なんて問題も平気でしょう (^^♪.

(30) The job (　) to be much harder than we had expected.
　　① came 　② got 　③ proved 　④ turned

正解は③の proved です. もし④ の turned が 'turned out' であればそれも正解になります. もちろん, that 節の場合には "It proved that the job was much harder than we had expected." (その仕事が思ったよりもきついことがわかった) となります.

5.1.5　'be to' について

'be to' についても触れておきましょう．すでに決まっていることについて言うときに用いられ，予定・義務（命令）・可能・意図・運命などと説明されますが，それらを暗記するのではなく文脈次第で柔軟に理解することが大事です．代表的な例をあげておきましょう．

(31)　(i)　(The) Prime Minister (**is**) **to** visit Australia next summer.
（首相が来年の夏にオーストラリアを訪問予定）
《新聞の見出しでよくある書き方，(　) 部分の省略もしばしば》
《計画済みの未来．公式の決定であるとか外部の意思によって押し付けられた計画であるというニュアンス．'be going to'（2.2.2）との比較にも注意》

(ii) a.　You **are to** keep quiet in the library.
（図書館では静かにしていなければなりません）
《義務や指示を表す言い方》

b.　When they were children they **were not to** speak at the table.
（彼らが子供の頃は食事のときおしゃべりしてはいけないことになっていた）
《義務や指示（否定文では禁止）の意味では 'be to' よりも should を用いるのが普通．控えめな言い方になる 'be supposed to'（... することになっている，... するはずである，... しなければならない，... だと言われ［考えられ］ている）はよく使われます．下の例のように，supposed が入っていると柔らかく諭す感じになります[12]》
※参考として 'be supposed to *do*'（〜することになっている）も見ましょう．

a′.　You **are supposed to** turn in the paper before the deadline.
（君はその書類を締め切りより早く提出することになっているよ）

b′.　You**'re not supposed to** park here.
（ここに駐車してはいけませんよ）

(iii)　Not a sound **was to** be heard.（物音ひとつ聞こえなかった）
《「可能」の意味を表す 'be to' の例》

---

[12] 'be not to' は 'must not' よりも弱い禁止です．

(iv)　If you **are to** become a novelist, you should read many books.
(もし作家になりたいのであれば，たくさんの本を読むべきです)
《将来に達成しようとしている目標を表す．if 節の中で用いられる》

(v)　He **was** never **to** return to his hometown again.
(彼は二度と故郷にもどることはなかった)
《「運命」の意味を表す 'be to' の例》

(vi)　The driver **is to** blame for the accident. (事故の責任は運転手にある)
《blame は「… のせいにする」という意味ですが，'be to blame (for …)' の形で「(… に対して) 責任がある［責めを負うべきである］」という意味に使われます．"The driver is to be blamed for the accident." という形はあまり使われません》

'be to' 自体は単純な形ですが，受動文といっしょになったりする場合など，構造が分かりにくくなることもあるので注意しましょう．次の例の英文はパッと見ると 'is to be' なんて具合で be 動詞が複数あったりして複雑に感じられますが，落ちついて文のできるプロセスを理解しておけば簡単です．'in getting to Poultney Square' の部分は「パウルトニー・スクエアに向かうのに」という修飾要素なのでわきに置いておいて，"Not a moment is to be lost" (一刻も無駄に失われてはいけない) という部分がどうやってできるか考えてみましょう．なお，'not a …' は「ただ 1 つ［1 人］の … もない」という意味で 'no …' よりも強い言い方です．

(32) a.　Not a moment **is to** be lost in getting to Poultney Square.
〈Doyle「レディ・フランセス・カーファックスの失跡」〉
(一刻も無駄にせずパウルトニー・スクエアに向かおう)

b.　lose not a moment (in getting to …)
☞ lose を受身形にして
be lost not a moment (in getting to …)
☞ 'be to' を加えて
is to be lost not a moment (in getting to …)
☞ 'not a moment' を文頭の主語の位置に移して「完成」！
Not a moment **is to** be lost ＿＿＿ (in getting to …)

(32a) の例では，受動形の “Not a moment is lost” という内容が ‘be to’ の構文内に組み込まれて「一刻も無駄にされてはならない」という意味が生じています．(32b) に示したように，‘be to’ の ‘be’ が ‘is’ として出て，さらにその右側に受動態の ‘be’ が繰り返されているのがポイントですので，落ち着いて整理しましょう．

5.1.6　不定詞の「名詞的用法」とは

さて，いよいよ to 不定詞の用法に入りましょう．「名詞的用法」，「形容詞的用法」，そして「副詞的用法」というように覚えたかもしれませんね．ひょっとすると中学などでは to 不定詞が名詞になっているとか形容詞になっているのだというような「便宜的な」考え方をしたかもしれませんが，理屈としてもっと無理のない考え方をしていきましょう．

まずは「名詞的用法」と呼ばれてきたものから見ていきます．これについては，単に to 不定詞節が that 節と同じように（← ハイ，ここ重要！）主語の位置や be 動詞の後の位置に生じているということが理解できれば大丈夫です．前提として，ここまで繰り返し見てきたように to 不定詞節が主部と述部（そして時制）から成り立っている節であるということを思い出しましょう．次の例では to 不定詞節が that 節と同じように意味上の主語として文末に生じています．

(33) a. **It**’s important [節 **that** you (should) go there]. (= (1a))
　　(君がそこに行くことは重要なことだ)
　b. **It**’s important [節 **for** you **to** go there]. (= (1b))

また，that 節も to 不定詞節も，名詞（句）と同じように主語の位置に生じることがあります．

(34) a. [**That** you study French now] **is** a good idea.
　　《ただし It is a good idea [that you study French now]. のほうが普通》
　　(今あなたがフランス語を学ぶというのはよい考えだ)
　b. [**To** walk] **is** healthy exercise. (歩くのは健康にいい運動だ)

さらに，that 節も to 不定詞節も be 動詞に後続して述部の一部を構成することがあります．

(35) a. My opinion **is** [(**that**) he really doesn't understand you].
(私が思うには，彼はほんとうは君のことを理解していない)
b. The best way **is** [**for** you **to** make efforts].
(いちばんいいのは君が努力することだ)

以上のことから明らかなのは，(to 不定詞が名詞になっているから主語になるというのではなく,)「that 節」と同じように「to 不定詞節」も（that 節の場合よりも制限はあるのですが）いわゆる主語の位置や be 動詞に続く位置に生じることが可能だということです．

さて，(33) の例では意味的には主語にあたる that 節や to 不定詞節が，文が頭でっかちにならないよう後ろに移り，主語の位置には意味内容をもたない it という語が入って形を整えていました．that 節や to 不定詞節は述部（[述部 is important]）を飛び越えて後ろに移動します．

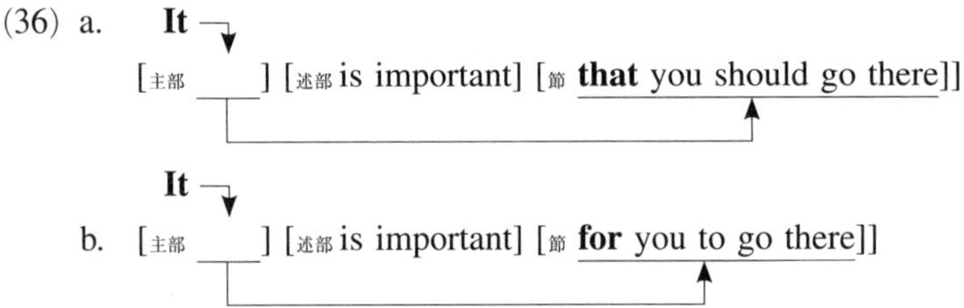

これで頭が小さくて体がスラリとしたバランスのよい形の文になるというわけです．この理屈がわかれば次のような例も理解できます．

(37) a. They'll find (easier / it / pay / than / to) to fight.
〈Doyle『恐怖の谷』の英文を改変〉
(彼らも争うよりは金を出したほうが簡単だとわかるこだろう)
b. Even if immigrants work very hard in their new country, they might (　　) it difficult to adapt themselves to the new culture.
① find　② hear　③ look　④ say　〈センター試験〉

(37a) の find 以下の内容としては 'to pay is easier than to fight'（争うより金を払うほうが簡単だ）ということです．ただし，問題の中の語彙に it があるので find 以下の形が次のようになっていると理解すれば (36)（＝(33)）とほぼ同じで，動詞

find の後が「it＋述語＋節」の並びになっていることがわかります.

(38)　(They'll find) [主部 ＿＿] [述部 easier] [**to** pay] than to fight
（it → 主部の位置へ; [to pay] と結ぶ矢印）

正解は “They'll find it easier to pay than to fight.” の下線部のようになります. (37b) も同じく 'find it ～ to ...' の形です. 正解は①です. 内容は「新しい国でばりばり働いていても, 移民の人たちは新しい文化に順応するのが大変だと思うかもしれない」ということです.

なお, (38) の 'it easier' の部分は [主部 it]＋[述部 easier] という節になっています. この例のように, 動詞 (assume, believe, consider, feel, figure, guess, imagine, suppose など) の後に「主部＋述部」が来て,「動詞＋[節 [主部 it] [述部 easier]]」の形になっている場合の節は 4.1 で取り上げた「小節」です.

小節というのは, ほかにも, 語法問題でもよく出てくるいわゆる「付帯状況の with」という例でも見られます.「付帯状況の with」とは,「with＋小節」の形で主節の表す状況に対して補足的な状況を加えたり, 同時に生じている状況を示す表現です.「... しながら」とか「... して」という日本語訳になります. 問題形式で見てみましょう.

(39) a. Don't talk (　　).
① of your mouth full　　② to full your mouth
③ with filling your mouth　　④ with your mouth full
(口の中をいっぱいにしたまましゃべってはいけません)

b. You shouldn't leave your house with (　　) even if the weather is nice.
① open the windows　　② opening the windows
③ the windows open　　④ the windows opening　　〈センター試験〉

(39a) では with の後が [小節 [主部 your mouth] [述部 full]] という小節になっていて, “Your mouth is full.” という意味関係を反映しています. 正解は④です. (39b) では with の後に続く小節の主部に 'the windows', 述部に形容詞の open が入ります. 正解は③です.「天気がよくても家の窓をあけたまま外出してはいけません」という内容です.

小節（繰り返しになりますが，この用語を覚える必要はありません）の述部の部分には，過去分詞，現在分詞，前置詞(句)，副詞なども入ります．例で確認しましょう．[13]

(40) a. He lay on the sofa [**with** his arms fold**ed**] and soon fell asleep.
（彼はソファに横になって腕を組むとすぐに眠りに落ちた）
《"His arms were folded." という関係です》
b. I can't sing a song [**with** you stand**ing** there].
（あなたがそこに立っていると私が歌えないじゃありませんか）
《"You are standing there." という関係で，独立分詞構文（5.3.2）とほぼ同じ》
c. ... **with** a pipe **in** *one*'s mouth（パイプをくわえて）
《"A pipe is in *one*'s mouth." という関係です》
d. ... **with** *one*'s hat **on**（帽子をかぶったまま）
《この on は「身に着けて」という意味の副詞です》

最後に本節のまとめをして，次節では「形容詞的用法」について見ることにしましょう．

➡ to 不定詞の名詞的用法とは：

to 不定詞節が（that 節と同じように）主語・目的語の位置や be 動詞の後などの述部に生じている形のこと

なあんだ，「名詞的用法」と言っても特別なことになっているわけじゃないんだ，と思うでしょ？

5.1.7 不定詞の「形容詞的用法」とは

次の例は形容詞的用法と言われるケースですが，もちろん to 不定詞が形容詞になっているわけではありません．

[13] いわゆる付帯状況の with は 17.5.3 でも扱います．"He put on his sweater, **the wrong side out**."（彼はセーターを裏表に着た）のように with のない例は『英文法総覧』p. 527 を参照．

(41)　I need someone **to talk with**.

(私は話し相手がほしい) ←「妻でもいいから」なんて言ったらタイヘンですことよ (#^^#)

(41) の例の 'to talk with' の部分は to 不定詞節で節になっていますが，表に出ていない主語を△で表すと次のようになります．

(42)　I need someone [節 [主部 △] [述部 to talk with]] 《△＝I》

何度も述べてきた通り，to 不定詞節は [節 [主部 △]＋[述部 to talk with]] という形の節です．そうしてみると，この to 不定詞節は名詞 someone を修飾している節ということですから，下のような関係節（関係代名詞を含む節）と同じような形だと考えることができます．関係節を [　] で囲んでおきますが，'I can talk with' の部分は (42) の '△ (＝I) to talk with' の部分とほぼ同じですね．

(43)　I need someone [関係節 **(who(m))** I can **talk with**].

(私は誰か話しのできる相手がほしい)

とすると，不定詞の形容詞的用法と言われてきたものは，普通の関係節がわかれば簡単に理解できると思われます．そこで，少し脇道にそれますが関係節について概略を見ておきましょう．

⬇ 以下ちょっと寄り道して関係節の概略を見ます ⬇

上の (43) における名詞 (someone) と関係節 ([who(m) I can talk with]) の関係は次のようになります．

➢ 関係節 ([who(m)] I can talk with]) は名詞句 (someone) を修飾（限定）します．修飾（限定）される名詞句を先行詞といいます．
➢ 関係節の中には先行詞 (someone) に対応する空所があります．その空所の位置を下線で表すと '[who(m) I can talk with ____ (＝someone)]' となります．下に示すプロセス（関係代名詞の移動）をへて先行詞 (someone) と関係節が関係づけられると考えられています．

(A)　[**someone**] [　　　　　　　　　　I can talk with **who(m)** (＝someone)]
(B)　[**someone**] [**who(m)** (＝someone) I can talk with ____]

さらに，**英語では関係代名詞の後に「主語＋動詞」**（上では ‘I can talk with’）**が続く場合には関係代名詞を省略できる**という規則もありますので，次の語順ができあがります．[14]

(C)　[**someone**] [~~who(m)~~ I can talk with ____]

ベースになる（A）から（B）のように who だけを前に出して with を残すと口語的な感じになりますが，‘with whom’ をまとめて前に出すことも可能です．（ただしこの場合，“with who” とは言えませんよ．）

(B′)　[**the man**] [**with whom**（＝**the man**）you were talking ____]

問題形式で練習をしてみましょう．

問 1：Sand is the material (　　) glass is made.
　① from which　② on which　③ what　④ which
〈センター試験〉

問 2：This is the man (　　) was talking about.
　① I　② that　③ which　④ who

問 1 は “Glass is made **from** sand.”（ガラスは砂からできる）という文を思い浮かべれば大丈夫でしょう．問題文は “Sand is the material from which glass is made.” というように関係節を含んだ文ですから，正解は①です．このように「前置詞＋関係代名詞」の形になっている場合には関係代名詞を省略することができません（→ 7.1 (7)）．

問 2 の例は，次の（ia）において下線部で示したように先行詞（the man）以下の節に空所が 2 か所（設問にある下線の部分と前置詞の右側の部分）ある点がポイントです．その 2 か所の空所があることは次の（ib）のようになっていて関係代名詞 who(m) が省略されている構造を想定すれば説明できます．正解は①です．あわてて who を選んだりしませんでしたか？（￣∀￣）イヒヒ

[14]『英文法解説』p. 84 および『実例解説英文法』p. 217 参照．

(i) a. This is the man [____ was talking about ____]
b. This is the man [(who(m)) **I** was talking about ____].

もう 1 つ例を見ておきしょう．

問 3：　下線部に入る適切な語を下から選びなさい
This is the man (　　) did it.
① who　　② whose　　③ whom

この例は下のような形になっています．

(ii) This is [先行詞 **the man**] [関係節 [主部 **who (=the man)**][述部 did it]]
(これがそれをやった男だ)

この関係節（グレーの部分）の形は次の文の中の wonder の後に続いている節と同じです．

(iii) I wondered [**who** did it]. (誰がそれをやったのだろう)

もちろんこの文での who は関係代名詞ではなく「誰が」という意味の wh 疑問詞 (who(m), what, when, where, how, which) ですが，関係節の場合の (ii) と同じように主語が wh 語になっています．

なお，上の (C) のところで述べたように，関係代名詞のあとに節があって主語・動詞が続いている場合には関係代名詞が省略できるということがありました．次のような問題も出題されますので確認しておきましょう．

(iv) If there is anything (　　) for you, please let me know.
① I can do　　② I can do that
③ that I can　　④ what I can do　　〈センター試験〉

anything の後に関係代名詞が省略されて関係節 ‘I can do’ が続きます．do の右側は目的語の場所が空所になっていることに注意しましょう．下の (iv′) で確認してください．正解は①です．

(iv′) If there is anything [~~which~~ I can do ___ for you] …

これで寄り道は終わりです．

⬆ ここまで関係節の概略でした（おつかれさま（^^））⬆

さて，関係節がひととおり理解できたところで，もともとの to 不定詞節の問題に戻りましょう．私たちは次の例を考えていたのでしたね．

(44) I need someone to talk with. （＝(41)）
　　（下のような構造になっている）
I need someone [節 [主部 △] [述部 to talk with]]

このような to 不定詞節では，関係代名詞が削除されていると考えれば簡単です．順を追ってみていきましょう．まず，先行詞 someone に対応する関係代名詞が with の右側にあります．

(A) [先行詞 someone] [関係節 [主部 △] [述部 to talk with **who(m)** （＝someone)]]

関係代名詞が前に移動して with の右側は空所になります．

(B) [先行詞 someone] [関係節 **who(m)** [主部 △] [述部 to talk with ___]]

さらに，関係代名詞 who(m) が削除されます．

(C) [先行詞 someone] [関係節 ~~who(m)~~ [主部 △] [述部 to talk with ___]]

このように見てくると，名詞を修飾（限定）する to 不定詞節（下の (45a)）と通常の関係節（下の (45b)）の形がまったく並行的になっていることが理解できるでしょう．

(45) a. [someone] [関係節 ~~who(m)~~ [主部 △] [述部 to talk with ___]]
　　b. [someone] [関係節 (who(m)) [主部 I] [述部 can talk with ___]]

ここまでは簡潔に「関係節」と表記してきましたが，節に関して細かく書けば次のようになります．関係節は上位の節として「《節》」となりますし，主部＋述部の部分が「節」になります．

(45′) a.　[someone] [〈節〉(=関係節) ~~who(m)~~ [節 [主部 △] [述部 to talk with ____]]]

b.　[someone] [〈節〉(=関係節) (who(m)) [節 [主部 I] [述部 can talk with ____]]]

語法問題などではもう少し長い文を見かけるかもしれません．たとえば下の (46a) のように語句がばらばらに与えられている整序問題でも，(45) の例のように with の右側には要素がなくて空所になることに気付けば簡単です．(46b) の問題では，to 不定詞節が関係節と同じように機能していることを思い出せば大丈夫です．

(46) a.　次の文のカッコ内の語を並び替えて正しい文を完成させなさい．
She is looking for (a, a, fountain, letter, pen, to, with, write).
(彼女は手紙を書くための万年筆を探している)

b.　The question (　　) at today's meeting is whether we should postpone the plan till next month.

① discussing　　② is discussed
③ to be discussed　　④ to be discussing　　〈センター試験〉

(46a) と (46b) の例における名詞句と to 不定詞節の関係は次のような形になっています．

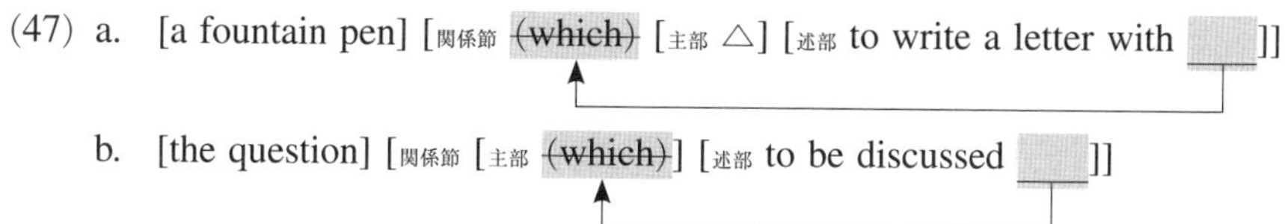

(47a) では関係代名詞が前に出てしまったために前置詞の with が文末に残されています．正解は "She is looking for a fountain pen to write a letter with." の下線部の通りになります．(47b) は文全体では「今日の会議で討議されるのはその計画を来月まで延期するかどうかという問題だ」という内容で，その中の 'The question … meeting' という主語の部分を考えるのですね．'The question' を修飾する to 不定詞節の中が受動態になっていて "The question to be discussed at today's meeting is whether we should postpone the plan till next month." となります．正解は③です．

形容詞的用法についてまとめておきましょう．

➡ **to 不定詞の形容詞的用法とは：**

to 不定詞節が関係節として先行詞を修飾している形のこと

なあんだ，そいうことかって思いませんか？（思うでしょ？思うよね，思いましょう（^^♪））

あ，そうそう，to 不定詞が名詞句を修飾しているときは必ず関係代名詞の who(m) とか which は消えていると考えるのでしたよね．あれっとピンときましたか？ そうです，次のような形の慣用的な言い方では wh の疑問詞が表面に出ています．《　》にある類似の文と比較してみましょう．

(48) a. We didn't know **which way to** go. 《≒We didn't know which way we should go.》
(我々はどちらの道を進むべきかわからなかった)

b. **Who to** invite is a big problem. 《≒Who we should invite is a big problem.》
(誰を招待すべきかは大問題だ)

c. Please tell me **when to** begin. 《≒Please tell me when I should begin.》
(いつ始めたらよいか私に教えてください)

d. He didn't know **how to** behave. 《≒He didn't know how he should behave.》
(彼はどうふるまえばよいかわからなかった)

こういった例も，to 不定詞が節だと理解しておけば，次のように to 不定詞が間接疑問文になっているだけだとわかります．

(49) a. We didn't know [節 **which way** [主部 △] [述部 **to** go ___]] 《△＝we》

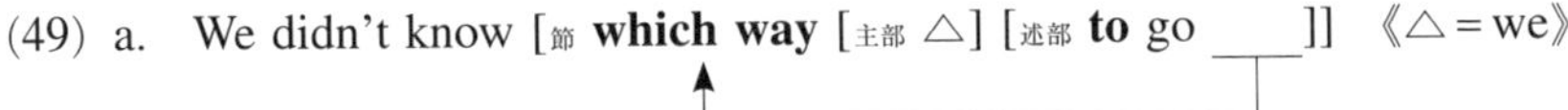

b. [節 **Who** [主部 △] [述部 **to** invite ___]] is a big problem

《△＝we，あるいは文脈に従い指定される》

c. Please tell me [節 **when** [主部 △] [述部 **to** begin ___]] 《△＝I》

d. He didn't know [節 **how** [主部 △] [述部 **to** behave ___]] 《△＝he》

5.1.8　不定詞の「副詞的用法」とは

では次に，「副詞的用法」と呼ばれてきた例を見ましょう．「目的」，「結果」，「理由」などと言われるとうんざりしますが，これも to 不定詞の節としての形を理解できればすっきりします．

まず**「目的」**の例から見ましょう．実は，to 不定詞の to は英語史的にみれば，もとは方向や目的を表す前置詞の to だったそうです．次の例を見てください．

(50)　hīe cōmmon tō mē *tō* wyrcenne ... (=they came to me to work)

(50) は古英語ですが下の（　）の中に現代英語の対応する文が入れてあります．現代の英語となんとなくスペリングも似ているので単語の対応関係はよくわかりますね．右側の斜体字になっている方の *tō* が現代の to 不定詞の to のご先祖様で，前置詞としてその右側に目的語の名詞 wyrcenne（仕事=work）をとっています．この *tō* が方向や目的を表す前置詞から（　）の中にあるような現代英語の to 不定詞のマーカーである to に変化したわけですが，「私のところに彼らが働きに来た」という同じ意味を伝えています．こうしてみると，方向や目的を表す前置詞 to をご先祖様とする to 不定詞が「目的」を表すというのは納得できるのではないでしょうか．

日本語でも「... するために」といった目的を表す言い方としては，「彼は野球をし**に**そこへ行った」と言いますよね．このときの中身を分解してみると，方向や目的を表す助詞「**に**」があって，それに動詞「する」が時制の変化を起こさない「し」の形になってくっついています．方向などを表す要素（「**に**」）に時制変化を起こさない動詞（「し」）をつけるって，「方向や目的をあらわす前置詞 to」に「動詞の原形」をつなげるという英語の to 不定詞の形となんだか似ていませんか？英語と日本語で似たような感覚が働いているのかもしれませんね．[15]

さて，いわゆる目的を表す to 不定詞節について，次の例を考えてみましょう．(51a) の文は (51b), (51c), (51d) のように to 不定詞を用いた言い方でも同じような意味になります．

---

[15] 日本語の「動詞＋に」が英語の to 不定詞に似ているように，日本語の「動詞＋て」は英語の分詞形 (-ing) に似ているのかもしれません．

(i) a.　He went to school walking.（彼は歩いて学校に行った）
　　b.　Seeing me, my wife waved her hands.（=5.3.2 (97a)）
　　　　（私を見て，妻は手を振った）

(51) a. I am sure that you inquired your way merely **in order** [**that** you **might** see him]. 〈Doyle「赤毛組合」〉
(君はただ彼を見ようとして道を尋ねたのだね)
b. I am sure that you inquired your way merely **in order** [**for** you **to** see him].
c. I am sure that you inquired your way merely **in order** [**to** see him].
d. I am sure that you inquired your way merely [**to** see him].

(51a) では 'in order' のあとに that 節が続き, (51b) では 'in order' のあとに [for you to see him] という to 不定詞節が続いています. これとほぼ同じ内容を述べている (51c) や (51d) も次のように [**to** see him] の部分が節構造になっていると考えると統一的に扱うことができます.

(52) a. … inquired your way … in order [節 that [節 [主部 you] [述部 … see him]]]
b. … inquired your way … in order [節 for [節 [主部 you] [述部 **to** see him]]]
c. … inquired your way … in order [節 ___ [節 [主部 △] [述部 **to** see him]]]
《for なし, △＝you》
d. … inquired your way … [節 ___ [節 [主部 △] [述部 **to** see him]]]
《for なし, △＝you》

上で古英語の話と関連させて述べたように, もとは方向や目的を表す前置詞だった to 不定詞の to ですが, 現在は前置詞としての性質は失いながらも意味的には「…するために」という「目的」を表す言い方として用いられているわけです. そして to 不定詞の前に添えられた 'in order' や 'so as' には to 不定詞が「目的」を表すことを明確にするはたらきがあります.

(53) a. As to Mycroft, I had to confide in him **in order to** obtain the money which I needed. 〈Doyle「空き家の冒険」〉
(マイクロフトのことに関して言えば, 必要なお金を確保するためには僕は彼に打ち明け (confide in) ておかなければならなかったのだよ)
b. … he is willing to come for half wages **so as to** learn the business. 〈Doyle「赤毛組合」〉
(彼は仕事を学ぶためには半分の賃金でもいいというのです)

(52c) と (52d) からもわかる通り, 'in order' や 'so as' の有無にかかわらず to 不定詞節の内部構造は同じです. やや大胆ですが, 'in order' や 'so as' の部分は, 方向や目的を表す前置詞だった to が to 不定詞のマーカーになって失った「目的」などの原義を補うために加えられていると考えておいてもさしつかえないでしょう.

➡ to 不定詞の副詞的用法「目的」の正体：

古英語で方向や目的を表す前置詞だった to が to 不定詞のマーカーに変化したもの

なお, 下の（54a）の文はいわゆる形容詞的用法の to 不定詞ですから（54b）の構造を持ち,「私は娘にプレゼントするための PC を買った.」という意味になります. 5.1.7 で見た to 不定詞の形容詞的用法を思い出してください. 一方,（54c）の文がいわゆる副詞的用法の to 不定詞ですから（54d）の構造を持ち,「私は娘にプレゼントするために PC を買った.」という意味になります.

（54）a. I bought a PC to present to my daughter. 《形容詞的用法》
　　 b. … bought [名詞句 [先行詞 a PC] [関係節 ~~which~~ [主部 △] [述部 to present ____ to …]]]
　　 c. I bought a PC to present **it** to my daughter. 《副詞的用法》
　　 d. … bought [名詞句 PC]] [節 [主部 △] [述部 to present **it** to …]]

（54a）では to 不定詞節が ‘a PC’ を先行詞とする関係節として働いていますから,（54b）に示したように to 不定詞節の中に空所（下線部）があることを確認しておきましょう.

さて, to 不定詞のいわゆる副詞的用法の代表的な例として「目的」を表す事例を見てきましたが, このほかの副詞的用法でも動詞句や文に to 不定詞節が加えられて情報を追加する点は同じです. いずれも, to 不定詞自体に特殊な意味があるわけではなく, 主節の内容との関連で判断がつきます. 代表的なものは以下の 3 つです.

まず, ここまで見てきたいわゆる副詞的用法の例では「… するために」という目的を表していましたが, only がついて ‘only to *do*’ の形では「… となり期待はずれの結果に終わった」という意味になります. いわゆる to 不定詞が副詞的用法として**「結果」**を表していると説明されてきた例です.

（55）I rushed up the stairs **only to find** the room empty.
　　（私は上の階に駆け上がったが, 部屋はからっぽだった）
　　（＝I rushed up the stairs and was disappointed when I found …)

to 不定詞の動詞が learn, find, see, hear, be told などの場合，これらは意図的に何かするという意味の動詞ではなく，ただ認識・知覚した物・事を述べます．したがって，そもそも「目的」を表す言い方としては解釈できない動詞です．このような場合，「結果」を意味する言い方として解釈されます．下の例では awake（目を覚ます）という意図的でない内容の動詞ですから，「夫が帰宅していないのに気づくために目を覚ました」ということにはなりません．

(56) Mrs. Straker awoke at seven in the morning, **to find** that her husband had not yet returned. 〈Doyle「シルヴァー・ブレイズ」〉
（ストレーカー夫人が目を覚ましたのは翌朝7時だったが，夫はまだ帰っていなかった）

したがって，ここでは「目を覚ましたら … だった」というように結果を表します．ただし，この場合は 'only to *do*' のときのような「期待はずれの不幸」というニュアンスはありません．

2つ目として，**「原因・理由」**を表す副詞的用法と言われる例を見てみましょう．

(57) a. **I'm glad to** have been invited.（私は招待され（て）うれしい）
b. **I'm sorry to** hear he's not well.
（彼の具合がよくないと聞き［聞いて］心配です）

感情を表す形容詞に to 不定詞が続いて，その感情の原因や理由を述べています．to 不定詞自体に「原因・理由」という意味合いがあるわけではありません．日本語でも「招待され（て）嬉しい」とか「… と聞き［聞いて］心配だ」と言えば喜んでいる原因・理由を述べているという解釈になりますが，何かそこに原因・理由を述べる語があるというよりは文脈から自然に原因・理由を述べていると類推されているのではないでしょうか．

練習問題を1つやってみましょう．

(58) The puppy at the rescue center looked happy to have been (　　) by the little girl.
① choice　② choose　③ chose　④ chosen　〈センター試験〉

「動物救護センターにいたその子犬は，その小さな女の子に選んでもらってうれしそうだった」という内容で，受身形の形になる④の chosen が正解です．

では3つ目に，**「判断・根拠」**と言われている例について見ましょう．

(59)　She must be mad **to do** such a thing.
（そんなことをするとは，彼女は正気でないに違いない）

この例もまず主節に「断定する」といったような意味の表現（上の例では ‘must be’）があり，それについて情報を加えているという流れになっています．《「正気でない」という判断》があって，それに加えて《「そんなことをした」という出来事》を補足しているという流れがあり，to 不定詞が根拠を述べていると自然に解釈できるというわけです．

副詞的用法の一種ですが，たとえば次の（60a）は**「仮定・時」**とされ，（60b）は**「条件」**と言われることがあります．

(60)　a.　**To hear** him talk you’d think he’s the boss here.《2.4.3.2（55a）も参照》
（彼が話している口ぶりを聞くと，誰だって彼がここのボスだと思うでしょう）
b.　For a decision **to be** valid, more than half of the members must support it.
（決定が正当なものとされるためには，メンバーの過半数が支持する必要がある）
〈『現代英文法総論』から引用（日本語訳は著者）〉

以上見てきたように，to 不定詞のいわゆる副詞的用法というのは動詞句や文に to 不定詞句が加えられて情報を追加するというメカニズムの１つで，to 不定詞自体に特殊な意味があるわけではなく，主節の内容との関連で判断がつきます．以下のように簡単にまとめておきましょう．

➢「目的」：　‘in order to’/‘so as to’ と平行的に考えればよい
➢「結果」：　to learn/find/see/hear など「目的」とそぐわない無意志的な意味の動詞が用いられることで判断できる
➢「原因・理由」：　to 不定詞節の内容を追加しており，主節にある感情表現から判断できる
➢「判断・根拠」：　主節にある断定表現 ‘must’ などから判断できる

5.1.9　‘easy-to-*do*’（難易や快・不快を表す形容詞＋to 不定詞節）

最後に，難易や快・不快を表す形容詞とつながる to 不定詞節について見ておきましょう．具体的には dangerous, difficult, easy, hard, impossible, simple, tough といった形容詞で，次の２つの型があります．

[I]　It is hard to *do* A.
[II]　A is hard to *do*.

具体的な例は次のようになります.

(61) a. **It** is easy to read **this book**. (この本を読むのは容易だ)
(＝To read **this book** is easy.)
b. **This book** is easy to read ＿＿. (この本は読みやすい)

[II] 型の (61b) では不定詞の動詞 read の目的語である 'this book' が文頭に移動していると考えるとわかりやすいでしょう.

[I] 型では, 直訳的に解釈すれば「この本を読むという行為が容易である」という意味で, to 不定詞節の表す行為についての難易が述べられています. また, 'To read **this book** is easy.' と言い換えることもできます. それに対して, [II] 型では「この本」という主語になっている要素の性質について「この本は 'easy to read' だ」と述べています. ここでの 'easy to read' の部分は, 日本語で「読みやすい」という訳語になることからもわかるように, 'easy to read' 全体であたかも 1 つの複合述語なっているかのような結びつきの強さがあるように感じられます (本当に 'easy to read' が一語になっていると言っているわけではありませんよ). ですから, たとえば 'an easy to sew pattern' (編みやすいパターン) とか 'a tough to please boss' (気難しい上司) といった具合に, 下線部がまるで 1 つの形容詞のようになって名詞を修飾する例はよく目にします.

(62) Her eyes were extremely black: even the most **hard-to-please** person on earth would not find fault with them.
〈Corpus of Contemporary American English〉
(彼女の両目はとても黒々としていた. どんなに気むずかしい人でもけちをつけることはなかったろう)

なお, [II] 型はもともと理論言語学の用語であった「tough (タフ) 構文」(*tough* construction) という呼び名が専門書以外でも広まっているようですね.

さて, to 不定詞が節を形成しているということをここまでずっと見てきているので, 上の (61) の例もそれぞれ次のようになっていると考えられます.[16]

---

[16] "This book is easy to read." の中の 'easy-to-read' の部分は, 日本語だと「読みやすい」みた

(61′) a.　It is easy [節 [主部 △] [述部 to read this book]]. 《△＝一般的に「人」》
　　　b.　<u>This book</u> is easy [節 [主部 △] [述部 to read ＿＿]].

練習問題を 1 つ.

> (63)　"I heard you were invited to the President's party."
> 　　　"Yes.　I was surprised at how easy the President was (　　)."
> 　　　　① for talking　　② talking to　　③ to talk　　④ to talk to
>
> 〈センター試験〉

'I was surprised at' 以下の部分で 'how easy' が 'the President was' の前方に出ているためにわかりにくくなっているかもしれませんが，at 以下の部分はベースとなる形が下の (63′a) のようになっていると理解できれば大丈夫です.

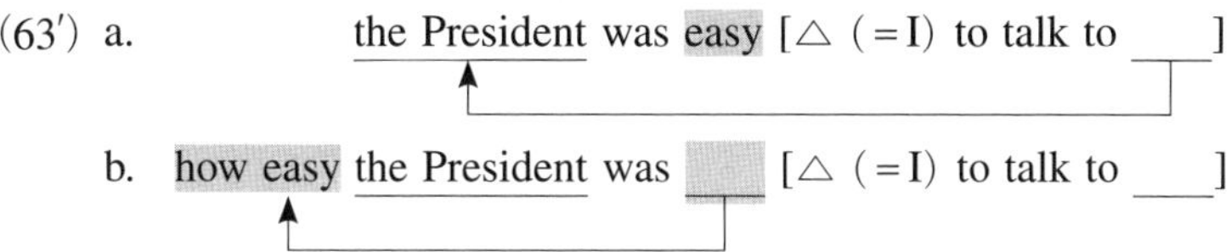

(63′a) にあるように，'the President' が 'was easy' という述部に対しての主部であり，また 'talk to' の目的語としての役割も果たしています．また，(63′b) に示したように，easy が 'how easy' となって前方に移動して wh 疑問文の形を作っています．正解は④です.[17] ではもう 1 つ問題形式で考えてみましょう.

いになんだか単語 1 つの述語になっているようであまり気にしたことはないかもしれませんが，II タイプの (61b) では 'This book' が 'is easy' という述部の主語でもあり，同時に動詞 read の目的語でもあるという珍しい文で，その理論的な説明をめぐって言語学者は今も頭を悩ませています.

[17] tough 構文の形容詞は「難易や快・不快を表す形容詞」だけでなく「話者から見た評価・価値を表す形容詞 {attractive, boring, comfortable, economical, *etc.*}」の場合にも使われます.

(i)　She's always **fascinating** to talk to. (彼女相手に話すといつも心を奪われる)
《≒She is a fascinating person. Because she is fascinating, I always enjoy talking to her.》

この例でも，主語の 'she' が意味的には文末の前置詞 to の目的語でもあることに注意しましょう．(ほぼ同じような内容で It is always **fascinating** to talk to her. とも言えます. ミニ講義 3 も参照のこと.)

(64)　(　　) の中の①～④の語 (句) を並べ替え，正しい文を完成しなさい．
ただし，①～④の語 (句) は文頭にくる要素でも小文字で書いてあります．
(① a man　② easy　③ who is　④ to please) is easy to convince.
(喜ばせやすい人は納得させやすい)　〈津田塾大 2001 年度を改変〉

述部の部分は 'is easy ...' とすでに出来上がっていますから，主部の部分を括弧内にある語を並び替えて完成させるわけですね．述部の部分に 'easy to convince' という 'easy-to-*do*' タイプの表現があります．なおかつ，これから完成させる主部の部分にもまさに easy, to please という語 (句) があるのが面白いところです．

主部となる部分を完成させるわけですから，まず中心となる名詞句として 'a man' があります．あとはそれを修飾する部分を作ればよいことになります．残りの語句 easy, to please, who is を並び替えて 'easy-to-*do*' タイプの語句の配列にすると，

(65)　who is easy to please

となります．(65) にある語句の並びと，主部の中心になる名詞句 'a man' を接続させるのですから，関係節のようになっていると考えれば大丈夫です．

(66)　a man [関係節 **who is** easy to please]

これが (64) の文の主部の 'A man who is easy to please' です．正解は「①③②④」です．[18]

次の例は tough 構文と見かけが似ているので注意しましょう．

---

[18] 英語の規則として**「主語の位置にある関係代名詞＋be 動詞」は省略できる**(『実例解説英文法』pp. 218–219) というルールがあるので，たとえば次の (ia) のように 'who is' を省略して下線部のように言うこともできます．

(i) a.　A man so easy to please is easy to convince.
　b.　[主部 [A man][~~who is~~ so easy to please ____]] ...

この 'who is' の省略という操作は珍しいものではなく，次のような例でよく目にします．

(ii) a.　This is a flavor peculiar to an orange. (これはオレンジに特有の香りです)
　《= This is a flavor **which is** peculiar to an orange》
　b.　He is a man likely to win. (彼は勝ちそうです)
　《= He is a man **who is** likely to win.》

なお，(64) の問題で選択肢④の 'to please' の代わりに 'to be pleased' ではどうかと言われると，事実としてダメなことははっきりしているのですが，理論的にどう説明できるかと言われると実は難しい問題です．

(67) a. Mary is **pretty** to look at.《cf. *It is pretty to look at Mary.》
(メアリーは見た目にかわいい)
b. The bag is **heavy** to carry.《cf. *It is heavy to carry the bag.》
(このバッグは持つと重い)

《 》内に示したように, (67a) や (67b) は [I] 型の 'it is ...' の形に言い換えることができませんから, 別扱いの構文ということになります. tough 構文に対して pretty 構文と呼ばれることがあります. こちらのタイプでは, 述語の形容詞 ((67b) であれば heavy) と to 不定詞の述部 ((67b) では carry) が意味的な関連性が強いことが必要になるという制限があります. なお, pretty 構文の to 不定詞の部分の意味内容は付加的なニュアンスになりますので, to 不定詞の部分を削除しても意味があまり変わらないことがしばしばです. なので, 上の日本語訳でも「見た目に」とか「持つと」といった部分がなくてもあまり意味が変わりません.

5.1.10 to 不定詞を含む慣用的な表現

以上で to 不定詞節のメカニズムに関するお話は終わりで, あとは to 不定詞を含んだ慣用的な表現を覚えていくということになります. 以下に代表的なものをリストアップしておきます (余談ですが「リストアップ」は和製英語ですね. list だけで他動詞として「リスト (一覧表) にする」という意味ですし, list を名詞にして 'make a list of' (... のリストを作る) とも言えます).

たとえば "All you have to do is (to) clean the room." (部屋を掃除しさえすればいい) の下線部のような表現です (この例では to はあってもなくてもかまいません). これらは to 不定詞の構成などを考えるよりも, 言い回しや意味をそのまま覚えてしまうのがよいでしょう.

➢ **too A to *do*** (... するには A すぎる)

▶ "It seems to me that you have been very shamefully treated," said Holmes. "Oh, no, sir! He was **too** good and kind **to** leave me so ....

〈Doyle「花婿失跡事件」〉

(「あなたはずいぶんひどい扱いを受けたようですね」とホームズが言った.「いえ, とんでもありませんわ！彼はとてもりっぱでやさしいくて私をそんなふうに置き去りにすることなどできない人でした」)

※いわゆる 'too ... to ～' の形で「あまりにも ... なので～できない」という意味になる例です.

➢ **enough to *do*** （… するのに十分）

➢ **so A as to *do*** = A enough to *do* （… するほど A だ；とても A なので … だ）

▶ …, and if you would be **so** good **as to** put it on we should both be extremely obliged. 〈Doyle「ぶな屋敷」〉
（そしてあなたが親切にもそれを着てくだされば私たち 2 人はとても感謝いたします）

➢ **in order to *do* / so as to *do*** （… するために）

練習問題を 1 つ．

(68)　John is only thirteen. He is (　　) to get a driver's license.
① not old enough　② not too young
③ too old　④ young enough　〈センター試験〉

「ジョンはほんの 13 歳だ．彼は運転免許をとるのに十分な年齢に達していない」ということで正解は①です．

そのほかにも，成句として覚えておくのがよい例がありますので，それらを下にまとめておきます．やや難しめの表現には例文をつけておきます．

【成句化しているもの】

➢ **to say nothing of A** （A は言うまでもなく）
= not to speak of A = not to mention A

▶ You will have barren work, **to say nothing of** incurring some danger. 〈Doyle「有名な依頼人」〉
（うまくいきっこない（barren）仕事ですよ，何らかの危険がありうる（incur: 危険・損害を招く）のはもちろんですし）

➢ **to say the least** （控えめに言っても）《もっと悪い，深刻だということを示します》

▶ It's questionable, **to say the least**. （それは控えめに言っても疑問の余地がある）

➢ **needless to say** （言うまでもなく）

➢ **to tell (you) the truth** （実を言えば）

➢ **to be frank with you** （率直に言えば）

➢ **to be sure**（なるほど，確かに）
➢ **to begin [start] with**（まず第一に）
➢ **strange to say**（奇妙なことに）
➢ **to make matters worse**（さらに悪いことに）

➢ **so to speak [say]**（＝as one might say）（言ってみれば，いわば）
▶ The dog is, **so to speak,** a member of this family.
（その犬は，言ってみればこの家族の一員だ）わが家の白柴さんもね（^^）

➢ **to do A justice**（＝treat fairly）（A を公平に評すると）
▶ **To do** him **justice**, we must admit that his intentions were good. 〈*ISED*〉
（公平に言えば，彼の意図がまっとうなものであったことは認めなくてはならない）
cf. do justice to A＝do A a justice（A を公平に評価する，A の長所を認める，A を楽しむ）
▶ He **did justice to** the dinner.（＝showed, by eating heartily, that it was good） 〈*ISED*〉
（彼はその夕食を十分に楽しんだ）

➢ **not to say A**（A とは言わないまでも）
▶ "They are singular, **not to say** grotesque," said Holmes.
〈Doyle「六つのナポレオン」〉
（「怪奇な（grotesque）とは言わないまでも風変わり（singular）でありますね」とホームズは言った）

最後に，to 不定詞節に関連する事項として，動名詞と to 不定詞のどちらもとるけれども意味が異なるという動詞の代表的な例をまとめておきます．

【動名詞も to 不定詞もとるが，意味の異なるもの】
➢ **remember to *do***《未来の事柄》「（これから）… するのを覚えている」
▶ Did you **remember to** post the letters I gave you? 〈*ISED*〉
（君に渡した手紙を忘れずに投函してくれただろうね？）
remember *doing*《過去の事柄》「… したことを覚えている」
▶ I **remember** post**ing** [hav**ing** posted] your letters.
（君の手紙を投函したことを覚えているよ）

➢ **forget to *do***《未来の事柄》「忘れないで … する」《否定文で》

▶ Don't **forget to** turn out the light.
(≒Remember [Be sure] to turn out the light.)
(明かりを消すのを忘れないでね)

forget *doing*《過去の事柄》「… したことを忘れない」《否定文で》

▶ I'll never **forget** hear**ing** this piece of music for the first time. 〈*OALD*〉
(初めてこの楽曲を聴いたときのことは決して忘れはしないよ)

➢ **regret to *do***《未来の事柄》「(これから) … することを残念に思う」

▶ **I regret to say**, some rumors have already got into the public press. 〈Doyle「海軍条約」〉
(残念ながら，うわさがすでに新聞に出てしまったのだ)

regret *doing*《過去の事柄》「… したことを残念に思う」

▶ I don't **regret** lov**ing** you. (君を愛したことを後悔しないよ) キャア♡ (≧◇≦)
※過去のことであると明示したいときは 'regret having *done*' として完了形になります.

➢ **try to *do*/*doing***

▶ He **tried to** lift the piano. (ピアノを持ち上げようとした)
▶ He **tried** lift**ing** the piano. (ピアノを持ち上げてみた)
《日本語訳に注意して to 不定詞の場合と動名詞の場合を区別しましょう》

➢ **mean to *do***「… するつもりだ」

▶ "Do you **mean to** say that you read my train of thoughts from my features?" 〈Doyle「ボール箱事件」〉
(僕の様子から思考の流れを読み取ったなんて言うつもりじゃないだろうね？)
《ただし意図や計画は 'intend/plan to *do*' などのほうが普通で，mean to は下の例のように本来の意図と実際の行動が違ってしまった場合の釈明といった場面でよく用いられます》

▶ "I don't **mean to** deny that the evidence is in some ways very strongly in favour of your theory," said he. 〈Doyle「ノーウッドの建築業者」〉
(「その証拠がいろいろと君の説に強く味方 (favour《英》＝favor) することを否定するつもりはないんだ」と彼は言った)

mean *doing*「… することを意味する［表す］」

▶ I'll finish the work even if it **means** stay**ing** up all night.
(徹夜になってもその仕事を終わらせるつもりだ)

➢ **stop to *do***「立ち止まって … する」
stop *doing*「… するのをやめる」

➢ **go on to *do***「(あることを終えた後に) 続けて … する」
▶ Then she **went on** to say … (彼女は引き続いて … と言った)
go on *doing*「… し続ける」
▶ She **went on** talking. (彼女はしゃべり続けた)

なお，以下の例では動名詞をとる場合に受動的な意味内容になることに注意しましょう．

➢ **need *doing*** = need to be *done*
▶ My car **needs** repair**ing**. (私の自動車は修理が必要だ)
▶ My car **needs to be repaired**. (私の自動車は修理してもらう必要がある)
※この 2 つの言い方には (ニュアンスの違いがあるという人がいないわけではありませんが) 意味的な違いはないと考えておいてよいでしょう．

➢ **want *doing*** = need *do*ing [to be *done*]
▶ This dress **wants** wash**ing**. (この服は洗濯しなければならない)
▶ His house **needs** repair**ing**. = His house **needs to be** repair**ed**.
(彼の家は修理が必要だ) うちもそろそろリフォームが (*_*)
▶ I have a caseful of cigarettes here which **need** smok**ing**, and ….
〈Doyle「ボスコム谷の謎」〉
(ここにタバコを箱にいっぱい持ってきていてそれを吸わなきゃならんし …)

➢ **deserve *doing*** = deserve to be *done*
▶ I **deserve to be** kick**ed** from here to Charing Cross.
〈Doyle「唇のねじれた男」〉
(僕はここからチャリング・クロスまで蹴飛ばされても当然だよ)
▶ He **deserves** punish**ing**. = He **deserves to be** punish**ed**. = He **deserves** punishment.
(彼は罰せられてしかるべきだ)
※英語史的に見れば，動名詞は元来名詞であったものから発達してできたので，受動態か能動態に関しては中立的でした．そのなごりで，現代の英語でも一部の動詞に続く動名詞が受動的な意味を持つことができるというわけです．形容詞に続く例も見ておきましょう (worth は 5.2.3 動名詞を含んだ

慣用表現の項も参照）.

➢ be worth *do*ing

▶ The idea was at least **worth** testing ... 〈Doyle『恐怖の谷』〉

（「そのアイディアは少なくとも試してみる価値がありました ...」）

この ‘worth *do*ing’ も論理的には受動態だと思ってつい “The idea was ... worth being tested.” としがちですから注意しましょう（横河）.

‘worth doing’ は 2 通りの型が可能です.

(I)　It is **worth** reading the book.（その本を読むことは価値がある）

(II)　The book is **worth** reading [a read].

（その本は読む［一読の］価値がある）

(I) の it は形式的な主語です．意味はほとんど同じですが，(II) では主語 (the book) の特徴について述べるという形になっています ... って，どこかで見た覚えがあるような？ え？(･◇･。)？ はい，上の (61) で見た ‘easy-to-do’ のいわゆる「tough（タフ）構文」ですね．下に再掲しておきましょう.

(61) a.　**It** is easy to read **this book**.（この本を読むのは容易だ）

(＝To read **this book** is easy.)

b.　**This book** is easy to read ____.（この本は読みやすい）

こうして見ると，‘worth *do*ing’ の (II) の型の “The book is **worth** reading.” は ‘easy-to-do’ の文 “This book is easy to read.” とそっくりで，主語の ‘the book’ が動(名)詞 read(ing) の目的語でもあることがよくわかります．とすると “The book is **worth** reading.” は，動(名)詞 read(ing) が受身の意味を内包しているというよりも，次のようになっていると考えておけばわかりやすいでしょう.

The book is worth reading ____.

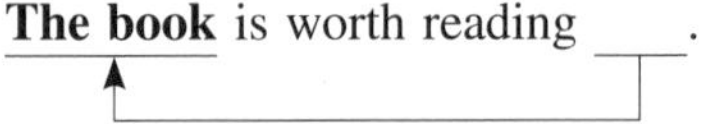

ただし，“Reading [To read] this book is **easy**.” とは言えても “×Reading [To read] this book is **worth**.” とは言えません（“Reading [To read] this book is **worthwhile**.” は可能です）.

では，練習問題を 1 つやってみます.

(69)　My computer crashed last night, so it needs (　　).
　① having repaired　② repaired　③ repairing　④ to repair
〈センター試験〉

「コンピュータがクラッシュして修理が必要だ」ということで正解は③です．もし④が 'to be repaired' と受身形になっていれば，それも正解になります．

ミニ講義　3：'be＋形容詞＋that 節／to 不定詞節

このミニ講義は少々情報量が多いので，最初はどんなことが書いてあるかざっと見るくらいで結構です．またおりにふれて必要なところを読み返すとよいでしょう．5.1.9 では 'it＋be＋形容詞＋to 不定詞節' の形になる easy など「難易を表す形容詞」のグループについて見ました ((ib) として 目的語が前置されて主語になっている形もあげておきます)．

(i) a.　It is **possible/impossible** to swim in the river.
　(この川で泳ぐのは可能／無理だ)
b.　The river is **impossible** to swim in. (この川は泳ぐのは無理だ)
　《possible はこの言い方ができません．×The river is **possible** to swim in.》

このような 'it＋be＋形容詞＋to 不定詞節' の形になるタイプの形容詞としては，ほかに「評価・価値を表す形容詞」のグループ (下記 (ii))[19] と「(行為に対しての) 話者の判断・見解を表す形容詞」のグループ (下記 (iii)) があります．

(ii)　attractive, boring, comfortable, economical など
a.　It would be more **economical** to keep the light off at night.
　(夜間にその明かりを消しておくほうが経済的でしょう)

---

[19] このタイプの形容詞として次のようなものがあります．
horrible, loathsome, unpleasant, bad, entertaining, dangerous, annoying, amusing, illegal, beneficial, pleasant, marvelous, safe, stupid, harmful, nice, fun, useless, intolerable, convenient, instructive, useful, evel, interesting, *etc*.

b. (I think that) hybrid cars are very **economical** to run.
(ハイブリッド車は燃費がよい（と思います）)
《(iib) では (ib) と同じように動詞 run（… を走らせる）の意味上の目的語である ‘hybrid cars’ が主語の位置に出ています》

(iii) clever, foolish, kind, polite など

a. It is very **kind of** you to say so.
(親切にそう言ってくださりありがとうございます)
《下の b と同じ意味ですが，強いて違いをあげれば，そう言ってくれる行為について親切だという形の言い方になっています》

b. You are so **kind** to say so.
(ご親切にもそう言っていただきありがとうございます)
《「あなたはお優しいのですね，そう言ってくれるなんて」という感じで「あなた」に注意が向いた言い方になります》

これらの ‘it＋be＋形容詞＋to 不定詞節’ の形になるタイプの形容詞は，いわゆる tough 構文をはじめとしてよく知られているものです．また，次の ‘人称主語＋be＋形容詞＋to 不定詞節’ の形になるタイプでは主語が it ではなく人を表す名詞が主語となっていて（人称主語），主語の感情・能力・傾向・願望などを表します．

(iv) a. … I am **ashamed** to say that selfishness took me by the soul, and …
《主語の感情》 〈Doyle『四つの署名』〉
(恥ずかしながら告白すれば身勝手な考えにとらわれてしまい，そして …)

b. … when I have heard some slight indication of the course of events, I am **able** to guide myself by the thousands of other similar cases which occur to my memory. 《主語の能力》 〈Doyle「赤毛組合」〉
(事件の一端だけ聞けば，私は似た事件をいくつも脳裏に浮かべて参照できるのです)

c. The larger crimes are **apt** to be the simpler, for the bigger the crime the more obvious, as a rule, is the motive. 《主語の傾向》
〈Doyle「花婿失跡事件」〉
(大きな犯罪ほど単純でありがちなんだ，というのも犯罪が大きくなるほど概して動機がはっきりしてしまうからね)

d. I am very **anxious** to consult you as to whether I should or should not accept a situation which has been offered to me as governess.

《主語の願望など[20]》　〈Doyle「ぶな屋敷」〉
（私は頼まれている家庭教師（governess）の話を引き受けるべきかどうかについてあなた様にぜひともご相談したいのです）

以上はいずれも「形容詞＋to 不定詞節」の形になる例で，どれもおなじみのものでしたが，「形容詞＋that 節」の形になるものもあります．しかしながら，形容詞の後に続くのが to 不定詞節になるのか that 節になるのかについては（個人差もあると言われており）完全に分類することができず，日本語話者の英語学習にとってやっかいな問題です（横河）．以下にざっとまとめてみましょう．

「形容詞＋that 節」は（I）「人称主語＋be＋形容詞＋that 節」と（II）「It＋be＋形容詞＋that 節」の型があります．

➡ （I）「人称主語＋be＋形容詞＋that 節」

この型としては次の２つの形容詞のグループがあります．

➢ **主語の感情（嬉しさ・驚き・お詫びなど）を表す形容詞のグループ**：happy, shocked, sorry, *etc.*

▶ I was **surprised that** I heard the news.（その知らせを聞いて驚いた）
《'I was surprised to hear the news.' のように to 不定詞節の形に置き換えることが多い》

➢ **主語の態度（確信・自覚・切望など）を表す形容詞のグループ**：certain, conscious, sure, *etc.*

▶ His mother is **certain that** he will succeed.
（彼の母親は彼が成功すると確信している）
《この that 節は形容詞に対しての目的語的な存在で，'His mother is **certain of** his success.' というように前置詞句で置き換えることが可能なことがしばしば．下の（II）型の言い方との違いを確認しておきましょう》

---

[20] このように主語の願望や不承不承（reluctant）を表す形容詞では，主節の主語と to 不定詞節の主語が違う人の場合には強意を表す should を伴う that 節も可能です（ただし to 不定詞節のほうがよく使われると言われています）．

(i) My wife is very **anxious** that you **should** come, for she has been much attracted by my description of you.　〈Doyle「ぶな屋敷」〉
（私の妻があなたにどうしても来ていただきたいと申しております．私があなたのことを説明したところとても乗り気なのです）
《'My wife is very **anxious for** you *to* come …' という形で言うことも可能》

➡ (II)「**It＋be＋形容詞＋that 節**」

この型を示すものとして，まず次の 2 つのグループがあげられます．

➢ **可能性を表す形容詞のグループ**：certain, likely, probable, *etc.*[21]

▶ It is **certain that** he will succeed.（彼が成功することは確かだ）

＝He is **certain** to succeed.

《上記（I）でみた ‘I am **certain that** he will succeed.’ の形も参照してください．‘It is certain …’ でも ‘He is certain …’ も，certain（確かだ）と思っているのは話者なので，話者が明記された ‘I am **certain that** he will succeed.’ とほぼ同じ意味を表しています（高橋）》

上記のように，‘It is **certain that** he will succeed.’ という文と ‘He is **certain** to succeed.’ という文はほぼ同じ意味です．[22] ここで，5.1.4 で appear/seem について扱ったときの説明を思い出してください．

(v) a. ＿＿ seem [John like Mary]

b. It seems (that) John likes Mary.

c. John seems ＿＿ to like Mary.

(v) にあるように，ベースとなる (va) の形から，[　] 内の節が時制節になるか to 不定詞節になるかで (vb) または (vc) の形になることが決まるのでした．certain/likely といった形容詞も同じで，下記の (vi) のようにほぼ同じ内容の (via) と (vib) をベースにして，(via) では文頭の空所になっている主語の位置に It を入れて (viia) を作り，(vib) では he を文頭に移動して文全体の主語にして (viib) の形を作っています．

---

21 sure は ‘A（人称主語）is sure to *do*’ の形は可能ですが，‘it is sure that …’ の形が可能かどうかについてはネイティブ・スピーカーによって判断が異なると言われています．

(i) a. She is sure to succeed.（彼女はきっと成功する）

b. (×)It is sure that she will succeed.

22 ‘It is certain that he will succeed.’ は可能性についての客観的な叙述，‘He is certain to succeed.’ は彼について話者が主観的に述べているというニュアンスの違いがあります．なお，「可能性」を述べる impossible/possibe/probable/は ‘it is … that’ の形にしかなりません（×He is probable to succeed. ×It is probable for him to succeed.）．「難易」について述べる場合の possible/impossible については本文中の (i) も参照のこと．

(vi) a. ____ is certain [he will succeed] 《[ ] 内が時制節》

b. ____ is certain [he to succeed] 《[ ] 内が to 不定詞節》

(vii) a. It is certain [(that) he will succeed].

b. he is certain [____ to succeed].

もう 1 つのタイプは次のグループの形容詞です．

➢ **明・不明を述べる形容詞のグループ**： apparent, clear, explicit, false, implicit, *etc.*

▶ Therefore it is equally **clear that** you had a companion.

〈Doyle「レディ・フランセス・カーファックスの失跡」〉

（したがって君に連れがあったというのも同様に明らかかだ）

▶ It was **evident** to me that she was saying what was false.

〈Doyle「黄色い顔」〉

（彼女がうそを言っていることは私にはよくわかっていました）

厳密な区分は難しいのですが，上の 2 つのグループは基本的に that 節内の内容の真偽に対して，根拠があるといった客観的な判断を示す形容詞であると言われます．これらの形容詞には ‘it is … for A to *do*’ というように to 不定詞節が続くことはありません．それに対して，この下にあげる形容詞のグループは，主観的な判断（事の善悪の判断，感情的な判断，欲求や必要性の判断）を示す形容詞で，これらの形容詞には that 節と to 不定詞節の両方が可能であるのが通例です．

➢ **喜怒哀楽・驚きを述べる形容詞のグループ**： admirable, depressing, shocking, surprising, *etc.*

▶ It is **surprising that** he has [he should have] won.

（彼が勝って驚いた［勝ったとは驚いた］）

《‘It is **surprising for** him **to** have won.’ とも言えます》

▶ By the way, it is **curious that** you should have come from Topeka. I used to have a correspondent—he is dead now—old Dr. Lysander Starr, who was Mayor in 1890. 〈Doyle「3 人ガリデブ」〉

（それにしても，あなたがまさかトピーカからいらっしゃったとは奇遇ですね．あそこには知り合いがいて，もう亡くなりましたが，ライサンダー・スター博士といって，1890 年には市長をしていました）

《‘It is **curious for** you **to** have come from Topeka.’ とも言えます》

※下線に示したように，このタイプでは形容詞に続く節内で「まさか」といった驚きやとまどいの感情を表す should が入ることがしばしばです．

➢ **義務・必要・命令などを述べる形容詞のグループ**：essential，necessary，significant，urgent，*etc.*

▶ It is **necessary that** you should withdraw. 〈Doyle「最後の事件」〉
（君は手を引かなければなりませんよ）
《'It is **necessary for** you **to** withdraw.' とも言えます》

▶ It is **essential that** he start at once.（彼が直ちに出発することが不可欠である）
《'It is **essential for** him **to** start at once.' とも言えます》

※このタイプでは，下線で示したように，形容詞に続く節内で should が入ったり should なしで動詞が原形（仮定法現在）になることがしばしばです．

5.2　動名詞

5.2.1　動名詞(節)の概要

現在分詞としての V-ing が出てくる例については，たとえば知覚動詞の項（1.4.4）などでも出てきました．この節では，同じ V-ing の形である動名詞について見ましょう．

日本語では，たとえば「ジョンが歌をうたう」という文に「こと」をつけて名詞のようにします．英語の動名詞もこれに似ていて，"John sings a song." という文の動詞 sing に -ing をつけることで名詞のようになります．

(70) a.　ジョンが歌をうたう
　　b.　[名詞句 [節 ジョンが歌をうたう] こと]

(71) a.　John sings a song
　　b.　[動名詞節 John**'s** sing**ing** a song]

英語では，主語の John は正式な言い方としては所有格の John's になります．この主語は示されない場合もあります（本章冒頭の（2d）も参照）．また，代名詞の場合には，口語では代名詞が目的格で示されることがしばしばです．関連として，次の例との意味の違いに注意しておきましょう．

(72) a. He insisted on **my/me reading** it. 〈Thomson and Martinet〉
(彼は私に読むようにと言ってきかなかった)
b. He insisted on **reading** it.
(彼は自分が読むと言ってきかなかった)

また，次の例のように，他動詞や前置詞の目的語になっている動名詞の主語が代名詞ではなく名詞（句）(my mother, Mary) の場合，-'s のつかない (73a) や (73c) が普通です．[23]

(73) a. I don't remember **my mother** complain**ing** about it.
(母がそのことについて不満をもらすのを聞いた覚えがありません)
b. I don't remember **my mother's** complain**ing** about it.
《文語的で使われるのはまれ》
c. I'm angry at **Mary** getting married.《Mary に対して怒っている》
d. I'm angry at **Mary's** getting married.《Mary が結婚することに腹を立てている》

なお，時制の表示は動詞に -ing がついているために3人称単数現在の -s といった情報が表立っては見えなくなっていますが，「主語（主部）＋述語（述部）」という形をもつ節であることを理解しておきましょう．

日本語では上の (70b) のように節に「こと」をつけて名詞句をつくりますが，そのとき節の中の動詞は (70a) の節のときと同じように「歌を」という目的語をとっています．英語の動名詞でも，上の (71b) の例で '... sing**ing** a song' となっているように，V-ing は動詞のときと同様に目的語をとります．したがって，動名詞は動詞としての性質を保持しているといえます．

その一方で，動名詞を含むまとまり全体として見てみると，動名詞は名詞としての性質を持っているようにも見えます．たとえば，次の例では名詞句と同じように動詞や前置詞の目的語の位置や文の主語の位置に生じています．（ここでも △ は表面上は出ていない節の中の主語を表す記号として入れてあります．）

---

[23] (73c) と (73d) の意味の比較については『英文法総覧』p. 240 を参照．なお，動名詞節自体が文の主部になっているときには所有格になるのが普通です（高橋）．
(i) **My mother's/Her** complaining about it surprised us.
(母が／彼女がそのことについて不満をもらしたことは私たちを驚かせた)

(74) a. I like [節 [主部 △] [述部 writ**ing** novels]]. 《△＝I》
(私は小説を書くのが好きだ)

b. I don't blame you for [節 [主部 △] [述部 not know**ing** this]], ... 《△＝you》
〈Doyle「海軍条約」〉
(あなたがこれをご存じないからと言って責めはいたしません，...)

c. [節 [主部 △] [述部 Riding a horse]] is a good hobby. (＝(2d))
《△＝一般的に人》
(乗馬はよい趣味だ)

この例にあるように，動名詞の主語が省略されるのは，文中の主語（(74a) では I）や目的語（(74b) では you），あるいは一般の人を指す場合や文脈からわかる場合（(74c) 参照）です．

以上が動名詞の大雑把な概要ですが，次に，動名詞節の特性について見る前に，いくつかの点を復習しておきましょう．上の (74b) の例にもあるように，否定語 (not や never) は動名詞 (-ing のついた語) の前に生じます．次の問題は簡単ですね．

(75) 次の（　　）内の単語を並びかえて日本語訳に対応する英文を完成しなさい．
Excuse me (writing / sooner / not / for). (すぐにお返事しなくてすみません)

(75) では [not writing sooner] で動名詞節を形成します．意味上の主語も表記すれば次のようになります．下の (75′) の下線部 (for not writing sooner) が正解です．

(75′) Excuse me for [節 [主部 △][述部 not writ**ing** sooner]] 《△＝me》

動名詞 (-ing のついた語) になるのは動詞だけでなく，完了形の have や be 動詞が -ing の形になることもありますから注意しましょう．

(76) a. She is ashamed of **having lied** to her father.
(彼女は父親にうそをついたことを恥じている)

b. She is ashamed that she **lied** to her father.

太字になっている部分からわかるように，(76b) のほうで lied という過去時制になっている部分に対して，(76a) の動名詞では ‘having lied’ という完了形で過去のことであるということを示しています．このような場合では have のほうに -ing がつきますから，次の例のように，否定語 (not や never) はその前に置かれます．内容を整理するために次の問題をやってみましょう．

(77) 次の (　　) 内の単語を並びかえて日本語訳に対応する英文を完成しなさい．
… I blame myself (attained / for / having / it / not / sooner).
〈Doyle「ソア橋事件」〉
(僕はもっと早くそのこと (答え) に至らなかったことで自分を責めているんだ)

‘blame myself’ に続いて「(自分を) 責めている理由」が for 以下に続く形になりますので，正解は ‘for **not** hav**ing** attained it sooner.’ となります．

5.2.2　動名詞節の特性

以下では，どのような動詞が動名詞をとれるのかを見ていきましょう．すでに述べたように，動名詞節は時制が表面的には見えなくなっています．したがって，ピンポイントである時点を指すということはないのですが，動名詞節は一般に**「ゆるやかな同時性を持つ」**と言われます．もう少し具体的に言うと，「未実現」という意味内容を持つ to 不定詞とは対照的に，「現実のこととして確立している事実とか行為」を表します．

おおざっぱに分類すると動名詞は「**事実指向で (i) 過去の事柄，(ii) その時点での事実，(iii) 一般的事柄を表す**」という特徴があります．したがって，それと合致する意味を持つ動詞が動名詞節をとるということになります．そのような動詞のグループはおおまかには以下のようなものがあります．なお，「回避」，「終了」，「延期」といった日本語にこだわる必要はありませんから，出てくる語彙の持つ意味との関連を正しく理解することを心がけましょう．

◆ to 不定詞はとらず動名詞をとる動詞の分類 ◆

太字は代表例としてよく取り上げられる動詞です．

(a)　「回避」(その時点で存在する (上記の (ii)) 事柄を回避する)
avoid (避ける), **escape** (逃れる, 免れる), evade (網をくぐる), can't help (避けられない), **miss** (し損なう), **mind** (いやがる), reject (拒否する), resist (抵抗する)

▶ **Avoid** introduc**ing** her to my wife.　〈*Chambers*〉
(彼女を私の妻に引き合わせないでください) 何だか知らんが怖いぞ (||゜Д゜)ヒィィィ!

▶ She **rejected** meet**ing** with him.
(彼女は彼と会談を持つことを拒否した)
《意味は似ていますが decline は to 不定詞をとることに注意しましょう》

▶ He **declined to** comment on the matter.
(彼はその問題についてコメントするのを (丁寧に) 断った)

(b)　「停止・終了 (その時点で存在する (上記の (ii)) ある出来事を停止・終了する)」(**stop** (止める) は動名詞も不定詞もとるが意味が異なる例 (5.1.10) 参照.)
cease (やめる)《ときに to 不定詞もとります. 下記※参照》, complete (仕上げる, 終える), end (終える), **finish** (完了する), **quit** (やめる), **give up** (あきらめる)

※cease はあらたまった場面で用いられる語ですが, 次の例のように to 不定詞をとることもあります. ただし, cease は単に終わるというよりは「それまでの状況・存在がない状態になる [ない状態が始まる]」という語感があるという点で特殊な語です. そのような視点の置き方になっているために未来指向の to 不定詞となじむのかもしれません.

▶ Smallpox is said to be a disease that has **ceased** to exist.
(天然痘は根絶された病気であると言われている) 〈『現代英文法総論』p. 701〉

▶ **Cease** firing! (撃ち方やめ!)

▶ The government **ceased** providing / to provide free health care.
(政府は無料診療を提供するのをやめた)

(c)　「延期」(その時点で存在する (上記の (ii)) 決まっている予定を延期する)
delay (遅らせる), impede ((進行などを) 遅らせる [じゃまする]), **postpone** (延期する), **put off** (延期する)

(d)　その他 (事実指向 (上記の (i), (ii), (iii)) であることを例文で確認しておきましょう.)

admit（認める）《'be admitted to be C' は「C であると認められている」》，allow（許す）《cf. 'allow A to *do*'「A が … するのを許す」》，anticipate（予期する），appreciate（感謝する）《'appreciate (A's) *do*ing'》，**consider**（熟慮する）《'consider A (to be) C' は「A を C と考える」》，**deny**（否定する），**enjoy**（楽しむ），excuse（許す）《'excuse A's *do*ing' は「A（人）が … しているのを許す」》，**imagine**（想像する）《'imagine A [A's] *do*ing' は「A が … することを想像する」；'imagine A (to be) C' は「A が C であると想像する」》，involve（… することを伴う），permit（許可する）《cf. 'permit A to *do*'「A が … するのを許可する」》，**practice**（練習する）《《英》practise》，recommend（… することを推奨する）《'recommend A to *do*' は「人に … するよう勧める」，"I'd recommend studying math." を "I'd recommend to study math." としないよう注意しましょう》，risk（… する危険をおかす），suggest（提案する）《'suggest A (should) *do*' は「A が … してはどうかと言う」》，tolerate（… するのを許容する）《次の項で示すように endure や stand は動名詞も to 不定詞もとります》）

▶ He **admitted** hav**ing** stolen the jewels.《過去の事実》
（彼は宝石を盗んだことを認めた）

▶ We are **consider**ing plac**ing** an ad on your site.《一般的事柄》
（我々はあなたのサイトに広告を掲載しようかと検討しています）

▶ We **enjoyed** play**ing** chess last night.《一般的事柄》
（私たちは昨晩チェスをして楽しんだ）

▶ This work **includes** feed**ing**, bath**ing**, and exercis**ing** animals《一般的事柄》
（この仕事には動物にエサをやって，体を洗ってやり，運動させてやることが含まれます）

▶ This job **involves** work**ing** in teams《一般的事柄》
（この仕事はチームで働くことを伴います）

▶ Can you **imagine** liv**ing** in a place like that?《一般的事柄》
（あんな所に住むなんて想像できる？）

▶ I **practice** play**ing** the piano every day.《一般的事柄》
（私は毎日ピアノをひく練習をします）
（↑娘よ，everyday としないようにね．everyday は形容詞だよん）

また，'admit (to) *do*ing' は「… したことを認める」という意味で用いられます（この to は前置詞ですから，あとに動名詞や名詞句が続きます）.

▶ I **admit** (**to**) working too much.《現在の事実や習慣》
（私は確かに働きすぎだ）

動詞 deny も動名詞をとります.

▶ He **denies** ever us**ing** drugs.《過去の事実》
（彼は薬物使用を否定した）

動詞 necessitate（… を必要とする，… することを要する，やむなく … させる）も次のように動名詞をとります.[24]

▶ This would **necessitates** spend**ing** a lot of money.《現在の事実》
（このことで巨額の出費を要することになろう）

動詞 mention も 'mention *do*ing' の形で動名詞をとり「… すると述べる」の意味です.

▶ She **mentioned** hav**ing** seen him at the zoo.
（彼女は彼と動物園で会ったことに触れた）
《"She **mentioned** to have seen him at the zoo." は非標準的》

問題を 1 つやってみましょう.

(78) After I injured my elbow, I had to quit (　　) for my school's badminton team.
① playing　② to be playing　③ to have played　④ to play
〈センター試験〉

「ひじを痛めて学校のバドミントンチームを退団しなければならなかった」という意味です. 上記 b の項目にあるように，動詞 quit（やめる）は to 不定詞ではなく動名詞をとります. 正解は①の playing です.

え？ to 不定詞ではなく動名詞をとる動詞をなんとか簡単にまとめられないかって？ 昔からある「メガ○○○」とかの類ですか？ うーん，こんなのどうです？

[24]《米》で '*be* necessitated to *do*'「(人が) … せざるをえない」という言い方を認める人もいます.

➡ 動名詞（-ing）をとる動詞：

Miss Adams *quit* feed**ing** Sleepy.
（ミス・アダムスはスリーピー（白雪姫に出てくる７人の小人のひとりのお寝ぼけキャラクター）に食べさせるのをやめた）←眠くて食べられなかったのでしょうか（^^;）

下線部で示したように各単語のスペリングの最初の文字をとって並べていますが，斜体字のところは Miss と quit という単語そのものを入れてますし，波線の下線をひいた sleepy のところはちょっとインチキしてます（#^^#）．こんな具合です．

(79) *Miss*
Admit
Deny
Avoid
Mind
Stop または Suggest

Quit

Finish
Enjoy
Escape
Delay
(**ing** のところはとばして結構ですが，どうしても単語を入れたければお好みで)
Involve《または Impede（進行などを遅らせる（＝delay））》
Necessitate
Give up

Sleepy → 3P と読み替えて → p で始まる３つの語（句）Postpone，Practice，Put off に

これで 14 (19) のアイテムが入りました．ヾ(●⌒▽⌒●)ノ わーい

え，quit や sleepy がそれでいいならもっと長くして “McMaster quit firing sleepy heads.”（マクマスターさん（←誰だよ？）はお寝坊さんたち（sleepy heads）をクビにするのをやめた）とかもできるって？（念のために書くと，Miss，Consider，Mind，Admit，Stop，Tolerate Enjoy，Recommend，＋QUIT＋Finish，Imagine，Reject，

ing（Involve, Necessitate, Give up,）+ Sleepy（→ 3P → Postpone, Practice, Put off）+ 'can't Help', Escape（または Evade）, Avoid, Deny（または Delay）Suggest の 20 ～ 26 アイテム，ってやりすぎでしょ(^^;)．はいはい，語呂合わせの遊びはそれくらいにして，上記の動名詞が事実指向であるという特性を忘れないようにね．

◆ 動名詞でも to 不定詞でもとることができる動詞 ◆

以下にあげる動詞は動名詞をとっても to 不定詞をとってもあまり意味が変わらず交換可能なことがしばしばですが，それでもニュアンスとしては動名詞は経験したり実際にやっている活動について述べるのに使われますし，to 不定詞はこれから可能性のあることなどについて使われるという傾向はあるということは理解しておきましょう（意味が変わるものについては 5.1.10 参照）．たとえば，次の like の例では使い分けが生じます．

▶ I like **speaking** French because it's such a beautiful language.
（美しいことばなのでフランス語を話すのが好きです）
《話し手が現在の場面や特定の状況を楽しんでいるとか満足すべきものであると思うということを伝えるときは動名詞が使われる》
〈『現代英文法総論』p. 704〉

▶ I like **to speak** French when I am in France.
（フランスに行くときにはフランス語を話すようにします）
《楽しいかどうかは別として，話し手が習慣的，規則的にあることをしたい［したくない］ことを伝えるときは to 不定詞が使われる》
〈『現代英文法総論』p. 705〉

以下に代表的な例をまとめておきます（詳しくは〈『現代英文法総論』pp. 701-706 参照〉）．

➢ **begin**「始める」
《話し手の好みによるが一般的には to 不定詞をとることが多いと言われます（下記 start の項とも比較のこと）》

▶ It began **raining/to rain**.（雨が降り始めた）
《begin や start では，to 不定詞は非意図的なことの場合に，動名詞は意図的な行為のときに使われる傾向があると言われます（下記 start の項とも比較のこと）》

▶ The ice cream **began** to melt as we were waiting.

（待っている間にアイスクリームが溶け始めた）

《**cease** については上記**動名詞のみをとる動詞の分類**の項目（b）を参照》

➢ **bother**「（否定文・疑問文で）わざわざ … する」／**trouble**

《動名詞と to 不定詞で意味の違いはない》

▶ Don't bother **(about) getting/to get** dinner for me this evening.　〈*ISED*〉

（今夜はわざわざ私の夕食を用意しなくていいよ）

➢ **continue**「続ける」

▶ Will you **continue** writ**ing** this afternoon?（午後も執筆を続けますか？）

《ある時間帯に進行中の意図的な行為を表すには動名詞がよく使われます》

▶ He **continued to smoke** despite his doctor's warning.

（医者の警告にもかかわらず彼は喫煙の習慣を続けた）

《習慣など繰り返される行為には to 不定詞が使われる傾向があります》

➢ **endure**「耐える」／**can't stand [bear]**「耐えられない」

《動名詞と to 不定詞で意味の違いはない》

▶ My daughter can't stand work**ing/to** work the late shift.

（私の娘はそんな遅番で働くのに耐えられません）

➢ **intend**「… するつもりである」《動名詞と to 不定詞で意味の違いはない》

▶ Do you still **intend** go**ing/to** go?（あなたはまだ行くつもりなのですか？）

➢ **like**「好む」／**hate**「嫌う」《like/love/hate/prefer/scorn（… を潔しとしない）は《米》では動名詞の代わりに to 不定詞がよく使われる》

▶ He **scorns** ask**ing** for help/**to** ask for help.

（彼は援助を求めることを恥とする）

《注意： dislike/loathe（… することをひどく嫌う）の後は to 不定詞ではなく動名詞》

▶ She **dislikes** pluck**ing** chickens.（彼女は鶏の羽をむしるのが嫌いだ）

➢ **love**「好む」

▶ She **loves** hav**ing/to** have a lot of dogs around her.　〈*ISED*〉

（彼女はたくさんの犬たちに囲まれているのが好きだ）

➢ **neglect**「怠る」(fail to *do*, omit))

▶ He neglected do**ing/to** do his daily chores.

（彼は毎日やるべき家事雑用を怠った）

➢ **prefer**「好む」《上記 like/hate の項も参照》

▶ He prefers eat**ing**/**to** eat at 7 PM.（彼は午後 7 時に食事をとるのを好む）

➢ **propose**「提案する」

▶ She proposed pay**ing**/**to** pay for the trip.
（彼女は自分が旅行のお金を出すことを提案した）

➢ **start**「始める」
《話し手の好みによるが一般的には動名詞をとることが多いと言われます》

▶ He was still an infant when he started **playing** the guitar.
（ギターを弾き始めたとき彼はまだほんの幼児だった）

▶ He started **to dig** the garden but had to stop almost at once because a storm broke.[25]
（彼は庭を掘り起こし始めたが嵐が吹いてすぐにやめなければならなかった）

5.2.3　動名詞を含んだ慣用表現

動名詞の慣用表現についても見ておきましょう．注意を要するものには例文をつけています．

➢ **how about *doing***「... をしてはどうですか」
➢ **be used/accustomed to *doing***「... に慣れている」
➢ **cannot help *doing***「... せずにはいられない」
➢ **feel like *doing***「... したい気がする」
➢ **go on *doing***「... し続ける」
➢ **have a hard time *doing***「つらい経験をする」

➢ **spend 〈time〉 (on [in, for]) *doing***「... して〈時を〉過ごす」
《〈time〉には ‘two hours’ といった時間を表す表現が目的語として入ります．また動名詞の前の前置詞（on [in, for]）はしばしば省略されます》

▶ I told him I was a busy man and could not **spend** my life hik**ing** round

[25] 英文は『現代英文法総論』pp. 701-702 からの引用．start に続く場合，to 不定詞は動作の中断を含みとする状況で使われ，動名詞は継続や長期にわたることを暗示する傾向があります．

the world in search of Garridebs. 〈Doyle「3人ガリデブ」〉
（彼に言ったのですが私は忙しい人間でガリデブという名の人を探して世界を歩きまわるというわけにはいかないのです）

➢ **would you mind *doing* …?**「… していただけませんか」

▶ "Would you **mind** hand**ing** me that book?" "Certainly not."/"Not at all".
（「あの本を手渡してもらえますか？」「ええ，いいですとも」）
《依頼に応じる場合に，日本語の「はい」という了承する言い方に相当するのが No であることに注意．会話では，了承する場合に（文法的に正しくなくても）"Yes, certainly." と言うこともあります（石渡）》

➢ **busy *doing***「… するのに忙しい」

➢ **far from *doing***「少しも … でない，… どころではない」

➢ **worth *doing***「… するだけの価値がある」

▶ There are one or two minor points which are **worth** consider**ing**.
（1つ2つ小さい点だが考慮してみる価値がある）

➢ **It goes without saying that …**「… ということは言うまでもない」

➢ **It is no use *doing***「… してもむだである」

➢ **There is no *doing***「… することはできない」

▶ You still smoke the Arcadia mixture of your bachelor days then! **There's no** mistak**ing** that fluffy ash upon your coat. 〈Doyle「背の曲がった男」〉
（ふむ，君はまだ独身時代と同じアルカディアたばこを吸っているんだね．君の上着についたふんわりした（fluffy）灰を見れば間違えようがないよ）

➢ **in *doing***「… する際に」

▶ **In** solv**ing** a problem of this sort, the grand thing is to be able to reason backwards. 〈Doyle『緋色の研究』〉
（この種の問題を解くにあたっては，背後関係を推理するのが重要なことです）

➢ **on *doing***「… するやいなや，… と同時に」

▶ **On** gett**ing** into the room I at once looked for the means by which the poison had entered the system. 〈Doyle『四つの署名』〉
（部屋に入るとすぐに私は毒がどうやって体内に入ったか突き止めようとした）

➢ **object to *doing*/be opposed to *doing***「… に反対する／… に反対である」

▶ He **objected to** to my [me] go**ing** abroad.（彼は私が海外に行くのに反対した）

▶ I **am** strongly **opposed to** your [you] go**ing** abroad.
（私は君が海外に行くのには反対だ）お父さんは許しませんよ！ヽ(`Д´)ノ

➢ **when it comes to *doing***「…ということになると」

➢ **come close/near to *doing***「ほぼ（あと少しで）…（しそう）だ」

▶ I **came close to** miss**ing** my train.（私は乗る予定の列車に遅れるところだった）

➢ **devote *one*self to *doing*/be devoted to *doing***「…に専念する」

▶ She **devoted herself to** tak**ing** care of her sick husband.
（彼女は病気の夫の世話に一身につくした）

▶ The team **was devoted to** manag**ing** the critical situation.
（そのチームは危機的な状況に対処するのに専念した）

➢ **dedicate A to *doing*/be dedicated to *doing***「A（時間や労力（ときに *one*self）などを）…にささげる」

▶ She has **dedicated** her life [herself] **to** (help**ing**) poor people.
（彼女は貧しい人たち（の救済）に一生をささげた）

▶ The group **is dedicated to** protect**ing** environments.
（その団体は環境を保護するのに専念している）

➢ **What do you say to *doing*?**「…はどうですか」《勧誘するときの言い方》

▶ **What do you say to** (tak**ing**) a walk in the park?
（公園を散歩しませんか？）

少し問題で練習してみましょう．

(80) a. My work clothes need (　　), but I don't have time to do the laundry now.

① wash　　② washing
③ be washed　　④ to wash　　〈センター試験〉

b. This symphony is a real masterpiece. I think it's worth (　　) over and over again.

① be listened　　② listening to
③ to be listened to　　④ to listen to　　〈センター試験〉

問題文中の動詞 need と形容詞 worth はいずれも動名詞をとることができます．正解は（80a）が②で，（80b）も②です．（80a）で選択肢に ‘to be washed’ があればそれも可能です．

(81) a. Would you mind (　　) an eye on my luggage while I make a phone call?
① to keep　② if you will keep
③ that you keep　④ keeping　〈センター試験〉

b. “I'd better call our neighbor to ask her to check the door of our apartment.” “You don't have to do that. I remember (　　) it when we left.”
① lock　② locking
③ to be locked　④ to lock　〈センター試験〉

問題文中の動詞 mind と remember はいずれも動名詞をとる動詞です．正解は（81a）が④で，（81b）は「すでに確認を行った（出かけるときに施錠したのを覚えている）」という内容で②が正解です．なお，mind の後に if が続く言い方では “Do you **mind if** I record this call?”（この通話を録音してよろしいですか）というようにこれからやることでも現在形になります．より遠慮がちにするのであれば仮定法の形で if 節の中を過去にして “Would you mind if I **didn't** go?”（私が行かなくてもよろしいでしょうか？）ということもありますが，少なくとも（81a）の②にあるように will を入れる形にはなりません．ちなみに，下の “I don't mind if I do.” は飲食物などをすすめられたときのていねいな返答です．

(82) “… Will you have some whiskey and water?”
“I don't mind if I do,” the detective answered.　〈Doyle『緋色の研究』〉
（「… ウイスキーの水割りはどうだい？」「遠慮なくいただきます」と警部が答えた）

なお，（81b）の①にある lock は名詞（「錠」，「錠前」）と動詞の両方の可能性がありますが，動詞としては動名詞の形になっていないので不適格ですし，名詞として考えても意味が合わないので解答としては排除されます（あ，そもそも冠詞とかもついてないか (^^;)）．

5.3　分詞節について

5.3.1　現在分詞の概要

この章の最後に，節を形成するものとして動詞の現在分詞形（V-ing）が使われている例について触れておきます．現在分詞は現在進行形の 'be＋V-ing' の形でおなじみです．現在分詞と動名詞はともに V-ing の形ですが，両者に本質的な違いがあるわけではなく，V-ing の形が名詞(句)のように主語や目的語として使われていると動名詞と呼ばれ，名詞を修飾したり，述部の一部として使われていると現在分詞と呼ばれると考えておいてさしつかえありません．

5.3.1.1　名詞を修飾する現在分詞

具体例を見てみましょう．(83a) は自動詞の V-ing 形が 1 語の**形容詞**として名詞の前におかれて**恒常的・永続的・非一時的な性質を述べる働き**をしている例，(83b) は [　] で示した現在分詞を含む部分（[**barking** furiously]）が**関係節**（[関係節 which is **barking** furiously]）と同じように名詞に後続してその名詞の**一時的な状態を述べる働き**をしている例です．

(83) a.　A [形容詞 **barking**] dog seldom bites.
　　　（ほえる犬はめったにかまない《ことわざ》）
　　b.　The dog [**barking** furiously] is mine.
　　　（＝The dog [関係節 which is **barking** furiously] is mine.
　　　（ひどくほえているのはの私の犬だ）うちの白柴さんはいい子です（^^）

(83a) の 'A **barking** dog' が「ほえている犬」という意味でないことに注意しましょう．この場合は今ほえているというのではなく，「よくほえる犬」という恒常的・永続的な性質の意味を表す用法です．「今ほえている犬」という意味になるのは (83b) のように修飾する名詞の後に 'barking …' が置かれているときです．次の例はどうです？

(84) a.　a **wandering** poet（さすらいの詩人）
　　b.　Who is that man [**wandering** with a dog]?
　　　（犬をつれてぶらぶら歩いているあの男の人は誰ですか？）

どうです，19 世紀フランスの有名な詩人ランボーのように「さすらいの詩人」というのと，「犬を連れてぶらついているおっさん」（お父さんのことですな（#^.^#））ではずいぶん違います．[26]

もう1つ例を見てみましょう．sleeping（眠っている）という語は下の（85a）のように名詞の前に置かれることもありますが，強勢は名詞（Beauty）のほうに置かれることに注意しましょう．（85b）のように「眠るための」という意味での sleeping を名詞の前に置く場合には強勢が sleeping のほうに置かれます．なお，（85c）にあるように，名詞のあとに「眠っている」という内容の語をつける場合には sleeping ではなく叙述用法の形容詞 asleep が使われます．

(85) a. Sleeping Beauty（'the ～'「眠り姫」）/ˌsli:pɪŋ ˈbju:ti/【Beauty に強勢があります】
b. a sleeping pill（睡眠薬）/ˈsli:pɪŋ pɪl/【sleeping に強勢があります】
c. a baby asleep（眠っている赤ん坊）【叙述用法では asleep が使われます】

厳密に言うと，（85b）のように合成的な名詞の一部になっている形容詞 sleeping はもとをたどれば動名詞です．このような「動名詞（形容詞）＋名詞」の合成名詞では動名詞側に強勢があります．同様に，'a swimming pool' の swimming は「人が泳ぐ（ための）プール（a pool for swimming)」ということですから強勢を swimming に置きましょう（「プールが泳いでいたら怖いでしょ（;ﾟДﾟ)!）．この場合の「泳ぐための」という内容の形容詞になった動名詞 swimming ですが，動名詞は節を形成しているのでしたよね．この場合の 'swim' という行為の意味上の主語は（表面には出てはいませんが）一般的な人が想定されています．

さて，'a **barking** dog'（＝(83a)）のような形容詞としての例では名詞句を V-ing の一語で修飾しますが，"The dog [**barking** furiously] is mine."（＝(83b)）のような例では 'barking ...' の部分は分詞関係節（[関係節 which is **barking** furiously]）と同じようなものだと述べました．[27] 下に示すように，名詞を後ろから修

---

[26] 修飾する名詞の前に -ing 形がつくのは恒常的・永続的な意味合いのときということですから次のように言うことはできません．

(i) ×Who is the wondering man? 〈Quirk et al. 1985〉
（そのぶらぶら歩いている人はだれですか？）

ただし，談話の中で二度目に出てくるときには可能になります．

(ii) a. a proposal **offending** many members（多くの会員を不快にする提案）
b. the **offending** proposal（人を不快にするその提案）
《文脈の中で（iia）が出た後では（iib）のように言うことができます》
〈Quirk et al. 1985,『現代英文法講義』〉

[27]（86a）に対応する（86b）は限定用法の関係節の例ですが，下の例では分詞を含むまとまりは叙述用法の関係節に対応する例です．

(i) The pen has spluttered twice in a single word, and has run dry three times in a short

飾している例では，(86a) の現在分詞分詞を含むまとまり ([running over there]) が (86b) のような関係節と同様に節を形成していると考えるのが自然です．その節のことを分詞節と呼ぶことにしましょう．

(86) a. The boy [分詞節 running over there] is my brother.
(あそこを走っているのは僕の兄弟だ)
b. The boy [関係節 **who is** running over there] is my brother.

(86a) の分詞節 (現在分詞を中心としたまとまり ([running over there] の部分) はいわば (86b) にある関係節を縮約した形とみなすことができます．そのような分詞節は次のように図示できます．

(87) The boy **[**分詞節 [主部 △] [述部 running over there]**]** is my brother. (= (86a))

このような分詞節の形に基づいて 5.3.2 ではいわゆる分詞構文について見ることにしますが，5.3.1.1 の最後として，過去分詞が名詞を修飾する事例を見ておき，さらに 5.3.1.2 では叙述用法について触れておきます．次の例を見てみましょう．

(88) a. a **retired** university professor (退職した大学教授) ああ待ち遠しい《自動詞の過去分詞》
b. **stolen** money (盗まれたお金)《他動詞の過去分詞》

(88a) のような自動詞の過去分詞は能動的な意味をもち完了した状態を表しますが，使われる動詞は限られています (fade「色があせる」，fall「落ちる」，rise「上がる」，retire「退役する」，vanish「消滅する」など)．(88b) のような他動詞の場合は受動的な意味をもちます．自動詞よりも数多くの動詞が使われますが，全く自由というわけでもありません (「殺された男」なら 'the murdered man' ('the killed man' とは言えません)．

---

address, **showing** that there was very little ink in the bottle.
〈Doyle『バスカヴィル家の犬』〉
(ペンは1つの単語を書くのにインクを2度も飛ばしている (spluttered) し，短い宛名を書くのに3回もインクが切れています (run dry) から，インクつぼにインクがほとんどなかったことがわかります)

この例では '..., **showing** that ...' の部分は '..., **which shows** that ...' という叙述用法の関係節に置き換えることができます．(which が指すのはその前に述べられている内容です．) このような分詞節が叙述用法の関係節の縮約形のようになっている例については，詳しくは『実例解説英文法』p. 180 を参照してください．

5.3.1.2　分詞の叙述用法

現在分詞や過去分詞は叙述用法として be 動詞に続く述部の一部を形成します．be 動詞の他にも，たとえば下の（89a）のような be 動詞もどきの動詞（seem や look など（1.1 参照））に続く部分になる場合，（89b）のように「… のままでいる」という意味の自動詞（keep とか remain）の「…」の部分に相当する意味を担う要素としての役割を果たす場合，さらにその類例として（89c）のように come, stand, lie, go, *etc.* といった動詞に続く場合が典型的な例です．

(89) a.　She seems **shocked**.（彼女はショックを受けているようだ）
《ここでの分詞 shocked は形容詞化していると考えられます．（このような分詞形容詞については 14.3 を参照．）seem の後に形容詞化していない分詞を置く場合には "The teacher seemed to be **respected** by the students."（その先生は生徒たちに尊敬されている）のように 'to be' が入ります》

b.　I remained **standing** in the rain.（私は雨の中に立ったままでいた）

c.　He sat **surrounded** by his students.（彼は自分の学生に囲まれて座っていた）
《この場合，自動詞 sit の後の分詞を含む部分（'surrounded by his students'）が削除されても "He sat." という文は成立します》

1 つ練習してみましょう．

> (90)　I feel (　　) and sleepy in Mr. Brown's lessons, since he is always using the same material.
> ① bored　② boring　③ interested　④ interesting
> 〈センター試験〉

「退屈だ」という日本語に引きずられて②を選んだりしてませんか．bored は「(人が) 退屈した」という形容詞で，"I'm **bored**." なら「私は退屈している」，"I'm **boring**." だと「私は退屈な人間だ」という意味になります．上の問題では①の bored が正解です．

分詞が叙述的に使われる例はこれまでにもかなり見てきましたね．次の例では動詞の後に続く「主部＋述部」の中で述部として機能しています．

(91) a. I felt my heart **beating** fast.（私は心臓が高鳴るのを感じた）
b. I heard my name **called.**（私は自分の名前が呼ばれるのが聞こえた）
(92) a. I will get that old car **going** again.（またあの古い車を走らせるぞ）
b. Can she make herself **understood** in English?
（彼女は英語で言いたいことを伝えられますか？）
(93) a. Don't keep them **waiting**.（彼らを待たせてはいけませんよ）
b. I found the glass **broken**.（私はグラスが割れているのに気づいた）

(91) の「知覚動詞＋〔主部＋述部〕」については 1.4.4,（92）の「使役動詞＋〔主部＋述部〕」については 1.4.3, (93) の「keep/leave＋〔主部＋述部〕」については 1.4.5 の内容を思い出してください.

次の例では過去分詞が動詞 have の後に続く「主部＋述部（過去分詞）」の中で述部として機能しています.

(94) a. I had my bicycle **repaired** (by him).
（私は（彼に）私の自転車を修理してもらった）
b. He had his hat **blown** off.（彼は帽子を風に吹き飛ばされた）

この例については 1.4.3 (51) とその解説を参照してください.

少しだけ練習問題をやってみましょう.

(95) 下の語句を並びかえて文を完成させ, A, B に入るものを選びなさい.
a. On weekends, Mr. Jones likes to ( ) (A) ( ) (B) ( ) baseball.
① playing ② his grandchildren ③ watch
④ sit in the park ⑤ and 〈センター試験〉
b. When I heard ( ) (A) ( ) (B) ( ) home, I stopped immediately to find out what was wrong.
① while ② the back of my car ③ a funny noise
④ coming from ⑤ driving 〈センター試験〉

(95a) は「知覚動詞 watch＋A＋*do*ing」の形を思い出してください. 空欄の部分は '(sit in the park) ((A) and) (watch) ((B) his grandchildren) (playing)' という並びになります. 正解は A が⑤の and で, B が②の his grandchildren です. (95b)

は「知覚動詞 hear + A + *do*ing」の形で '(a funny noise) ((A) coming from) (the back of my car) ((B) while) (driving)' とします．正解は A が④の 'coming from' で，B が①の while です．

5.3.2　分詞構文

分詞構文とは，分詞節が主節との関係で「付帯状況 (5.1.6)」，「原因・理由」，「時」，「条件・譲歩」など様々な意味を表す形のことです．次の例を考えてみましょう．

(96)　We had all sat absorbed, [分詞節 **listening to** his extraordinary narrative].
〈Doyle『四つの署名』〉
(私たちは全員すわったまま我を忘れて (absorbed) 彼の奇妙な話に耳を傾けていた)

分詞構文は主として書きことばで用いられます．分詞構文の分詞節は「... なので」，「... するとき」，「... するならば」といった意味を表すので，接続詞 (and, as, when, if など) をつけて書き換えることが可能なこともしばしばです．[28] ただし，本来そのような意味は主節と分詞節の意味関係から判断されるものであって，常に明確に書き換えが可能であるわけではありません．書き換えのしやすい典型的な例を見ておきましょう．

(97) a.　**Seeing** me, my wife waved her hands. (私を見て，妻は手を振った)
《時を表す (= When she (my wife) saw me, my wife ...)》

b.　**Living** in the countryside, we need a car.
(いなかに住んでいるので，私たちには車が必要だ)
《原因・理由を表す (= As [Because, Since] we live in the country, we ....)》

c.　My grandfather eats breakfast, **reading** a newspaper.
(私の祖父は新聞を読みながら朝食を食べる)
《同時に起こっていること (付帯状況) を表す》

d.　The train leaves Kyoto at six, **arriving** at Tokyo at around eight thirty.
(その列車は 6 時に京都を出て，(そして) 東京に 8 時半頃に着きます)
《連続して起こる「そして ...」という意味を表す》

[28] 分詞構文も分詞節という「節」であることは再度確認しておきましょう．普通の従属節よりも文を短くしてスムーズにするという効果があります (宗像)．

これらの例からわかるように，現在分詞は（現在や過去といった明示的な時制はありませんが）主として「同時性」という観点を持つことがわかります．(97d) は少々特殊ですが，leave と arrive という事態が別々ではなく，ひとまとまりとして認識されています．

また，たとえば，to 不定詞で "**To live** in the country, we need a car." なら「いなかに住むためには，...」という未来的な解釈になりますが，(97b) のような分詞の例ではそのような解釈にはなりません．「いなかに住んでいるので」という理由を表す同時性を含んだ解釈が適切です．次の例のように完了形の have が出ている例もよく理由の解釈になります．

(98)　**Having eaten** a large portion of roast beef, I am full.
（ローストビーフをたっぷり 1 人前食べて（食べたので），私はおなかがいっぱいです）

このような場合も「食べた」のは今よりも前ですが，食べた影響が出た状態が今も継続しているというように同時性の延長と考えることもできるでしょう．

次の問題はどうでしょう？

(99)　(　　) children the way she does, Sue should become a teacher.
①Like　②Liked　③Liking　④To like　〈センター試験〉

理由を表す分詞構文になる③の Liking が正解です．この問題では状態を表す動詞 like がつかわれています．このように，分詞構文では be 動詞など状態動詞の -ing 形が可能になる点を確認しておきましょう（田中）．(98) のような完了形の分詞構文や，be 動詞とか所有の have といった状態動詞が分詞構文に使われる場合，その解釈は「原因・理由」を表します．

(100) a.　**Being** a bird, I could fly to you.
（私は鳥なので，その気になればあなたのもとに飛んでいけますよ）
《ここでは少し変わった例を意図的にあげています．ディズニー的（？）な状況をイメージしてください．could があるために「仮定」の解釈をしてしまいそうになりますが，状態動詞の分詞ですから「理由」の解釈になります（田中）》

b.　**Having** no mother, she had no one to advise her at such a crisis.
〈Doyle「独身貴族」〉

（母親がなかったので，彼女にはそのような危機に際して助言してくれる人がいなかった）

ところで (99) の問題は，選択肢から正解を選ぶことはできるでしょうが，日本語に訳せといわれたら難問です．逐語訳しようとするとおかしな日本語になってしまいますから注意しておきましょう．この '-ing (…) the way A do(es)' にある 'the way A do(es)' は現在分詞の部分を強調する定型的な言い方です．問題の文をパラフレーズすると次のようになりますよ（McAulay）．

(99′)　As Sue likes children so much, she should become a teacher.

したがって，問題の文は「あんなにも子供が好きなのだから，スーは先生になるといい」という意味になります．'-ing (…) as A do(es)' という言い方もあります．

(101) a.　Lov**ing** travel the way she does, Jane will enjoy her new job on the cruise ship.
（なにしろ旅行が好きなので，ジェーンはクルーズ船での新しい仕事を楽しむだろう）

b.　Exercis**ing** as much as he does, Steve has a very low body fat percentage.
（あんなにも運動して（するので），スティーブは体脂肪率がとても低い）

(101) の例からわかるように，「理由」を表す分詞構文となじむことが多い表現です．

さて，分詞構文には他にも，次の (102a) のように「条件」を表すことや，限定的とはいえ (102b) のように「譲歩」を表すといわれる場合もあります．

(102) a.　Turn**ing** to the left (＝If you turn to the left) at the corner, you'll find the church.《'if [when] *do*ing' になる例もあります》
（その角を左に曲がるとその教会が見えます）

b.　Admitt**ing** (＝Though I admit) that you have a good point, I still think I am right.
（君がいいところをついているのは認めるが，それでも僕のほうが正しいと思うね）

分詞構文の解釈は文脈や状況に照らし合わせて判断するということになりますが，(102b) の例では副詞の still があることで「譲歩」という解釈がしやすくなっています．また，「譲歩」の場合 'while admitting …' ともできます．

なお，論理的推論だけでは意味がわかりにくい場合は必要に応じて接続詞（下の例では while）が補われることもあります．

(103)　**While** (I was) read**ing**, I fell asleep.（読書しているうちに寝入ってしまった）

これは分詞節に接続詞がついているのではなく，（　）で示したように「主語＋be 動詞」が省略されている形とみなすこともできます．

さて，前節で分詞構文の分詞節は節（＝文）だと述べました．分詞節も節（＝文）として「主部＋述部」の形になっているというわけですから，分詞節の主部が表に出てくる場合もあります．分詞の主語が明示されている例は「独立分詞構文」と呼ばれます．太字の部分が分詞節（下線部）の主語です．

(104) a.　**The sun** having set（＝as / when the sun had set), the children went home.
（日が沈んだので子供達は家に帰った）

b.　Elaine's winking at Roddy was fruitless, **he** [**him**] being a confirmed bachelor.　〈Reuland, E. 1983. "Governing *-ing*," *Linguistic Inquiry* 14.〉
（イレインがロディにウインクしたがむだだった．彼は筋金入りの独身主義者だったのだ）

(104b) にあるように，独立分詞節の主語が人称代名詞の場合には，格式張ったスタイルでは主格に，略式的なスタイルでは目的格になります．

そのほかの代表的な例として次のような慣用表現があります．

(105) a.　"**Other things** being equal," said Holmes, "one would suspect the one at whose head the master threw a decanter. …　〈Doyle「アベイ農場」〉
（「他の点が同じであれば（＝If other things are equal)，主人から瓶を頭に投げつけられた男を疑うのが普通でしょう．」とホームズが言った）

b.　**All things** considered, I think you should return to your parents.
（あらゆる点を考慮してみると，君は両親のもとに帰るべきだろう）
《'All things being considered', With all things are considered', With all things are considered' の形はまれ》

c.　**Weather** permitting, we'll go.
（天候が許せば［天気がよければ］私たちは出かけます）

次のように問題として出されることもあります．

(106)　All things (　　), the chorus club decided to postpone its winter concert.
① considered　　② considering
③ to be considered　　④ to be considering　　〈センター試験〉

「あらゆる点を考慮して，そのコーラス・クラブは冬のコンサートを延期することに決めた」という内容です．(106) のような過去分詞が出ている例は，(105b) の《　》内に示したように 'being' または 'having been' を補って考えると現在分詞の分詞節としてわかりやすくなります．正解は①の considered です．'being' や 'having been' の削除自体は次の例のようによく見られることです．

(107) a.　This was a small matter, however, **compared with** her conduct to her own child, a dear boy just under one year of age.
〈Doyle「サセックスの吸血鬼」〉
《'compared with' = 'Being compared with' = 'If this is compared with her conduct to her own child ...'》
(しかしながら，これは自分の1歳にもならぬ息子への彼女の仕打ち (conduct) に比べれば小さなことです)

b.　**Worn** and **exhausted**, I fell into a deep sleep.
(疲れ果ててたので深い眠りに落ちた)
《'Worn and exhausted' = 'Having been worn and exhausted' = 'As I had been worn and exhausted'》

また，意味内容を持たない形式主語である there や it も分詞構文の主語の位置に出てくることがあります．

(108) a.　**There being** no fear of interruption, I proceeded to burgle the house.
(ミニ講義 1 (ii))
(じゃまの入るおそれがなかったので私はその家に押し入ることにしました)

b.　**It having** rained during the night, the dust was converted to mud.
〈Jenkin Lloyd Jones, *An Artilleryman's Civil War Diary*〉
(夜通し雨が降っていたので (= As it had rained ...)，ほこりが泥に変わった)

(108b) では分詞節の中に完了形の have が入っていますが，これは主節よりも前のことを表すときに用いられる完了形です．次の例も同様です．

(109)　**Having** finished his scrutiny, he proceeded slowly down the path, ….
〈Doyle『緋色の研究』〉
（調べを終えると，ホームズはゆっくりと小道を進んだ …）

ここで練習問題を 1 つ．

(110) a. (　　) several magazine articles on the theme, I was able to understand the presentation perfectly.
① Had read　② Has read
③ Have read　④ Having read　〈センター試験〉
b. (　　) as the leading actor in the film, Ramesh soon became a star.
① Choosing　② Having been chosen
③ Having chosen　④ To choose　〈センター試験〉

(110a) は，主節の「発表を完全に理解できた」(‘was able to understand the presentation perfectly’) より前に行われていた「(そのテーマに関する雑誌記事を) 読んでいたので」という部分の表現なので (109) の例と同じように完了形の have が現在分詞になります．正解は④の ‘Having read’ です．(110b) も同様に「映画で主演俳優に選ばれてからスターになった」という順番なので完了形です．「選ばれる」という意味内容なので受身形になることにも注意しましょう．正解は②の ‘Having been chosen’ です．

慣用的な分詞構文のもう 1 つのポイントは，分詞節の意味上の主語が主節の主語とは異なっていても表面にでてこないケースがあることです．代表的なものをおさえておきましょう．

➢ **generally speaking**「一般的に言うと」
《generally の部分には frankly（率直に），strictly（厳密に），roughly（大ざっぱに）なども入ります．「副詞＋speaking」の語順で文頭に置かれますが，まれに「Speaking＋副詞」の語順でも使われます》
▶ **Speaking roughly**, T, A, O, I, N, S, H, R, D, and L are the numerical order in which letters occur; but …　〈Doyle「踊る人形」〉

（大ざっぱに言うと，T, A, O, I, N, S, H, R, D, そして L というのが文字の使われる回数の多い順ですが，…）

➢ **judging from [by]**「… から判断すると」

▶ “**Judging by** its effect upon my brother, I should think it must be a most extraordinary one.” 〈Doyle「ブルース・パーティントン型設計図」〉
（「僕の兄に与えた影響から考えるに，これはよほどの大事件に違いないね」）
《‘I should think’ を省いても文として成立します》

次のような慣用的表現もあります．（慣用的決まり文句以外で分詞節の主語が主節の主語と異なる例については『実例解説英文法』p. 187 を参照．）

(111) a. … Watson had no note of it in his collection. **Speaking of** my old friend and biographer, I would take this opportunity to remark that …. 〈Doyle「白面の兵士」〉
（… ワトソンはこの事件の記録を彼のコレクションに入れていない．私の旧友にして伝記作家（であるこのワトソン）はといえば，私はこの機会に述べておきたいのだが …）
《‘Speaking of’ は「… といえば」とか「… のことだが」という意味で，既出のものを話題として取り上げるときや話を切り出す言い方です》

b. **Considering** his age, he is quick in his movement.
《= Taking his age into consideration, ….》
（彼の年齢を考えると，彼はとても動作が機敏だ）

c. **Given** that *x* equals three, *x* plus two equals five.
《= taking (something) as a fact; assuming (something) as a basis for a discussion》
（*x* が 3 だとすると，*x* に 2 を足すと 5 になる）

最後に否定語の位置について見ておきましょう．動名詞節のときと同じで，否定語の not は現在分詞の直前に置かれます．

(112) I stared at it horror-stricken, **not** know**ing** what was about to issue from it. 〈Doyle「まだらの紐」〉
（私はおびえて (horror-stricken) それ（ドア）を見つめていました，そこから何が出てくる (issue) のかわからなくて）

第6章 比較構文のメカニズム

6.1 同等比較

まず，次のような ‘as … as’ の形から見ましょう．（下の例は ‘not as … as’ の形になっていますが，堅い言い方としては ‘not so … as’ が用いられます．）

(1) a. John is **as** old **as** Bill
　　b. The actress is not **as** old **as** she looks.

このような同等比較は2つのものについて同じであるということを述べています．ただし，その解釈について少し注意が必要です．(1a) であれば，「年齢が同じだ」と言っているのであって「年寄りだ」という含意はありません．(1b) であれば，「見かけよりも実年齢が若い」ということを述べているだけであって，老けて見えるという意味ではないないことを確認しておきましょう．

形容詞の使われ方に注意が必要だということですが，事情は日本語でも同じです．「長身だ」とか「背が低い」という含みはなく，身長の「程度・度合い」を問題にするのであれば「太郎はどれくらい背が高い」かという言い方をします．背が低いことが話題になっているというような特別な文脈がなければ「どれくらい背が低い」かという言い方はあまりしませんよね．英語でも同じです．次の例を比較してみてください．

(2) a. John is as **tall** as Bill.
(ジョンはビルと背の高さが同じだ) ←ジョンが長身だということは含意しない

b. John is as **short** as Bill.
(ビルは背が低いのだけれども，ジョンは同様に背が低い)

このような背の高さ (tall ⇔ short)，大きさ (big ⇔ small)，長さ (long ⇔ short) などに関して比較する表現としては，原則としてプラス方向の意味を持つ方の語 (tall, big, long) が使われます．

(3) 同等比較において使い方に注意すべき形容詞のペアの例：

old	big	tall	long	wide	high	thick	
----	----	----	----	----	----	----	⇧プラス方向の語を使う
young	small	short	short	narrow	low	thin	

さて，(2a) にある同等比較の文を言うとき，話し手は John と Bill がそれぞれどの程度の身長かがわかっていて，その上で両者が同じくらいの背の高さだと言っているわけです．ところで，そもそも as とは何でしょう？ 語源的には古英語の *all-swa* (=wholly so; quite so; just so「まったくそう」) が *all-so* となり，その縮約形 als を経て現在の also や as となったと言われています．つまり，「A もそうだし B もそうだ (A の程度・度合いと B の程度・度合いが同じである)」というのが 'as … as' の形で表す本来的な意味です．

そうしてみると，as という語自体には意味内容が無いにしても，as という語は「同じ程度」であることを表すという機能を持つ語と考えられます．ちなみに，such も上述の *all-swa* (=all so) の -swa (=so) を含んで形成された語です．こんなふうに見ていくと，'so … as' とか 'such … as' という言い方になるのもなんとなく理解できるのではないでしょうか．

では，"John is as tall as Bill (is)." という文を例にとって，同等比較の文がどのようにしてできるか見ていきます．まず日本語で考えてみましょう．「ジョンの背の高さの度合いが y だ」という話と，「ビルの背の高さの度合いが x だ」という話があります．ここで '$y=x$' ですから，その 2 つの文を 1 つにまとめて「ジョンの背の高さの度合いが y (=x) でビル (の背の高さの度合い) も (x だ)」という文にすると，「ジョンとビルの背の高さが同じだ」という意味になります．英語でも同じように考えてみましょう．

(4) "John is as tall as Bill (is)." の作り方：

a. [節1 John is *y*-tall] という話と [節2 Bill is *x*-tall] という話がある

⇩〈2 つの話を連結する〉

b. [節1 John is *y*-tall] + [節2 Bill is *x*-tall] ができあがる

⇩〈'*y*=*x*' なので同じ度合いであることを表す記号 as をつけて as tall と表記する〉

c. [節1 John is as tall] + [節2 Bill is as tall] ができあがる

⇩〈節と節をつなぐ「+」の役割を果たすものとして，節 2 の as を接続詞として節 2 の前に出す〉

d. [節1 John is as tall] as [節2 Bill is __ tall]

⇩〈2 番目の tall は重複しているので削除〉

e. [節1 John is as tall as [節2 Bill is ~~tall~~]

⇩〈2 番目の is も重複しているので削除可能〉

f. [節1 John is as tall] as [節2 Bill (is)]

as は (4c) までは節 2 の中にあって，節 1 の 'as tall ' が表すのと同じ背の高さであるということを示す語でしたが，(4c) から (4d) に移行する際に，その as を接続詞としても利用して節 1 と節 2 をつないでいるのがミソです．一石二鳥のうまいやり方と思いませんか？ やりくり上手なうちのお母さんみたい(^^) そんなふうに，'as ... as' の形では 2 つの文が入っているというのがポイントです．

細かい話ですが，"John is **as** tall **as** Bill." は厳密にいえば「同じかそれ以上」とか「同等以上だ」('*y* (John) ≧ *x* (Bill)') ということです．ただし，日常的には「同じ」('*y* (John) = *x* (Bill)') という意味と理解されるのが普通です．"John is **at least as** tall **as** Bill." というように 'at least' (少なくとも) をつけると「同等以上」という意味が明確になります．日本語でも「勝るとも劣らない」というと厳密には「少なくとも同等かそれ以上」という意味ですね．「勝るとも」とか「それ以上」という部分を明確に排除するのであれば，"Wisconsin cheese is as good as, **if not better than**, many of the imported European cheeses I've tried." といった言い方ができます．「ウィスコンシンのチーズは私が食べたことのあるヨーロッパから輸入されたチーズの多くと比べて，もっとよいというわけではないにしても，ひけはとらない」という意味です (英文は Corpus of Contemporary Amarican English より採録).

もう 1 つ細かい話ですが，同一の人・物の異なる性質が同程度であると言うときに "He was as **wise** as he was **brave**." (彼は勇敢でもあったが，また賢くもあった〈『英文法総覧』p. 347〉）という形が可能です．

なお，この節の冒頭にあげた（1b）の文（“The actress is **not as** old **as** she looks.”）ですが，「その女優は見かけほどの年齢ではない（その女優は実年齢よりも老けて見える）」という意味であって，「見かけと実年齢が同じでない（一致しない）」ということではありません．

同じような形の次の例を考えてみましょう．

(5)　John is **not as** tall **as** Bill.

この文の意味解釈は「ジョンは背の高さがビルの背の高さに及ばない.」ということであって，「ジョンはビルと背の高さが同じではない.」という意味ではありませんから注意しておきましょう．仮にジョンの背の高さの度合いを y として，ビルの背の高さの度合いを x とすると，y は x ぐらいに高くないということで，‘$y<x$’と表記できます．‘$y\neq x$’（同じではない）という意味ではありません．[1]

次に，形容詞ではなく‘many books’のような名詞句が入って少々複雑な‘as many … as’の形の例について見ましょう．‘John …’の節を「節1」，‘Bill …’の節を「節2」として，それぞれの中にある as を‘as[1]’と‘as[2]’と表記します．

(6)　《John has **as many** books **as** Bill (does)》

[節1 John has as[1] many books] と [節2 Bill has as[2] many books] がある

⇩　〈as[2] を節2の前に出して2つの節を連結し‘as[1] … as[2]’の形をつくる〉

[節1 John has as[1] many books] as[2] [節2 Bill has __ many books]

⇩　〈節2にある {has, many, books} は重複している語なので削除〉

[節1 John has as[1] many books] as[2] [節2 Bill ~~has~~ __ ~~many books~~]

⇩　〈2番目の節の時制を反映させる要素として do を挿入してもよい〉

[節1 John has as[1] many books] as[2] [節2 Bill (does)]

〈できあがり♡〉

2つの文を連結し，重複している要素を省略するというポイントは同じです．では練習問題を1つ．

[1]「‘y (John) ≧ x (Bill)’ではない」というのですから，‘$y<x$’だということになるわけです．詳しく言うと，「‘y (John) ≧ x (Bill)’ではない」というのは，‘$y>x$’と‘$y=x$’の両方とも否定されているので‘$y<x$’だということになるわけです．お父さんだって少しは数学できるんです (￣▽￣)vﾄﾞﾔｯ!

(7)　Jeff and Jenny saved (　　) they could to visit their uncle in Hawaii.
① as a lot of money as　② as much money as
③ money as a lot as　④ money as possible as　〈センター試験〉

まずは選択肢①にあるような as が 'a lot (of)' につく形はないということを確認しておきましょう．'as ... as' の中の 1 つ目の as は品詞的には副詞なので修飾する対象になるのは形容詞や副詞だからです（横河）．さて，（'to visit their uncle in Hawaii' の部分はわきに置いておくとして，）'Jeff and Jenny saved [as much money]' と 'they could save [as much money]' という 2 つの節を連結する操作でできあがるのでしたね．'they could save [as much money]' のほうは重複している要素が削除されますから 'they could ~~save~~ [~~as much money~~]' となっています．正解は②です．(6) のプロセスを確認しておいてください．

これで同等比較の基本的な理解はできました．文法問題としては次の 2 つの例もおさえておきましょう．1 つ目は否定の語 not が入った 'not as much ... as' の形の例です．

(8)　カッコ内の語を適切に並び変えて日本語訳に対応する英文を完成させなさい
I do**n't** earn (as, as, do, money, much, you).
（私はお金をあなたほど稼いでいません）

上の例も (6) と同じで，名詞を修飾する形容詞の同等比較です．次のように 2 つの節を並べたような形をベースとしていることを理解しましょう．また，並べる語のリストのなかに do が入っていることもポイントです．(8′) のように順序立てて考えれば大丈夫です．

(8′) a. [節1 I don't earn [**as¹ much money**]] と [節2 you earn [**as² much money**]] がある

⇩〈as² を節 2 の前に出して連結し 'as¹ ... as²' の形をつくる〉

b. [節1 I don't earn [**as¹ much money**]] **as²** [節2 you earn [__ **much money**]]

⇩〈節 2 内の 'earn __ much money' は重複しているので削除し do に差し替える〉

c.　[節1 I don't earn **as^1 much money**] **as^2** [節2 you　　　do　　　　]

(8) の正解は 'I do**n't** earn **as much money as** you do. の下線部の通りです.

文法問題の2つ目は同等比較の倍数表現（'twice/three times as ... as'）です.

(9)　カッコ内の語を適切に並び変えて英文を完成させなさい

My room is (as, as, large, three, times) my daughter's.

（私の部屋は娘の部屋の3倍の広さがある）←すいません，うそです (^^;)

「私の娘の部屋の広さ」を '*x*-large' とでも表記してみましょう．そうすると，「私の部屋の広さ」は3倍なので '3*x*-large' という表記ということになりますので「○倍」という内容は節1の '**as^1** large' の前に置いて '**three times as^1** large' とします．そこからの展開は上の例と同じです．

(9′) a.　[節1 My room is **three times** as^1 large] と [節2 my daughter's (room) is **as^2 large**] がある

⇩〈as^2 を節2の前に出して 'as^1 ... as^2' の形をつくる〉

b.　[節1 My room is **three times** as^1 large] **as^2** [節2 my daughter's (room) is ＿ **large**]

⇩〈節2内の '(room) is ＿ large' は重複しているので削除〉

c.　[節1 My room is **three times** as^1 large] **as^2** [節2 my daughter's ~~(room) is ＿ large~~]

正解は 'My room is **three times as** large **as** my daughter's.' の下線部の通りです.

なお，倍数の部分は，半分であれば half とし，2倍であれば twice，3倍であれば上例のように 'three times'（それ以上であれば '〜 times'）と入れます．1.5倍だったらって？ ドキッ，オホン．'one and a half times' となります．(9) の例では，述語になる中心部分が形容詞の同等比較でした．他の例として，'as ... as' の中が名詞句の場合を見ておきましょう．(10) では，twice を入れた例の言い換えなども確認しておきましょう．[2]

(10) a.　She has **three times as** many books **as** I have.

（彼女は私が持っている本の3倍の冊数の本を持っている）

---

[2] twice や half は比較級といっしょには使われないので注意しましょう（石渡）.

(i) a.　My mother speaks **twice as** fast **as** my father.（私の母は私の父の2倍速くしゃべる）

b. ×My mother speaks **twice** fast**er** than my father.

(cf. My mother speaks **two times** fast**er** than my father.)

b. She has **twice as** many books **as** I have.
（彼女は私が持っている本の 2 倍の冊数の本を持っている）

c. She has **twice the number of** books that I have. （＝(10b)）

(10c) では (10b) と同じ意味になる言い方として ‘twice the number of ...’ となっています．ほかにも ‘twice the size of ...’ (2 倍の面積の ...) といった言い方もあります．

6.2 同等比較の慣用表現

同等比較の項目の最後として，代表的な慣用表現について触れておきます．慣用表現というと，そのまま覚えるしかないということも多いのですが，できるだけ説明を入れて見ていきましょう．

➢ **as ... as possible**「できるだけ ...」

▶ Examine them **as** soon **as possible** and see what they contain.

〈Doyle「スリー・ゲイブルズ」〉

（それらをできるだけ早く調べて何が入っているか確かめなさい）

➢ **as ... as one can [could]**「できるだけ ...」

▶ I copied **as** quickly **as** I **could**, but at nine o’clock I had only done nine articles, and it seemed hopeless for me to attempt to catch my train.

〈Doyle「海軍条約」〉

（できるだけ急いで写しましたが，9 時になっても 9 条までしかできてなかったので，予定していた汽車には乗れそうにありませんでした）

➢ **not as [so] ~ as ...**「... ほど〜ではない」《「〜」は形容詞・副詞．so は主にイギリス英語で否定文・疑問文のとき》

▶ The population of Kyoto is **not so** large **as** that of Tokyo.

（京都の人口は東京の人口ほどは多くない）

※何を比較しているかに注意しましょう．上の例では population ですので，as 以下では that で受けています．‘... than Tokyo’ とはしないことに注意しましょう．このような that/those の用法については第 13 章で扱います．

➢ **not so much A as B**「A よりはむしろ B（が当てはまる）」

《ある１人の人や１つの物・事について「A というよりはむしろ B」と言うときの表現です.

▶ She is **not so much** an actress **as** a singer.（彼女は女優というよりも歌手だ）

▶ Here we may take it that there is a love matter, but that the maiden is **not so much** angry **as** perplexed, or grieved. 〈Doyle「花婿失跡事件」〉
《部屋の窓から通りにいる依頼人の女性の様子をみてホームズが言ったことば》
（どうやら僕たちは恋愛問題を引き受けるようだが（'take it that 節'「… だと思う」），あの女性は怒っているというよりは当惑している（perplexed）か悲しんでいる（grieved）かだね）
※下にあげた 'not so much as *do*' / 'without so much as *do*ing'（… さえしない）と似ているので混同しないよう注意しましょう.

▶ He didn**'t so much as** apologize to me.（彼は私にあやまりさえしなかった）

▶ She went out **without so much as** say**ing** good-bye.
（彼女はさよならも言わずに出て行った）

▶ … he turned the carriage, and dashed away again **without so much as** a look in my direction. 〈Doyle「最後の事件」〉
（彼は馬車を引き返して去って行き私の方に一瞥（いちべつ）もくれなかった）
《この例文では 'without so much as' の後に動名詞ではなく名詞が入っています》

➢ **A as well as B**（＝not only B but also A）「B はもちろんのこと A も」,「B だけでなく A も」

▶ He gave me money **as well as** advice.
（彼は私に助言のみならず資金も与えてくれた）

▶ I **as well as** you am to blame.（＝I am as much to blame as you (are).）
（あなたのみならず，私も責められるべきです）
《'A as well as B' が主語になる場合には動詞は原則的に A の人称・数に一致する》
とはいえ原則ですので例外もあります．次の例では 'A as well as B are' という形になっています.

▶ "… I turn to you, Mr. Holmes, as absolutely my last hope. If you fail me, then my honor **as well as** my position **are** forever forfeited."
〈Doyle「海軍条約」〉

(… 最後の頼みの綱としてあなたにおすがりするのです．あなたが助けてくださらなければ，私の名誉も地位も［地位どころか名誉までも］永遠に失われる（forfeit）のです）

➢ **as good as …**（＝practically, virtually, almost）「事実上」，「… も同様」

▶ He **as good as** called me a thief.

（彼は私をどろぼう呼ばわりしたも同然だ）《‘thief’ という語は使っていないが私がどろぼうだという内容の発言をしたということです》

※ ‘as good as *one*’s word [promise]’ で「約束を守る」

▶ Sherlock Holmes was **as good as his word**, for about one o’clock he rejoined us in the Colonel’s smoking-room. 〈Doyle「ライゲイトの地主」〉

（シャーロック・ホームズは約束を守り，1 時頃には大佐の喫煙室で私たちに再び合流した）

➢ **as many …**《先行する数詞に呼応して，「それと同数の」という意味です．以下の例では，先行する数詞に下線を引いておきます．》

▶ You have made two blunders in **as many** minutes. 〈Doyle「独身貴族」〉

（あなたは 2 分間で 2 度も間違えてますよ（blunder: へま，大まちがい））

《先行する two を受けて，時間も（‘as many’ を 2 として）「2」分というように補って日本語訳しています》

▶ “It can’t hurt now,” was Mr. Sherlock Holmes’s comment when, for the tenth time in **as many** years, I asked his leave to reveal the following narrative. 〈Doyle「有名な依頼人」〉

（「もう問題あるまいよ」というのがホームズの返事だったが，それはこれから話す事件を公表させてくれとたのんで許可（leave）を求めてきたこの 10 年で 10 度目にもなろうかというときのことであった）

《先行する tenth を受けて，年数も（‘as many’ を 10 として）「10」年というように補って日本語訳しています》

➢ **as many as**　同等比較の表現としては「… と同数」とか「… だけ全部」という意味です．

▶ I have **as many as** you (have).（私はあなたと同数を持っています）

▶ Take **as many as** you want.（ほしい数だけ取りなさい）

次の例では数詞をともなって「… もの数の」というように，数の多さを強調する表現として用いられています．

▶ Believe it or not, **as many as** 150,000 printed books were published last year in the country.
（うそのように聞こえますが，昨年その国では紙に印刷された本が 15 万冊も出版されたのです）
※以下の例では，形は同等比較になっていますが内容としては最上級に似た意味を表しています．

➢ **as … as any**「だれ［どれ］にも劣らず … で」

▶ So far as I know, he and his wife are **as** respectable a couple **as any** in the county.　〈Doyle『バスカヴィル家の犬』〉
（私の知る限りでは，彼とその妻は地元では一番まともな夫婦です）
《as に続く‘respectable a couple’の語順にも注意．‘as respectable a couple’において，as は副詞として形容詞 respectable に結びついています（横河）．6.1 の（7）の解説も参照．》

➢ **as … as ever lived**「並はずれた …」，「今までに（例の）ないほど …」

▶ She is **as** great a scholar **as ever** lived.
（彼女は並はずれたすばらしい学者だ）
《現代の辞書には《まれ》とか《文語》の表記があります．それはさておき，次のように省略されていると理解すればわかりやすいでしょう．

She is **as** great a scholar **as** ~~any great scholar that~~ **ever** lived

このように主語が省略される現象は次の例‘as … as can be’《やや古》の形でも見られます．

The bride was **as** happy **as can be**.（その花嫁はこの上なく幸せだった）》

※次の‘as … as ever’「あいかわらず …」と混同しないよう注意しましょう．

▶ Miss Morstan’s demeanor was **as** resolute and collected **as ever**.
〈Doyle『四つの署名』〉
（モースタン嬢の態度（demeanor: ふるまい，表情）は変わらず毅然として（resolute）落ち着いていた（collected））
《この例は次のように要素が省略されていると考えればわかりやすいでしょう．》

Miss Morstan’s demeanor was **as** resolute and collected **as** ~~it had~~ **ever** ~~been resolute and collected~~.

6.3　比較級による比較

次は比較級による比較の例がどのようにしてできるかを見ていきましょう．比較級による比較の場合も 2 つの節を並べて考えています．例として “Mary is more intelligent than Bill.” という文を考えてみましょう．同等比較のときと同じように，まずは日本語で考えてみます．「メアリーはビルよりもっと知的だ」という文を例にとってみましょう．一方に「ビルが知的な程度は x だ」という話があり，もう一方に「メアリーが知的な程度は y だ」という話があるとします．これら 2 つの話をまとめると「メアリーが知的な程度は y でビルが知的な程度は x だ」となります．ただしここでは前提として ‘y > x’ という関係がありますから，「メアリー（が知的な程度 y）はビル（が知的な程度 x）よりもっと（知的）だ」ということになります．では英語でも同じように考えてみましょう．「ビルが知的な程度は x だ」という話のことを [Bill is x-intelligent] と表記し，「メアリーが知的な程度は y だ」という内容を [Mary is y-intelligent] と表記することにしましょう．そうすると，“Mary is more intelligent than Bill.” という文は下のようなプロセスを経て出来上がると考えられます．

(11)　“Mary is more intelligent than Bill.” の作り方：

a.　[Mary is y-intelligent] という話と [Bill is x-intelligent] という話がある

　　⇩ 〈2 つの節を連結する〉

b.　[Mary is y-intelligent] + [Bill is x-intelligent] ができあがる

　　⇩ 〈‘y > x’ なので y を ‘MORE x’ とする〉

c.　[Mary is MORE x-intelligent] + [Bill is x-intelligent] ができあがる

　　⇩ 〈2 番目の節（+ の記号以下）にある重複している ‘x-intelligent’ を必ず削除〉

d.　[Mary is MORE x-intelligent] + [Bill is ~~x-intelligent~~]

　　⇩ 〈2 番目の節の重複している is は削除可能〉

e.　Mary is **more** intelligent **than** Bill (is)[3]　〈できあがり♡〉

---

[3] 現代の英語では，than の後が人称代名詞であれば ‘than he is’ のように（助）動詞を残した形が好まれます．インフォーマルな状況や口語では than を前置詞のように扱って目的格の代名詞を入れた ‘than him’ という形にもします．主格の代名詞を入れる ‘than I’ の形は下のように昔の英語では規範的な形として使われましたが今はあまり好まれません．

(i)　… Barrymore will be a better guide than **I**.　〈Doyle『バスカヴィル家の犬』〉
（バリモアが私よりガイドとして役に立つでしょう）

上のプロセスの最後（11e）では，[MORE *x*-intelligent] が実際の発音として生じる ‘more intelligent’ になっていますが，もちろん tall のような形容詞なら [MORE *x*-tall] が ‘tall**er**’ となって発音されることになります．[4]

（11e）で 1 つゴマカシているところがあります．そうです，「＋」がいつのまにか than になっていますね　オイ親父って？(^^;)．同等比較の ‘as … as’ のときのように as を接続詞にしちゃえ！ なんてことができないので than が入っています．なぜ than なのか不思議ですが，この than という語は語源的には then と同じルーツなのだそうです．「メアリーがまず知的で，それからビルだ」というような感覚で使われることになったのかもしれませんね．

なお，同等比較のときに見たのと同じで，“John is taller than Bill.” と言うとき taller は背の高さの度合いを比較しての高低を言っているのであって，「長身だ」という意味での tall ではありません．また，高低の比較をするときに short でなく tall を使います．ただし，年齢については “John is older/younger than Bill.” と言い，older であれば年上かどうか，younger であれば年下かどうかを問題としている文として用いられることに注意しましょう．

「… ほど～ではない」というのであれば ‘less＋原級＋than …’ の形になります．

（12）“It is perhaps **less** suggestive **than** it might have been,” he remarked, “and yet there are a few inferences which are very distinct, …

〈Doyle「青いガーネット」〉

（「もっと以前ならずっと手がかりが多かったのだろうけど」と彼は言った．「それでもかなりはっきりと推論できることがいくつかあるし，…」）

《持ち主のわからない帽子を手に取ってホームズが推理してみようとする場面です．帽子の状態について，以前ならもっと suggestive（示唆に富む）であったろうけど今の状態のだと suggestive な程度が落ちるという内容です》

‘less＋原級＋than …’ と同じような意味の ‘not so [as] ～ as …’（… ほど～ではない）は 6.2 で取り上げました．

ここで 1 つ練習問題です．

---

[4] 形容詞の比較級は，-er 型と more 型の両方がある場合や，特定の状況で -er 型の形容詞が more 型になることもあります（強調したり，直後に than 以下が生じないような状況で見られます）．例えば下の例では「the 比較級＋the 比較級」という環境で older や wiser にならずに more 型になっています．本節の（14a）も参照のこと．

(i) The **more** old he is, the **more** wise he becomes.　〈『形容詞』〉
（彼は年齢を重ねるにつれて賢くなっている）

(13) You are (　　) to gain weight in summer than in winter because you tend to lose your appetite when it is hot.
① less likely　② less unlikely
③ very likely　④ very unlikely　〈センター試験〉

日本語訳をしっかり考えてみてください.「夏場は暑くて食欲 (appetite) をなくしがちなので冬よりも体重が増える (gain weight) 可能性が低い」といった内容です. 正解は①の 'less likely' です.

そういえば, 前節 6.2 で 'not so much A as B' (＝B rather than A)「(1 人の人や 1 つの物・事について) A よりはむしろ B が当てはまる」という表現を見ましたが, 同じように 1 人の人や 1 つの物・事について比較を使う言い方としては次のようなものがあります.

(14) a. Mary is **more** pretty **than** beautiful.《'more A than B'「B よりはむしろ A」》
(メアリーは美しいというよりは, むしろかわいらしい)
b. Mary is **more** (of) a singer **than** an actress.
(メアリーは女優というよりはむしろ歌手だ)
《A と B が名詞句の場合には of が入ることもあります》
c. Mary is **rather** an actress **than** a singer.《'rather A than B'「B よりはむしろ A」》
(メアリーは女優というよりはむしろ歌手だ)

(14a) で, 本来は比較級として prettier になるはずの形容詞 pretty であっても例外的に 'more pretty' となっていることに注意しましょう. 応用例を 1 つやってみましょう.

(15) Tom is (　　) a hard-working student than a mathematical genius; he always gets high scores in math without studying very hard.
① less　② more　③ not　④ rather　〈センター試験〉

「トムはよく勉強する学生というよりは数学の天才です」という意味です. (14) の

例とは A と B の関係が逆で，‘less A than B’ で「A というよりむしろ B」となります．正解は①の less です．「猛勉強しないで試験ではいつもいい成績を取る」なんてすごいですね．

比較に関連した項目の最後として，比較級の直前に数量を表す語句が置かれる例を見ておきましょう．下の例では比較級の taller (16a) や more (16b) の前にそれぞれ下線部で示した ‘two inches’ や many という数量表現があります．

(16) a. I am two inches **taller** than my brother.
（私は兄（弟）より 2 インチ背が高い）
b. John bought many **more** books than Bill.
（ジョンはビルよりもずっとたくさんの本を買った）

このような数量を表す言い方は，比較級で比べられている二者の程度・度合いの差を表しています．[5] (16a) では「私と兄（弟）の身長差が 2 インチ」であることを示していますし，(16b) では「ジョンとビルの買った本の冊数の差が大きい」ことを示しています．比較の more だから much で修飾して ... なんて勘違いしてはいけませんよ（横河）．もう一度言いますが，(16) の例では，下線の部分に生じる語句は差がどれだけであるかを表しています．(16a) では身長差の数値（2 インチ）を比較表現の taller の前につけていますし，同じように (16b) で，たとえばビルが 5 冊本を買い，ジョンが 30 冊買ったとしましょう．その差は 25 冊で，その 25 冊という差のことを many（たくさん）と言って比較表現の more の前に置いているわけです．可算名詞の books の話ですから，当然のことながら much ではなく many になります．もちろん，不可算名詞であれば “John has much more money than Bill.” として持っている金額の差が大きいことを much で表します．

関連した表現として，‘no more ... than ～’ と ‘no less ... than ～’ について見ておきましょう．比較級の more の直前に数量表現として no が置かれて more を否

---

[5] 比較級の前に ‘*x* times’ が入って，‘*x* times + 比較級 + than’ の形になることもあります．（この場合，two times の代わりに twice は使えないのでしたね．本章脚注 2 を思い出してください）．

(i) a. John is two times **older** than his son.（ジョンの年齢は息子の 2 倍だ）
b. John is two times **as old as** his son.《意味は (ia) と同じ》
c. ×John is twice **older** than his son.

この ‘*x* times + 比較級 + than’ の形は ‘*x* times as ... as’ と同じ意味で使われることも多いようですが，次のような誇張した表現などでもよく使われます．

(ii) My brother is ten times **better than** I am.（僕の兄は僕より 10 倍優れている）

(ii) では「10」という数字そのものには意味はなくて，「とても」とか「ずっと」といった意味合いで使われています．

定していますから,「比較されている二者のレベルに差がない」ことを表します.典型的には,'no more ... than ～' は「そうでない」ことが明らかな内容を「～」の部分に入れて,「それと差がない［同じだ］(no more)」ということを述べる文として使われます.'no less ... than ～' は「そうである」ことが明らかな内容を「～」の部分に入れて,「それと差がない［同じだ］(no less)」ということを述べる文です.

(17) a. Sleeping too much is **no more** healthy **than** eating too much (is). 〈『Bloom』〉
(寝過ぎは,食べ過ぎがそうでないのと同じように,健康的ではない)
b. A hobby is **no less** important **than** a job (is). 〈『Bloom』〉
(趣味は,仕事がそうであるのと同じように,大切なものである)[6]

たとえば (17a) の内容を図示すると下のようになります.ここでも 2 つの節を並べて考えるのがポイントです.下の (18a) にその意味する内容を日本語で示し,(18b) に英文の構造を示しています.

(18) a. [節1 (節 2 と比べ)「寝過ぎ (sleeping too much) は健康的ではない」]《伝えたい内容》
↑↓ 節 1 と節 2 は差がない［同じだ］(no more ... than)
[節2「食べ過ぎ (eating too much) は健康的ではない」]《すでに明らかな内容》
b. [節1 Sleeping too much is *y* (=**NO MORE** *x*)-healthy]《伝えたい内容》
than
[節2 eating too much (is) *x*-healthy ($x=0$ (zero))]《すでに明らかな内容》

(18a) では,節 2 には「食べ過ぎ (eating too much) が健康的ではない」というよく知られた明らかな内容があり,それと比べて節 1 にある「寝過ぎ (sleeping too much) が健康的ではない」という内容は差がないことを表しています.同様に,(18b) では,節 2 に「'eating too much' が健康的である度合いは *x*-healthy である《一般的常識として $x=0$ であることも含意されてます》」という内容があり,それと比べて節 1 にある「'sleeping too much' が健康的でである度合いは *y*-healthy

[6] 'no less ... than' は「no + less」という形で,否定に否定を重ねて,否定を打ち消しているので,肯定的な意味合いが出ます (宗像).

である」という内容があって，y-healthy と x-healthy は差がない（no more）ということを表しています．さらに，(18b) では $x=0$ であることがすでにわかっており，かつ節 1 と節 2 の内容に差がない（no more）のですから，結果として $y=0$ であることになります．[7]

(17b) も同様で，「仕事（a job）は大切なものである（is important）」という内容があり，それと比べて「趣味（a hobby）が大切なものである」という度合いも同じだ（下回らない）ということを表しているのだということを理解しましょう．

つまり，技法として than 以下に**当然の前提を踏まえた言い回しを加えて**表現を豊かにする言い方ということです．語法問題としては，more と less を混同しないよう注意しましょう．

(19)　下線部の（　　）に入る語を選びなさい．
Even the most advanced robot can **no**（　　）cry than it can eat.
① least　② less　③ more　④ most

---

7 (17a) はいわゆるクジラ文（クジラの公式）といわれるタイプの文です．
(i) A whale is **no more** a fish **than** a horse is.
（クジラが魚でないのは馬が魚でないのと同じだ）
この文が言いたいことは「クジラは魚なんかじゃないよ」ということであって，「馬が魚でない」という当然の前提を踏まえた言い回しを加えて，「馬が魚である度合いはゼロで，クジラが魚である程度はそれと差がない（ゼロだ）」という表現を構成しています．したがって，前提の内容に「… でない」という否定の含みがなければクジラ文とは異なる日本語訳の仕方になります．
(ii) a. Traffic accident statistics show that elderly drivers are **no more** dangerous **than** drivers in their twenties.
（交通事故の統計は高齢のドライバーは 20 代のドライバーと同程度に危険だということを示している）
《「危険でない」と言っているのではないことに注意》
b. Steve's fame and fortune comes from luck. He is **no more** talented **than** you or I.
（スティーブの名声も富も運がよかっただけだ．君や私と才能においては何ら変わるところはない）
《「同じ程度の才能だよ」という意味．私も君も才能は（一定程度は）あるという前提》
c. I can't understand why Susan won the Best Teacher award. She is **no more** deserving of it **than** any other teacher in the school.
（なぜスーザンがベスト・ティーチャー賞をもらったか理解できません．賞にふさわしいという点で，その学校の他のどの先生だって彼女に劣るところはないのです）
《「他にも賞に値する先生がいる」という内容》
クジラ文のメカニズムについては 6.4 の後にある ミニ講義 4 **クジラ文**も参照してください．

日本語訳は「最新のロボットでも泣くことはない（ものを食べるのと同じくらいありえない）」ということです．'no more ... than A' の問題です．正解は③です．次の問題はどうでしょう？

(20)　括弧の中の語を適切に並び変えて日本語に対応する正しい英文を完成させなさい
Making good friends is (important, less, no, than) making money.
（友人を作るのはお金を稼ぐことに劣らず重要だ）

こちらは 'no less ... than A'（A に劣らず ... だ）の問題です．正解は "Making good friends is **no less** important **than** making money." の下線部の通りです．

この 'no less ... than A' および 'not less ... than A' については辞書や参考書などでいろいろ解説されているようです．次の例を考えてみましょう．

(21) a.　Mary is **no less** beautiful **than** her mother.
　　b.　Mary is **not less** beautiful **than** her mother.

「メアリーは母親に劣らず美しい（2 人とも美しい）」という意味の文です．意味内容は同じと考えておいてさしつかえありませんが，現代のネイティブ・スピーカーはいずれも文語で古めかしい表現と感じ，特に (21b) は不格好とか不自然な感じを受けることが多いということを理解しておく必要があるでしょう．ただし，文語的な雰囲気を利用して，格式ばった演説などで (21a) の形が使われることはあります．

6.4　比較級の慣用表現

以下の慣用表現にも慣れておきましょう．ここにあげた表現はいずれも現代でも用いられていますので安心してください（笑）．

➢ **'no more than'**「わずか ... にすぎない」《量・数の少なさを強調（＝only）》，「... どおりで」

▶ I know **no more than** this message tells me.　〈Doyle「有名な依頼人」〉
（このメッセージに書いてあることしかわからないのだが）

▶ Only to ask a few questions of a Greek gentleman who is visiting us, and to let us have the answers. But say **no more than** you are told to say, or … 〈Doyle「ギリシア語通訳」〉

（私たちを訪問しているギリシア人男性にいくつか質問をして，その答えを私たちに教えてください．でも，伝えろと言われたとおりに話してくださいよ，さもないと…）

'not more than'「せいぜい …」，「多くても …」《上限（='at (the) most'）》

▶ The total income, which at the time of the wife's death was little short of £1100, is now, through the fall in agricultural prices, **not more than** £750. 〈Doyle「まだらの紐」〉

（総収入は，彼の妻が亡くなった時点では年に 1,100 ポンド近くあったが，今は農産物の価格低下で，せいぜい 750 ポンドだ）

➢ **no less than**「… ほどもたくさん」，「… を下らぬほどの」《量・数の大きさを強調（='as much [many] as'）》

▶ There are **no less than** four such numbers visible to my lens on the inside of this case. 〈Doyle『四つの署名』〉

（この（懐中時計の）ふたの内側に拡大鏡で見るとそんな番号が４つもあるよ）

'not less than'「少なくとも …」《下限（='at (the) least'）》

▶ He computes the value of the jewels at **not less than** half a million sterling. 〈Doyle『四つの署名』〉

（彼がその宝石の価値を見積もったところでは 50 万ポンド（sterling）より下ということはないそうです）

➢ **(all) the more for**「なおさら」，「なおのこと」

▶ I like him **all the more for** his honesty. =I like him **all the more because** he is honest.（彼は誠実なので私たちはいっそう彼のことが好きです）

※理由を表すのに節を続ける場合には '(all) the more because …' となります．また，all は省略される事もあります．下にあげた文は 'all the better for/because'「(… のために) かえって」の例です．

▶ "I fear that the scrambled eggs are cold. However, you will enjoy the rest of your breakfast **all the better**, will you not, **for** the thought that you have brought your case to a triumphant conclusion." 〈Doyle「ブラック・ピーター」〉

（「スクランブルエッグが冷めちゃったね．でも，残っている朝食も事件をとてもうまく解決したのだと思えばそれだけおいしくなるのではないですかね」）

➢ **none the less for**「… にもかかわらず」,「それでもやはり」

▶ I like him **none the less for** his faults.《=nonetheless（文修飾の副詞）》
（彼に欠点があっても私たちは彼のことが好きです）
※欠点があるからといって，好きな度合いが減るのがゼロだということです．

➢ **none the worse for**「大変な仕事などの後でも変わらずにいる」

▶ "… I trust that Sir Henry is **none the worse for** his journey?"
"He is very well, thank you." 〈Doyle『恐怖の谷』〉
（「… サー・ヘンリーは長旅の後も疲れておいでではありませんね？」「とても元気でおられます，ありがとうございます」）

➢ **not … any more than**《"A is not B any more than C is D" の形で「C が D でないのと同様に A は B ではない」》

▶ Work is **not** the only object in life **any more than** play is.
（遊びだけが人生の唯一の目的ではないように，仕事も人生の唯一の目的ではない）

▶ Lestrade laughed loudly. "You do**n't** like being beaten **any more than** the rest of us do," said he. 〈Doyle「ノーウッドの建築業者」〉
（レストレードが高らかに笑った．「ホームズさんも負けるのがお好きじゃないのは私たちと同じようですな」）
※次の 3 つはどれも同じ意味になります．

(i) Maybe he was**n't any more** to blame **than** she was.
(ii) Maybe he was**n't** to blame **any more than** she was.
(iii) Maybe he was **no more** to blame **than** she was.
（おそらく彼に責任がないのは彼女と同様だ）

➢ **much / still / even less …** 否定の内容の後に続けて「まして … ない」《… には名詞(句)のみならずさまざまな句や節が入ります．much / still / even は比較級を強めます》

▶ His wife is a very tall and strong woman with a sour face, as silent as Mrs. Rucastle and **much less** amiable. 〈Doyle「ぶな屋敷」〉
（彼の奥さんは背が高くて丈夫な人で，むっつりした顔で，ルーカッスル夫人同様に無口で，まして愛想がいい（amiable）なんてことはありはしません）

▶ I had no idea that you had found my occasional retreat, **still less** that you were inside it, until I was within twenty paces of the door.

〈Doyle『バスカヴィル家の犬』〉

（君が僕の臨時の隠れ家（retreat）を見つけたなんて思ってなかったし，まして君が隠れ家の中にいるなんて入り口から 20 歩といったところにくるまでわからなかったよ）

➢ **the＋比較級，the＋比較級**「～すればするほど，ますます …」

▶ **The more** she practiced, **the better** she played.

（練習すればするほど彼女は上手になった）

▶ "As a rule," said Holmes, "**the more** bizarre a thing is, **the less** mysterious it proves to be. … 〈Doyle「赤毛組合」〉

（「概して」とホームズが言った．「奇妙な（bizarre）事件であるほど実は不思議でないことがわかるものです …」《本章脚注 4 も参照》

➢ **the＋比較級＋of the two（＋名詞の複数形）**「2 つの中でこちらが一番」

▶ Mary is **the taller** of the two girls.

（2 人の少女のうちメアリーは背の高いほうです）

※【参考】1 つのものについて「一番 … だ」と叙述的に述べるときには the をつけない最上級の形を使います．

▶ This lake is **deepest** here.（この湖はここが一番深い）《本章脚注 8 参照》

▶ I feel **happiest** when I am with you.

（僕は君といるときが一番幸せだよ）←とても妻には言えませんな（#^^#）

➢ **Nothing is as [so] … as A**＝Nothing is＋比較級＋than A

《A を強調する，あるいは最上級的な意味を表す言い方です》

▶ **Nothing** is **as** precious **as** time.（時間ほど貴重なものはない）

＝**Nothing** is **more** precious **than** time.（時間よりも貴重なものはない）

➢ **No（other）～ is so [as] … as** で最上級の意味を表す（「～」は単数名詞）

▶ **No other** student in my class runs **so [as]** fast **as** Bill.

（ビルほど早く走る生徒は僕のクラスにはいない）

➢ **No（other）～ is 比較級 than A** で最上級の意味を表す（「～」は単数名詞）

▶ **No other** student in my class eats fast**er than** Bill.

（ビルよりも早食いの生徒は僕のクラスにはいない）

問題を 1 つやってみましょう．

(22)　(　A　) in this class is as kind (　B　) Abbie.　She always helps people who are in trouble.

① A: Anybody　B: as　　② A: Anybody　B: than
③ A: Nobody　B: as　　④ A: Nobody　B: than　〈センター試験〉

「彼女はいつも困っている人を助ける」という文脈がありますから，空所を含んだ部分は「アビーほど親切な人はいない」という内容になります（「クラスの誰だってアビーと同じくらい親切だ」とはなりません）．したがって，アビーがクラスで一番親切だという最上級の意味合いになりますが，形は ‘as 原級 as’ の同等比較になっています．正解は③で “Nobody in this class is as kind as Abbie.” となります．

ラテン比較級（ラテン語由来の語で，比べるものの前には to がつきます）

➢ **be superior [senior] to**

▶ This carpet is far **superior to** that one in quality.
（このカーペットはあれよりも品質がずっと上だ）

➢ **inferior**

▶ His sister's success made him feel **inferior to** her.
（彼の姉（妹）が成功して彼は自分が彼女に劣っていると感じた）

➢ **senior**

▶ He is three years **senior to** me.
＝He is **senior to** me by three years.（彼は私より 3 年先輩だ）
※ 年齢よりも職場などでの地位やポジションについてよく使われます．“He is senior to me.” だと「彼は私より年上だ」というよりも「彼は私より地位が上だ」という意味になるのが普通です．（もちろん ‘at the office’ などをつければ明確になります．）

➢ **junior**

▶ He is three years **junior to** me.＝He is **junior to** me by three years.
（彼は私の 2 年後輩だ）
《例文は年齢の話になっていますが，むしろ職場などでの地位やポジションについてよく使われます》

➢ **prior to**「… より以前に［の］」

▶ **Prior to** working in Japan, he traveled in Europe for several years.
（日本で働く前に，彼はヨーロッパを何年も旅行した）

➢ **preferable / prefer** もここにあげておきます．

▶ Death is **preferable to** dishonor.　〈斎藤秀三郎『熟語本位英和中辞典』〉
（(生きて) 恥をさらすよりは死んだほうがましだ［まだしもよい］)）

▶ Most children **prefer** playing **to** studying.
（たいていの子供は勉強より遊びが好きだ）

➢ 比較構文では文と文が連結されているので than 以下にある重複する部分はしばしば省略されます．次の例は慣用的といってもいいくらいです．きちんと解釈できるようにしておきましょう．

▶ Things are going better **than** expected.
（事態は予想されているよりうまくいっている）
《than 以下が '… than it has been expected that things go well' のようになっていて，下線部の expected だけが残されていると考えられます》

▶ He was more masterful **than** ever.　〈Doyle「瀕死の探偵」〉
（彼はこれまでに増してわがまま（masterful：主人風を吹かせる）であった）
《than 以下は 'than he had ever been masterful' といった内容があって，ever を残して削除されています》

最後に 1 つ問題です．

(23)　I think eating at home is often (　　) more economical than eating at a restaurant.
　① far　② high　③ too　④ very　〈センター試験〉

比較級を強調するときには，even, far, much, still, a lot が使われます．正解は①の far です．

ミニ講義　4：クジラ文

6.3 に下のようないわゆるクジラ文（クジラの公式）と呼ばれるタイプの例が出

ていました.

(i)　A whale is **no more** a fish **than** a horse is.
(クジラが魚でないのは馬が魚でないのと同じだ)

「クジラは魚なんかじゃない」という意味はどこから出てくるのでしょうか. 6.4 で出てきた 'not … any more than' と関連させて考えるとうまく説明できます(高橋). 少し変形させた (ii) を見ましょう.

(ii)　A whale is **not** a fish **any more than** a horse is a car.

この文は「馬が自動車でないのと同じで, クジラは魚ではない」という意味で,「クジラは魚なんかじゃない」ということを強調した意味になっています. (ii) を素直に訳すと「馬が自動車である以上にクジラは魚であることはない」といったところでしょう. ところが「馬は自動車である (a horse is a car)」は正しくないことなので, (ii) は「クジラが魚であることは, 正しくない (完全に間違ってる) という以上の度合いにはならはない」, つまり,「クジラが魚であることは正しくない」という意味なので「クジラは魚なんかじゃない」と解釈できます.

ここで car を fish と置き換えると次のようになります.

(iii)　A whale is **not** a fish **any more than** a horse is a fish.

ここでも比較部分の 'a horse is a fish' は正しいことではないので, (ii) と同様に, (iii) も「クジラが魚であることは, 正しくないこと以上の度合いにはならはない」, つまり,「クジラが魚であることはであることは正しくない」という意味なので「クジラは魚なんかじゃない」と解釈できます.

さらに2つめの繰り返されている 'a fish' を削除すると次の (iv) が出てきます.

(iv)　A whale is **not** a fish **any more than** a horse is.

この文の比較部分の 'a horse is' は意味的には 'a horse is a fish' と同じなので正しいことではありません. したがってこの文は (iii) と同じく「クジラは魚なんかじゃない」ということを伝えています. さて, ここで次の例を見てみましょう.

(v)　a.　John is **not** a child **any more**.
　　b.　John is **no more** a child.

(va) と (vb) はいずれも「ジョンはもう子供じゃない」という同じ意味を伝えており,「not any more = no more」であることがわかります. では上の (iv) の 'not any more' を 'no more' で言い換えてみましょう．そうすると (i) のクジラ文 (下に再度あげておきます) が得られます．

(i) A whale is **no more** a fish **than** a horse is.

'not any more' → 'no more' という言い換えは基本的な意味は変えないので，(i) は「クジラは魚なんかじゃない」と解釈できます．(not any more のほうが no more より幾分か強い言い方になると言われています．)

6.5　最上級と慣用表現

6.4 で "Mary is **the** tall**er** of the two girls." (メアリーはその２人の女の子のうち背の高いほう (の女の子) です) というように the をつけて「２つのうちでこちらが一番」と限定する比較級の言い方を見ました．[8] 最上級は３つ以上のものの中で「一番」を表すのでしたね．基本的な例は次の通りです．

(24) a. He is **the fastest** runner in our class.
(彼が私たちのクラスで走るのが一番速い)

---

[8] (i) のように比較級であっても the のつく言い方になりますし，あるいは (ii) のように最上級でも the がつかないこともあります．

(i) Mary is **the** tall**er** of the two girls.
(メアリーはその２人の女の子のうち背の高いほう (の女の子) です)

(ii) The lake is deep**est** here. (その湖はここが一番深い)

これらの例からもわかるように，最上級だから the がつくということではなく，'the ... (名詞)' という形で名詞の存在が意識されるかどうかで the がつくかどうか決まるということなのではないでしょうか．そうだとすると，(i) では 'Mary is the taller (girl)' というように名詞 (girl) が意識されているので the がつき，逆に (ii) の例では，'The lake is the deepest lake ...' とはなりえませんから名詞 (lake) の存在は意識されないので the がつかないということになります．そうすると，本来は (24b) のような副詞の後には名詞が来ないので the がつかないはずですが，'the 形容詞 -est' の形からの連想で the がつくことが普通になってきているということなのかもしれません．

(ii) の例は次のように one を入れてみるとわかりやすいかもしれません (田中)．次の (iiia) のように言うことはできませんよね．

(iii) a. ×The lake is the deepest **one** here.《「その湖はここが一番深い」という意味で》
b. The lake is the deepest **one** around here.
《「その湖はここらあたり (にある湖の中) では一番深い湖だ」の意味》

b. She arrived (**the**) **earliest** of us all.
《副詞の最上級には the をつけなくてもよい》
(彼女は私たちのなかで一番早く到着した)

下線部で示したように，比較する範囲を示して「… の中で」というときに，(24a) のように人の集まりや場所 (建物) を言うときは ‘in …’ となりますし (‘in the group’ とか ‘in this town’ など)，(24b) のように一定の数や限度を意識した言い方では ‘of …’ という形になります (‘of all the students’ とか ‘of the three’ など).

以下では，最上級に関するさまざまな慣用表現を見ていくことにします.

➢ **最上級＋of [in] A**「A の中で一番 …」

▶ **Of** all ghosts, the ghosts of our old lovers are the worst.
〈Doyle「グロリア・スコット号」〉
(あらゆる幽霊のうちでも昔の恋人の幽霊というのが最悪ですな)
《ここでは of all ghosts が the worst の後ろから文頭に移動されています. of の後には複数形が続きます. in が最上級とともに用いられる場合には in のあとには場所や集合体を表す単数形の名詞が続きます (“This is the longest river in [×of] the world.”)

➢ **one of the 最上級＋複数名詞**「最も … な〜の 1 つ」

▶ I think she is **one of the most** charming young ladies I ever met, and might have been **most useful** in such work as we have been doing.
〈Doyle『四つの署名』〉
(彼女は私がこれまで会った中で最も魅力的な若い女性の 1 人だし，私たちのやって来た仕事にとても役に立つ人だと思うよ)
《例文中の ‘one of the most charming … I ever met’ では「これまでに (ever) 会ったことのある若い女性すべてと比較して最も魅力的」と言っています. それに対して，‘most useful’ の部分では他の人と比べているのではなく，その個人について「とても役に立つ」と述べています. このように，「非常に」という単に強意的な意味で用いられるものを「絶対最上級」と言い，上の例文のように定冠詞 the がつかないことがしばしばです.[9] また，

[9] 比較級で ‘the upper class’ のように比較対象を示さない漠然とした言い方のことを「絶対比較級」と呼びます.

絶対最上級では，下の例文にあるように，名詞句の場合には不定冠詞がよくつきますし，最上級形が -est となる語でも most をつけることがよくあります（ugly は本来 ugly-uglier-ugliest と変化する語です）》

▶ The whole incident left **a most ugly** impression upon my mind, and ...

〈Doyle「グロリア・スコット号」〉

（この出来事は僕の心にたいそう不快な印象を残したので ...）

➢ **the＋最上級＋名詞＋(that) A have ever *done***「A が今までに ... した中で最も〜」

▶ ... there rushed into the room one of **the most** lovely young women **that** I have ever seen in my life. 〈Doyle「ボスコム谷の謎」〉

（... 部屋に駆け込んできたのは私がこれまで見た中で最も美しい女性の1人と言えた）

《何でもかんでも制限なしで一番と言うわけではなく，that 以下の関係節で候補を絞ってから，その中で一番を選んでいる形になっている構文です（宗像）．なお，例文は人や物の出現を表すタイプの there 構文で，意味上の主語（one of the most lovely young women that I have ever seen in my life）が 'into the room' を越えて文末に後置されています》

➢ **the＋序数詞＋最上級**「何番目に ...」

▶ Los Angeles is **the second** larg**est** city in the United States.

（ロサンジェルスはアメリカ合衆国で2番目に大きい都市だ）

▶ In the margin was written, in Holmes's precise hand:

***The second most** dangerous man in London.* 〈Doyle「空き家の冒険」〉

（余白にホームズの几帳面な字で書いてあった：「ロンドンで二番目に危険な男」）

ちょっと応用問題を1つ．（この後も問題を入れていきます．）

(25) In my family, I am the second tallest (　　) my father.

① after　② in　③ of　④ than 〈センター試験〉

「父の次に」という意味ですから前置詞は after が入ります．正解は①です．

➢ **make the most of ...**「...（有利な状況）を最大限に利用する」

▶ Before we start to investigate that, let us try to realize what we do know so as to **make the most of** it, and to separate the essential from the

accidental. 〈Doyle「プライアリイ・スクール」〉
（それ（手がかり）の調査にかかる前に，何が我々にわかっているのかをはっきりさせて最大限に利用できるようにしておき，そして本質的なことと偶発的なことを区別しておこう）

➢ **make the best of ...**「...（不利な状況）を精一杯に利用する」「何とかやっていく」

▶ "You have forced me, against my own judgment, to tell you, and now we must both **make the best of** it. My husband died at Atlanta. My child survived." 〈Doyle「黄色い顔」〉
（言わないほうがよいと思っていましたのに，あなたが私にあなたへの説明を強いたのですから，こうなっては私たちが 2 人で最善を尽くすしかございません．私の夫はアトランタで亡くなったのですが，子供は助かったのです）

➢ **to the best of *one*'s knowledge [belief, recollection, ability]**「知っている［信じている，思い出せる，力の及ぶ］限りでは」（cf. as far as A know）

▶ "**To the best of my belief** there were only the old butler and his wife. They seemed to live in the simplest fashion." 〈Doyle「白面の兵士」〉
（私の知る限りでは，老執事とその妻だけでした．ごく簡素な暮らしをしているようでした）

➢ **at (the) least**「少なくとも（＝not less than A「A 以上」）」

▶ "That was six years ago?"
"Nearer seven."
"And then you were together five years in California, so that this business dates back **not less than** eleven years **at the least**?" 〈Doyle『恐怖の谷』〉
（「それは 6 年前のことですか？」「7 年近くになります」「そうすると，あなたがたはカリフォルニアで 5 年間一緒だったのですから，この事件は少なくとも 11 年以上前にさかのぼることになりますね？」）

➢ **not ... in the least**「少しも ... でない」

▶ You are certainly joking, Holmes."
"**Not in the least**. Is it possible that even now, when I give you these results, you are unable to see how they are attained?"
〈Doyle「青いガーネット」〉
（「冗談だろう，ホームズ？」「冗談なんかじゃないよ．いまだってこう結果を見せているのに（when: …なのに），どうやって結論を導いたかわからないなんてことがあるのかい？」）

▶ Oh, bless you, it does**n't** matter **in the least**. 〈Doyle『緋色の研究』〉
（ああ，ところが，そんなことは少しも問題にならないのさ）

(26) My daughter always does well in school. That's why I'm not in the (　　) anxious about her future.
① least　② less　③ more　④ most 〈センター試験〉

「彼女の将来を少しも不安に思わない」の意味で，正解は①の least です．

その他（最上級を修飾する表現）

➢ **by far**（= much, far and away）

▶ This is **by far** the best.（= This is **much** the best. cf. This is **by far** the better of the two.）（断然これが最高です）

▶ Price is **far and away** the most important factor to consumers.
（価格が顧客にとって疑いなく最も重要な要素だ）

▶ Lung cancer is **by far** [**far and away**] the leading cause of cancer deaths in our society.
（肺がんが私たちの社会における断然いちばんのがんによる死因となっています）
《'by far' や 'far and away' は最上級の意味合いの比較級や最上級の意味を含む形容詞（favorite, leading, top など）を強調することもあります》

➢ **very best**

▶ It is a hat of the **very best** quality. 〈Doyle「青いガーネット」〉
（その帽子の品質は最上級だよ）

(27) This is the (　　) best book I've ever read.
① far　② most　③ much　④ very 〈センター試験〉

「今までに読んだ中でこれがまさしく最良の本です」という意味で，正解は④の very です．very の位置が定冠詞の後であることに注意しましょう．

関係節の基本構造

7.1 関係節の作られ方

関係節については 5.1.7 で部分的に見ましたが，この章でまとめておきます．関係節によって修飾される名詞句を先行詞といい，関係節は関係代名詞が先導する節でした．関係代名詞は，人を表す名詞句の代用になるのが who（主格），whose（所有格），who(m)（目的格）で，物や動物を表す名詞句の代用になるのが which（主格），whose（所有格），which（目的格）でした．[1] 下の（1a）のように，先行詞に特定の 1 つのものであることを示す語句（'the only [first, last, same, *etc.*]', 'the＋最上級' など）がつく場合は that が先導する関係節が好まれます．また，先行詞が「人＋物」（下記（1b））とか疑問詞（下記（1c–d））であれば that が先導する関係節がつきます．[2]

---

[1] 所有格として下の例の下線部にあるような 'of which' がとりあげられることがあります．

(i) a. He lives in a house **whose** roof is green.
b. He lives in a house the roof of which is green.
c. He lives in a house of which the roof is green.

この 'of which' は構造としては whose と別物ですし，かなりの文章体です．(i) の内容であれば "He lives in a house with a green roof." といった言い方にするのが普通です．

なお，関係節を導く that については，後で見るように，関係代名詞ではなく，that 節を導くときの that と同じものであるという可能性をとりあげます．

[2] (1b–c) の例は『英文法総覧』p. 247 から引用．また，先行詞が最上級などで限定されている場合には that が用いられることがよくあります．

(i) She is one of the best singers **that** [**who**] ever lived. 〈『英文法総覧』p. 247〉
（彼女は史上最高の歌手の 1 人である）

(1) a. The only thing about his face **that** I could clearly see was his dark beard. 〈Doyle「一人ぼっちの自転車乗り」〉
(彼の顔について唯一はっきり見えたのは黒いあごひげだけでした)
《限定性の強い語がついても先行詞が人の場合はwhoがよく使われます》
▶ But he is the only person in this world **who** can tell us exactly what happened in that room. 〈Doyle「背の曲がった男」〉
(しかし彼だけがあの部屋で起こったことを正確に語ることのできる人物なのだ)

b. The man and the dog [**that** went this way] never returned.
(こちらへ行った人と犬は二度と戻らなかった)

c. Who [**that** trusts him] can believe this rumor?
(彼を信頼している人なら，だれがこのうわさを信じられようか)
《この例では「誰も信じまい」という反語の形になっていることに注意》

d. **What** did the teacher say [**that** made you laugh so much]?
(あなたをそんなに笑わせるなんて先生は何を言ったの？)
《この例では関係節 [that …] の部分が文末に移されています》

英語の関係節の作り方として，次の例を見てみましょう．

(2) 《The man you met yesterday is the founder and principal of our school.》
(君が昨日会った男性が私の学校の創立者であり校長です)

a. the man [関係節 you met the man yesterday]
⇩〈the man を who(m) に換える〉

b. the man [関係節 you met who(m) yesterday]
⇩〈who(m) を節の先頭に移動する〉

c. the man [関係節 who(m) you met ___ yesterday]
⇩〈関係代名詞動詞の目的語の場合はしばしば省略されます〉

d. the man [関係節 ~~who(m)~~ you met ___ yesterday]

動詞 meet の目的語である ‘the man’ が関係代名詞 who(m) になって関係節の先頭に移動し，そこで先行詞と関係節を関係づける役割を果たすというわけです．[3] **先**

[3] whom を使うのは文章体とされ，whom が実際に使われるのは「前置詞＋whom」の形の場合くらいです（下記例文参照）．なお，次の例では (ia) が最も自然で，下に行くほど使われる頻度は低くなります．(ie) は格式張った書き方となります．

(i) a. the man you were talking about

行詞・関係代名詞がもとあった場所が関係節内にあるはずだということを意識できれば大丈夫です．次の例はどうですか？

(3) "Which girl is Shiori?"
"The one (　　) had a chat with a moment ago."
① I　② myself　③ that　④ who　〈センター試験〉

「どの女の子がシオリですか？」「少し前に私が話していた子です」という内容で，前置詞 with の後に空所があることと，'had a chat ...' の部分を述部とする主語を考えなければならない点がポイントです．正解は①の I です．"The one ~~who(m)~~ I had a chat with ___ a moment ago." という形になるわけです（5.1.7 問 2 も思い出してください）．前置詞 with の目的語の who(m) は削除されており，問題の空欄には述部 'had a chat ...' の主語として I が入っています．

さて，(2) では関係代名詞が動詞の目的語に対応していて目的格 who(m) でした．次のような主格の関係代名詞の場合にはいくつか注意が必要です．次の問題を考えてみましょう．

(4) (　　) に入る適切な語を選びなさい
a. Can you name the man (　　) did it?　〈Doyle『緋色の研究』〉
① as　② who　③ whom　④ whose
b. The woman (　　) I first thought was her sister was actually her mother.
① for who　② in whom　③ who　④ whom

これらの例では関係代名詞がもとあった節内の位置は主語の位置であるという点がポイントです．関係節になっていなければ，下にある〔　〕の中にある文のように代名詞 (He, she) で表すところです．関係節の場合と対応させて見てみてくださ

---

b. the man **that** you were talking about
c. the man **who** you were talking about
d. the man **whom** you were talking about
e. the man about **whom** you were talking
先行詞が物や動物で関係代名詞が which/that になる場合も同様です．

い（不要な要素は省きます）.

(4′) a. Can you name [名詞句 the man [who ________ did it]]
〔He（＝the man）did it.〕

b. [名詞句 The woman [who I thought ________ was her sister] was …
〔I thought [she（＝the woman）was her sister].〕

〔　〕内に示したように，‘He（＝the man）’ や ‘she（＝the woman）’ は節の中の主語ですから形式としては主格になります．したがって，対応する関係代名詞は who でなければなりません.[4] 正解は（4a）が②の who，（4b）が③の who です（ただし，ネイティブ・スピーカーの中には whom を使う人もいるので，設問としては微妙なところがあるかもしれません．この後の **ミニ講義 5** の（ix）を参照してください）.（4a）は「それをやった男の名前がわかりますか？」という意味です．（4b）は「僕がはじめ彼女の姉だと思っていた女性は実は彼女の母だった」という意味です．

もう１つ関係代名詞の問題としてよく問われる例を見てみましょう．関係代名詞が他の要素とともに関係節の前に置かれている例です．

(5) a. The moment for (　　) I had waited so long had at last come.
〈Doyle『緋色の研究』〉

① that　② which　③ when　④ what

b. This is the key (　　) he opened the door.

① that　② which　③ with that　④ with which

c. Susan used all her savings to pay for a demo tape, copies of (　　) she later sent to several music companies.

① that　② what　③ which　④ whose　〈センター試験〉

(5a) は「私が長く待っていた瞬間がとうとうやってきた」という意味で，正解は②の which です．空欄の前に for があることからわかるように，“I had waited **for** the moment so long” という内容が含まれています．‘the moment’ の部分を which で受けます．

(5b) の正解は④の ‘with which’ です．「これが彼がドアを開けるのに使った鍵

[4] (4b) / (4′b) の ‘I (first) thought’ は挿入された要素ではありません．**ミニ講義** 5 参照.

です」という内容で，“he opened the door **with** the key” という内容が含まれていますから前置詞 with を落としてはいけません．

(5c) は「スーザンはデモテープ代のために貯金をすべて使ったが，そのコピーをいくつかの音楽会社に後で送った」という内容です．“Susan later sent copies of the demo tape to several music companies” ということですから下線部 (copies of the demo tape) がまとまって ‘copies of which’ という形で先行詞 (a demo tape) の後に置かれるわけです．正解は③の which です．

(5) にある例のように，関係代名詞が他の要素とともに関係節の前に置かれる現象を英語学では「随伴」といいます．随伴現象は関係節だけでなく，普通の wh 疑問文でも見られます．

(6) a. [In which bed] did you sleep [____]? (＝Which bed did you sleep in?)
(あなたはどのベッドで寝ましたか？)

b. [Under what circumstances] did you meet John [____]?
(どういう状況であなたはジョンと会ったのですか？)
《この例では前置詞を文末に残して “×What circumstances did you meet John under?” とはできないので ‘Under what circumstances’ という形での随伴が必ず必要です》

余談になりますが，「随伴」という用語は英語では ‘Pied-piping’ という用語になります．「パイド・パイパー (Pied Piper)」とは「ハーメルンの笛吹き男」(笛を鳴らしながら通りを歩くと子供たちが家から出てぞろぞろとついて行って … という伝説の笛吹き男) のことですから，関係代名詞が他の要素を連れていることをもじって名前をつけたのでしょう．学者もときどき面白いことをしますね (^^)．(5a) や (5b) では「パイド・パイパー」の which が前置詞を連れているだけですが，(5c) のような例になると ‘copies of’ を引き連れているので，ぱっと見て理解するというのはなかなか難しくなります．(ちなみに，随伴は (5c) のような叙述用法の関係節でよく見られます．)

さて，(5) のような随伴現象を含む例でおさえておくべきポイントは2つあります．まず1つ目は，**(i) 関係代名詞が他の要素とともに関係節の先頭に出ている場合には関係代名詞を省略できない**という点です．次の例を見てみましょう．

(7) a. The man **who(m)** you were talking with ____ is the principal.
(君が話していた人が校長です)

b. The man [関係節 ~~**who(m)**~~ you were talking with ____] is the principal.
《who(m) の省略可》

c. The man [関係節 **with whom** you were talking ____] is the principal.
《'with who(m)' の形で前に出すこともできる》

d. The man [関係節 **with** ×~~whom~~ you were talking ____] is the principal.
《ただし whom の省略は不可》

(7a) の文のバリエーションとして (7b) や (7c) は可能ですが, (7d) は不可能です. 前置詞とともに前に出ている場合に関係代名詞は省略できませんから, (7d) のように whom を消すと正しくない文になってしまいます.

(5) の例のもう1つのポイントは **(ii) 関係代名詞が他の要素とともに関係節の先頭に置かれる場合, 関係代名詞として that を使うことはできない**という点です. たとえば (5b) の例 "This is the key with which I opened the door." で 'with which' の代わりに 'with that' にはできませんでした.「前置詞など＋関係代名詞 that」の形はないと覚えましょう, というのではなんだか味気ないので, 説明の可能性をとりあげてみましょう.

有力な説の1つは, that が実は関係代名詞ではないというものです. 仮に, that が関係代名詞ではないとしたときにどうなるか, (5b) を例にとって考えてみましょう. (that の正体が何であるのかという問題は後ほど見ることにします.) (5b) の問題でもし選択肢③ 'with that' を入れると次の (8a) の文になります.

(8) a. ×This is the key **with** *that* he opened the door.

b. … [名詞句 the key] [関係節 with **which** *that* he opened the door ________]]

c. … [名詞句 the key] [関係節 with ~~which~~ *that* he opened the door ________]]

(8a) において, もし that が関係代名詞ではないとしたら, この文を作るためには次のようなプロセスを経る必要があります. まず, 前置詞 with が随伴されて関係代名詞とともに前に出ている形にするために, (8b) のように関係代名詞 which を前置詞 with とともに動かして関係節を成立させていなければなりません. さらに, (8a) のように which がない語順にするためには (8c) に示したように which を消さなければなりません. ところが, (7) でも見たように, 前置詞とともに移動している関係代名詞は省略できませんでした. したがって, (8a) の文が許されないのは, 前置詞とともに移動している関係代名詞を省略しているためであることになります. つまり, (8a) の文が許されないのは実は (7d) の文が許されないのと同じ理由だということになります. そうなると, 上記の (ii) は英文法の規則としては実は不要であることになりますね．

ただし，このような説明をするためには，棚上げしていた問題，つまりここでの that の正体は何なのかということを説明しなければなりません．この that の正体として最も有力なのは，that 節を導く that と同じものだという説です．たとえば次の 6 つの文を考えてみましょう．(9a) と (9c) は前置詞 with が wh 語とともに 'he open …' の前に移動している形になっていますし，(9b) と (9d) では前置詞 with が文末に残留している形になっています．(9e) は英語として正しくない '×with that' の形，(9f) は that 節の場合の that の例です．

(9) a. With which key **did** he open the door? 《Wh 疑問文（前置詞＋WH）》
b. Which key **did** he open the door with? 《Wh 疑問文（前置詞残留）》
c. This is the key with which he opened the door. 《前置詞＋関係代名詞》
d. This is the key **that** he opened the door with.
《関係代名詞 which は省略》
e. ×This is the key with **that** he opened the door. 《前置詞＋that》
f. They believe **that** he opened the door with the key. 《節を導く that》

位置関係がわかりやすいように並べてみましょう．1.1 で見た節の構造を思い出してください．(9f) のような that 節で that が生じる位置は，(9a–b) のような wh 疑問文において do/does/did が生じる位置と同じでしたね（1.1 参照）．下に示した (10) を見てみると，(9c–d) のような関係節の場合も形が並行的になっていることがわかります．

(10) a. [(節) with which key [(節) **did** [節 he open the door ______]]]
b. [(節) which key [(節) **did** [節 he open the door with ______]]]
c. … the key [(節) with which [(節) [節 he opened the door ______]]]
d. … the key [(節) ~~which~~ [(節) **that** [節 he opened the door with ______]]]
e. ×… the key [(節) with ~~which~~ [(節) **that** [節 he opened the door ______]]]
f. They believe [(節) [(節) **that** [節 he opened the door with the key]]]

wh 疑問文として (10a) と (10b) のオプションがあるように，関係節としては (10c) と (10d) のオプションがあるというわけです（もちろん (10d) では that がなければ which が表面に出ていてもかまいません[5]）．このようにして見ると，

[5] 古い英語では，次に示した形のように関係代名詞と that が共起する形が存在していました．
(i) the actress [**whom that** I like ____ best]

（10d）において（そして which が削除されているために×にはなっていますが（10e）でも），that は（10f）にある通常の that 節の that と何ら違いがないように思えます．もっとも，大昔の英語では「前置詞＋that」のような形が皆無ではなかったという説もありますから，まだまだ謎はいろいろ残っていますけれどもね．

7.2　叙述用法の関係節

関係節に生じている that が関係代名詞ではないとすると，他にも説明が容易になる事象があります．この節では叙述用法（いわゆる非制限用法の関係詞の場合）の関係節について見てみましょう．

まずは，すでに知っていることの復習になりますが，次の例において《　　》に示した違いを確認しておきましょう．

（11）a.　He has three sons **who** became jazz musicians.
（彼にはジャズミュージシャンになった息子が３人いる）
《限定用法の関係節：他の職業についた息子がいるかもしれない》

b.　He has three sons, **who**（＝and they）became jazz musicians.
（彼には息子が３人息子がいるのだけど，その息子たちはジャズミュージシャンになった）
《叙述用法の関係節：息子が３人しかいないということが明らか》

叙述用法の関係代名詞とは，先行詞に対して説明を追加する機能を持った関係節です．下の（12a）の例では「ほら今夜あなたを乗せてくれた男ですよ」という情報を追加的な説明として入れていますし，（12b）の例では「3 時 36 分の列車が私のいつも乗る列車である」という情報を追加しています．

この例では関係節内の動詞 like の後に空所（下線部）がありますが，それは関係代名詞 whom が移動する前にあった位置です．ほかに［　］で示した節内に空所はありませんから，that は（i）のような例が存在していた当時から関係代名詞ではなかったと考えるのが自然でしょう．（10）の形に合わせてみると次のように表せます．

（ii）the actress [（節） **whom** [（節） **that** [節 I like ＿＿ best]]]

とはいえ，（i）の形が昔はなぜ許されたのか（言いかえれば，現代の英語ではなぜ許されないのか）という点は問題として残っています．

(12) a. Williams, **who** drove you tonight, was one of them.

〈Doyle『四つの署名』〉

（ウィリアムズ，今夜あなたを乗せてくれた男ですが，（彼は）奴らのうちの 1 人だったのです）

b. I returned by the 2.40 instead of the 3.36, **which** is my usual train.

〈Doyle「黄色い顔」〉

（私はいつもの 3 時 36 分の列車ではなく 2 時 46 分ので戻りました）

また，よく知られているように，**「叙述用法（いわゆる非制限用法）の関係節における関係代名詞は省略できない」**という規則がありますので，上の（11）や（12）例ではいずれも関係代名詞を省略することはできません．

さて，このような叙述用法の関係代名詞ですが，問題としてよく出されるのは，**「叙述用法の関係節における関係代名詞として that が使えない」**という事実です．次の問題で確認しましょう．

(13) I handed him the letter, (　　) he read with the most concentrated attention.

① that　② which　〈Doyle「海軍条約」〉

(12) の例のように固有名詞や 1 つしかないものが先行詞であれば叙述用法の関係節を使うのが通例です．(13) も同様で，「手紙を渡したのだが，その手紙を彼はこのうえなく集中して読んだ」という内容で，これも典型的な叙述用法の関係節における関係代名詞ということになりますので that ではなく②の which が使われます．

ところで，前節 7.1 で見たように，関係節に出ている that はそもそも関係代名詞ではなさそうです．そうすると，(13) の事実は (12) の下で述べた**叙述用法（いわゆる非制限用法）の関係節における関係代名詞は省略できない」**という英文法の一般的な規則が働いた結果を示しているという例であると考えることができます．(13) において，もし which ではなく that が生じている文をつくったとすると，そこでの that は次のように表されることになるでしょう．

(14) … the letter, [(節) ~~which~~ [(節) **that** [節 he read ＿＿ with the …]]]

(14) では，省略してはいけないはずの関係代名詞 (which) を消してしまっているので（13）でもしthatを入れると，それは英語として不適格ということになります．このように見てくると，**「叙述用法の関係節における関係代名詞としてthatが使えない」**という事実は規則として覚える必要はなくなりますね．

さて，叙述用法（非制限用法）の関係節における関係代名詞whichは次の例のように文を先行詞とすることがあります．このような場合も考えてみましょう．

(15) a. There are few places downtown for parking, (　　) is really a problem.
① what　② where　③ which　④ who　〈センター試験〉
b. The typhoon suddenly became weaker, (　　) was good news for the village.
① it　② that　③ what　④ which　〈センター試験〉

(15a) では「ダウンタウン（繁華街，中心街）に駐車場が少ない」と述べて，その内容を受けて「それが本当に問題なのだ」と言っている文です．正解は③のwhichです．(15b) も同様に，前の部分にある「台風が急速に弱まった」という内容を受けてwhichが入り「それはよい知らせだった」という内容になりますので正解は④です．いずれも叙述用法のwhichなので省略できませんし，thatで代用することもできません（繰り返しになりますが，thatはそもそも関係代名詞ではないのかもしれませんし）．

さて，叙述用法の関係節が限定用法の関係節と異なる点を整理しておきましょう．

➡ 叙述用法の関係節が限定用法の関係節と異なる点

(i) （11）で見たように先行詞と関係代名詞の間に区切り（書いてある文であればコンマが入る）がある．（下の（16a）と（16b）を比較してみましょう）
(ii) 関係代名詞を省略できない．（下の（17）参照）
(iii) （15）のように文を先行詞にできる場合がある．（下の（18）参照）
(iv) 先行詞と関係節が必ず隣り合っている．

(i)-(iii) については次の例文を確認してください．((iv) はどの例でもあてはまります．)

(16) a. [John], [**whom** you saw in town], is a good friend of mine.
(ジョンは，君が町であった人だけど，私の仲のよい友人です)

b. [The man] [(who(m)) you saw in town] is a good friend of mine

(17) a. John, **whom** you saw in town, is a good friend of mine.《whom の省略は不可》

b. ×John, you saw in town, is a good friend of mine.

(18) I tried to solve the problem, **which** I found a waste of time.

叙述用法の関係節は先行詞について追加の説明を加えるという働きをし，すでに見たように先行詞とは距離感があります．距離感があるというのはあいまいな述べ方ですが，ここでは（これまたおおざっぱな見方ですが）次のように考えておきます．次の (19) を例にとってみましょう．

(19) [Williams], [**who** drove you tonight], was one of them. (＝(12a))

叙述用法の関係節に関する有力な考え方の 1 つは，上の (19) では先行詞と関係節が次のようになっているというものです．

(20)
名詞句？
[Williams]　(接続詞)　[**who** drove you tonight]

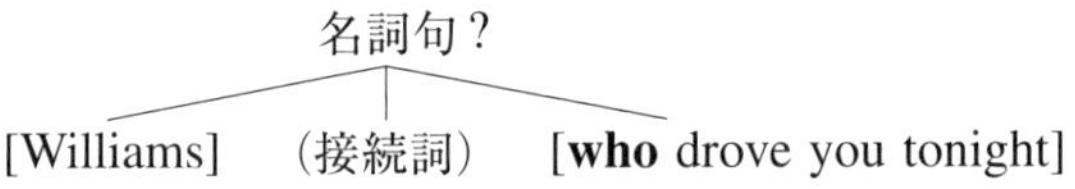

(20) では，先行詞（'Williams'）と関係節（'who drove you tonight'）が接続詞によって結びつけられているような形を成しています．ただし，通常の等位構造などとは違い接続詞 and のような要素は表立って出ていません．しかし，この表立っては見えませんが裏方で働いている接続詞が存在していることで叙述用法の関係節の持つ「そして … (and)」，「… なのですが (but)」，「… ので (because)」，「… すなわち (i.e. (＝that is))」といった意味をもたらすと考えておきます（この意味関係は文脈によって決まります）．そうすると，次に示したように，関係代名詞 who は先行詞とは完全に独立した，いわば代名詞のようなものとみなすことができます．

(21) [Williams]　(接続詞)　[**who** drove you tonight]
(接続詞) ↓ and/because/i.e. …　**who** → he

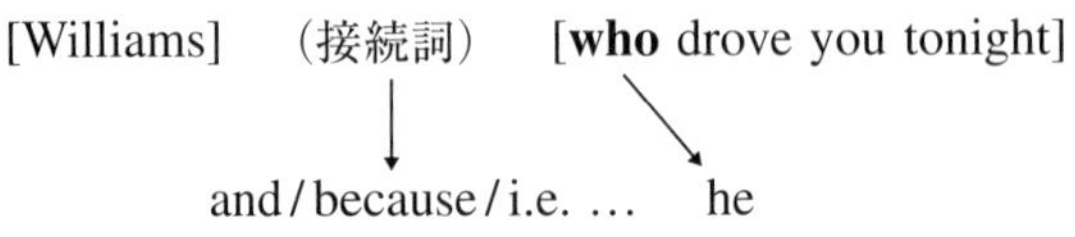

このような等位構造を想定することで，先に ➡ のところでまとめた叙述用法の関係節と限定用法の関係節の違いを次のように説明することができます．

➡ 叙述用法の関係節が限定用法の関係節と異なる理由

(i′) 叙述用法の関係節は先行詞に対して（先行詞を A とすると）‘A (and) B’ のような等位構造的な形をして独立した位置にある（ただし接続詞は表に出ていない）．そのため，先行詞とは独立しており距離（発音上の区切りやカンマ）がある．

(ii′) 叙述用法の関係節にある関係代名詞は先行詞と完全に独立した代名詞のような存在である（(20) で who は he に相当します）．したがって省略できない（英語では日本語と違って代名詞などを勝手に省略することができませんから）.[6]

(iii′) 叙述用法の関係節の関係代名詞は代名詞と同じようなものである．したがって，it/that などの代名詞と同じく前の文を受けることができる．

(iv′) 叙述用法の関係節は先行詞に対して（先行詞を A とすると）‘A (and) B’ のような等位構造的な形になっている．ただし，その接続詞的な要素は表に出ていないので，叙述用法の関係節は表面的には先行詞に隣り合うことになる．

叙述用法の関係節にある関係代名詞が先行詞とは独立した代名詞のようなものであることを理解しておくと，たとえば上で見た (5c) のような随伴現象を含む複雑な例もすっきり理解できます．(5c) の例では関係代名詞を含む ‘copies of which’ というまとまりができていましたね．

(5c′) Susan used all her savings to pay for a demo tape, [copies of **which**] she later sent to several music companies.

主節の “Susan used all her savings to pay for a demo tape” と関係節 “copies of which she later sent to several music companies” を独立した節にするとどうなるかと考えてみれば，(5c′) にある関係代名詞 which は代名詞 it で ‘a demo tape’ を受けることがわかります（田中）．

(5c″) a. Susan used all her savings to pay for **a demo tape**.
b. She later sent [copies of **it**] to several music companies.

[6] ここでの説明が正しければ，(12) の下で述べた「**叙述用法（いわゆる非制限用法）の関係節における関係代名詞は省略できない**」というのも独立した規則ということではなくなります．

このような形をベースとして，叙述用法の関係節をつくる際には it の代わりに特別な代名詞 which を使うというわけです．

以上，関係節と関係代名詞について理屈っぽい話をしましたが，要するに叙述用法の関係節の特性は (21) を理解しておけば全部わかるということです．とはいえ，学説的にはさまざまな分析が提案されていて，ここでお話ししたのはその中の一部の学説を簡略化したものであることを理解してください．あと 2 つほど (7.3 の what と 7.4 の as/than)，特殊な関係代名詞について見ておきましょう．

7.3　関係代名詞 what（＝the thing which [that]）

まず，次のような関係代名詞の what について触れておきます．

(22) a. That's **what** I mean.（それが私の言いたいことです）

b. Thank you, Hiromi. This book is exactly **what** I wanted.

（ありがとう，ヒロミ．この本が私の欲しがっていた本です）　〈センター試験〉

このような例に見られる関係代名詞の what はいわば先行詞をその中に含んでおり，たとえば下にある (23a) の **what** は 'the thing which [that]' と言い換えることができます．意味としては what 単体で「... するもの（こと）」）あるいは一般的な「(... である) もの（こと）」という意味になります．

(23) a. **What** (＝the thing which [that]) happened after that is like some fearful dream.　〈Doyle「第二のしみ」〉

（その後に起こったことはまるで何かの悪夢のようでした）

b. **What** I don't understand is why there aren't more people complaining about this.

（理解できないのは，これに反対する人がどうしてもっといないのかということだ）

c. A man's worth lies not so much in **what** he has as in **what** he is.[7]

（人間の価値は財産にあらずして人物にある）

あるいは「(... である) もの（こと）は何でも」という意味になります．

[7] この例文は現代の入試問題にも使われているようですが，南日恒太郎『難問分類英文詳解』(ABC 出版社，1903 年（明治 36 年）) のもので，日本語訳は『斎藤和英大辞典』(日栄社，1928 年（昭和 3 年）) から引用しました．

(24) a. … but, of course, a man must take **what** (＝anything that) he can get at first. 〈Doyle「入院患者」〉
(… しかし，当然のことですが，さしあたりできることから何でもやるほかありません)

b. I will do **what** (＝as much as) I can do for you.
(あなたのためにできるだけのことをいたします)

また，what が形容詞的に「(… する) 全部の」とか「(… する) だけの」という意味で使われることもあります．

(25) a. At any rate, I am in your hands. You can take **what** steps you like. 〈Doyle「悪魔の足」〉
(いずれにせよ私はあなたの手中にあるのです．あなたがお考えになるどのような処置でもなさってください)

b. I gave him **what** (little) money I had.
(私は持っていた (わずかな) 金を彼に全部やった)
《little や few と一緒に使うと「少ないながらも全部」という意味になります》

c. 参考 (形容詞的な which)：
It may well be that several explanations remain, in **which** case one tries test after test until one or other of them has a convincing amount of support. 〈Doyle「白面の兵士」〉
(説明 (の可能性) がいくつか残ることもありますが，その場合は (＝but in that case) その中のどれかに確信できるだけの裏付けが見つかるまでテストにテストを重ねるのです)

このタイプの what は関係形容詞と呼ばれることもあります．参考として，(25c) は関係形容詞の which の例です．名詞 ((25c) では case) の前で「そして [しかし] その」という意味になります．

関係代名詞の what には慣用表現が多いので慣れましょう．

(26) a. **what A am/are/is**「(今日 (こんにち) ある A (人など))」
▶ But **what I am** Adelbert Gruner made me. 〈Doyle「有名な依頼人」〉
(でもアデルバート・グルーナーが私をこんなふうにしたのさ)
《'what I am' が前に移動していますが，通常の語順では 'Adelbert Gruner made me what I am.' となります．この what を who と言

うこともあります》

b. **what A was/used to be**「以前の A（人など）」

▶ She is not **what** she **used to be**. She has changed a lot.

（彼女は以前の彼女ではない．ずいぶん変わってしまった．）

《この what を who と言うこともあります．なお，同じような意味で下のようにも言えますが，関係節内で空所になるのが be 動詞に続く述語の場合には関係代名詞が省略されるのが普通です（that が使われることはあります）》

▶ She is not **the woman (that)** she **used to be**.

c. **what is called**「いわゆる」

▶ This music is **what is called** tango.

（この音楽は，タンゴと呼ばれているものです［いわゆるタンゴです］）

d. **what is worse**，**what is more**「さらに」

▶ This is a useful book and, **what is more**, it is not expensive.

（この本は役に立つ本だ．さらに，値段も高くない）

e. **A is to B what C is to D**＝A is to B as C is to D《'C is to D' には，「一般によく知られた関係」がくる修辞的な言い方です》

▶ Exercise is to the body **what** reading **is to** the brain.

（運動と身体の関係は読書と頭脳の関係のようなものだ）

《what の代わりに as が用いられることもあります（下の例参照）》

▶ Potatoes are to the Irish **as** pasta is to Italians.

（アイルランド人にとってジャガイモは，イタリア人にとってのパスタと同じだ）

参考： 下の例は，what が関係代名詞かどうかは微妙で，副詞とされるのが通例ですが，慣用的な表現として一緒にあげておきます．

▶ **What with** one thing **and** another, I never get any work done.

（なんだかんだとあって，一向に仕事が片付かない）

《'what with A and (what with) B' の形で「A やら B やらで（＝Because of A and B）」の意味になります》

この節の最後に少々難しめの例を考えてみましょう．こんなのどうです？

(27) You do **what** you think is your duty .... 〈Doyle『恐怖の谷』〉
（あんたはあんたの職務と思うことをやってなよ ...）

波線の下線部のところも要注意です．順を追って考えていきましょう．

前の 5.1.7 で述べた関係節の概要の中で，関係代名詞はその直後に「主語＋動詞」がある場合には省略できるということをとりあげました．この規則は，通常は省略できない主語の関係代名詞についても当てはまります．次の例を比較してみましょう．((28b) については (4b) のところで見た説明を思い出してくださいね．)

(28) a. She is talking about something **which** ____ is very important to her theory.

b. She is talking about something (which) **she thinks** ____ is very important to her theory.

(28a) にあるような主語の関係代名詞 which は省略できませんが，(28b) のように関係代名詞の直後に「主語＋動詞」((ii) では ‘she thinks’) があると省略できます．(28b) では something 以下は次の (28a) のような形になっています (動詞句など細部は省略した表記にしています)．枝分かれ図にした (28b) のほうがわかりやすいかもしれませんね．

(28b′) a. … [名詞句 something [関係節 which [節1 she thinks [節2 [主部 ____][述部 is important …]]]]]

b.

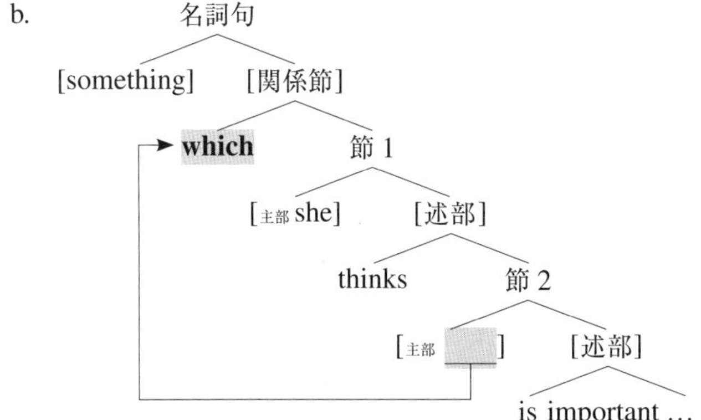

(27) の what を含んだ文も同じように考えることができます．(ただし what は先行詞も含んだ言い方なので (29b) で what を省略することはできません．)

(29) a. You do **what** you think is your duty …. (＝(27))

b. You do [what you think [____ is your duty]]

先行詞を含む関係代名詞 what が移動しているのでわかりにくくなっていますが，その what がもとはどの位置にあったのかを正しくつかむことが大事です．

上で見たように，‘what = the thing which’ というように考えることができますから，もし which を使った言い方であれば “You do the thing which you think is your duty.” となります．

(30) a. You do the thing which you think is your duty.
≒ what

b. You do [名詞句 the thing [関係節 which [節1 you think [節2 [主部 ＿＿][述部 is your duty]]

(29b) や (30b) において下線部で示してあるとおり，what や which がもともとあった位置は動詞 think の右側にある節 2 の中の主部にあたる位置です．(30b) の which は (28b) のときと同様に省略できます．

さあ，もう ‘... you think is ...’ なんて語順が出てきてもあわてませんね．では練習問題を 1 つ．

(31) a. Many people criticized me, but I did what (　　).
① I thought I was right　② I thought it was right
③ I thought was right　④ I was thought right　〈センター試験〉

b. Our boss was sick at home, so we did (　　) we thought was needed to finish the project.
① how　② that　③ what　④ which　〈センター試験〉

(31a) は，意味としては「たくさんの人が私を批判したが，私は自分が正しいと思ったことをやった」という内容です．(28) を思い出せば簡単ですね．次のような形になっています．

(31a′) ... but I did [what I thouhgt [＿＿ was right]]

正解は③の ‘I thought was right’ です．(31b) も長い文に惑わされずに (29) と同じように考えれば大丈夫です．正解は③の what です．厳密に書けば，(31b′) の形になります．

(31b′)　… so we did [what we thought [____ was needed ____ to finish …]]

動詞 need の目的語であった what が受動化の結果として ‘was needed’ の主語の位置に移動し，さらにそこから ‘we thought’ の前に出ています．下のように，what を ‘the thing which’ の形にした構造と比べて見てみるとわかりやすいでしょう．

(31b″)　… so we did the thing [which we thought [____ was needed ____ to finish …]]

ミニ講義　5：関係節（主部の関係代名詞）

次の例はどうでしょう．下線の引いてある ‘Mary believes’ 周辺の構造をよく考えてみましょう．

(i)　This is the number Mary believes to be unlucky for her.
（これはメアリーが自分にとって不吉だと思い込んでる番号だ）

この例は次のような形になっています．

(ii)　… the number [(~~which~~) Mary believes [節 ____ to be unlucky …]]

もともとは関係代名詞 which が動詞 believe の右側にある節（この場合は to 不定詞節）の中の主部の位置にあって（下線部），それが先行詞 ‘the number’ のそばに移動してから省略されたものです．だって，関係代名詞の直後に「主語＋動詞」（ここでは ‘Mary believes’）があるので省略のための条件を満たしていますからね．

(ii) では believe という動詞が to 不定詞節をとるためにややこしい形になってますが，このようなタイプの動詞としては assume，consider，feel，find，guess，think，suppose などがあります．次の例を見てください．

(iii)　She believes [節 [主部 **him**] [述部 to be a genius]].

この例では，動詞 believe の右側にある to 不定詞節の中の主部が代名詞ですが，直接目的語でもないのに動詞 believe の影響を受けて目的格（him）になっています．しかし意味内容としては ‘to be a genius’ という述部に対しての主語（主部）

であるということを理解しておきましょう．このような形は実は世界の言語の中でもかなり例外的な存在なのだそうです．

なお，この構文は動詞の後に続く節の内容（上の例では ‘him to be a genius’ の部分）が主語（上の例では She）の主観的な判断を表すような状況でよく用いられます．(i) の文は「Mary が思い込んでいる」という状況ですから，この構文を使うのにぴったりの例ですね．

to 不定詞が節を構成しているということと合わせて整理しておきましょう．

(iv) a.　I found (that) the play was boring.
　　 b.　I found the play to be boring.

(iv) にある例はいずれも「私はその演劇を退屈だと思った」という意味です．細かいことを言えば，(ivb) は特に私が自分で観劇してその直接経験に基づいて退屈だと思ったという場合に用いられ，(iva) はそのような意味的な制限はなく，たとえば評判を聞いて面白くないと思ったという場合もあります．(i) や (ivb) のタイプでは，主語 ((ivb) の例では「I（私）」) の主観的判断を表すというわけです．

さて，上の (iv) の例において，動詞 (found) の後は「主部＋述部」で構成された節の構造になっています．

(v) a.　I found [節 (that) the play was boring]
　　　　　　　　　　　主部　　　述部
　　b.　I found [節 the play to be boring]
　　　　　　　　　　主部　　　述部

(va) の「節」は「that 節」で (vb) の「節」は「to 不定詞節 (to 不定詞 ‘to be boring’ を述部とする節)」です．これが理解できていれば，たとえば次のように関係代名詞化して複雑な形になっても正しく解釈できます．

(vi) a.　… the play which I found was boring …
　　 b.　… the play which I found [節 ___ was boring] …

(vii) a.　… the play which I found to be boring …
　　　b.　… the play which I found [節 ___ to be boring] …

(vib) や (viib) はいずれも，もとは動詞 (found) に続く節の主部の位置にあった関係代名詞が先行詞 (the play) の隣に移動したために，移動の前に占めていた位置が空所（____）になっているにすぎません．

ただし人称代名詞の場合にはちょっぴり注意が必要です．(vi) の [ ] のような時制節の主部は主格になりますし，(vii) の [ ] のような to 不定詞節の主部は目的格になります（(iii) を参照）から，対応する関係代名詞はそれぞれ who，whom となります．

(viii) a. … the person **who** I found was boring …
b. … the person **whom** I found to be boring …

なお，次のように本来主格の関係代名詞 who であるはずのところに whom が使われている例を目にすることがあるかもしれませんが，一般には誤用とされる用法です．

(ix) This is a letter from my father, **who**/?**whom** we hope will be out of hospital soon. 〈Swan 2005: 486〉
（これが父からの手紙ですが，私たちは父がすぐに退院してくれるようにと願っています）

(ix) では 'will be out of hospital' の主部にあたる関係代名詞ですから who が正しいのですが，hope の目的語のように感じられて目的格にしてしまうのかもしれません．（また，to 不定節 (viiib) のような例の存在も影響しているのかもしれません．）

さて，以上のように，(iii) や (v) にある節の構造さえ理解しておけば，(vi) や (vii) が特殊な例ではないことがわかります．（もう (vi) を「連鎖関係詞節 (concatenated relative clause)」などと昔の文法書の用語を持ち出して特別扱いする必要はないでしょう．ましてや，(vi)-(viii) の 'I found' の部分が挿入された要素であるといった奇妙な（しかし今なおときおり目にする）説明をすることもなくなります．そんな説明をしたら，たちまち (viia) の説明に困ってしまうことになります．'the play which to be boring' というそもそもあり得ない形に 'I found' を挿入したのだ，なんて無理がありますね．[8]

このような文法のメカニズムを理解すること，そして上の例でいえば動詞 find

[8] もう少し言えば，もし 'the person who **I found** was boring' において 'I found' が挿入句だったら，もともとの形が 'the person who was boring' であることになり，主語の関係代名詞である who は省略できないはずですが，実際には the person I found was boring と言うことはできます．したがって，（特殊な仮定でもしない限り）挿入分析の説明はうまくいきません（宗像）．

がいわばその目的語として節（that 節や不定詞節，さらには '... found [the play boring].' の形もあります）をとるといった本質的なポイントをおさえていくことが重要です．

ミニ講義の最後として，特殊に見える関係節をもう 1 つ見ておきましょう．次のような例は二重関係節（あるいは二重制限，積み重ね関係詞節）と呼ばれます．[9]

(x) a. You're the only person (that) I've ever met **who** could do it.
（あなたは私が出会った人の中でそれをすることができる唯一の人です）

b. You're the only person (1) (that) I've ever met (2) **who** could do it.

(xb) に示したように，'the only person' という先行詞に対して，(1) の一重下線部と (2) の二重下線部の 2 つの関係節があるように見えます．なお，(1) の関係節の that や関係代名詞の wh 句はしばしば省略されます．

さて，この二重関係節は正確に書くと，次のような形になっています．わかりやすいので枝分かれ図もつけておきます（枝分かれ図では 'You're' の部分は省略しておきます）．

(xi) a. You're [名詞句 [名詞句 [名詞句 the only person] [(1) (that) I've ever met]] [(2) **who** could do it]]

b.

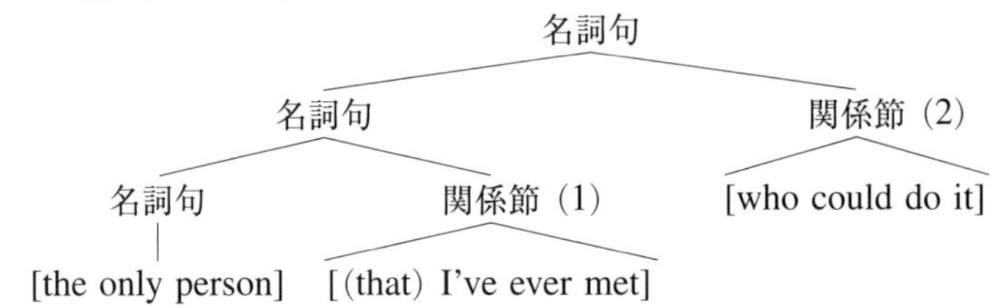

この図からわかるように，関係節 (1) が名詞句（先行詞）'the only person' を修飾しており，関係節 (2) は 'the only person (that) I've ever met' の部分を修飾しています．

二重関係節の意味解釈についても確認しておきましょう．限定用法の関係節ですから候補を絞り込むはたらきをするのはすでに見てきた通りです．関係節 (1) は「私がこれまで出会った人」というように範囲を制限します．さらに，関係節 (2) が「それをできる人」というように範囲を制限します．その二重の絞り込みの結果

[9] 例文は『英文法総覧』p. 255 から引用．二重関係節の説明は同書および『実例解説英文法』pp. 220–222 も参照してください．後者には大学入試に出された複雑な実例も載っています．

として，「私がこれまで出会った人**の中で**それをできる人」という日本語訳がしっくりくるというわけです．

7.4　関係代名詞としての as / than

7.3 で扱った what に続いて，もう 1 つの特殊な関係代名詞として，as や than が関係代名詞のように用いられる例を見ましょう．主語や目的語の役目を兼ねているような形になっていますので，空所になっている下線部の位置を確認してください．

(32) a. He spends **more** money **than** ____ is needed.

《than が主語の役目を兼ねて》

(彼は必要なよりも多くお金を浪費してしまう)

b. He spends **more** money **than** I earn ____.

《than が目的語の役目を兼ねて》[10]

(彼は私が稼ぐよりも多くお金を使う)

c. I read only **such** books **as** ____ will benefit me.

《as が主語の役目を兼ねて》

(私は自分に有益な本だけを読む)

d. I bought the **same** bicycle **as** you have ____.

《as が目的語の役目を兼ねて》

(僕は君のと同じ型（同一物ではなく「同種の」）の自転車を買った)

このような as は節の内容を先行詞としてとる用法があることにも注意しましょう．

(33) a. **As is often the case** (**with …**)「(… には) よくあることだが」:

▶ **As is often the case with** him, he was late for school.

(彼にはたびたびあることだが，彼は学校に遅刻して来た)

b. **As is usual** (**with …**)「(… には) いつものことだが」

▶ The partitions between the cells of the convicts, instead of being of thick oak, **as is usual** in convict ships, were quite thin and frail.　〈Doyle「グロリア・スコット号」〉

---

[10] 比較級で出た説明を応用して，"He spends more *x*-money than I earn ~~*x*-money~~" というような形で *x*-money が省略されていると考える可能性もあるかもしれません (宗像).

（囚人の独房の仕切り（partition）は，厚い樫の板（thick oak）が囚人船（convict ships）では普通なのに，とても薄くてやわ（frail）だったのだ）

c. which より堅い言い方で，前の文の内容や，後に続く主節の内容をうける言い方：

▶ Holmes chuckled and wriggled in his chair, **as** was his habit when in high spirits. 〈Doyle「赤毛組合」〉

（ホームズ座ってくすくす笑って（chuckle）椅子にかけたまま体をもぞもぞさせていた（wriggle）．これは彼の気分が高まっているときの癖なのだ）

《この as は which に置き換えることもできます》

ここにあげた than や as が関係代名詞なのかあるいは接続詞のようなものなのかは結論を出せませんが（少なくともお父さんにはわかりませぬ（*´Д`）），品詞の問題よりも than/as 以下でどのような要素が省略されているかを正しく判断することが大切です．たとえば（33a）では「彼が学校に遅れる」という内容ですし，（33b）では「囚人の独房の仕切りが厚い樫の板であること」という内容です．（33c）では「ホームズが体をゆすっている様子」です．これは関係節についても関係節の中の空所を正確に把握することが大事だったのと同じです．ちなみに，（33a）にある 'the case' には「実情」，「事情」，「真相」という意味がありますので注意しておきましょう．

7.5　関係副詞，複合関係詞

関係節関連の事項として最後に 2 つ見ておきます．1 つは副詞と接続詞の働きをあわせ持つ関係副詞としての when, where, how, why です．もう 1 つは whatever, who(m)ever, whichever, whenever などの複合関係詞と呼ばれるものです．

7.5.1　関係副詞

先行詞が時・場所・方法・理由である場合の関係詞は，時・場所・方法・理由に対応する副詞（句）に対応するものになります．具体例を見ましょう．

(34) a. I'll never forget the day **when** I first met you.

（私はあなたとはじめて会った日のことを決して忘れません）

《"I first met you on the day." というときの副詞的な要素である 'on the day' に対応する関係副詞 when が使われています》

《The usual phrase is "I'll never forget the day", rather than "I never forget the day". So, we say "I'll never forget the day my child was born." (「自分の子供が生まれたときのことは忘れられません」) when talking about a special memory. Compare with "I never forget your birthday." (「君の誕生日を忘れたりしないよ」) ＝"I always remember your birthday." (McAulay)》

b. The hotel **where** we stayed was very nice.
(私たちが泊まったホテルはとてもよかった)
《"We stayed at the hotel." というときの副詞的な要素である 'at the hotel' に対応する関係副詞 where が使われています．したがって，at を表面に残す形で関係代名詞を用いれば次のようにも言えます》
▶ The hotel (**which**) we stayed **at** was very nice.
▶ The hotel **at which** we stayed was very nice.
※ 意外に難しいのが case です．下の例では抽象的な意味合いでの「場所」として解釈されて 'in which' に相当する関係副詞 where が用いられています．[11]
▶ I can hardly recall any **case where** the features have been more peculiar. 〈Doyle『恐怖の谷』〉
(これほど奇妙な様相を呈した事件は他に思い出せませんよ)

c. This was **how** he did it. (それが彼のいつものやり方でした)
《関係副詞の how は "This [That] is how …" の形で用いられるのがしばしばです．「… するやり方」という言い方は 'the way …' として表すこともできます》
▶ That reminds me of **how** I once caught sparrows.
＝That reminds me of **the way** I once caught sparrows.
(それは私が前にスズメをつかまえたときの方法を思い出させた)
《'×the way how …' という形は使われませんので注意しましょう》

d. That's the reason **why** I came here earlier than usual.
(それが私がいつもより早く来た理由です)

(34d) の下線部は 'the reason why', 'the reason', 'why' の三通りの表現があり

[11] この用法はこの用法は，condition/situation/environment でも使えるので，「状況／環境／場合」みたいな大まかな場所を表していると考えておいてもよいでしょう (宗像)．

ます．（下記（36）も参照．）

関係副詞の先行詞が省略される例についてまとめておきましょう．

(35) a. …, and I went back with my client to **where** the elm had been.

〈Doyle「マスグレイヴ家の儀式」〉

（…，そして私は依頼人と一緒にニレの木（elm）が昔あったところに戻った）

b. "It was **when** he horsewhipped Sam Brewer, the well-known Curzon Street money-lender, on Newmarket Heath. He nearly killed the man."

〈Doyle「ショスコム・オールド・プレイス」〉

（それは彼がサム・ブルーワーを鞭（むち）で打ちすえた（horsewhip）ときのことだ．サムはカーゾン街の有名な金貸しで，ニューマーケット・ヒースでのことだ．あやうく殺すところだったよ）

c. That's **how** he died. You can call it murder.

〈Doyle「ブラック・ピーター」〉

（彼はそんなふうに死んだのです．殺人と言ってもよいでしょう）

where は先行詞が place の場合に省略されることがあります．when は先行詞が time，day，month，year の場合に省略されることがあります．理由を表す why の先行詞は reason で次の 3 通り（why，the reason，the reason why）の言い方があります．

(36) a. "And that was **why** she shrieked and fainted when she saw the coronet," cried Mr. Holder. 〈Doyle「緑柱石の宝冠」〉

（「そして彼女が宝冠を見たときに叫び声をあげて失神した理由がそれだったのか」とホールダー氏が言った）

b. That's **the reason** I don't want to talk with him anymore.

（そんなわけで私はもう彼と口をききたくないのです）

c. Only one thing Jules would not discuss. That was **the reason why** Marie had left her mistress.

〈Doyle「レディ・フランセス・カーファックスの失跡」〉

（ジュールが話をできない点が 1 つだけあった．マリーがなぜ彼女の女主人のもとを去ったのかという点がそれであった）

次の（37）にある例のように，関係副詞的に that を使うこともあります．この that はくだけた書きことばや話しことばでは省略されるのが普通です．

(37) a. It's time (that) we were going to bed. 《when の代用》
(もうベッドに入る時間だよ)
b. There's nowhere (that) you can go. 《where の代用[12]》
(もうどうにもならないよ)
c. We don't like the way (that) he treated her. 《in which に相当》
(彼が彼女を扱うやり方が私たちは気に入らない)
d. That's the reason (that) he doesn't like chicken. 《why の代用》
(そんなわけで彼は鶏肉が嫌いなのです)

この節の最後に１つ．when と where については，関係代名詞のときと同じような叙述用法があり，先行詞の補足説明を加えることができます．

(38) a. My father was a schoolmaster in Chesterfield, **where** (=and there) I received an excellent education. 〈Doyle「唇のねじれた男」〉
(私の父はチェスターフィールドで校長をしており，私はそこでりっぱな教育を受けました)
b. I had almost made up my mind to sleep on the moor, **when** (=and then) I saw the light of your lantern. 〈Doyle「シルヴァー・ブレイズ」〉
(この荒れ地 (moor) で野宿しようと決心しかかったのだけど，そのときあんたのランタンの明かりが見えたんだ)

だいたいの内容が理解できましたか？ あ，そう．では，お言葉に甘えて練習問題を３つほど．

(39) "Are you going somewhere during the vacation?"
"Yes, I've found a nice beach (　　) I can enjoy swimming even in February."
① how　② when　③ where　④ which 〈センター試験〉

[12] where の代わりに that を使えるのは先行詞が place / somewhere / anywhere / everywhere / nowhere のときだけで，たとえば hotel のような特定的な名詞になる場合には前置詞が必要となります．
(i) We came to the hotel that he was staying **at**.
(私たちは彼が滞在しているホテルにやってきた)

「2月でも泳ぎを楽しめるすばらしいビーチ」どこ？という意味です．“I can enjoy swimming **there**.” といった文を頭に思い浮かべればわかりやすいでしょう．正解は③の where です．

(40) Last winter I went to Hong Kong, (　　) as warm as I had expected.
① when wasn't　② where it wasn't
③ where wasn't　④ which it wasn't　〈センター試験〉

「香港に行ったが，そこは思っていたほど暖かくはなかった」ということで，“I went to Hong Kong, **and there it wasn't** as warm as I had expected.” といった文を考えれば大丈夫ですね．正解は叙述用法の where が入っていて，そしていわゆる天候の it を忘れていない②です．

(41) Michael works very hard. That's (　　) I respect him.
① how　② the person　③ the thing　④ why　〈センター試験〉

「マイケルはよく働く．だから私は彼を尊敬する」ということで,「そういうわけで」とか「だから」というつながりになる 'that's why' が当てはまります．正解は④の why です．

7.5.2　複合関係詞

関係代名詞や関係副詞に -ever がついたものを複合関係詞（複合関係代名詞，複合関係副詞）といいます．複合関係詞は，(i) 先行詞を含んでいること，(ii)「～するどんな … でも」という any や every の意味が加わっていることに注意しましょう．具体例を見てみます．いずれも 'any [every] … that' という形で言い換えてみるとわかりやすいでしょう．

(42) a. **Do whatever** (＝anything that) you like.
(何でも好きなことをしなさい)
b. **Whatever** (＝Everything that) I have is at your service.
(私の持っているものは何でもお使いください)

《この例では whatever が導く節が主語になっています》

c. Take **whichever** (＝any one(s) that) you like.
(どれでも好きなのをとってください)

d. You can call me **whenever** (＝at any time that) you like.
(いつでも好きなときに電話していいですよ)

e. Please sit **wherever** (＝to [in] any place that) you want to.
(どこでも好きなところに座っていいですよ)

f. **Whoever** (＝any person that) wrote that note was the man who brought William Kirwan out of his bed at that hour.

〈Doyle「ライゲイトの地主」〉

(誰であれこの手紙を書いた人物こそが就寝していたウィリアム・カーワンをそんな時刻に誘い出した人間だということになります)

'any ... that' という形で見てみれば，その that 以下は関係節ですから，その関係節内には 'any ...' に対応する空所があります．その空所を「∧」で表してみると次のようになります．関係節の部分に下線を引いておきますので空所の位置を確認してください．

(42′) a. **Whatever** (＝anything that) ∧ has happened cannot be changed.
b. **Whatever** (＝any thing(s) that) I have ∧ is at your service.

(42′) にあるように，(42′a) では関係節内の主語の部分が空所になっていますし，(42′b) では関係節内の動詞 have の目的語の部分が空所になっています．

なお，複合関係詞は「(たとえ) ... しようとも」とか「どんなに ... でも」という譲歩の意味を表すこともあります．この場合は接続詞のように機能して，いわゆる副詞節を形成します．(その譲歩節内では will を用いません．may は可能．)

(43) a. **Whoever** is calling, I don't want to answer the phone.
(だれがかけていようと私は電話に出たくない)
＝**No matter who** is calling, I don't want to answer the phone.

b. **However** tired she is, she always smiles at us.
(どんなに疲れいていようとも，彼女はいつも私たちにほほえみかけてくれる)
＝**No matter how** tired she is, she always smiles at us.
《この副詞節は下のように文末にも置かれます》
▶ ... you should never neglect a chance, **however** small it may seem.

〈Doyle「最後の挨拶」〉

(= … you should never neglect a chance, **no matter how** small they may seem)
(チャンスというのはどんなにちっぽけに見えても逃すべきではありません)
↑ホントだよ，娘よ (^^)

他の譲歩の意味の複合関係詞として，whichever (どれ [どちら] を … しようとも (= no matter which))，whatever (何が [を] … しようとも (=no matter what))，whenever (いつ … しようとも (=no matter when))，wherever (どこで [へ] … しようとも (=no matter where)) があります．whyever (=for whatever reason (… の理由がなんであれ)) はめったに使われません．

最後に練習問題を 1 つ．

(44) a. It's not only her friends that Ms. Kinoshita is kind to. She helps ( ) needs her help.
① those ② whatever ③ whoever ④ whom
〈センター試験〉

b. Please give me ( ) information you get as soon as possible.
① as if ② even if ③ whatever ④ whenever
〈センター試験〉

c. Any of these books will help you find the information you need. You are welcome to take ( ) book seems most interesting to you.
① what ② which ③ whichever ④ whose
〈センター試験〉

(44a) は，「キノシタさんは彼女の助けを必要としている人を誰でも助ける」というわけですね．“She helps anyone who needs her help.” ということですから，‘whoever = anyone who’ ということで③の whoever が正解です．形容詞的に用いられている例にも注意しましょう．(44b) は，「どんな情報でも手に入り次第」ということで，正解は③の whatever です．(44c) は，「面白そうな本をどれでも持って行っていいよ」ということで，正解は③の whichever です．

なお，いずれも ‘wh ～ ever’ の部分は ‘any … that’ で書きかえることができます．その that 以下が関係節であることは (41) のところで見た通りです．したがって，(42′) で見たように，その関係節内には ‘any …’ に対応する空所があります．その空所を「∧」で表してみると次のようになります．

(44′) a. She helps whoever (=any person that) ∧ needs her help.
b. Please give me whatever information (=any information that) you get ∧ as soon as …
c. You are welcome to take whichever book (=any book that) ∧ seems …

では，最後にホームズの有名なセリフを１つ．すいません，ただの父の趣味です (^^;)

(45) It is an old maxim of mine that when you have excluded the impossible, **whatever** remains, **however** improbable, must be the truth.

〈Doyle「緑柱石の宝冠」〉

(僕は昔から信条 (maxim: 金言，格言) にしているのだが，ありえないものをすべて除いたならば，何であれ残ったものが，それがどんなにありえないように思えても，真実に違いないのだよ)

第8章 話法と時制の一致

8.1 時制の一致

8.1.1 時制の一致の代表例

第2章でも見ましたが，英語では主節の動詞が過去時制の場合に，従属節の時制を主節の時制に合わせるという現象が起きます．これを「時制の一致」と呼びます．主節の動詞が現在形である場合と合わせて代表的な例を見てみましょう．たとえば，(1a) では主節の seemed に対応して時制の一致が起きて was になっています．(1b) では主節の動詞 seem に対して is という現在形になっているのと比較して確認してください．(2) では 'will come' が 'would come' に，(3) では was が 'had been' になっています．

(1) a. To some of the elders it **seemed** that the progress **was** a little too rapid. 〈Doyle『恐怖の谷』〉
(年配者のいく人かには，やり方が少々急すぎるのではないかと感じられた)

b. To some of the elders it **seems** that the progress **is** a little too rapid.
(年配者のいく人かには，やり方が少々急すぎるのではないかと感じられる)

(2) a. I **knew** when my aunt **would come** back to Japan.
(おばがいつ日本に帰ってくるか私は知っていた)

b. I **know** when my aunt will **come** back to Japan. (＝2.1.1 (2))
(おばがいつ日本に帰ってくるか私は知っています)

(3) a. His disordered dress **showed** that he **had been** hastily aroused from sleep. 〈Doyle「踊る人形」〉
(彼の乱れた服装から，彼は眠っていたところを急に起こされたことがわかった)
b. His disordered dress **shows** that he **was** hastily aroused from sleep.
(彼の乱れた服装から，彼は眠っていたところを急に起こされたことがわかる)

下線部の日本語訳が a の例と b の例で同じであることから，日本語では時制の一致が義務的でないことがわかります．

8.1.2　時制の一致が起きない例

なお，上の (3a) では過去完了形の ‘had been’ になっていますが，口語では意味が混乱しないのであれば過去形が使われることもしばしばです．次の例も同じで (4b) の got は過去形のままになっています．

(4) a. I **know** they **got** divorced. (彼らが離婚したことを知っている)
b. I **knew** they **got** divorced. (彼らが離婚したことを知っていた)
《「離婚した」のは「知っていた」ときよりも当然前なので got は過去形のままにできます》

また，従属節の内容が今もそうである（と話者が信じている）場合には (5) にあるように時制の一致を起こさないのが通例です．(6) のような言い方もいずれも日常会話で普通に使われます (McAulay)．

(5) He **said** that his wife is pregnant. (彼は奥さんが妊娠中だと言った)
(6) a. I **had** no idea that she worked in Starbucks.
b. I **had** no idea that she works in Starbucks.
c. I **had** no idea that she is working in Starbucks.
《いずれも日本語訳は「彼女がスターバックスで働いているなんて知らなかった」となります》

そのほかに，時制の一致を受けなくてもよい代表例としては (a) 一般的な真理，(b) 習慣，(c) ことわざ，(d) 歴史上の事実，(e) 仮定，(f) 比較といったケースがあります．

(7) a. Galileo proved that the earth **goes** around the sun.
(ガリレオは地球が太陽の回りをまわっていると証明した)

b. My daughter told me that her school **begins** at 8:10.
(私の娘は学校が 8 時 10 分に始まると言った)

c. My mother often said that all**'s** well that **ends** well.
(よく母は終わりよければすべてよしと言った) ←『大草原の小さな家』みたい(^^)

d. The teacher taught us that Bell **invented** the telephone.
(先生は私たちにベルが電話を発明したと教えてくれた)
《過去完了形になっていないことに注意》

e. I wished he **were** here. (cf. I wish he **were** here. (私は彼がここにいてくれればと思う))
(私は彼がここにいてくれたらと思った)
《過去完了形になっていないことに注意》

f. The river was much deeper than it **is** now.
(その川は (以前は) 現在よりもずっと深かった)
《例文は [The river was much deeper][than it **is** now] という形になっていて，than 節は was を含む節の中にないので，than 節内の is は時制の一致を受ける位置にないと考えられます (高橋)》

8.2　話法

伝達動詞については第 1 章で見ました．たとえば，tell は ‘tell A(人) that …’ の形で必ず人を間接目的語としてとり，say は ‘say (to A(人)) that …’ の形で ‘to A(人)’ の部分はあってもなくてもよいのでしたね．直接話法では「say (to A), “…”」の形になります．

(8) a. He said to me, “It’s raining.”　《直接話法》
(彼は私に「雨が降っている」と言った)

b. He **told** me that it **was** raining. 《間接話法》
(彼は私に雨が降っていると言った)

c. He **said to** me that it **was** raining.
《間接話法 ((8b) のほうがよく使われる)》
(彼は私に雨が降っていると言った)

上のような直接話法と間接話法の関係が下にあるような問題として出されることもあります.

(9) a. He said to me, "You will be all right." 《伝達動詞の後の文が平叙文》
b. He (　　) me that (　　) (　　) be all right.

(10) a. He said to me, "Don't disturb the papers on my desk."
《伝達動詞の後の文が命令文》
b. He told me (　　) (　　) disturb the papers on (　　) desk.
(disturb : (物を) 動かす, 配置を変える)

(11) a. He said to me, "Turn off the light, please."
《伝達動詞の後の文が丁寧な命令文》
b. He (　　) me (　　) (　　) off the light.

(12) a. He said to me, "Are you armed?"
《伝達動詞の後の文が疑問詞のない質問文》
b. He (　　) me (　　) (　　) (　　) armed. (armed : 武器を身につけた)

(13) a. He said to me, "Where did you see her?"
《伝達動詞の後の文が疑問詞のある質問文》
b. He (　　) me where (　　) (　　) (　　) her.

(14) a. He said, "Let's have a look at this."
《伝達動詞の後の文が 'Let's ～' の文》
b. He (　　) that (　　) should have a look at that.

(15) a. He said, "Shall we have a meeting today?"
《伝達動詞の後の文が 'Shall we ～' の文》
b. He (　　) that we should have a meeting that day.
《today を 'that day' と置き換える問題も目にしますが, この問題では文脈がないと 'that day' へ書き換えるとは確定できません (McAulay). 話者がこの文を発話したのが today であれば, b でも today のままになるということです. (17) の例の解説も参照.》

正解は次のようになります.

(9′) He told me that I would be all right.
(10′) He told me not to disturb the papers on his desk.
(11′) He asked me to turn off the light.
(12′) He asked me whether [if] I was armed. (彼は私が武器を持っているか尋ねた)

※疑問詞のつかない間接疑問文では節の頭に whether か if を使います．二者択一で選択肢が両方とも示される場合には whether のほうが好まれる傾向があります（高橋）．余談になりますが，whether は前置詞の後や to 不定詞の前でも用いられますが if にはそのような用法はありません．

▶ I haven't settled the question of **whether**/×if I'll go back home.
（家に戻るかという問題はまだ決めていない）

▶ They can't decide **whether**/×if to get married now or wait.
（今結婚するか，それとも待つか彼らは決められない）

※動詞 discuss の後には whether は可能ですが if は使えませんので注意しましょう．

▶ We discussed **whether**/×if we should close the shop.
（その店を閉めるべきか話し合った）

(13′)　He asked me where I had seen her.
※関節疑問文の疑問詞の後は平叙文の語順になります．

(14′)　He suggested [proposed] that we should have a look at that.

(15′)　He suggested [proposed] that we should have a meeting that day.

間接話法で表現するときに，以下の語（句）には注意が必要です．直接話法での場合との違いを理解しておきましょう．（ただし，(15) 下の《　　》で述べたポイントを再確認して，機械的に書き換えてしまわないよう注意しましょう．）

➡ 話法に違いによる指示代名詞や副詞などの違い

〔直接話法〕	〔間接話法〕
this/these	that/those
here	there
now	then
today	that day
yesterday	the day before/the previous day
last night	the night before/the previous night
tomorrow	the next [following] day
next ...	the next [following] ...
... ago（今から～前）	... before（そのときから～前）
last ...（この前の）	the previous（その前の）

ここまでのまとめとして練習問題を1つ．

(16) Angelina (A) me whether I (B) enjoyed the festival last Saturday.

① A: asked　B: had　② A: asked　B: have

③ A: said to　B: had　④ A: said to　B: have　〈センター試験〉

「アンジェリーナは私がこの前の土曜日にフェスティバルを楽しんだか尋ねた」という内容で，正解は①です．疑問詞のない間接疑問文（whether 以下）と，それをとる ask というのがポイントですね．ask より enjoy のほうが前の出来事なので B の空欄には had が入ります．

古い（といったら怒られる？）英文法の本では「話法の転換」などという用語が使われますが，もちろんネイティブ・スピーカーが頭の中で直接話法の文を間接話法の文に変換するなんてなことをやっているわけではありません．したがって上にまとめてあるペアはあくまでも原則的なものであって，まず事実がどうであるかを把握して，それをどの話法で伝えるのかを考え適切な表現を選ぶことになります．次のような状況もよくありますからね．

(17) a. She said, "I came here two days ago."

（「私は2日前にここへ来ました」と彼女は言った）

b. She said that she had come [gone] there two days before.

（彼女は2日前にそこへ来た［行った］と言った）

c. She said that she had come **here** two days **ago**.

（彼女は2日前にここへ来たと言った）

(17b) は前の➡にある原則どおりですが，(17c) はこの文の発話が「彼女」の発言と同じ場所で同じ日のうちに行われていれば可能な表現となります．機械的に答えるのではなく，話者の視点から状況がどう見えるのかを正確に理解して自然な表現をするようこころがけましょう．

最後に，伝達内容が2種類の文になっている例について触れておきましょう．

(18) a. I **said** I would willingly do so, but **that** she would not have me.

〈Doyle「1人ぼっちの自転車乗り」〉

（私は喜んでやるとは言ったものの，彼女は私を受け入れないだろうと言いました）

b. He **told** me that he was busy and **asked** me to pick up a good man cheap. 〈Doyle「株式仲買人」を改変〉
（彼は自分がとても忙しいと言い，私にいい人材を安く獲得してくれと頼んだのです）

(18a) では ‘I said’ の後の that が省略されていることに注意しましょう．このような場合での and や but に続く節のほうの that は省略できません．[1] (18b) では，前半の動詞 told に続く that 節と，後半の asked に続く部分が異種（後半は命令文）であることに注意しましょう．直接話法で書けば，たとえば次のような形になります．

(18b′) He said to me, “I am very busy. Please pick up a good man cheap.”

[1] 下の例では that の有無で意味内容が変わっていることに注意しましょう．

(i) He said that his father had gone out, but (that) his mother was at home.

but の次に that があれば「彼は父は出かけたが母は在宅であると言った」という意味になりますし，that を入れなければ「彼は父は出かけたと言ったが，彼の母は在宅であった」という意味になります．この例やその他の複雑な間接話法の事例については『英文法総覧』pp. 337–340 を参照．

第9章 否定

この章では，否定の例をとりあげていきます．何がどの部分を否定しているのかに注意して読み取ることをこころがけましょう．

9.1 文否定

9.1.1 ‘not’ と ‘never’

文の内容を否定するのには not を使うのが基本です．never は「決して … ない」という意味です．

(　　) に not または never を入れて文を完成させなさい．

(1) a. Machiko is (　　) at home yet. She will be back by seven.
(マチコはまだ家にいません．7時までに戻ってくるでしょう)
お母さん，おなかすいたよ (T_T)

b. Your father (　　) tells a lie.
(あなたのお父さまは決してうそをおつきになりません)
↑これ自体がウソですって？

(1a) には never が使えないことに注意しましょう．(1a) は not, (1b) は never が入ります．

「思う」といった意見や推測を表す動詞 (think, believe, suppose, imagine,

fancy, guess, seem など）では，not は従属節ではなく主節に置かれるのが通例です．次の例を比較してみましょう．

(2) a. I do**n't** think it's a good idea.（私はそれがいい考えだと思わない）
《名案かどうかの真偽に関して話し手が断定を避け柔らかく聞こえます》
b. I think it is**n't** a good idea.（私はそれはいい考えではないと思う）
《この言い方はあまり使われません．「名案でない」と話し手が断定的に言っている印象を与えます》

それに対して，'hope (that) …', 'fear (that) …', 'be afraid …' などでは not はその右側に続く節の中に置かれます．

(3) a. I hope it wo**n't** [does**n't**] rain tomorrow.
（明日雨にならないとよいのですが）
b. I fear you will **not** be able to see him today.
（今日は彼にお会いになれないと思います）
c. Mary was afraid that she might **not** sleep.
（メアリーは眠れないのではないかと心配だった）

9.1.2 節の代わりをする 'not'

否定語を含む節を not だけで表すことがあります．たとえば (3) にあげた hope / hear / 'be afraid' の例は次のようになります．

(4) a. "Do you think it will rain tomorrow?" "I hope **not**."
（「明日は雨が降ると思いますか？」「降らないで欲しいね」）
b. "Then you don't think I'll see him again?" "I fear **not**."
〈Doyle 花婿失跡事件〉
（「私は彼にもう合えないとお考えですか？」「残念ながら無理でしょう」）
c. "Will he succeed?" "I'm afraid **not**. (= I'm afraid he won't succeed.)"
（「彼は成功するだろうか？」「しないと思いますよ」）

否定語を含まない節であれば so が使われます．

(5) "Do you think it will rain tomorrow?" "I hope **so**."
（「明日は雨が降ると思いますか？」「降って欲しいね」）

1つ確認のための問題を見ておきましょう.

(6)　"Frank drives much too fast. Someday he'll have a terrible accident."
"Oh, (　　)."
① I don't hope so　　② I hope not
③ I'm not afraid so　　④ I'm afraid not　　〈センター試験〉

文脈から考えて，空欄を含む英文の日本語訳は「そうならないよう（事故をおこさないよう）望む」という意味になります．その日本語訳に「ない」という否定のことばがあることからわかるように，hope 以下は否定の内容を含む節ということになりますから，その代用表現となる not が入ります．また，(4) で見た内容も思い出してください．正解は②です．

否定語を含む節を not だけで表すのは，ほかには think/suppose/believe/expect の後に続く節の場合に限られます．

(7)　"There's an east wind coming, Watson."
"I think **not**, Holmes. It is very warm."　〈Doyle「最後の挨拶」〉
(「東の風が吹きだしたようだよ，ワトソン」「違うだろう，ホームズ．とても暖かいよ」)

ただし，口語体では上のような "I think not." よりも "I don't think so." がよく使われます．

9.1.3　準否定語 'hardly / scarcely / rarely / seldom'

やや弱い否定の意味の副詞を準否定語と呼ぶことがあります．

(8) a.　程度がわずか「ほとんど … ない」: hardly, scarcely (hardly ほど使われません)
▶ I could **hardly** understand him.
(私は彼の言うことがほとんど理解できなかった)
▶ I **scarcely** know him. (私は彼のことをほとんど知らない)

b.　頻度がわずか「めったに … ない」: rarely, seldom
▶ My father **rarely** goes out on Sunday.

（父は日曜日にめったに外出しない）←ホントですな（^^;）

▶ My father **seldom** reads comic books.

（父はめったにマンガを読まない）←ウソですな（^^;）

準否定語はそれ自体に否定の意味を含むので not といっしょに使われることはありません．

ではここでも 1 つ確認のための問題を見てみましょう．

(9)　下線部の（　　）に入る語を選びなさい．
I could (　　) believe my eyes. I never expected to see him there.
① certainly　② extremely　③ hardly　④ rarely　〈センター試験〉

文脈から考えて，空欄を含む英文の日本語訳は「私は自分の目が信じ難かった」という意味になります．「ほとんど … できない」という意味の副詞を探せばよいわけですね．正解は③です．

few や little も否定語として扱われます．few は数えられる名詞の前に，little は数えられない名詞の前に置かれて「ほとんど … ない」という意味になります．

(10) a.　We have **few** or no opportunities.　(＝We have almost no opportunities.)
（私たちにはチャンスがほとんどないか皆無だといってよい）

b.　He has very **little** knowledge of the matter.
（彼にはこの事に関する知識がほとんどない）

ただし，主観の問題であって，「（あると思っていたのに）思ったほどない」ということです．1，2 個しかないのが few で 5，6 個あったら ‘a few’ になるというようなことではないので注意しましょう（詳細は 14.2.2 を参照）．

9.1.4　‘no＋名詞’，none，neither，nor

名詞の前に no が置かれて「まったく … ない」とか「1 つ［1 人］も … ない」という意味になります．

(11)　He has **no** money.（彼にはお金がない）私もないさ Me, neither（T_T）

次の例のように，no が be 動詞の後にくる名詞や「形容詞＋名詞」の前につくと強い否定の意味になり，「決して … ない」とか「… どころではない」という意味になります．

(12) a. He is **no** fool. (≒He is a clever man.)
(彼はバカどころではない（賢い））
b. This is **no** easy task. (≒This is a tough task.)
(これは決してたやすい仕事ではないぞ)

none は語源的には ‘no＋one’ です．代名詞として「何も［誰も］… ない」という意味になります．

(13) “There is no clue?” said Gregson.
“**None** at all,” chimed in Lestrade. 〈Doyle『緋色の研究』〉
(「手がかりが何もないのですね？」グレグソンが言った．「全然ないのです」レストレードがあいづちを打った)
《チャイム（chime）はカタカナ語になっていますが，ここでの ‘chime in’ は「あいづちを打つ」「同意する」という意味です》

「no＋名詞」や none などが目的語の位置にある場合，その文を ‘not … any’ の形で書き換えることができます．

(14) a. Tom did **none** of them.（トムはそんなこと何もやっていないよ）
《下の（14b）にある ‘not … any’ の形よりもかたい言い方になります》
b. Tom did**n’t** do **any** of them.

neither についても見ておきましょう．neither は either の否定形で，次の3通りの用法があります．

(15) a. 限定詞 (determiner) として名詞の前に置かれて「どちらの … も～（し）ない」：
▶ **Neither** plan will do.（どちらの計画もだめだよ）
《「限定詞（あるいは決定詞とも呼ばれます）」とは冠詞（the），指示詞（this/that *etc.*），数量詞（some/every *etc.*），所有格の名詞句（my/John’s *etc.*）といった名詞を限定・特定する機能をもった要素のことです》

b. 代名詞として「どちらも～ない」:

▶ **Neither** of the books is of any use to me.
（どちらの本も私にとって何の役にも立たない）

c. 副詞として否定文の後に置かれて「… もまた～ない」:

▶ "I don't like it." "**Neither** do I. (= "Me, **neither**." / "**Nor** do I." / "I don't (like it), **either**." / "**Nor** me.")"
（「私はそれが好きではありません」「私もです」）
《下線部のような倒置のメカニズムについては第 10 章で見ます．また，"either A or B" や下にある "neither A nor B" については第 13 章でも扱います》

▶ I had **neither** kith **nor** kin in England, and was therefore as free as air—or as free as an income of eleven shillings and sixpence a day will permit a man to be. 〈Doyle『緋色の研究』〉
（私はイギリスには友人（kith）も親類（kin）もいなくて，さながら空気のように自由であった―もっとも 1 日あたり 11 シリング 6 ペンスの支給額が許す程度にということであったが）

では，確認の問題です．

(16) a. Mr. Roberts did not choose any of the three jackets because he found (　　) satisfactory.
① both of them　② either of them
③ neither of them　④ none of them 〈センター試験〉

b. My sister was not a serious high school student, and (　　).
① either I was　② either was I
③ neither I was　④ neither was I 〈センター試験〉

(16a) では 'the three jackets' とありますから，「2 つ」のときに使う①‐③はあてはまりません．④の 'none of them' が正解です．ついでながら，空欄を埋めると 'he found none of them satisfactory' となるわけですが，動詞 found の後は「主部＋述部」の関係になっているのでしたね．(16b) は「私もまた真面目な高校生でなかった」という意味になります．そこでは主語と動詞は倒置の形（詳しい形は 10.1.1 参照）になっています．正解は④の 'neither was I' です．

おまけにもう 1 つ.

(17)　"I heard Daiki's sisters are twins. Have you met them?"
"No, I haven't met (　　) of them yet."
① each　② either　③ every　④ neither　〈センター試験〉

双子 (twins) の姉妹が話題になっていますから, 空欄に入るのは 2 人を表す語です. さらに「どちらにも会ってないよ.」という意味の文で, 空欄の左側に not (haven't) がありますから either が適切です. 正解は②となります.

9.2　部分否定／全部の否定

「すべて」とか「完全」といった意味の表現に否定要素の影響が及ぶと,「いつも … というわけではない」とか「完全に … なのではない」という一部を否定する内容になります. これが**部分否定**です. 次の (18a) にある部分否定の例と (18b) にある全部の否定を確認しておきましょう. (18c) は, 名詞の前に no が置かれて「まったく…ない」とか「1 つ［1 人］も … ない」という意味になる用法の例す.

(18) a. I hav**en't** read **all** of his novels.
(私は彼の小説をすべて読んだわけではない)
《**部分否定**なので「何冊かは読んだ」》
b. I hav**en't** read **any** of his novels. (=I have read **none** of his novels.)
(私は彼の小説をどれも読んでいない)
《**全部の否定**なので「1 冊も読んだことがない」》
c. There will be **no** difficulty. (=There wo**n't** be **any** difficulty.)《*ISED*》
(難しいことなどありはしない)
《'not … any' の形で書き換えられることからわかるように**全部の否定**です》

both は「両方すべて」という意味で, every は「どれもすべて」ということになりますから部分否定の表現が可能になります. 次の部分否定 (太字) と全部の否定

(斜体字) の例を確認しましょう.[1]

(19) a. **Both** were **not** willing to go, but *neither* wanted to remain.
(2 人が 2 人とも喜んで行ったわけではなかったが《部分否定》, どちらも残りたがりはしなかった《全部の否定》)

b. **Not everyo**ne likes advice, and *nobody* likes being scolded.
(あらゆる人が忠告を好むとは限らないが《部分否定》, しかられるとなるとだれも好まない《全部の否定》)

さて, それでは確認です. 次の英文に出て来るお父さんは朝食をいつも食べないのでしょうか?

(20) My father doesn't always have breakfast.

「朝食を必ず食べるわけではない (ときどき食べないことがある)」ですね. え,「だからお母さんに怒られてる」? いらんことまで言わんでよろしい (￣っ￣).

部分否定としては,「すべて」とか「完全」だけでなく, 数とか量や程度に関わる語も否定される要素になります.

(21) a. There are **not many** in London which charge at that rate.
〈Doyle「独身貴族」〉
((高額の勘定書から推理して) そんな料金をとるところ (ホテル) はロンドンにあまりないよ)

b. There was **not much**, but there was enough … 〈Doyle「這う男」〉
((謎の箱をあけてみて) たいしたものはなかったが, われわれには十分であった …)

c. I am **not often** eloquent. 〈Doyle「有名な依頼人」〉
(僕はそういつも雄弁というわけではない)

次の例は文の中で語レベルの部分だけが否定されている, 語否定と呼ばれるケースです.

---

[1] 例文は『英文法総覧』p. 364 から引用. (19a) は Both が not の左側にあって, 9.3 で見る「否定される要素が否定要素の右側にある」という原則に外れているように見えますが, all/both/every などは not の左側にあっても部分否定の解釈と全否定の解釈の両方が可能です. 詳しくは『現代英文法講義』p. 661 や『ジーニアス』など参照. (25) の例も参照.

(22) a. **Not long** ago it rained. (つい先頃雨が降った)

b. **Not a few** people believe that. (少なからぬ人がそれを信じた)

日本語訳が否定文になっていないことからもわかるように，not が否定する焦点は long や a few のみになっています．

9.3 否定要素の右側？

英語では否定される要素が否定要素の右側にあるというのが原則です．

(23) a. He did**n't** invite **any**body. (彼はだれも招待しなかった)

b. **No**body invited him. (だれも彼を招待しなかった)

c. ×**Any**body did**n't** invite him. (だれも彼を招待しなかった)

(24) a. I do**n't** go to town **very often**. (町にはそれほど頻繁にはでかけません)

b. **Very often** I do**n't** go to town. (町に行かないことが頻繁にあります)

(23) では (23a–b) にあるように 'not … any' の語順が正しく，(23c) のような 'any … not' とはならないことがわかります．(24b) では，否定語 (n't) の左側にある 'very often' は否定される要素ではありません．(24a) との意味の違いに注意しましょう．

ただし，次の例は all が not の左側にあっても否定される要素になっています (つまり，部分否定の意味になっています)．これは古い言い方がことわざとして残っているケースですので例外として考えておきましょう．

(25) **All** is **not** gold that glitters. (光るもの必ずしも金ならず)

注意しておかなければならないのが次のような例です．ここでは否定される要素がどこなのかが二通りに解釈できます．

(26) She did**n't** come home **because** it was raining.

a. 彼女が家に帰ってきたのは雨が降っていたからではない (他に理由があった)

b. 彼女は家に帰らなかった．なぜなら雨が降っていたから．
《この意味では because の前にコンマ [休止] を入れるのが普通》

この意味の違いは以下のように 'because …' の部分がどこにくっついた修飾要素であるかという違いから出て来るようです．(26) の二通りの解釈の構造をそれぞれ次のように表してみましょう．

(27)　《She did**n't** come home **because** it was raining.》

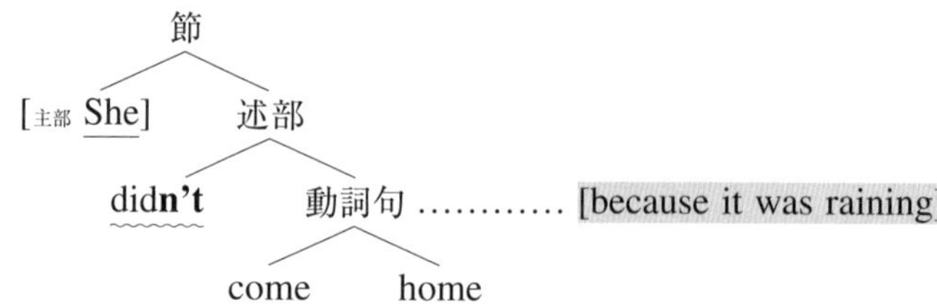

《She did**n't** come home, **because** it was raining.》

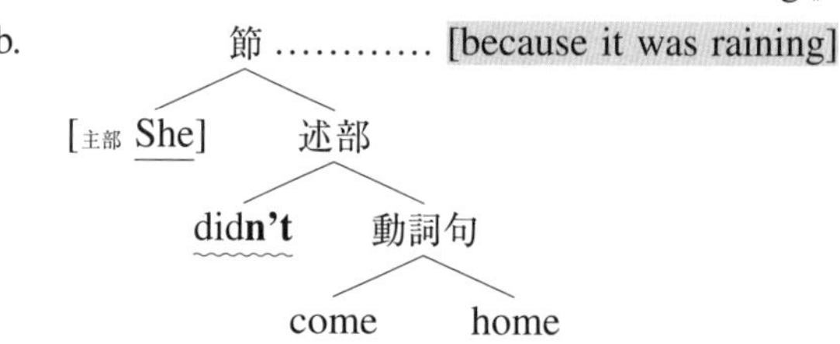

(27b) では 'because ...' の部分が節の外側にあるため，節の内部にある not によって否定されないために (26b) の解釈になるし，コンマ［休止］を入れるのが自然ということになります．おお！ 枝分かれ図で構造がわかると意味の違いがわかるぞ！オヤジ，カンゲキ！ヾ(●⌒∇⌒●)ノ

以下本章の最後として，否定に関する慣用表現を見ておきます．

9.4　否定要素と慣用表現

9.4.1　「少しも ... でない」，「決して ... でない」

➢ **not ... in the least**「少しも … でない」(⇒ 6.5)

▶ … it does**n't** matter **in the least**.　〈Doyle『緋色の研究』〉

（それは全然問題じゃないんだ）

➢ **by no means**「決して … でない」

▶ … although, of course, I saw that the evidence against him was **by no means** complete.　〈Doyle「シルヴァー・ブレイズ」〉

（もちろん私は彼が有罪だという証拠は決して完全なものではないとわかっていましたが）

9.4.2　否定語なしの否定表現

➢ **the last**「決して［最も］… しそうにない」

▶ “Why, Dr. Watson, that’s not you, is it? You are **the last** man that I should have expected to see out on the moor at this time of night. …

〈Doyle『バスカヴィル家の犬』〉

（「おや，ワトソン先生，先生じゃありませんか？ まさか夜のこんな時間に湿原でお会いしようとは思ってもいませんでしたよ …）

➢ **anything but A**, **far from A**「決して A ではない」「少しも A でない」「A どころではない」

▶ The man was so dazed that he could not be made to understand that we were **anything but** doctors who had been sent to his assistance.

〈Doyle「スリークォーターの失跡」〉

（その男はあまりにも茫然としていて（dazed）私たちが手助けに呼ばれた医者なんかではないと言って聞かせてもわからなかった）

▶ Holmes shook his head like a man who is **far from** being satisfied.

〈Doyle「まだらの紐」〉

（ホームズはとても納得などできないというふぜいで頭を振った）

➢ **more than**「… できない（ほどの）」

▶ Oh, God in heaven, this pain is **more than** I can bear!

〈Doyle「有名な依頼人」〉

（ああ，ちくしょう，痛くてたまらん！）

《日本語で自然に訳すと「… できない（ほどの）」と否定語が入りますが，上例の ‘more than’ 以下には not が入っていないことに注意しましょう》

倒置・強調・省略

この章では，倒置・強調・省略と呼ばれる例について扱います．語順が日本語よりもきちっと決まっている印象のある英語ですが，文の形を通常とは変えることで重要な情報を際立たせたり文のリズムを効果的にしたりします．ミニ講義 1 では「旧情報から新情報へ」という情報の流れと there 構文について見ましたが，その他のいろいろな倒置の工夫などを見ていきましょう．

10.1　倒置のメカニズム

10.1.1　否定語が文頭に出る倒置

まず疑問文（yes/no 疑問文や wh 疑問文）で見られる主語と助動詞の倒置についてまとめておきます．1.1 の説明を思い出しながら確認していきましょう．次の平叙文の構造を見てください．

(1) a.　"He is reading a book."

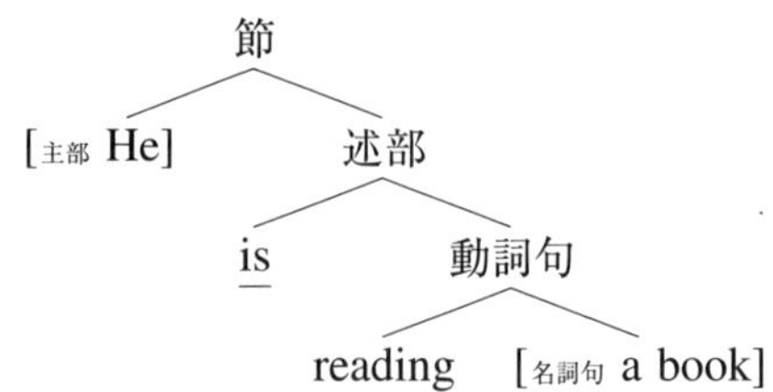

b.　"She likes apples."

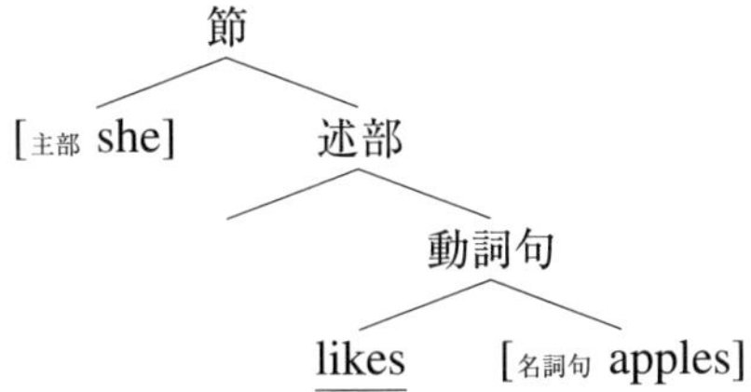

(1a) では進行形をつくる助動詞 be が時制や人称の情報を担った is として述部の先頭にあります．(1b) は単純な現在形で動詞 likes が動詞句の中にあります．そこでは述部の先頭の位置（(1a) で be のある位置）は空所になっています．この場所が何かは専門的になるので深入りしませんが，助動詞や to 不定詞の to が生じる場所（第5章参照）と考えておきましょう．(1a) および (1b) の文が yes-no 疑問文になると次のようになります．

(1′) a.　"Is he reading a book?"

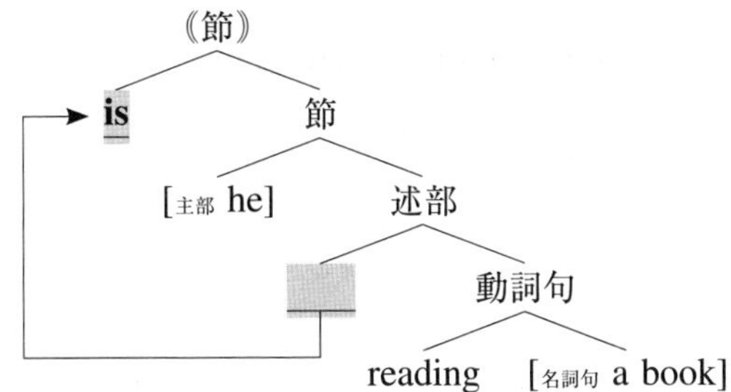

b.　"Does she like apples?"

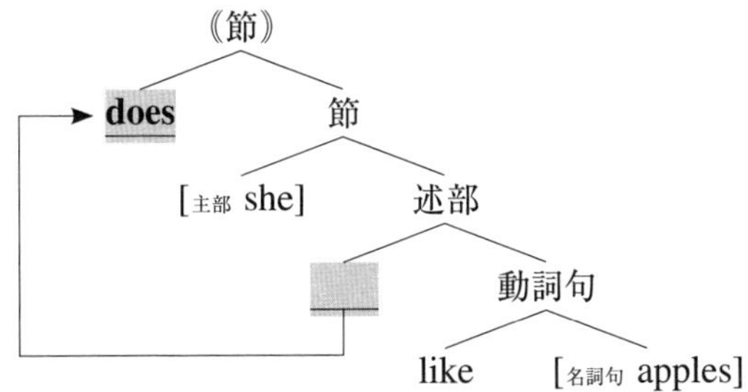

(1′a) では助動詞の is が文頭に移動します．出来上がった yes-no 疑問文も完成したまとまりの節ですから，とりあえず《節》と表記して，下にある he 以下の節と区別しておきます．(1′b) では，(1b) のときにはなかった助動詞の do が述部の先

頭の位置に生じて3人称単数現在という情報を担った does となってから文頭に移動しています（動詞の -s は消えています）.

さらに wh 疑問文になると次のようになります.（1b）や（1′b）のほうを例にしてみましょう. 動詞 like の目的語が what となり文頭に移動します. what が文頭に出てできた節が最終的なものですので最上位の節を《節》として表記し, does 以下の部分を（節）として区別して表記しておくことにしましょう（《節》や（節）の表記は便宜的につけているだけのものですから, 深刻に考える必要はありませんよ）.

（2）　"What does she like?"

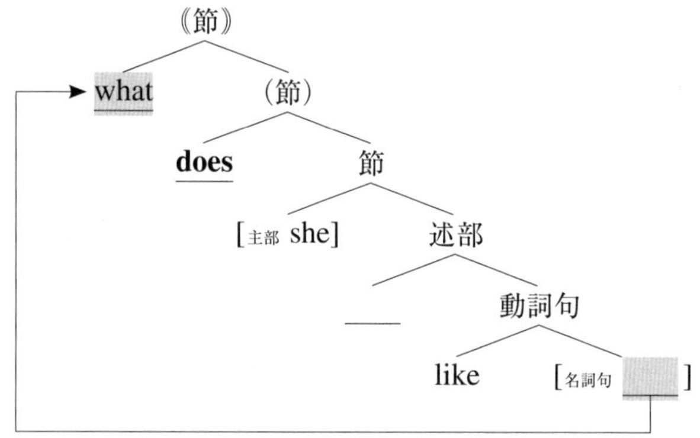

このように, wh 疑問文での節は三層構造になっています. 下のようにまとめておきましょう.

☞ [　] は wh 疑問文で wh 疑問詞や wh 疑問詞を中心とする句が出現する場所

（3）　[《節》 [　] [（節）____ [節 [主部 …] [述部 …]]]]

☞ ____ は that 節の that や疑問文で do や be 動詞などが置かれる場所

節の先頭にあるこの2つの位置は, たとえば否定要素 never や only の前置とそれに伴う主語・助動詞の倒置でも使われていると考える説もあります. 下の（4a）や（5a）の構造をそれぞれ（4b）と（5b）のように考えると,《節》や（節）の部分が（2）の wh 疑問文の構造と同じであることがわかります.

（4）a.　**Never have** I heard such a stupid story!

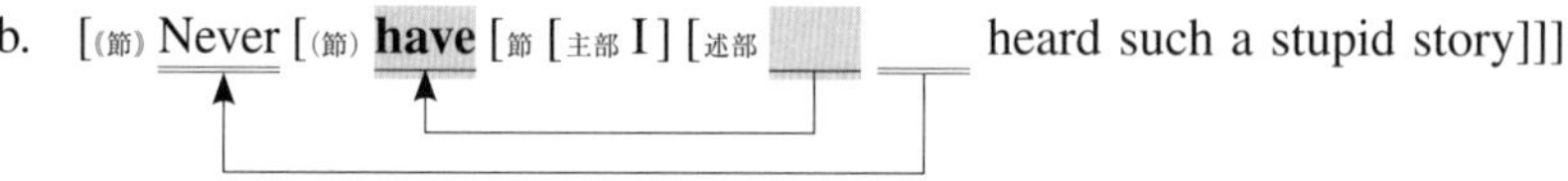

（そんなバカげた話なんか聞いたことがないよ！）（≒I **have never** heard

such a stupid story.)

(5) a. **Only recently has** he stopped taking the medication.

(やっと最近になって彼はその薬を飲むのをやめたよ)

(≒He **has** stopped taking the medication **only recently**.)

たとえば (4) の倒置が起きていない例と倒置が起きている例を図示するとそれぞれ次のようになります．(「never＋動詞句」の部分の構造などには立ち入らないことにして，とりあえず「(動詞句)」と表記しておきます．)

(6) "I **have never** heard such a stupid story!"

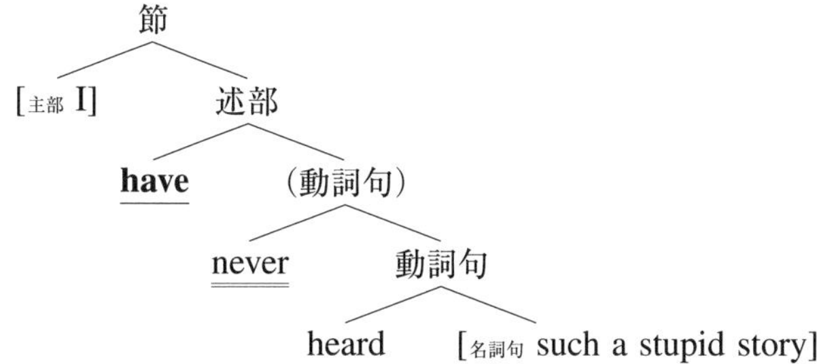

(7) "**Never have** I heard such a stupid story!"

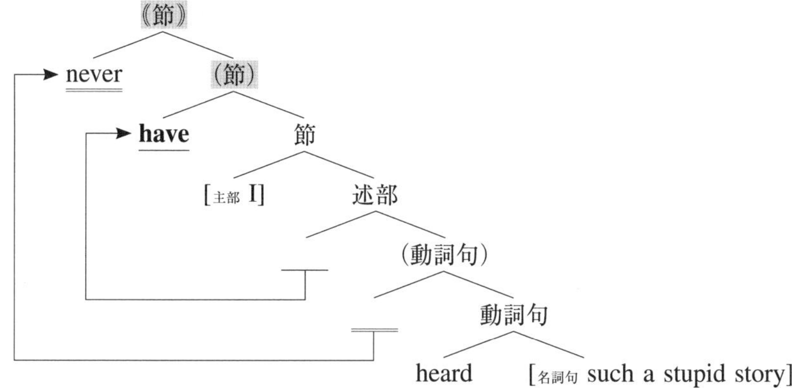

このような倒置が起きることによって否定要素が前に出て目立つ形になるという効果をあげています．ではここで問題を1つ．

(8)　Not only (A) Margaret plan the trip to New York, but she (B) did all the packing for her family.
　① A: could　B: too　　② A: did　　B: also
　③ A: does　B: also　　④ A: would　B: too　　〈センター試験〉

「マーガレットはニューヨーク行きの旅行を計画しただけでなく，家族のための荷づくりもすべてやった.」という意味の例文で，‘Not only’ が文頭に出ているため，それに続く部分で主語・助動詞の倒置が起きて ‘did Margaret’ の語順になります．全体としては ‘not only … but also ～’ の形になっています．正解は②です．

なお，次のような文の ‘no doubt’ は「きっと」とか「おそらく」といった意味であり，否定語としての機能は持っていないので倒置は起きていません（主語と動詞が ‘you see’ の語順のままです）．

(9)　**No doubt** you see the significance of this discovery of mine?

〈Doyle『緋色の研究』〉

（もちろん私の発見の重要性を理解してくださるでしょう？）

10.1.2　その他の倒置

前節は否定要素を前に置く倒置の例でした．この節では他の例を見てみましょう．“Here comes the train.”（ほら列車が来るよ）などの慣用化した表現はおなじみでしょう．なお，代名詞が主語のときは新しい情報量の少ない代名詞は文末に置きにくいので “Here he comes.”（ほら彼が来るよ）という語順になります．

次の例も代表的な主語・動詞の倒置の例です．前節でみたような否定語の前置とそれにともなう倒置とは違い，wh 疑問文のような構造ではないと思われますが，どのような形になっているのかには踏み込まないことにしておきます スミマセン (^^;)．

(10)　**Away** flew the bird at the sight of the cat.
（その猫の姿を見たとたん，その鳥は飛んで逃げていった）
《方向表現倒置構文：方向などを表す副詞（句）を前置することで通常の語順よりも躍動感のある表現になります》

(11) a. **Over the fireplace** was a magnificent trophy of weapons, one of which had been used on that tragic night. 〈Doyle「第二のしみ」〉
(暖炉の上には立派な (magnificent) 戦利品 (trophy) の武器があって，そのうちの1つがその夜の惨劇で使われたのだった)
《場所表現倒置構文：場所を表す前置詞句が前に置かれ，倒置の結果として文末に置かれた主語の「存在」を目立たせます》

b. **Into the room** walked John with great care.
(その部屋にジョンが慎重に歩いて入ってきた)
《場所表現倒置構文には，(11a) のような「存在」を表す動詞や，この例のような「出現」を表す動詞がよく使われます》

次の例は主語・動詞の倒置ではありません．(12a) の例からわかるように，助動詞 has が been の直前に生じていますから，その語順は通常の平叙文と変わっていません．(主語・動詞の倒置なら been が文末にくるはずです．(7) の構造を思い出してください．)

(12) a. **More important** has been [the establishment of legal service].
(より重要なことは法的なサービスの確立です)

b. **Few** are [those who see with their own eyes and feel with their own hearts].
(めったにいないのは，自分自身の目で見て自分自身の心で感じる人です)
Albert Einstein《(アインシュタイン) のことば 感動！v(≧∇≦)v》

これは be 動詞を中心として，[ ] で示した主語が be 動詞の後に置かれ，述部の中の形容詞の部分 (太字の部分) が be 動詞の前に出されて入れ替わった形になっている文です．前置されている要素が文の主題となって「… とは」という内容を導入し，それについての情報をその後に加える形にして主語を強調しています．

次の例では，太字の要素が前置されていますが，主語・動詞の倒置は生じません．[1] (13) の例文では，前置された要素がもともとあった位置を「∧」で表しておきます．

---

[1] (13a) や (13b) の形はスピーチのレトリックとして目にすることもありますb．(13a) は「首句反復 (anaphora)」，(13b) は「前辞反復 (anadiplosis)」と呼ばれるレトリックとして用いられます (石渡)．

(13) a. **Poor** I have been ∧ and **poor** I shall always be ∧.
(これまでも貧乏でしたが，これからも貧乏が続くでしょう) ←アインシュタインの名言の後にお父さんの言葉？
《修辞的なスタイルで，接続詞の前の文と後の文のコントラストを示すために太字の部分は強勢を置かれることがあります．この例ではどちらの節でも poor を文頭に置いてそろえていますが，前置が生じるのが一方の節だけの場合もあります》

b. Sir Robert wanted to **win the race**, and **win the race** he certainly did ∧.
(サー・ロバートはそのレースに勝ちたいと思い，そしてそのレースにたしかに勝った)
《この例では and 以下の節の動詞句 (win the race) が前置されています．前の節に出ている動詞句 (win the race) を受けて「レースに勝つこと」をとりあげ，その話題について「彼はそれをたしかにやってのけたのだ」という情報を与える形になっています》

倒置や要素の前置が起きた文がどのような構造になっているのかは理論的にも諸説あって難しいのですが，それよりも，私たちにとっては倒置が起きた結果としてどのような効果を生んでいるかを理解することが大事です．ほら，君の好きなポールサイモンの名曲♫「四月になれば彼女は (April Come She Will)」の題名だって面白い語順になっているでしょう？ 動詞 come が前に出たために文末に will が残り，文頭の April と will が韻を踏む形になるわけです．よくできてますね．o(^-^)o イエイ♪

以上見て来た通り，倒置や前置の結果としてなにかしらの効果が生じています．また，重要な新情報は文末に置きたがるという傾向があることも見ました．情報伝達の流れは通例「聞き手にとって既知の情報の提供 → 聞き手にとって新しいと思われる情報の追加」という形になります．

次の例は，だれかほかの人がすでに何かやっている［やっていない］という状況で，たとえば「私もそう (so) だ」と付け加える言い方です．倒置を起こすことで「私も」という新情報を文末に置いています．

(14) “Well, Jonathan Small,” said Holmes, lighting a cigar, “I am sorry that it has come to this.”
“And **so am I**, sir,” he answered, frankly. 〈Doyle『四つの書名』〉
(「さて，ジョナサン・スモール」ホームズがタバコに火をつけながら言った．「こんなことになって私は残念に思うよ．」「あっしもでさあ．」彼は素直に答えた)

「… もまた違う」という時には neither を使います.

(15)　"I have never been to the United States before."　"**Neither have I**."
(「私はアメリカに行ったことがない.」「僕もないよ.」)

倒置の起きていない次のような例ときちんと区別しましょう.

(16)　"I understood that you were writing a report of this case," said he.
"**So I am**."　〈Doyle「ノーウッドの建築業者」〉
(「君がこの事件の報告書を書いていたのだったね」と彼が言った.「そうです, 私が書いております」)

この例では「だれそれも … だ」という情報を追加しているわけではありませんので, 主語を文末に置く必要はなく, 倒置が起きていません.

ここまでのところで, 1つ確認の問題を見ておきましょう.

(17) a.　My wife usually doesn't drink coffee at night, and (　　).
① I do neither　② I neither do
③ neither do I　④ neither I do　〈センター試験〉
b.　次の英文の (　　) に入る語を書きなさい.
"My head aches."　「頭痛がする」
"So (　　) mine."　「僕もだ」

(17a) は (15), (17b) は (14) の例を思い出せば大丈夫でしょう. (17a) は否定の節の後で「〜もまた (… しない)」という意味で使われる neither が文頭に出ます. 動詞句はありませんが正しく主語・助動詞の倒置ができている③が正解となります. (17b) では mine が主語なので, 主語・助動詞の倒置の語順を形成するための助動詞 does を入れます.

もう1つ, 倒置が起きる代表的なケースとして, 次のような so/such で始まる句が前置される事例があります. 下線部分で倒置が起きていることを確認しましょう.

(18) a.　**So** powerful and **so** fierce was he, that the four of us were shaken off again and again.　〈Doyle『緋色の研究』〉
(彼はあまりに力強く獰猛だったので, 4人がかりの私たちが何度もふり払われた)
b.　**So** alarming did the state of my finances become, that I soon realized

that I must either leave the metropolis and rusticate somewhere in the country, or that I must make a complete alteration in my style of living. 〈Doyle『緋色の研究』〉
（私のふところ具合があまりにも危なく（alarming）なったので，私はたちまちロンドンを引き払ってどこか田舎に住む（rusticate）か生活ぶりを完全に改めなければならないと認識するに至った）

(19) a. **Such** was the impact of the article that the police had to be called in.
（その記事の衝撃はあまりに強烈で警察が呼ばれなければならないほどだった）
《cf. The impact of the article was **such that** the police had to be called in.》

b. **Such** gallantry did he show, that he was awarded the Victorian Cross.
（彼はたいへんな武勇（gallantry）を示したので，ヴィクトリア十字勲章を授与された）

たとえば，(18a) は次のように so を含む句（'so powerful and so fierce'）が前置され，さらに was も前に移動して主語・助動詞の倒置の形を作っていると考えてみましょう．下の (20a)（=(18a)）はベースとなる (20b) の形から (20c) に示したように要素が移動してできています．枝分かれ図に示すと (20d) のようになります．

(20) a. **So** powerful and **so** fierce was he, …

b. He was **so** powerful and **so** fierce, …

c. 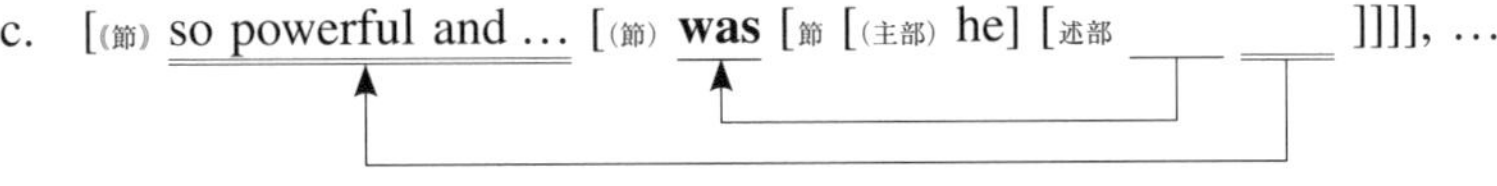

d. 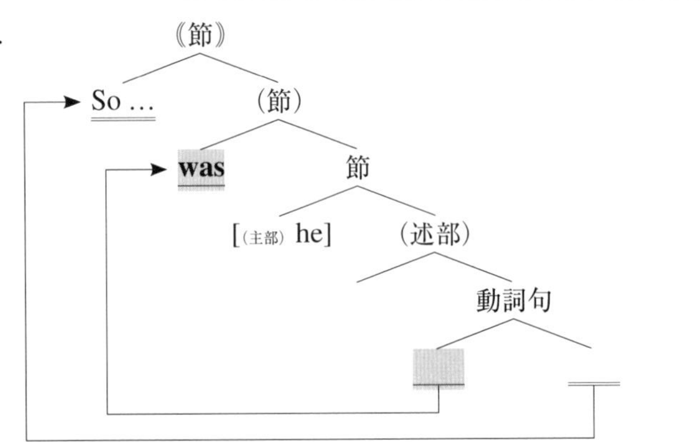

(19b) の例であれば次のようになります.

(21) a. **Such** gallantry did he show, …

b. He showed such gallantry, …

c.

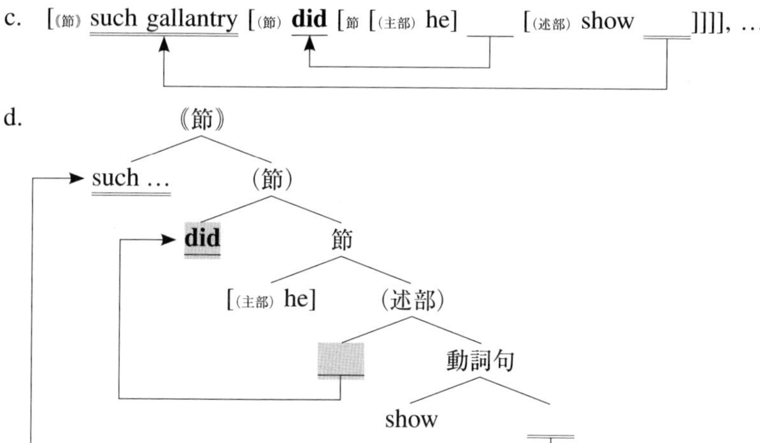

以上のように，so/such で始まる句が前置されるときの主語・(助) 動詞の倒置の事例も，否定要素や only の前置とそれに伴う主語・動詞の倒置と同じように考えることができます．さらには，Wh 疑問文ともよく似たメカニズムであるとも考えられます．

さて，so とかで始まる句が前置されることがありって … はい，お察しの通りでございます．名詞句で so や too が後に名詞をともなう場合，その後の語順は (22) のようになります．

(22) a. **so** vivid a picture

b. **too** easy a conclusion

この問題も (22) や (23) と平行的に考えることができるかもしれません．たとえば (22a) の語順は次のようなプロセスを経て生じているという説もあります．

(23) a.

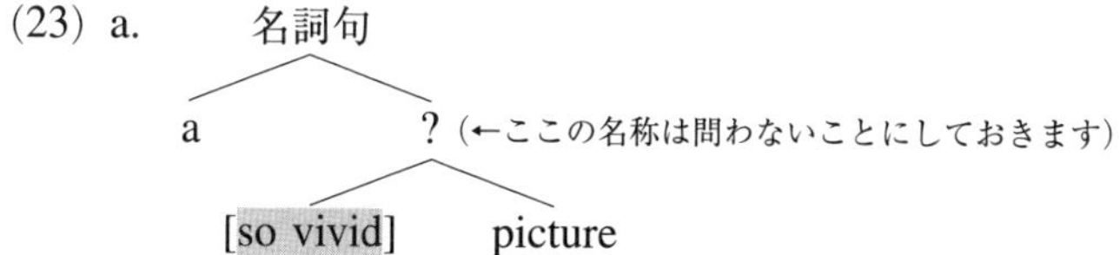

b.
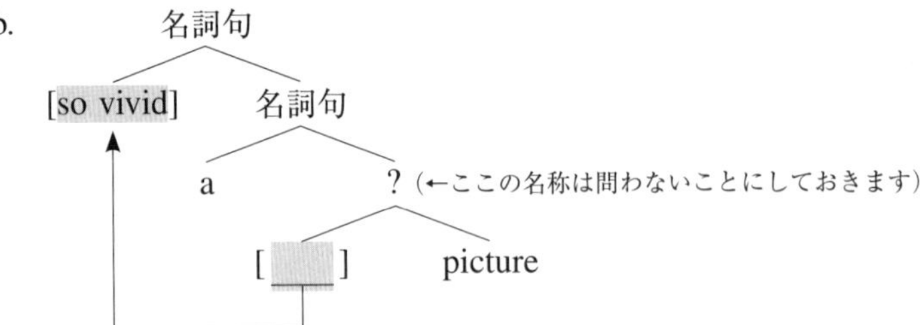

ほかにも以下のような例の下線部内で語順の倒置が起きています．

(24) a. **How important** a decision is this?
(これはどれほどに重要な決定なのですか？)

b. I did not expect **that big** a turnout.
(私はあんなに多くの出席者 (turnout) があるとは思っていなかった)

c. "Because you have just **as good a** chance of finding this lady in the one **as** in the other." 〈Doyle「独身貴族」〉
(もう一方の場所と同様に，そこでも夫人を見つける可能性 (chance) が大いにあるはずだということですよ)

確認のための問題を少しだけ見ておきましょう．

(25) a. It was (　　) chance that I just let my legal practice slide and I set forth looking for Garridebs. 〈Doyle「3 人ガリデブ」〉
(それはたいへんなチャンスだったので私は弁護士業をほったらかしにしてガリデブ探しに取りかかりました)《'let A slide'「A をうっちゃっておく」》
① so big　② so big a　③ too big　④ too big a

b. "Everything you cook tastes really good."
"Thanks, but I don't think I'm (　　) cook as you."
① a good as　② as a good　③ as good a　④ good as a
〈センター試験〉

(25a) は (23b) の図を思い出してください．正解は②で 'so big a chance that' という形にして 'so ... that' の文型に整えます．(25b) は (24c) に類例があるとおり，正解は③で 'as good a cook as' の形にします．「私はあなたほど料理が上手じゃない」という内容です．

上のような so や too の例と such や quite の例をきちんと区別することも重要です．下の問題で確認してみましょう．

(26) a. Never have I felt (　　) of disappointment, Watson.

〈Doyle「マスグレイヴ家の儀式」〉

(僕はあれほどの失望で凍りついた思いをしたことはなかったよ，ワトソン)

① such a cold chill　② such cold a chill

③ a such cold chill

b. It's (　　) a long time since I started to teach at this school.

① much　② pretty　③ quite　④ so

c. The Internet has become (A) powerful a tool (B) people living anywhere can access any educational resource.

① A: so　B: but　② A: so　B: that

③ A: such　B: but　④ A: such　B: that　〈センター試験〉

(26a) の正解は①で 'such a cold chill' の形になります．such の後は「a＋形容詞＋名詞」の語順になります．文頭は 'Never have I' という形で倒置が起きてきますね．(26b) も同様で 'quite a long time' (≒'so long a time') の形になります．正解は③です．quite の後は「a＋形容詞＋名詞」の語順になります．(26c) は '... powerful a tool' の語順のところに注意しましょう．②が正解です．'so powerful a tool' と 'such a powerful tool' との区別を思い出してください．文全体として 'so ... that' の形になっていることにも注意しておきましょう．

次の節では，いわゆる強調のための構文を扱います．

10.2　強調のメカニズム

「強調」というとなんとなくわかったような気がしますが，どういう意味かと聞かれると以外にわからないところがあるものです．具体的な例をとり上げ，それぞれ何を伝えようとしているのかをきちんと理解していきましょう

10.2.1　強調のために加えられる語句

「強調」のためにつけ加えられる語句の代表的なものとして次の例を見てみましょう.

(27) a. Believe me! I **did** see a UFO!（信じてよ！ ほんとうに UFO を見たんだ！）
《do/did は動詞を強調して「実際に行われる［行われた］」ということを明示する》

b. But that is the **very** thing which you have so often cautioned me not to do. 〈Doyle『バスカヴィル家の犬』〉
（しかしそれこそまさにあなたが私にやってはならないと何度も注意してきたことですよ）
《very は名詞を強調して「ほかのものでなく，それが」ということを明示する》

c. "It was you—you **yourself**?" 〈Doyle「マザリンの宝石」〉
（あれは君，君自身だったのか？）

d. I am **really** happy to see you!（あなたに会えてほんとうにうれしいわ！）
《形容詞などの「程度・度合い」を強調する》

疑問詞や否定を強調する表現もあります．対応する日本語訳（下線部）に注意しましょう.

(28) a. Where **in the world** can my glasses be?
（いったい全体ぼくの眼鏡はどこへいったんだ？）

b. I saw that the evidence against him was **by no means** complete.
〈Doyle「シルヴァー・ブレイズ」〉
（彼が犯人だという証拠は全然満足のいくものではないことはわかっていましたが）

10.2.2　強調構文

文の一部が新情報として重要であるときに，それを文の中の焦点として目立たせる形をつくるのが強調構文です.[2] 'It is [was] ～ that [who, which, *etc.*] …' の型

[2] (29) にある例はいわゆる「'it is ～ that …' の強調構文」です.（「～」にある焦点の要素が that

と 'What ... is ～' の型があります．典型的には，「～」の部分に新情報が焦点として入ります．「...」の部分は前提となっている旧情報です．どのような要素が強調構文の焦点となるか次の例で見てみましょう．

(29) 《John was explaining the rules to Mary yesterday. をベースにして》
a. **It** was John **who** [**that**] was explaining the rules to Mary yesterday.
b. **It** was the rules **that** John was explaining to Mary yesterday.
c. **It** was yesterday **that** John was explaining the rules to Mary.
d. **It** was to Mary **that** John was explaining the rules yesterday.

上の例で下線部が 'It is [was] ～ that [who, which, *etc*.] ...' の型の強調構文において焦点となる重要な新情報として配置されている要素です．この焦点の位置には次のような要素も現れます．

(30) a. It was there [then] that I proposed to her.
(僕が彼女にプロポーズしたのはそこで［そのときに］だった)
b. It was because the guide was ill that we had to return.
(われわれが引き返さなければならなかったのはガイドが病気だったからだ)
c. ..., who was it that wrote this note? 〈Doyle「踊る人形」〉
(この知らせを書いたのはいったい誰だというのだ？)
d. Why was it that she trusted what he was saying?
〈Corpus of Contemporary American English〉
(彼女が彼の言うことなんか信じたのはいったなぜなのか？)

(30b) では，because が新情報を導入する語であるために強調構文の焦点の位置に出ることができることがわかります (since は聞き手や読み手が知っている理由を

節内の動詞の目的語の場合，that [who, which, *etc*.] は省略されることがあります.) たとえば，(29a) で 'It was' と who [that] を消すと《　》にあるもとの文に戻ることがわかります．もとの文が分裂した形になってますので，英語学の用語では「分裂文 (cleft sentence)」といいます．that 節内が過去であれば文頭の be 動詞の時制も過去にするのが普通ですが，必要に応じて現在形が使われることもあります．たとえば下の例では犯人を断定するのが現在なので be 動詞は現在形になっています ((i) の例は『現代英文法講義』p. 775 からの引用)．

(i) So it's the butler who killed Mr. Smith.
(では，スミスさんを殺したのは執事なんだね)

なお，'It is [was] ～ that [who, which, *etc*.] ...' や 'What ... is ～' の強調構文では，焦点の「～」が旧情報で that 節［wh 節］内の要素が新情報である例や，焦点の「～」と that 節［wh 節］内の要素の両方が新情報になる例もあります．『英語の主要構文』pp. 92–93, pp. 97–98 を参照．

述べるときに用いられる語なので強調構文の焦点には使いません）．(30c–d) のように疑問詞が焦点となる場合もあります．

次に，‘What … is ～’ の型について見ておきましょう．名詞句や前置詞句が焦点となることが通例である ‘It is [was] ～ that [who, which, *etc.*] …’ の型に比べて，‘What … is ～’ の型ではさまざまな要素が焦点の位置（下の (31) にある例の下線部）に入ります．

(31) a. What John bought was a car.（ジョンが買ったのは自動車です）
　　b. What John is, is stupid.
　　　（ジョンがどんなかといえば，ばかだ）　《形容詞（句）が焦点》
　　c. What I did to Bill was twist his wrist.
　　　（僕がビルにしたことは，手首をねじることだった）　《動詞句が焦点》
　　d. What they are doing is painting the house.
　　　（彼らがしていることは，家にペンキを塗ることだ）　《動名詞が焦点》
　　e. What Fred told us is that he wants to quit school.
　　　（フレッドが我々に話したのは，学校をやめたいということです）
　　　《that 節が焦点》

なお，(31) のタイプの強調構文は英語学の用語では「疑似分裂文 (pseudo-cleft sentence)」と呼ばれます．

10.3　省略のメカニズム

「省略」とか「削除」という用語で語られる現象で，重複する要素などの言わなくてもわかる部分を言わないですますことというように説明されます．それはそのとおりではあるのですが，省略（削除）が起きた結果として何が見えやすくなっているかをきちんと理解することが大切です．具体例を順に見ていきましょう．

10.3.1　既出の語句の省略

まずは，繰り返しを避けるための省略についていくつか見てみましょう．省略された要素がある箇所に ∅ の記号を入れておきます．

(32) a. He wasn’t angry, but his wife was ∅.　《∅ = angry（形容詞）》
　　　（彼は怒っていなかったが，彼の奥さんが怒っていた）

b. You can come with us if you want to ∅.《∅ = come with us（動詞句）》
（私たちと一緒に来たければ来ていいんだよ）

c. My house and Betty's ∅ are both on the same street.
《∅ = house（名詞句の一部）》
（私の家とベティの家は同じ通りにある）

d. I know he will come, but I don't know when [where] ∅.
《∅ = he will come（文（節））》
（彼が来ることは知っていますが，いつ来るのか［どこに来るか］は知りません）

e. The students attended the lecture but most [some, all] ∅ went home disapppinted.《∅ = students（名詞句の一部）》　〈『実例解説英文法』〉
（学生たちはその講義に出席したがほとんど［いく人か，すべて］がっかりして帰った）↑この例文，シャレになりませんな（￣Д￣；）

確認のための問題を見ておきましょう．

(33) I didn't immediately recognize Professor Smith at the conference yesterday. He（ A ）a suit and tie although he usually（ B ）.
① A: didn't put on　B: does　② A: didn't put on　B: was
③ A: wasn't wearing　B: does　④ A: wasn't wearing　B: was
〈センター試験〉

この問題のポイントは2つあります．1つは動詞 wear は進行形で「身につけている」という状態を表すということです．つまり，「そのときスーツとネクタイでなかった」という意味で "He wasn't wearing a suit and tie" となる③か④が正しいことになります．'wear a suit and tie' で「スーツとネクタイを着用している」という意味で，不定冠詞 a のつき方にも注意しましょう．もう1つのポイントは，その wear が現在形では（普段は）「身につけている」という習慣的な状態を表すという点です．その wear の代用となる助動詞として does が入ります．正解は③です．

次に，慣用的な省略の例をあげておきます．

(34) a. My father broke a rib while ∅ practicing judo.《∅ = he was》
（父は柔道の稽古中に肋骨を折った）←実話ですな．怪我して帰ったときの妻の冷たい顔がなんとも（￣Д￣；）

※接続詞が if / unless / when / while / until / once / though などの場合，従属節の主語が主節の主語と同じである場合に，従属節側の「主語＋be 動詞」が省略できます．

b. Will you postpone the meeting if ∅ possible?《∅ = it is》
（可能なら会議を延期してもらえませんか）
※似たような例として，ほかに，'if necessary'（「必要なら」），'if any'（「たとえあるにしても」，「もしあれば」），'if not A'（「A ではないにしても」），'if anything'（「どちらかといえば」，「むしろ」；「もし（何か）あるにしても［あるとすれば］）などがあります．具体例も少し見ておきましょう．

(35) a. … and they hoped that time had cooled his vindictiveness. Far from doing so, it had, **if anything**, augmented it.

〈Doyle『緋色の研究』〉

（奴らは時間が彼の復讐心（vindictiveness）をさますことを願った．（ところが）むしろ，時間は彼の復讐心を増幅したのであった）

b. There is not much left, **if anything**, to be done.
（すべきことが，たとえ何かあるにしても，ほとんどない）

類題を見ておきましょう．

(36) a. My brother loves baseball. He's an enthusiastic, (　　) not a gifted, player.
① as　② if　③ or　④ so　〈センター試験〉

b. Cold chicken is delicious (　　) salad.
① when eaten with　② when eating with
③ with when eaten　④ with when eating　〈センター試験〉

(36a) は上述の 'if not A'（「A ではないにしても」）の例です．「私の兄（弟）は野球が好きで，才能のある選手ではないにしても，熱心な選手です」という内容で，正解は②の if です．(36b) は，省略がなければ "Cold chicken is delicious when it (=cold chicken) is eaten with salad."（コールド・チキンはサラダと一緒に食べるとおいしい）という文です．したがって，「主語＋be 動詞」（'it (=cold chicken) is'）が省略されている形です．正解は①で 'when eaten with salad' の形にします．

第11章 無生物主語と名詞構文

この章では，英語らしい表現として取り上げられることの多い無生物主語や名詞構文について見ていきます．英作文でも効果的ですからしっかり身につけておきましょう．

11.1　無生物主語

次のシャーロック・ホームズの一場面を読んでみてください．暗号を解読して事件を予知したホームズとワトソンが現場に駆けつけたのですが，駅に降り立ったときには一足遅く悲劇が起こってしまっており現地は大騒ぎになっていました．そんなわけで駅長がとんできて「ロンドンから来られた刑事さんですか」と言ったのですが，声をかけられたほうのホームズはまだ事件が起きたことを知らなくてびっくりするという場面です．

(1)　… the station-master hurried towards us. "I suppose that you are the detectives from London?" said he.
A look of annoyance passed over Holmes's face.
"What **makes** you think such a thing?"　〈Doyle「踊る人形」〉
(… 駅長が私たちのところにすっとんで来て「ロンドンからいらっしゃった刑事さんとお見受けしますが」と言った．当惑の色がホームズの顔をよぎった．「なにゆえにそう思われるのですか？」)

最後のホームズのセリフでは下線部の what が主語になっていますから無生物主語

の形です．これが you を主語にして “Why do you think such a thing?” としたらどうでしょう？ 日本語訳ではうまく出せないのですが，“Why do you ...?” だと単に理由を聞いているというだけになってしまい，原文の無生物主語の文にある「意外感」が薄まってしまいます．[1] この場面ではホームズたちは事件が起きてしまったことを知らないわけですから，警察の人ですかと駅長が声をかけてきたことが意外であったという状況です．したがって無生物主語の言い方が表現としてぴったりです．

無生物を主語にした「A のせいで［おかげで］～が ... する」という言い方としては以下の例が典型です．

(2) a. ‘A（無生物主語）+ make + 目的語 + 動詞の原形’
　b. ‘A（無生物主語）+ allow + 目的語 + to 不定詞’
　c. ‘A（無生物主語）+ cause + 目的語 + to 不定詞’
　d. ‘A（無生物主語）+ force + 目的語 + to 不定詞’
　e. ‘A（無生物主語）+ enable + 目的語 + to 不定詞’
　（「A の結果［おかげで］～が ... できようになる」）

(2) の中で目的語の次が動詞の原形になるのは make だけであることに注意しましょう．(2b-e) の例文も見ておきましょう．

(2′) b. My glass **allowed** me to observe that the plaster was slightly scratched ...　〈Doyle『緋色の研究』〉
　（拡大鏡のおかげで壁土（plaster）がわずかに引っ掻かれているのがわかったよ ...）
　c. A depleted bank account had **caused** me to postpone my holiday, and ...　〈Doyle「入院患者」〉
　（枯渇した（depleted）預金口座のせいで私は休暇を延期せざるを得なかったし，...）
　d. Bad weather **forced** us to postpone our departure.
　（悪天候のせいで私たちは出発を先延ばしにしなければならなかった）

---

[1] あるいは，why を使うと変なニュアンスを感じられかねないときも無生物主語が便利です．
(i) a. **Why** did you come to Yokohama?
　《なぜ来たのかという尋問調に聞こえるかもしれません》
　b. **What** brought you to Yokohama?
　《何があなたを来させたのという感じの穏やかな口調に聞こえます》

e. A long journey may **enable** our friend to recover not only from his shattered nerves but also from his wounded feelings.

〈Doyle『バスカヴィル家の犬』〉

（長い旅のおかげで我々の友人はずたずたになった神経のみならず傷ついた心もいやされることだろう）

問題を 1 つやってみましょう．

(2″) A college education will (　　) you to get a broader view of the world.

① enable　② let　③ make　④ take　〈センター試験〉

(2″) では to 不定詞をとることができる動詞が enable だけであることに気づいてください．正解は①の enable です．

「A のせいで［おかげで］～が … できない」という言い方としては ‘A（無生物主語）+ prevent [keep, stop] + 目的語 + from *do*ing’ が用いられます．

(3) I was so firmly bound that I could not move, and a handkerchief round my mouth **prevented** me **from** utter**ing** any sound. 〈Doyle「アベイ農場」〉

（私はきつく縛られて身動きできませんでしたし，口の回りにハンカチが巻かれて声を発することもできませんでした）

「A（手段・方法など）が～（人など）を … に導く」という言い方としては ‘A（無生物主語）+ bring [carry, lead, take] + 目的語 + to …’ が用いられます．

(4) Let us take that as a working hypothesis and see what it **leads** us to.

〈Doyle「シルヴァー・ブレイズ」〉

（それを作業仮説として，どんな結論に到達するか検討してみよう）

《作業仮説とは，研究などを進める基盤としてとりあえず暫定的に受け入れられた仮説のことです ←娘よ，これは覚えておくよいいよ (^^)》

情報源などを無生物主語として，あることが「わかる［判明する］」というときには say / show / tell なども用いられます．

(5) I know no more than this message **tells** me. 〈Doyle「有名な依頼人」〉

（私はこの手紙にある以上のことはわからないのだ）

無生物主語が原因となって人が「... する（犠牲を払う）ことになる」という状況では，cost/deprive/require が使われますし，「...（する手間など）が省けるという場合には save [spare] が入った文になります．

(6) a. And that's the truth and the whole truth, Mr. Holmes, if it **costs** me my neck. 〈Doyle「アベイ農場」〉
((犯人が自分のしたことをホームズに証言して）それが真実で洗いざらいです，ホームズさん，（この証言で）私の首がとぶことになるのかもしれませんが）
《it は自分の証言のことを指します．また，ここの if は 'even if' と同じ意味で「たとえ ... でも［だとしても］」という内容になります》

b. "Ha! this may **save** us a visit to Brixton Road," whispered Holmes. 〈Doyle「青いガーネット」〉
(「ほう！これでブリクストン通りまでいかなくてすみそうだ」とホームズが小声で言った）

11.2　名詞構文

文と同じ内容を名詞を使って表すことができます．[2]

(7) a. The army destroyed the city.（その軍がその都市を破壊した）

b. The city was destroyed by the army.
（その軍によってその都市が破壊された）

(8) a. the army's destruction of the city（その軍のその都市の破壊）

b. the city's destruction by the army（その軍によるその都市の破壊）

このような名詞構文の性質をうまく使えば，文を簡潔に書くことができます．11.1 で無生物主語が生じる enable の例を見ましたが，もう少し複雑になった次の例を考えてみましょう．物語の登場人物 Jefferson Hope たちが追っ手の追跡を逃れて

[2] (8b) の例については以下のような注意が必要です（高橋）．通例は名詞化された動詞の目的語は所有格として出現できません．次の例を比較してみましょう．

(i) a. The hiker's avoidance of the cliff.（そのハイカーがその絶壁を回避する［した］こと）

b. ×The cliff's avoidance by the hiker.

この形が可能となるのは，行為を表す語の目的語になる要素が物理的な状態やステイタスなどの変化を受けたときなどに限られます．(i) の例で言えば，avoid という行為の対象になる cliff は物理的な影響などを受けていないので，(ib) のように言うことはできません．これも，1.2.4 で見た「影響性の条件 (the affectedness condition)」の効果の一例として知られています．

山道を進む場面です.

(9) More than once they lost their way, but Hope's intimate knowledge of the mountains **enabled** them to regain the track once more.

〈Doyle『緋色の研究』〉

(一度ならず道を見失ったものの，ホープが山に詳しかったおかげで一行はもとの道に再び戻ることができた)

もしここで名詞 knowledge ではなく動詞 know にして節の形になっていれば，たとえば 'since Hope knew the mountains intimately they were able to regain the track once more' といった節が複数ある長ったらしい表現になってしまいます．それに対して (9) の例では名詞 knowledge を使うことで簡潔な文体にしながら節の内容と同じ情報を込めているわけです．さすがコナン・ドイル先生．私たちも英作文をするときにぜひ見習いたいテクニックです．

次の例では名詞 refusal が使われていますが，名詞であればこそ文の主語として使えるわけで，ほかに動詞の refuse が入っている文をごちゃごちゃさせずにすんでいます．

(10) "You can **refuse** to answer; but you must be aware that your **refusal** is in itself an answer, for you would not **refuse** if you had not something to conceal."

〈Doyle『恐怖の谷』〉

(「お答えにならなくても結構です．しかし拒否なさること自体が答えになっていることはご承知おきくださいよ．何か隠すことがなければ拒否なさることはないのですから」)

次の例では名詞 absence を使うことで簡潔な言い方になっています.

(11) Did anything happen in my **absence** (＝while I was away)? 〈*ISED*〉

(私の不在時に何か起きたのですか？)

成句的になりますが，次のような例も口語でよく使われます (1.3.3 参照でも触れました).

(12) a. Give it **a try**. (やってみたらどうだい)

b. Give it **a** hard [good] **push**. (強く押してくれ)

(12a) は "Try it." ということも可能ですが，軽い代名詞 it を最後に置くよりは (12a) のほうがおさまりがよい感じがしますし，(12b) のようにいろいろな形容詞がつけられる便利さもあります．では練習問題を 1 つ．

(13)　Please have (　　) at this document before you begin your work.
　① a closer look　② a closer looking
　③ looked closely　④ looking closely　〈センター試験〉

(13) では動詞 have が目的語として名詞句 'a closer look at this document' をとる形になります．正解は①です．

次のような例はおなじみでしょう．

(14) a.　She is **a** good **speaker** of English.（彼女は英語を話すのがうまい）
　b.　My brother is **an** early **riser**/**a** late **riser**.（私の兄は早起きだ／朝寝坊だ）

第Ⅱ部

各品詞の特性

第Ⅰ部では，英語の文を形成する文法のメカニズムについて見ていきました．ここからの第Ⅱ部では，以下の章立てで品詞別の特性について見ていきます．

第 12 章　名詞
第 13 章　代名詞
第 14 章　形容詞
第 15 章　副詞
第 16 章　接続詞

個別の語彙の特性に関する話が中心になりますので，例題を解きながら知識の確認をしていく部分が多くなります．

名　詞

12.1　限定詞，定冠詞，不定冠詞

日本語では「昨日の私の講義」とか「私の昨日の講義」と言えますが，英語ではそれを機械的に直訳して ‘yesterday’s my lecture’ とか ‘my yesterday’s lecture’ 言うことはできません.[1] 英語の名詞句における限定詞（この用語は 9.1.4 で初出）の場所は 1 つだけに限られるからです.

(1) a. ×{yesterday’s my [lecture]}
　　b. ×{my yesterday’s [lecture]}

したがって，英語の名詞句の基本的な構造は限定詞を 1 つ含んだ形になります. たとえば ‘his lecture on physics’（彼の物理学の講義）であれば次のようになります.

(2) a. 《his lecture on physics》

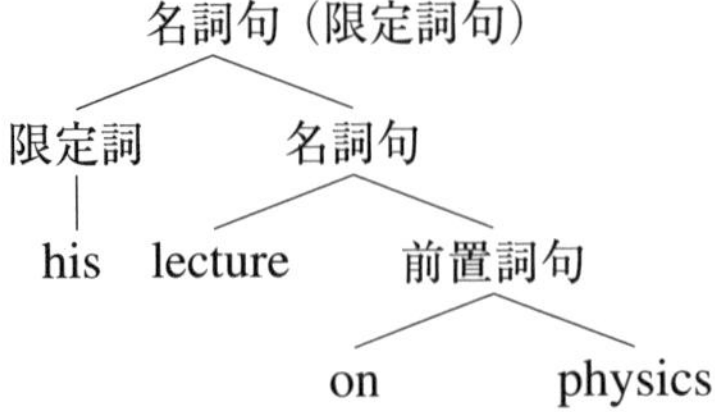

[1] もちろん ‘my lecture yesterday’ とは言えます. ‘yesterday’s lecture of mine’ は文法的には可能かもしれませんが，ネイティブ・スピーカーはまずこのような言い方はしません（McAulay）.

(2) では名詞句が二重構造になっていますが，言語学の研究では上位の方は限定詞 (determiner) を中心とした「限定詞句 (Determiner Phrase)」と呼ばれています．えっ，なんだか節が主部と述部でできた構造になっているのと似ているですって？すばらしい！ あなた，英語学・言語学をやりませんか？ 考えてみれば，"his lecture on physics" という名詞句と，lecture を動詞にした "He lectured on physics." みたいな文はよく似た表現ですから，構造が似ていても不思議ではありませんよね．

さて，英語の限定詞句の典型的な形では，限定詞として定冠詞 the を使い，話し手にも聞き手にも指し示すものが唯一的に限定されます．その代表的なものとして次のような場合があります．

☞・文脈や状況などから指し示すものがわかる場合
・形容詞などの修飾語がつくことで限定される場合
・関係節による限定があって唯一的に決定できる場合

その他にも the が使われる状況はありますので下にまとめておきます．

☞・総称的な用法（同種類［属］のものの全体を代表させ他と区別する言い方）として：

▶ The lion is the king of beasts.（ライオンは百獣の王だ）

・「典型」という意味で：

▶ "And he was well dressed?"
"Very smartly dressed, sir—quite **the** gentleman. Dark clothes—nothing you would note." 〈Doyle「赤い輪」〉
（「その男はよい身なりでしたか？」「とてもよい身なりで—まさに紳士という．黒服で—とくにこれというところはありませんでしたわ」）

・「the＋形容詞」で人々や抽象名詞相当の意味になる場合：
'the rich'（お金持ち），the true（＝truth）（真実）《'the＋固有形容詞' で国民全体を表す 'the British / Chinese / Japanese *etc.*' もあります（複数扱い）》

・この世に 1 つしかないもの：
the earth, the sun など

・その他（固有名詞に the がつく場合）：
the Carnegies（カーネギー一族）《一家・夫妻》，the Democrats（民主党）《官公庁・団体・党派》，the United States (of America)（アメリカ合衆国）《複数形

の固有名詞》[2]，the Thames（テムズ川）《川・海・海峡など》，the White House（ホワイトハウス）《公共の建物など》)，the New York Times（ニューヨーク・タイムズ紙）《新聞・雑誌》など

・慣用的な表現で：

▶ "Do you have the time?"（いま何時ですか？）
《"Do you have time? は「お時間ありますか？」》

・'by the＋単位'：
'rent a car by the hour'（1 時間いくらで車を借りる），'sell sugar by the pound'（1 ポンドいくらで砂糖を売る）

・身体の一部を指す場合（17.5.10 で扱います）：
'catch [seize, take, grab] A by the arm'（A の腕をつかむ），'pat [touch] A on the shoulder'（A の肩に触れる），'look A in the face（A の顔をまともに見る）

▶ Sherlock Holmes sat down beside him on the couch and patted him kindly on the shoulder. 〈Doyle「唇のねじれた男」〉
（シャーロック・ホームズはカウチに彼と並んで腰をおろし，やさしく彼の肩をたたいた）

そういえば，楽器を演奏すると言うときに，たとえば 'play the piano'（ピアノをひく）というように楽器に the がつき，職業や役割として演奏する場合には無冠詞になるというように説明されることが普通ですが，現在では次の例のように「楽器を演奏する」と言うときの the が省略されることが普通になってきています．

(3)　We practice playing (**the**) flute in the park on Sundays.
（私たちは日曜日に公園でフルートの練習をしています）

なお，1 人でやっている役職・地位を表す語が述部の中で用いられたり，同格として使われる場合などに慣習として無冠詞になることがあります．(4a–d) と (4e) の違いに注意してください．

(4)　a.　He was promoted to **president**.（彼は社長に昇任した）
　　b.　The people elected her **mayor**.（人々は彼女を市長に選んだ）
　　c.　Tim Cook, **CEO** of Apple, refuted these claims.
　　（アップル社 CEO のティム・クックはこういった主張を否認した）

---

[2] 'of America' がついている場合には，'of ...' で限定されているために定冠詞の the がつくともいえます．'of ...' が表面上なくても 'the United States' です（高橋）．

d. **Professor** Moriarty（モリアーティ教授）
《人名の前につくときに無冠詞になります》

e. I am the king.（私が国王である）　〈Doyle「ボヘミアの醜聞」〉
《地位ではなく具体的な人物としての国王という意味なので冠詞がつきます》

さて，ここまで見て来た定冠詞 the に対して，不定冠詞の a/an はあるものの存在を表し，聞き手にとっては新情報となります．話し手にとっては，特定の人やものを頭の中に想定している場合とそうでない場合があります．次の例を見てみましょう．名前を明かせなかった高名な依頼人の事件を解決したホームズの下宿から，依頼人の使者がのった馬車を見送るときにちらりと見えた紋章から依頼人の正体に気づいたワトソンがホームズに教えようとする場面です．

(5) "I have found out who our client is," I cried, bursting with my great news. "Why, Holmes, it is—"
"It is **a** loyal friend and **a** chivalrous gentleman," said Holmes, holding up a restraining hand. "Let that now and forever be enough for us."
〈Doyle「有名な依頼人」〉
（「依頼人が誰かわかったよ」私は叫び，大ニュースの興奮ではち切れそうだった．「なんと，ホームズ，それは―」「忠義なる友にして騎士道精神にあふれた（chivalrous）紳士だよ」と静止するよう手を上げてホームズが言った．「今もこの先も僕たちにはそれで十分としておこうよ」）

ホームズのことですから当然のこと依頼人が誰であるかには気づいているのですが，名前を出さないでおこうよということです．ホームズの頭の中には特定の人物があるわけですが，不定冠詞 a を使っています．これは日本語で「とある［ある，さる］紳士が ...」と言うときも同じでしょう．

不定冠詞の置かれている場所は実ははっきりしないところがありますので，とりあえず (6) にあるように名詞になんらかの形でくっついていると考えておきます．不定冠詞が使われる場合には話し手も聞き手も（少なくとも表面的には）特定の人や物を指してはいませんから限定詞の部分は空っぽになります．[3]

---

[3] 限定詞の位置が空所になりますから，my（私の）といった情報を入れたいときには 'a friend of mine'（=one of my friends）という形になります．なお，'a friend of my father' と 'a friend of my father's' の違いがときどき話題になりますが，特に日常会話ではどちらもよく使われますし，意味も同じで「父の友人」です．ただし，'a picture of my father' は「私の父を写した写真［描いた

(6) 《a book/books on physics》

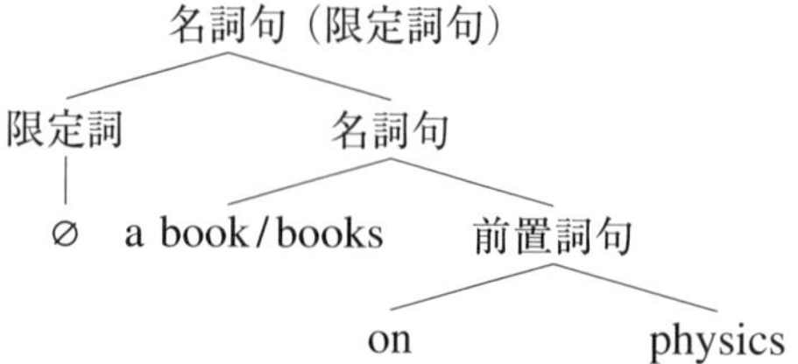

不定冠詞の a/an ですが，語源的には ān で，これが不定冠詞の an になりました．母音以外の前では -n が消失し，また，「1 つの」という意味に特化した one にもなっていったのだそうです．

この節の最後として，不定冠詞 a のはたらきを以下のようにまとめておきます．

☞ ・文脈の中で初めて出てくる普通名詞につける
・「ひとつの」という意味でつける
・種類全体を表す（"**A** penguin [Penguins/The penguin] can swim fast."）
・「ある（=a certain）」の意味でつける
・「… につき（=per）」の意味でつける
・'a+固有名詞' で「… とかいう人」，「… のような人物」，「… の作品［製品］等」の意味（'a Mr. Brown'，'an Edison'，'a Rembrandt' など）
▶ The boy will be an Edison of Japan.
（その少年は日本のエジソンになるだろう）
・「同じ」という意味でつける．
▶ Birds of a feather flock together.（同じ羽の鳥は群れをなす（類は友をよぶ））

12.2　可算名詞・不可算名詞

さて，いよいよ日本語話者にとっての関門である可算名詞と不加算名詞について見ていきます．名詞には次の 5 種類があります．

絵］」という意味で，'a picture of my father's' は私の父が所有する写真［絵画］」という意味になります．

➡ **数えられる名詞（可算名詞）**

・普通名詞（book, table, house, pencil, week など）
・集合名詞（family, class, team, people など）

➡ **数えられない名詞（不可算名詞）**

・抽象名詞（happiness, freedom, hope, machinery, peace, progress, room（空間）, virtue など）
・物質名詞（butter, clothing, sugar, milk, money, air, gold, water など）
・固有名詞（James, Germany, Sunday, January など）

↑娘よ，sunday みたいに小文字にしちゃいけませんぜ！

不定冠詞 a/an は「ある1つのもの［こと］や1人の人」を表すときの言い方ですから，数えられる名詞とともに用いられるのは当然として，数えられない名詞が数えられる普通名詞になる場合にも使われますので注意しておきましょう．

(7) a.　固有名詞が普通名詞に：

▶ He is **a** Mr. Godfrey Norton, of the Inner Temple.

〈Doyle「ボヘミアの醜聞」〉

（彼はゴフドリー・ノートンといって，イナー・テンプル法学院にいる男だ）

b.　物質名詞が普通名詞に：

▶ "What is it, then—**a** fire?"　〈Doyle「まだらの紐」〉

（じゃあどうしたと言うんだい，火事か？）

《物質名詞「火」でなく普通名詞「火事」として》

c.　抽象名詞が普通名詞に：

▶ Lying is **a** vice.（嘘をつくのは悪い行いだ）

《1つの悪い行いということで普通名詞化しています．抽象名詞としては，たとえば 'virtue and vice'（徳と不徳）というようなときには無冠詞です》

なお，定冠詞と不定冠詞というとまるで対の存在のように思ってしまいがちです．しかしながら，(2) や (6) でも見たように，a/an と the は生じる場所も異なりますし，本質的な機能も別なものです．the は特定しているかどうかが問題になるわけですから，名詞が数えられるか数えられないかは関係ありません．information という名詞を例にとってみましょう．information は可算名詞に変わることのない「純粋な」抽象名詞です．したがって形容詞がついても a/an をそのままつけることはできないので，もし情報を 1 つ，2 つと数えるのであれば ‘a piece [bit] of information’，‘two pieces [bits] of information’ という言い方になります．[4]

一方で，定冠詞 the が問題にするのは数えられるか数えられないかではなく，特定されているかどうかですから information に the がつくことはあります．次の例はよく目にします．

(8) a. Thank you for **the information**.
  b. Thank you for letting me know (that/it).

どちらも「知らせてくれてありがとう」という意味ですが，(8a) は幅広い状況で使われます．(8b) は特に何か確かな事実や知識とか詳細を教えてもらったときによく使われます．

なお，many や ‘a large number of’ は可算名詞，much や ‘a large amount of’ は不可算名詞に使われますが，‘a lot of ‘ (‘lots of’) はどちらにも使えて便利ですし，特に肯定文では much/many よりも ‘a lot of ‘ (‘lots of’) が広く使われます．

上では ‘a piece of ...’ の形を取り上げましたが，名詞に応じて特有の数え方がありますから，代表的なものは把握しておきましょう．

➡ 物質名詞の数量の表し方

a cup of coffee/tea
《お店で “Two coffees, please.” とか “Two beers!” と注文することはできます (高橋)》
a glass of wine/water/beer
a sheet of paper/cardboard (ボール紙)
a cake of soap《‘a piece of cake’ は「ケーキ一切れ」，「わけもない［朝飯前の］こと」》
a spoonful of sugar/jam
a slice of bread/ham
an ear of corn (トウモロコシの実 1 本)

[4] 抽象名詞の advice/news/poetry/work/homework や物質名詞の equipment/furniture/luggage/baggage なども同様です．mail は昔から不可算名詞の代表としてとりあげられていますが，電子メール (e-mail/email) の場合はしばしば可算名詞として扱われます．

➡ 集団・群れなどの表し方

a school of fish《「魚の学校」ではなく「魚の群れ」》
a flock of sheep《ヒツジ・ヤギ・鳥などの群れ（ときに人にも使います）》
a herd of cattle《家畜の群れ》
a bunch of flowers《(同一の物の）束，一団》
a cluster of grapes《花，果実などの房やかたまり》

同じ単語でも可算名詞・不可算名詞の区別を文脈から判断する必要が生じる場合もありますので，次のような例には注意しましょう．

(9)　You've got (　　) on your tie. Did you have fried eggs for breakfast?
　① a few eggs　② an egg　③ some egg　④ some eggs
〈センター試験〉

「ネクタイに卵がついてるよ．朝食に目玉焼きを食べたの？」という意味ですが，空欄に入るのは可算名詞としての「卵」ではなく卵（目玉焼き）のかけらがついているということで１つの卵としての形ではなくなっていますから冠詞のつかない言い方になります．正解は③です．たとえばリンゴでも果肉とか料理したものという意味では無冠詞になります．

▶ I like **apple** and blackberry in my fruit pie.
（私はフルーツパイの中のリンゴとブラックベリーが好きだ）

最後に，複数形が用いられる慣用表現について見ておきましょう．友人関係とか交換を表す相互複数 (plural of reciprocity) が代表的です．

➡ 相互複数

make friends with A（A（人）と親しくなる）《'be friends with A' は「A（人）と友人である」》
change trains（列車を乗り換える）
shake hands (with)（握手する）
take turns in [at]/take turns *do*ing [to *do*]（交替で … する）

「方法」や「手段」という意味での means は単数形としても複数形としても同じスペリングになりますので注意しましょう（通例，《米》では複数扱い，《英》では単複両扱いと言われます．(10) では Doyle（イギリス英語）の例を見ましょう）．

(10) a. I must raise the money in some way, and if you will not let me have it, then I must try other **means**. 〈Doyle「緑柱石の宝冠」〉
(私はどうにかしてお金を工面（raise：金を調達する）しなければなりませんので，もし私にお金をいただけないのなら他の手段をとらなければなりません）
《'other means' ですから複数扱いになっています．(the を伴わずに other が単数名詞を修飾するのは通例 'any [some, no, one] other 単数名詞' の形です）
▶ I have seldom heard him mention her under **any other** name.
〈Doyle「ボヘミアの醜聞」〉》
（私は彼が彼女のことを他の呼び方で口にするのを聞いたことがない）

b. At first it seemed to be impossible, but I soon devised a **means**.
〈Doyle「ぶな屋敷」〉
（初めは不可能と思われたのですが，すぐに手だてを工夫しました）
《'a means' で単数扱いになっています》

そのほかに，複数形の regards は特別な意味で用いられます．

(11) Please give my best **regards** to your mother.
（お母さまによろしくお伝えください）
《regard は「注意」，「尊敬」という意味．この例の regards は「よろしくというあいさつ」の意味》

逆に，ハイフンでつないだ形で名詞の前に置かれるときに必ず単数形になる 'a five-year plan'（「五カ年計画」）のような例もあります（'a five-years plan' とは言えません）．また，交通手段などをいうときに 'by train' というように無冠詞になるケースもあります．[5]

---

[5] 単複両形の名詞以外に，特徴的な変化をするラテン系名詞の複数形も注意しておきましょう．
alumnus → alumni
datum → data
phenomenon → phenomena
oasis → oases
私は下線部を見て「牛 Usi，馬 uma 女 ona，家 ie の法則」として覚えました（笑）（石渡）

以上が名詞や冠詞に関する概要です．次節では具体的な問題を見ながら注意すべき項目について確認していきましょう．分数や「1年半」といった表現と単数・複数扱いについても出てきます．

12.3　具体的な設問例

この節では，文法・語法問題に出題されることの多いポイントを含む例文をとりあげていきます．

12.3.1　複数形になる「交換」「相互」を表す名詞

▶ The girl tried to make (　　) with the dog.
（女の子はその犬と仲よくなろうとした）
① contacts　② friends　③ goods　④ intimates　⑤ terms

'make [become] friends with A' で「A と友だちに［親しく］なる」という意味です．正解は②の friends です．複数形の contacts は「コネ」とか「有力な知り合い」という意味で使われることがあります．"At the party I made some valuable contacts." は「私はそのパーティーで有力者と知り合いになった」という意味になります．'be [keep, stay] in (close) contact with A' は「A と（緊密な）やりとりがある」とか「A と接触を続ける」という意味で使われます．こちらは単数形の contact ですから注意しましょう．

12.3.2　「関係」を表す名詞

▶ It is quite certain that when Mrs. Barclay left the house at half-past seven she was on good (　　) with her husband.　〈Doyle「背の曲がった男」〉
（バークレー夫人が7時半に家を出たときには夫との仲がよかったのは確実です）
① condition　② connections　③ term　④ terms

terms は交際上の「間がら」,「… の仲」という意味です. 'on good [friendly] terms' で「間がらが良好だ」という意味になります. 正解は④の terms です.

12.3.3　the＋形容詞

▶ Many experts think that we need to create more job opportunities for (　　).
① a young　② the young　③ young　④ younger　〈センター試験〉

'the＋形容詞' で「… の人々」という意味で, たいていの場合 '形容詞＋people' の形に置き換えることができます.「多くの専門家が若者たちの就職の機会をもっとつくる必要があると考えている」という意味で, 正解は②の 'the young' (＝young people) です.

12.3.4　「動詞＋人＋前置詞＋体の部分」

体の一部に何かをするというときの言い方で, 前置詞の後にその体や衣服の部位を示す語が定冠詞をつけて出てきます. 17.5.10 で再度扱います.

▶ … I was standing at the Criterion Bar, when someone tapped me on (　　) shoulder, and turning round I recognized young Stamford …
〈Doyle『緋色の研究』〉
(… 私がクライテリオン酒場に立っていると, そのとき誰か私の肩をたたいた (tapped) 者があり, 振り返ってみるとスタンフォード君であった)
① the　② a　③ my　④ one's

'tapped [patted] me on the shoulder' で「私の肩をたたいた」という意味です. 正解は①の the です. 他の代表的な言い方として次の例も確認しておきましょう.

▶ He **caught** me **by the hand**. (彼は私の手をつかんだ)
▶ She **looked** me **in the eye** [**face**]. (彼女は私をじっと見つめた)
《'look A in the eye [face]' で「A の目 (顔) をじっと見つめる［まともに見

る（やましさがないという態度)]」という意味です（⇒ 17.5.10）．ここでの動詞 look は他動詞の形になっています．うっかり ‘×look at A in the eye’ としないように注意しましょう（田中)》

12.3.5 「分数」

▶ The population of San Francisco is (　　) that of Tokyo.
① less of one tenth than　② less than one tenth of
③ less than one tenths　④ one tenth less　〈センター試験〉

「サンフランシスコの人口は日本の人口の 10 分の 1 より少ない」という内容で，tenth は「10 分の 1」という意味です．正解は②の ‘less than one tenth of’ です．「3 分の 1」なら ‘one third’ で分母のほう（third）の部分は単数形です．「3 分の 2」は？ はい，‘two thirds’ です（third（3 分の 1）が 2 つということですね)．「4 分の 3」は？ … ひっかかりませんでしたか？ ‘three quarters’ です（^^)．（‘three fourths’ という言い方もありますけどね.）

12.3.6 「minute(s)」

▶ It is a ten-(　　) walk from here. (＝It is (a) ten minutes’ walk from here.)
① minute　② minutes
▶ You are ten (　　) late.
① minute　② minutes

上の問題は，‘a ten-minute walk’ で正解は①の minute です．下の問題は ‘ten minutes late’ で正解は②の minutes です．

第13章 代名詞

13.1 it, one, ones の用法

one は 'a＋可算名詞の単数形' を受ける代名詞で，it は 'the＋単数名詞（可算名詞および不可算名詞）' など「特定のもの」を受けるのに使われる代名詞です．典型的な例をあげてみます．

(1) A: "Do you have an eraser?"（消しゴム持ってる？）
B: "Yes, I have (　　)."（(1つ) 持ってるよ）
① it　② one　③ the one　④ so

(2) Have your pistol ready in case we should need (　　).
〈Doyle「まだらの紐」〉
（君のピストルを準備しておいてくれよ，そいつを必要とする場合に備えてね）
① it　② one　③ the one　④ so

(1) では「1つ（'one＝an eraser'）持ってるよ」ということで，A の発話内の 'a＋可算名詞の単数形' である 'an eraser' を受けて B の発話では one と言っています．正解は②の one です．不可算名詞（tea とか rice といった数えられない名詞）は one で受けることができないので注意しましょう．(2) では 'your pistol' という特定のものを受けての「そいつ」ということで it が使われます．正解は①です．

少々手強い実例も見てみましょう．one と ‘the one’ の比較です．下の（3a）では one は前にある crimes という表現を受けての ‘a crime’ という表現に相当します．ただし，one は修飾語や関係節がついて限定される場合には定冠詞 the がつくことがあります．（3b）では ‘the most difficult crime’ という唯一的なものを指す言い方を受けて ‘the one’ となっています．

（3）a. My good Hopkins, I have investigated many crimes, but I have never yet seen **one** which was committed by a flying creature.

〈Doyle「ブラック・ピーター」〉

（ホプキンズ君，私は多くの事件を捜査してきたが，まだ空飛ぶ犯人がしでかした犯罪にはお目にかかったことがないよ）

b. The most difficult crime to track is **the one** which is purposeless.

〈Doyle「海軍条約」〉

（最も解決困難な犯罪は目的のない犯罪だ）

（3a）でも one に関係節がついてはいますが，ここでの one（＝‘a crime’）は関係節も含めた「空飛ぶ犯人がしでかした犯罪（**one** which was committed by a flying creature)」が新情報です．それに対して，（3b）では ‘the one’ 自体は ‘the most difficult crime’ を受けた旧情報として the がついており，新情報は ‘is purposeless’ の部分であり，強勢も purposeless に置かれます．

ones は one の複数形で，定冠詞がついたり，形容詞がついたりします（ones だけが単独で使われることはありません）．次の例を見てみましょう．土地の地下に貴重なフラーズ・アース（漂布土，羊毛の脱脂などに使われる吸着活性の強い粘土）の層（deposit）が見つかったという話をしている場面です．層（deposit）を受ける it，one，ones の使われ方を確認しましょう．

（4） I was fortunate enough to discover that there was a deposit of fuller’s-earth in one of my fields. On examining it, however, I found that this deposit was a comparatively small **one**, and that **it** formed a link between two very much larger **ones** upon the right and left—both of them, however, in the grounds of my neighbours. 〈Doyle「技師の親指」〉

（幸運なことに，私の土地の一部にフラーズ・アースの層が見つかったのです．しかし，調べてみると，この層は比較的小さなの（層）で，それは左右にあるもっと大きなの（層）の２つをつなげているのだということがわかりましたが，その両方と

も他人の地所の下にあるのです）

太字になっている one/it/ones はそれぞれ，‘a comparatively small deposit’/‘this deposit’/‘two very much larger deposits’ という意味内容を指す語として用いられています．‘a comparatively small one’ にあるように one の前に形容詞がつく場合には ‘a＋形容詞＋one’ の語順になります．

13.2　that, those, such の用法

名詞の反復を避けるためなどの理由で that や those が代名詞として使われることがあります．[1] that は ‘the＋単数名詞（可算名詞および不可算名詞）’ を受け，those は ‘the＋複数名詞’ を受けます．また，those は「人々」の意味としても用いられます．

(5) a. He has the power of observation and **that** of deduction.

〈Doyle『四つの署名』〉

（彼は観察の能力と推理の能力をもっていた）

b. They all agreed that only two voices were to be heard, **those** of Barclay and of his wife. 〈Doyle「背の曲がった男」〉

（彼らの一致している証言では，聞こえたのは 2 人の声でバークレーと彼の妻のものであったそうだ）

c. I cannot agree with **those** who rank modesty among the virtues.

〈Doyle「ギリシア語通訳」〉

（僕は謙虚さを美徳の中に入れる人たちには賛成できないね）

では少し練習してみましょう．

---

[1] 次のように名詞が省略された形になっているという考え方もあります．省略された名詞の部分を ⌀ で表しておきます．限定詞の that や those の後に名詞があるのですが，その名詞の部分が省略されて発音されない形になっています．

(i) a. [名詞句 That [名詞 ⌀]] was a nice idea.

b. John thought about [名詞句 those [名詞 ⌀]]. 〈『語彙範疇 (II)』p. 75〉

p. 203 脚注 8 で “Mary is **the** tall**er** of the two girls.” というときに taller の後に名詞の存在が意識されている可能性について述べたことも思い出してください．

(5′) a. The figure was far taller than (　　) of Stapleton, far thinner than (　　) of Frankland.

① one　② ones　③ that　④ those

〈Doyle『バスカヴィル家の犬』〉

《ワトソンが見かけた怪しい男のことをホームズに知らせたときのことば》

(その姿かたちはステイプルトンよりもっと長身でフランクランドよりずっと細かった)

b. The results of Experiment A are more reliable than (　　) of Experiment B

① ones　② that　③ these　④ those　〈センター試験〉

(5′a) はいずれも the figure (背格好) を受ける that が入ります．正解は③です．(5′b) は「実験 A の結果は実験 B の結果より信頼できる」という内容で results (結果)《複数形》を受けて those が入ります．正解は④です．

特殊な例として，this/that/these/those と同じように代名詞として such が文脈からわかるものを指すことがあります．次の例はホームズの依頼人が読みあげている古い家に伝わる奇怪な物語の中の終わりの部分の一部です．

(6) **Such** is the tale, my sons, of the coming of the hound which is said to have plagued the family so sorely ever since. 〈Doyle『バスカヴィル家の犬』〉
(これがことの顛末なのだ，息子達よ．それ以来わが一族累代に呪わしくたたる (plague) 犬 (hound) が出現したのだ)

また，such は「そのような人・物」を意味する代名詞として ‘as such’ (そういうものとして) という言い方で使われます．下の例では，such が ‘Isa Whitney’s medical adviser’ を受ける代名詞として機能しています．

(7) I was Isa Whitney’s medical adviser, and **as such** I had influence over him. 〈Doyle「唇のねじれた男」〉
(私はアイザ・ホイットニーの主治医だから，その立場として彼に言うことを聞かせることができた)

‘as such’ は次のような用法にも注意しておきましょう．英文の (　　) 内のパラフレーズや日本語訳を確認してください.

(8) This isn't a good book **as such** (＝if one judges it as a book), but it has some interesting pictures. 〈*Chambers*〉
（これは本としてはそれ自体大したものではないが，面白い画像がいくつか載っている）

13.3 it の特殊な用法（形式上の主語・目的語）

代名詞 it の用法として次のように形式的な主語となり，that 節や to 不定詞節などを受けるというのはおなじみでしょう.

(9) **It** is clear **that** this unfortunate man was about to return to New York. 〈Doyle『緋色の研究』〉
（この被害者の男がニューヨークに戻ろうとしていたのは明らかです）

ところが形式的な目的語になるケースでは慣用的な言い回しとあいまってむずかしくなることがあります. 形式的な代名詞 it とそれが指す内容（下線部）を次の例で確認してみましょう.

(10) a. Joseph and the groom found marks on the bed outside the window, but the weather has been so dry lately that they found **it** hopeless to follow the trail across the grass. 〈Doyle「唇のねじれた男」〉
（ジョセフと馬丁（groom）が窓の外の花壇（bed）に足跡を見つけたのですが，このところの乾燥した天候で芝生を通って跡（trail）を追うことは望みがないとわかったそうです）
《5.1.6 (37) および (38) で見た形です》

b. "There are several points on which I should like your advice, and especially as to whether we do not owe **it** to the public to remove our horse's name from the entries for the Cup." 〈Doyle「シルヴァー・ブレイズ」〉
（「アドバイスをいただきたい点がいくつかありまして，特に私どもがうちの馬の名前をレース（ウェセックス杯）の出走馬表からはずすという義務が世間に対してないのだろうかという点です」）
《'owe A to B' で「B（人）に A（恩義・謝罪など）を負っている」とい

う意味ですが，ここでは A を形式目的語の it として ‘owe it to B to *do*’ の形にして「B（人）のために … する義務がある」という表現になっています》
《it を受ける部分が to 不定詞節ではなく that 節になることもあります（下の（10c））》

c. See to **it** that this never happens again! 〈*Chambers*〉
（これが二度と起きないようにしておきたまえ！）
《波線の下線部にある ‘see (to it) that …’ で「… するよう取りはからう［気をつける］」という意味ですが，この it が形式目的語になって that 節の内容を指します．that 節の中は未来のことでも現在形が普通で未来を表す助動詞は通例入れません．13.8.7 で扱います》

d. Rumor has **it** that they are getting married.（彼らは結婚するという噂だ）

（10c）の ‘see (to it) that …’ は慣用的な言い方ですが，（10d）の ‘rumor has it that …’（… という噂だ）も慣用的な言い方で形式目的語の it が使われています．

なお，that 節を受けるのに so や not が使われる例が取り上げられることもあります．

(11) a. “I suppose you are within your rights—and maybe doing your duty—in asking such a question, Mr. Holmes.”
“We will agree to suppose **so**,” said Holmes. 〈Doyle「ソア橋事件」〉
（「君は君の権利の範囲内で，そしておそらく職業的義務を果たしているということなのだろうが，そんな質問をするわけだね」「そう思っていただいてよいかと存じます」とホームズが言った）

b. “Oh, yes, I should like a little sunshine. Joseph will come, too.”
“And I also,” said Miss Harrison.
“I am afraid **not**,” said Holmes, shaking his head. “I think I must ask you to remain sitting exactly where you are.” 〈Doyle「海軍条約」〉
（「ああ，そうですね，すこし日光にあたりたい気がします．ジョセフも来るだろう？」「私もまいりますわ」ミス・ハリソンが言った．「あいにくですが」とホームズが首を振って言った．「あなたにはいまおられる場所にそのまま座っていていただくようお願いせねばなりません」）

（11a）では相手の発現の “I suppose” 以下の内容を受けて so と言い，（11b）では「私もまいります」という言葉を受けて「そうしてはいけません」という意味で not

と言っています.

13.4　再帰代名詞を含む慣用表現など

この節では，再帰代名詞を含む慣用表現の例文を取り上げていきます.「前置詞＋再帰代名詞」は数も多いので混同しないよう注意して整理しておきましょう.

➡ 他動詞の目的語の再帰代名詞

➢ **enjoy *one*self**「楽しむ」

▶ I **enjoyed myself** very much at the beach.（私は海でとても楽しんだ）

help *one*self (to A))「(A を) 自由に取って食べる［飲む］」

▶ "Good! What are you going to take, Mr. Phelps—curried fowl or eggs, or will you **help yourself**?"　〈Doyle「海軍条約」〉

（「いいね！ 何を召し上がりますか，フェルプスさん—チキン (fowl：鶏肉)・カレーか卵か，それとも自分で好きなのをお取りになりますか？」）

➢ **make *one*self at home**「くつろぐ」

▶ Please **make** your**self at home**.（どうぞお楽になさってください）

➡ 「前置詞＋再帰代名詞」

➢ **by *one*self**「ひとりで（＝alone, without any other people)」,「独力で (without help from anyone)」,「ひとりでに」

▶ I can do it **by myself**.（私はそれを自分だけでやれます）

➢ **to *one*self**「自分だけに［独占して］」,「自分の心の中で」

▶ I have this room (all) **to myself**.（私はこの部屋を自分だけで使っている）

《意味を強める all がつくことがよくあります》

▶ … "You have been in Afghanistan, I perceive."

"How on earth did you know that?" I asked in astonishment.

"Never mind," said he, chuckling **to himself**.　〈Doyle『緋色の研究』〉

（「アフガニスタンにおられましたね」「どうしてわかるのですか？」と私は驚いて尋ねた.「気にしないで」といって彼は 1 人でくすくす笑った.）

《ホームズとワトソンが出会ったときの有名なシーン》

➢ **for *one*self**「独力で（自分のためになるように）」，「自分のために」（⇒ 13.8.6）

▶ This morning I received this letter, which you will perhaps read **for yourself**. 〈Doyle『四つの署名』〉
（今朝この手紙を受け取ったのだが，自分で読んでみてくれないか）

➢ **between ourselves**（＝between you and me）「ここだけの話だが（speaking in confidence）」

▶ This is **between ourselves**.（ここだけの話ですよ）
beside *one*self（with A）「（A で）我を忘れて（wildly excited, mad, out of *one*'s senses）」

▶ He was **beside himself** with anger.（彼は怒りで我を忘れた）

➢ **in itself [themselves]**「それ自体，本質的に」

▶ Each fact is suggestive **in itself**. 〈Doyle「ブルース・パーティントン型設計図」〉
（それぞれの事実それ自体が示唆に富んでいた）

➢ **in spite of *one*self**「思わず」，「われ知らず」，「予期せず」

▶ His joke made her daughter laugh **in spite of herself**.
（彼の冗談に娘は思わず笑ってしまった）
《＝≒despite *one*self（← of が入らないことに注意）》「意に反して」，「思わず」

▶ I had to laugh **despite myself**.（私は思わず笑うしかなかった）

13.5　所有代名詞の注意点

'×this my old camera' のように名詞の所有格と a/this/that/these/those/no/some/any etc. を並べて名詞を修飾することはできませんので，代名詞であれば次のように所有代名詞を用いた言い方になります．（p. 283 脚注 3 も参照）

（12）　She said to me that I was just a friend of hers.

↑ 昔の悪夢がよみがえる（T♊T)アーウ…

（彼女は私に自分はただの友達にすぎないと言った）

厳密に言えば，'one of her friends' であれば私の何人かいる友人の中の 1 人ということですし，'a friend of hers' というときには他の友人がいるかどうかは意識されてなくてもかまいません．代名詞でなければ ‘a friend of my father [father's]’ といった形になります．

13.6　不定代名詞 another，the other，the others

不定代名詞の one や ones についてはすでに見ましたので，この節では，another/other/others について見ておきます．

another も other も代名詞・形容詞で，other は代名詞のとき複数形 others があります．other が単数のときは the/any/some/no などがつくのが通例です．2 人（2 つ）あるうちの特定された残りの 1 つ（1 人）というときは（多くの場合 ‘(the) one’ と対比させる形で）‘the other’ を使います．3 人（3 つ）あるうちの特定されたもの以外の複数の残りすべてというときは ‘the others’ を使います．（残りが 1 つ（1 人）であれば ‘the other となります（森）．）

(13)　He must have misread it. If so, it must have been one of those ingenious secret codes which mean one thing while they seem to mean **another**.

〈Doyle「グロリア・スコット号」〉

（彼はそれを読み間違えていたのに違いない．そうだとしたら，それは巧妙な（ingenious）秘密の暗号で他の意味に見えるけれども本当の意味を持っているはずだ）

(14)　“Now, Watson,” said he, “we have picked up **two** clues this morning. **One** is the bicycle with the Palmer tyre, and we see what that has led to. **The other** is the bicycle with the patched Dunlop. …

〈Doyle「プライアリイ・スクール」〉

（「さて，ワトソン」ホームズが言った．「我々は今朝 2 つの手がかりを見つけた．1 つはパーマー製のタイヤ（tyre《英》＝tire）の自転車で，後を追ったら見ての通りだ．もう 1 つはつぎのあててあるダンロップ製のタイヤの自転車だ …）

(15)　Now, only one white man's name is on the chart. **The others** are Hindoos or Mohammedans.　〈Doyle『四つの署名』〉

（地図には白人の名前は 1 つしかありませんでした．他はヒンドゥー教徒か回教徒でした）

3 つ以上のなかで「残り全部の」というときに ‘the other＋複数名詞’ の形になります．同じ種類の残り全部ということで one の複数形 ones で受けて ‘the other ones’ とすることもできます．

(16)　These books are mine. **The other ones** are John's.

〈『現代英文法講義』p. 503〉

（これらの本は私のです．残りは全部ジョンのです）

次の例は another の慣用表現です．(17a) は 'one thing' と呼応した例で，"Saying is one thing and doing is another." (言うとするは大違い) というような形でよく目にしますが少し複雑になっているので見落とさないように．

(17) a.　Self-defense is **one thing**. To entice a man in cold blood with the object of murdering him is **another**, whatever danger you may fear from him.　〈Doyle「ウィステリア荘」〉

（正当防衛というのはなるほどあります．（しかし）冷血にも殺そうとしておびき寄せる (entice) というのは正当防衛とは別な話ですよ，相手にどんな危険を感じているにせよね）

b.　Had the wanderer remained awake for **another** half hour a strange sight would have met his eyes.　〈Doyle『緋色の研究』〉

（もしそのさすらい人がさらにもう半時間ほど起きていたら，奇妙な光景が彼の目をとらえたことであろう）

《「さらに … の」という意味で数詞などの前におくことができ，その場合，たとえば "There are **another** three rooms (＝three more rooms) upstairs." (「2 階にはさらにもう 3 室ある」) のように言えます》

c.　He walked for a couple of miles through **one** ravine **after another**.

〈Doyle『緋色の研究』〉

（彼は 2，3 マイルも谷間 (ravine：川のある峡谷) から谷間と歩いたが …)

《'one … after another'「1 つまた 1 つの … を」，'one after another'「次から次へと」》

13.7　数量詞

本章最後のこの節では，数量や比率を表す数量詞について見ていきます．

13.7.1　both，every，each

all はある人や物の集団を全体として見た言い方です．every は個別の感じがありますが，全体を考えているともいえますので訳語が「みんな」となることもあります．each になると個々を見ているという感じが強くなります．

(18) a. **All** the men have weapons.（全員が武器を持っている）
《複数形．all が「すべてのもの」といった文脈で使われるときは単数扱いになります（“All **was** lost in the fire.”「その火事ですべてが失われた」)》

b. **Every** man has a weapon.（みんなが武器を持っている）
《動詞は単数形を受けます．every のつく単数名詞は単数形の代名詞で受けるのが原則ですが，インフォーマルな用法では複数形で受けることもあります》

▶ “**Every** parent in here wants a better life for **their** child,” she said. 〈*Corpus of Contemporary American English*〉
（「ここにいるどの親も自分の子供によりよい暮らしを望んでいます」と彼女は言った）

c. **Each** man has a weapon.（おのおのが武器を持っていた）
《each は各人を確認したという感じが出ます．every と同様に，動詞は単数形を受ける形になります．each のつく単数名詞は単数形の代名詞で受けるのが原則ですが，インフォーマルな用法では複数形で受けることもあります》

▶ I think that that is so sensitive that **each** parent has to make a judgment for **their** own children.
〈*Corpus of Contemporary American English*〉
（それはとても慎重を要するので，親が各自で自分自身の子について決断しなければならないと考えます）

また，each は形容詞としても代名詞としても使えるので，単独で使って “Each had a weapon.” と言えます（every は形容詞）．

every は全体が小さい数のときにはあまり使われませんが each は小さい数にもよく使われるので，2 人［2 つ］でも使えますし，‘each other’（「(お) 互い」）（≒‘one another’）は 2 人［2 つ］でも 3 人［3 つ］以上でも使えます．あ，‘each other’ は代名詞ですよ，念のため．日本語の「お互いに」という副詞的な訳語に引きずられて勘違いしないように．代名詞ですから次の例では ‘each other’ の前に前置詞 with が必要になります．

(19)　We fell in love **with** each other.（私たちはお互いを好きになった）

both（=one and the other）は「両方」とか「双方」という意味で，複数形として動詞が受けます．

(20)　That only two glasses were used, and that the dregs of **both** were poured into a third glass, so as to give the false impression that three people had been here.　〈Doyle「アベイ農場」〉
（使われたのはグラスの2つだけで，両方のおり（dregs：底にたまったかす）が第3のグラスに注がれて3人の人間がここにいたかのような誤った印象を与えようとしたのだ）

否定文では「両方とも … というわけではない」となることに注意しましょう．

(21)　a.　I don't want **both** of them.（両方ほしいわけではない）
《一方だけあればよい》
b.　I do**n't** want **either** of them./I want **neither** of them.
（どちらもほしくない）

(21a) と (21b) の意味の違いに注意しましょう．either/neither については次節でとりあげます．

人称代名詞と all/both の語順も見ておきましょう．

(22)　a.　**All/Both** of us went to the party.（みんな／2人ともパーティーに行った）
b.　We **all/both** went to the party.（みんな／2人ともパーティーに行った）
c.　We ate **all/both** of them.（全部／両方とも食べた）
d.　We ate them **all/both**.（全部／両方とも食べた）

each も 'each of us/you/them' と 'we/you/they each' という言い方がありますが，前者は単数扱い，後者は複数扱いで動詞が受けることに注意しましょう．

(23)　a.　**Each** of us has a map.（めいめいが地図を持っています）
b.　We **each** have a map.

この節の最後に every の慣用用法として 'every other' を見ておきましょう．'every other A' の形で「1つおきの A」,「ほかのすべての A」という意味になります．

(24) a. Write on **every other** line. (1 行おきに書きなさい)

b. He gnawed his lip, drummed his fingers upon the table, and showed **every other** symptom of acute impatience. 〈Doyle『緋色の研究』〉
(ホームズは唇をかみ (gnaw /nɔː/ ガリガリかじる), テーブルの上を指でたたき, その他いらだちを示すあらゆる様子を見せた)

13.7.2 either, neither, none

前の節で次の例文の意味の違いをとりあげました. この節では either や neither について詳しく見ることにします. ('both … and …', 'either … or …', 'neither … nor …' という相関接続詞については第 16 章 (接続詞の章) で扱います.)

(25) (＝13.7.1 (21))

a. I don't want **both** of them. (両方ほしいわけではない)
《一方だけあればよい》

b. I do**n't** want **either** of them. / I want **neither** of them.
(どちらもほしくない)

問題で確認しておきましょう. 下の (26a) は 9.1.4 で見ました. 応用例として (26b) と (26c) を考えてみましょう.

(26) a. "I heard Daiki's sisters are twins. Have you met them?" (＝9.1.4 (17))
"No, I haven't met (　　) of them yet."
① each　② either　③ every　④ neither 〈センター試験〉

b. … although we made every possible search and inquiry yesterday, we know nothing of the fate (　　) of Rachel Howells or of Richard Brunton. 〈Doyle「マスグレイヴ家の儀式」〉
① each　② either　③ every　④ neither

c. … from that day to this no word has ever been heard (　　) of the beautiful woman, the sinister German, or the morose Englishman. 〈Doyle「技師の親指」〉
① either　② every　③ neither

(26a) は助動詞が haven't となっていて否定語を含んでいますので，空所には②の either が入るのでしたね．(26b) は応用例として nothing が否定語の例です．「昨日手を尽くして捜索したのだが，レイチェルもブラントンもどうなったのかわからなかった」という内容です．否定語と or があって「A も B も」の形ですから either が入ります．正解は②です．(26c) はおまけとして，either が「3者択一」の状況で使われる例をあげておきました．「その日から今日まで，その美女と邪悪な (sinister) ドイツ人，そして陰気な (morose) イギリス人のいずれについても消息がまったくなかった」という意味です．このような 'either A, B, or C' の形もときどき目にすることがあります．正解は①です．

neither は「A でもなければ B でもない (not one and not the other)」という意味で，対象になるのは2人［2つ］です．2人［2つ］の否定には 'neither of' を使い 'none of' は使いません．次の例を比較してみましょう．

(27) a. "Who's killed, then? The J.P. or his son?"
"**Neither**, sir. It was William the coachman. …
〈Doyle「ライゲイトの地主」〉
(「誰が殺されたんだ？ 治安判事 (JP: Justice of Peace) か，息子のほうか？」「どちらでもございません．御者 (coachman) のウィリアムでした」)
《この例のように，文脈から誰のことか明確なときには neither を単独で使うことが可能です》

b. The servants were cross-questioned, but **none of them** had heard of such a place. 〈Doyle「踊る人形」〉
(使用人たちが詰問されたが，だれもそんな場所は知らないとのことだった)
《'cross-question' = 'cross-examine'「を詰問する」，「を反対尋問する」》

(27a) では殺されたのが治安判事かそれともその息子なのか2人のうちどちらかということが問題になっているので，それを受けて neither が使われています．それに対して (27b) では大きな屋敷の何人もいる使用人たちが詰問されたのだけれどもという文脈なので2人より多くいますから none で受けています．[2] none は3つ［3人］以上の物・人，あるいは数えられないものについて使われます．次の (28a)

---

[2] 'none of' に複数の名詞や代名詞が続くときは動詞は単数形でも複数形でも受けることができますが，単数形のほうがよりフォーマルです．

(i) a. **None of** my friends <u>is</u> interested.《a little more formal》
b. **None of** my friends <u>are</u> interested.《a little more informal》

の例文は，シャーロック・ホームズものの「3 人の学生」という作品からの引用です．(28b) では none が不可算名詞 property（財産，所有物）とともに使われています．

(28) a. **None** of your three students was a man of unusual height.

〈Doyle「3 人の学生」〉

（あなたの学生 3 人のうち特に背の高い人はいませんでした）

b. As far as we can judge, **none** of my father's property had been actually stolen, though everything had been turned out. 〈Doyle『四つの署名』〉

（私にわかる範囲では，実は父のものは何 1 つ盗まれてはおりませんでした．もっともどれも引っかき回されていましたが）

'neither＋単数名詞' で「A でもなければ B でもない (not one or/nor the other)」という意味にするとき，動詞は単数形で受けます．'neither of＋名詞［代名詞］' のときは，フォーマルには動詞は単数形として受けますが，インフォーマルには複数形として扱われることもしばしばです．

(29) a. "Can you come on Monday or Tuesday?" "I'm afraid **neither day** is [ˣare] possible.

（「月曜か火曜に来られる？」「残念ながらどちらの日もだめです」）

b. **Neither of** my sisters is married. 《formal》

（2 人いる姉妹のどちらも結婚していません）

c. **Neither of** my sisters are married. 《informal》

次の例でも 'neither of them' に対して wives という複数形で受けています．

(30) McCarthy had one son, a lad of eighteen, and Turner had an only daughter of the same age, but **neither of** them had wives living.

〈Doyle「ボスコム谷の謎」〉

（マッカーシーには息子が 1 人いて 18 歳の青年，ターナーには同じ年の娘が 1 人いるのだがが，どちらも（マッカーシーもターナーも）妻に先立たれていた）

次に either について見ておきましょう．either は「A か B のどちらか (any of two)」という意味です．上で見た (25b) にあるように，'not ... either' の形で neither と同じ意味になります．また，左右の対などをイメージさせる side とか end といった語とともに使われると「両方の」という日本語訳になります．

(31) He put a hand **on either side of** his head and rocked himself to and fro, … 〈Doyle「緑柱石の宝冠」〉
(彼は頭の両側に手をあてて体を前後に (to and fro) ゆすり，…)

このような場合，either (この場合は形容詞) がつく名詞 (side) が単数形である点にも注意しておきましょう．

13.7.3 some，any

someに発音が二通りあるって知ってましたか (父は大学ではじめて知りましたが((^┬^))ﾍﾞﾃﾍﾍ)？ 大きく分けると二通りあり，それぞれ特有の意味で使い分けられます．代表的なものを整理しておきましょう．

➡ someの発音と使い分け

(i) /s(ə)m/ サム《弱形 (/ə/ はシュワー (あいまいな母音) で，カタカナで書くとむしろ スム としていいくらい)》：
'some (/s(ə)m/) + 複数名詞または不可算名詞' で「いくらかの」，「多少の」
(数や量をばくぜんと指す言い方で日本語に訳さないことも多い)

(ii) /sʌm/ **サム**《強形》：
a. 「(… する) 人［もの］もある」，「なかには …（もある)」
(文脈的に '(the) others' と呼応することがしばしば)
b. 'some (/sʌm/) + 単数名詞' で「(詳しいことは知らないが) ある，何かの (≒a/an)」
c. 「(数量などが) かなりの［相当な］」

具体例を見てみましょう．(i) の 'some (/s(ə)m/) + 複数名詞または不可算名詞' は疑問文や否定文では any が通例使われます．その指示物が存在することを意味する言い方なので，(32b) のような存在をあらわす there 構文との相性がぴったりです．

(32) a. For God's sake, give me **some** advice, for I am at my wits' end. 〈Doyle「サセックスの吸血鬼」〉
(お願いですから助言をください，ほとほと困っているのです)

《'at *one*'s wits' end'「途方に暮れている」》

b. "There are **some** very singular points here," said Holmes, smiling.

〈Doyle「ライゲイトの地主」〉

(「この事件にはとても特異な (singular) 点がいくつかあります」ホームズが微笑みながら言った)

(ii) の具体例は次のようになります．下の (33a) は屋敷の部屋で主人が襲われ，使用人たちが犯人を追うなどしようとして部屋から出て行くときの様子です．"Some … and others …" という形になっています．(33b) は reason という単数名詞について「どういう理由かはしらないが何かの理由で」という意味になっています．(33c) は強く読まれるほうの some ですから「大金」という意味になります (弱形だと (i) の「少し」という意味になってしまいます)．

(33) a. **Some** had climbed through the window and **others** had rushed out on to the lawn, but it was dark and it had begun to rain.

〈Doyle「有名な依頼人」〉

(庭に出られる窓からはい出て行ったものや芝生に飛び出していたものもいたが，暗くて雨が降り始めていた)

b. For **some** reason Woodley was chosen as the husband. Why was that?

〈Doyle「1 人ぼっちの自転車乗り」〉

(どういうわけだかウッドリーが夫になる役に選ばれた．どうしてそうなったのだ？)

c. "There is a chance for you to make **some** money, friend Watson," said he. "Have you ever heard the name of Garrideb?"

〈Doyle「3 人ガリデブ」〉

(「一儲けできるチャンスがあるよ，ワトソン君」とホームズが言った．「ガリデブという名を聞いたことがあるかい？」)

なお，(33a) にもあるように，文脈から何を指すか明らかなときには次のように some が単独で使われることもあります．

(34) "Well, there are **some** on the stall with the gas flare."

〈Doyle「青いガーネット」〉

(ガス灯のついている店 (stall) ならいくらか (クリスマス用のガチョウが) あるでしょうよ)

《この英文の some の意味は上記 ➲ (i) に対応する用法ですが，この例のよ

うに some が単独で代名詞として使われている場合の発音は通例 /sʌm/ になります》

'some of A' の形になるのは，次の（35a）のように A が the や *one*'s で修飾される名詞であったり，A が代名詞で表される集団のときで，（35b）のように一般的な集団などの一部という意味では 'some A' の形になります．（all は '**all** of the flowers' とも言えますし '**all** the flowers' とも言えます（田中）．）（35c）の例にある 'some day' は「（未来の）いつか［そのうち］」です．（'one day' は「（未来または過去の）ある日」．）

（35）a.　… **some of the** details are of interest.　〈Doyle「花婿失跡事件」〉
（細部のいくつかは興味深いよ）

b.　**Some** people without possessing genius have a remarkable power of stimulating it.　〈Doyle『バスカヴィル家の犬』〉
（自らには天才が備わっていなくても天才を刺激するすばらしい力を持っている人というのがいるものだよ）

c.　"You can file it in our archives, Watson. **Some day** the true story may be told."　〈Doyle「退職した絵具屋」〉
（「それは我々の事件記録に入れておきたまえ，ワトソン．いつか本当の話を語れるさ」）

'any of A' は「… の中のどれ［誰］でも」という意味です．

（36）　It was difficult to refuse **any of** Sherlock Holmes' requests, for they were always so exceedingly definite, and put forward with such a quiet air of mastery.　〈Doyle「唇のねじれた男」〉
（シャーロック・ホームズの頼みを断るのは何事によらず難しい．いつもとても断定的で，静かな支配力といった雰囲気の中でこちらを従わせてしまうのだ）

'any A（単数形名詞）' は「どんな … でも」という意味です．

（37）　**Any** truth is better than indefinite doubt.　〈Doyle「黄色い顔」〉
（どんな真実でも不安な疑惑よりはましというものです）

この節の最後に，something/nothing を含んだ慣用表現を見ておきます．

➢ **have nothing to do with …**「… と何の関係もない」

▶ "Witness: It is really impossible for me to tell you. I can assure you that it **has nothing to do with** the sad tragedy which followed.

〈Doyle「ボスコム谷の謎」〉

（証人：それを申し上げることはできません．それがその後に起きた悲劇と関係ないことは確かです）

➢ **for nothing**「無料で」,「むだに」

▶ You get nothing **for nothing**.（ただで手に入るものなどない《ことわざ》）

▶ It is not **for nothing** that I have turned myself out of bed at the untimely hour of six. 〈Doyle「3 人の学生」〉

（朝の 6 時なんていう早すぎる（untimely）時刻にベッドを出たのもむだではなかったよ）

➢ **nothing but …**「… だけ」,「… にすぎない」

▶ He thinks of **nothing but** the horse and the race.

〈Doyle「ショスコム・オールド・プレイス」〉

（彼は馬とそのレースのことだけを考えている）

▶ The campaign brought honours and promotion to many, but for me it had **nothing but** misfortune and disaster. 〈Doyle『緋色の研究』〉

（この戦争（campaign：軍事行動）で勲章（honour《英》= honor）をもらったり昇進した人は多いが，私には不運と災難をもたらしただけだった）

➢ **something wrong [the matter] with …**「… はどこか調子が悪い［故障している］」

▶ There was **something** subtly **wrong with** the face, …

〈Doyle『バスカヴィル家の犬』〉

（顔つきにどこか変なところがあって …）

《wh 疑問文では下の例のように something が what になります》

▶ "**What** on earth can be **the matter with** him?" I asked. "He is looking up at the numbers of the houses." 〈Doyle「緑柱石の宝冠」〉

（「彼はいったいどうしたというのだろう？」と私は尋ねた．「彼は家々の番地札を見上げているぞ」）

※ "What's the matter with you?" は相手をとがめる意味（君はどうかしているんじゃないのか）にもなるので注意．それに対して "What's the matter?" は「（相手を心配して）どうしたの？（= "What's wrong?"）」の意味です．

➢ **There is something 形容詞 about …**「… にはどこか～なところがある」

▶ There is **something** distinctly novel **about** some of the features.

〈Doyle「ぶな屋敷」〉

（このいくつかの特徴には際立って新奇なところがあります）

▶ There is **something** tropical and exotic **about** her which forms a singular contrast to her cool and unemotional brother. 〈Doyle『バスカヴィル家の犬』〉

（彼女にはどこか南国的でエキゾチックなところがあり，冷静で感情を表に出さない兄とは実に対照的だ）

➢ **something of a …**「ちょっとした［かなりの］」

▶ The vicar of the parish, Mr. Roundhay, was **something of an** archaeologist, and as such Holmes had made his acquaintance. 〈Doyle「悪魔の足」〉

（この教区（parish）の教区司祭（vicar）のラウンドヘイさんはひとかどの考古学者並みで，その方面からホームズが知り合いになったのだった）

《'something of a …' は実際には「…」という職業ではない人について言うときに使います．上の例では本職の考古学者ではないということです》

13.7.4　most, almost

次の（38a）にあるような代名詞としての most は 'most of the [*one*'s, this, these, etc.] 名詞' の形で「… の大部分［多数，ほとんど］」という意味になります．（38b）にあるような漠然とした感じでの「たいていの」という意味での限定詞として機能する形容詞 most は可算名詞の複数形や不可算名詞につきます．

(38) a. I am afraid, my dear Watson, that **most of** your conclusions were erroneous. 〈Doyle『バスカヴィル家の犬』〉

（残念ながらワトソン君，君の結論のほとんどは間違っている（erroneous）ようだよ）

b. **Most** people, if you describe a train of events to them, will tell you what the result would be. 〈Doyle『緋色の研究』〉

（たいていの人は一連（train）の出来事を説明してあげれば結末がどうなるかわかるものだよ）

以上のように整理しておけば，次の練習問題は簡単でしょう．

(39) I understand (　　) our students are working part-time in the evening to pay their school expenses.
① almost　② most　③ most of　④ almost of　〈センター試験〉

限定詞の位置には1つの要素しか入れないのでしたね．(39) ではすでに our が入っていますから，②の most を使うわけにはいかないので③の ‘most of’ を使います．①の almost は副詞ですから名詞句 ‘our students’ を修飾することはできませんし，‘almost of’ という形も作れません．[3] 副詞の almost の詳細については 15.2.4 を参照してください．なお，選択肢にはありませんが，all や both はこの例の空欄に入ることができます (田中)．

13.8　具体的な設問例

この節では，文法・語法問題に出題されることの多いポイントを含む例文をとりあげていきます．

13.8.1　(the) other(s)

▶ Of the seven people here now, one is from China, three are from the US, and (　　) from France.
① other　② others　③ the other　④ the others　〈センター試験〉

「今ここにいる7人のうち，1人は中国，3人がアメリカ，そしてそれ以外はフランスの出身です」という内容で，空欄は「その他の残りすべて」ということですから ‘the others’ となります．正解は④です．単独の others は「(自分を除く) 他の人たち」．なお，この構文は “**Out of** the seven people here now, one is form China, …” というように「(ある数) の中から」という意味の ‘A out of B’ (B のうち A が … という対比を表す言い方) を使って書くことも可能です (田中)．

[3] almost は everyone / everybody / nothing / anyone などの前につけることができます．

13.8.2　another / other (1)

▶ To possess talent is one thing; to develop talent is (　　).
(才能があるというのと才能を発揮するというのは別だ)
① other　② the other　③ another　④ others

「別のもの［こと］」という意味の another です．正解は③．13.6 の説明を参照．

13.8.3　another / other (2)

▶ The book I bought was dirty, so the shop gave me (　　).
① other　② the others　③ another　④ others

「私が買った本が汚れていたので店が代わりのをくれた」ということで不特定の「もう 1 つ」という内容ですから正解は③の another になります．選択肢にありませんが，'the other' なら 2 つあるうちのもう一方ということです．不特定の複数なら一方が some で他方が (the) others となります．

13.8.4　every

▶ '(　　) day' means 'every two days' or 'on alternate days.'　〈*Chambers*〉
① every one　② every other　③ every third　④ day after

「1 日おきに」というのは「2 日ごとに」とか「隔日で」という意味だという内容の英文です．正解は②の 'every other' です．'every second day' とも言いますが，'every two days' や 'on alternate days' と同じで 'every other day' よりも使われる頻度は低いようです．

13.8.5　所有代名詞

▶ Is (　　) a capable man?　〈Doyle「スリー・ゲイブルズ」〉
① that of your lawyer　② that lawyer of yours
③ that your lawyer　④ your that lawyer

「あなたの弁護士をなさっているその方は有能な人ですか？」という意味です．語順は「限定詞＋名詞＋of＋所有代名詞」になります．正解は②の 'that lawyer of yours' です．この that は話し手から心理的な距離があることを示す言い方で，「that＋名詞＋of＋所有代名詞」はしばしば話し手の感情がこもることがあります．上の例は「その弁護士で大丈夫なのですね？」と面識のない弁護士の能力についてホームズが念を押している場面です．日本語でも「あいつ (← あやつ ← あのやつ)」を仲良しでない人のことを言うときに使いますね (田中)．

13.8.6　前置詞＋再帰代名詞

▶ I've been living (　　) since I entered university, and I've had to learn to cook.
① by oneself　② for myself　③ on my own　④ with only one
〈センター試験〉

正解は③の 'on my own' (ひとりで，単独で，自分で，独力で (independently)) です．'(all) by myself' は「ひとりで (alone)」とか「独力で (without help from anyone else)」という意味なので①が myself になっていれば正解になります．②の 'for myself' は「自分のために」とか「自ら」という意味です．

13.8.7　代名詞の慣用表現（1）

▶I will see to (　　) that you have the support and resources you'll need.
① it　② one　③ this　④ which

「必要となる支援と財源をあなたが得られるよう取り計らいますよ」という意味の英文です．'see to it (that ...)' で「(... するように）配慮する［取り計らう，気をつける］」という意味のイディオムです．13.3 の例文にも登場しています．正解は①の it です．'to it' の部分は略式の表現ではでは省略されることもあります．また，that 以下の文の中は（未来を表す助動詞が使われることもありますが）現在形が普通です．

13.8.8　代名詞の慣用表現（2）

▶"I am a bit of an archaeologist myself when it (　　) to houses," said Holmes, laughing.
① concerns　② comes　③ makes　④ stands　〈Doyle「3 人ガリデブ」〉

「住宅建築のこととなると私は年代考証に少々うるさいほうでしてね」とホームズが笑って言った」という意味の英文です．'when it comes to A' で「A のこと［A すること］となると」という意味の決まり文句的な表現です．正解は②の comes です．

形容詞

14.1　形容詞の限定用法と叙述用法

形容詞には限定用法と叙述用法があります．大ざっぱな分類としては次のようになります．

➡ 限定用法

通例，形容詞を名詞の前に置き，名詞の特性や分類の手がかりとなる特性を述べます．

➢ 限定詞（冠詞・指示詞・数量詞・所有格）と名詞の間に置く[1]

{ the / a(n) | this / that | some / every | John's } **expensive** car

➢ all / both / half ＜ 限定詞 ＜ 数詞（序数詞（first, second, third, *etc.*）＜ 基数詞（one, two, three, *etc.*））＜ 形容詞 ＜ 名詞 の語順が原則（A < B では A が B に先行するという意味の表記）

[1] 本書では the と a/an を区別して考えますが，ここでは表面的な語順だけを見ていますので冠詞としてひとくくりにしてあります．

➢ 形容詞が複数の場合：
「評価・判断を示す語 (valuable, smart, exprensive etc.) < 大小・寸法 (size) < 年齢・温度 (age) < 長短・形状 (shape) < 色 (color) < 分詞形容詞 (⇒ 14.3) (participle) < 出所 (origin) < 素材・材料 (material) < 目的などを表す（動）名詞など (purpose)」，の順

無理やり例を作ってみるとこんな感じでしょうか？ ちょっとやりすぎ？ f ^^*)

▶ all the last three valuable large old round brown shining French wooden writing desks
《あくまで，イメージとして並べてみただけで，もちろんこんなに形容詞を積み重ねることは現実にはまずありませんよ (^^;)》

➡ 叙述用法

形容詞を be 動詞の後などに置いて述部の一部とし，主部にあたる名詞の状態・性質を述べる．

➢ 名詞の一時的な，あるいは特定の場合のみに限定される性質を述べることが多いが，永続的な状態の意味を表すこともある

▶ He is **sick** [**ill**《英》] with a cold.（彼はかぜをひいている）《一時的状態》
※ He is sick. ≠ He is a **sick** man. であることに注意
《'a **sick** man' だと慢性的な長期の病気であることを含意》

▶ John made Bill **mad**.（ジョンがビルを怒らせた）《mad の主語は Bill》

▶ Life is **short** and time is **swift**.（人生は短く，時のたつのは速い）
《ことわざ．short や swift は永続的な意味の形容詞》

➢ 後置修飾の形容詞としても用いられる

▶ the jewels **stolen**（(あるときに) 盗まれた宝石）
《cf. 'the **stolen** jewels' だと「盗品の宝石」》

1つの考え方としてですが，昔の理論言語学では例えば 'a useful dictionary'（役に立つ辞書）は（1a）のような関係節を名詞の後に伴った形をベースとして，(1b) のように 'which is ' の部分を削除し，さらに（1c）のように形容詞 useful を名詞の前に出すという操作で作られると考えられていました．

（1）‘a useful dictionary’

a. a dictionary which is useful

b. a dictionary ~~which is~~ useful

c. a useful dictionary ~~which is~~

（1b）の段階の形は ‘a dictionary useful for our studies’ といった言い方の中で使われます．ただし，（1）の dictionary のような通常の名詞とは違い，-body / -one / -thing / -where などの語では（1c）のように形容詞が移動することはできないので ‘something new’ といったように形容詞が名詞の後にとどまる形になります．

さて，ひとくちに形容詞といっても，(i) 限定用法だけの形容詞，(ii) 叙述用法だけの形容詞，(iii) 限定用法と叙述用法で意味の異なる形容詞がありますので注意しましょう．以下に代表例をあげておきます．

(i) **限定用法だけの形容詞の例**：

my **elder** brother（私の兄），his **inner** virtues（彼の内的な美点），his **upper** lip（彼の上唇），the **latter** part（後半部分）《former（以前の，前の）も通例限定用法》，the **utter** stillness（完全な静寂），a **mere** coincidence（単なる偶然の一致），the **former** [**latter**] case（前者［後者］の場合），**sheer** madness（まったくの狂気）《「垂直の」「切り立った」の意味では叙述用法あり “The wall was sheer.（岸壁が切り立っていた）》，an **only** son / the **only** son of Elder Drebber（1 人息子／ドレッバー長老の令息）《限定する修飾語句がつくと the になる》，a **drunken** man（酔っ払い），a **wooden** box（木製の箱），**live** mice（生きたマウス）《人であれば living を使う．叙述的には alive を用いる》，at the **very** moment（まさにそのときに）

(ii) **叙述用法だけの形容詞の例**：

▶ … my brother died five years ago and left her **alone** in the world …　〈Doyle「緑柱石の宝冠」〉
（… 私の兄が 5 年前に亡くなって彼女をこの世に 1 人残し …）
《「一匹狼」は ‘a **lone** wolf》

▶ Twins are often very (much) **alike**.（双子はそっくりなことがよくある）
《alike を強調するときは，正式には very much alike だが，略式では very alike とも言う．限定的に言うのであれば similar(-looking) を使う（‘a similar-looking disease’「見た目が似た病気」）》

▶ The child fell **asleep**.（その子供は眠った）

《「(人が) 眠っている」という意味では '*be* sleeping' ではなく 'be asleep' と言うのが普通 (5.3.1.1 参照)》

▶ It was not that he felt any emotion **akin** to love for Irene Adler.

〈Doyle「ボヘミアの醜聞」〉

（彼がアイリーン・アドラーに対して恋に似た感情を抱いているというのではなかった）

《その他に接頭辞 a- のつく形容詞として，**awake**（目覚めて），**aware**（気づいて），**afraid**（恐れて），**ashamed**（恥じて）などがあります》

▶ Are you **content** with your present salary?

（君は今の給料で満足なのかい？）イエ，… できればもうちょっと (*ﾟ-ﾟ)>

▶ The exhibition is well **worth** a visit [visiting].

（その展覧会は訪れてみる価値がある）('worth *do*ing' ⇒ 5.1.10)

《この worth はもとは形容詞であった前置詞とも考えられます》

内在的特性が一時的に問題になっているときや本来的に一時的状態を表す形容詞は名詞の後におく用法が可能です．

▶ the girl faint（気を失った女の子）cf. ×the faint girl

(iii) **限定用法と叙述用法で意味の異なる形容詞の例**：responsible の場合だと次のようになります．

▶ the **responsible** man（信頼できる人《分類的》）

▶ the man **responsible**（責任をとるべき人《一時的》）

▶ The man **is responsible**.

（彼に責任があります《一時的》／彼は信頼できます《分類的》）

その他にも以下のような例を確認しておきましょう．

▶ the **late** king（今は亡き王）

▶ I was **late** for school.（私は学校に遅れた）

▶ the **present** government（現政府）

▶ Everybody was **present**.（全員出席だった）

▶ under **certain** conditions（ある［一定の］条件では）

▶ It's **certain** that 2 and 2 make 4.（2 たす 2 が 4 なのは確かだ）

▶ the **visible** stars

（光度が大きくて目で見ることのできる星《分類的・非一時的性質》）

▶ the stars **visible**（(ある時にたまたま) 見える［見えた］星《一時的状態》）

なお，上でも触れましたが，-body/-one/-thing/-where で終わる語を修飾する場合，形容詞は後置されます．

(2) a. Anyone (who is) **intelligent** can do it.
　　b. someone **tall**

(2) の例からわかるように，このような不定代名詞の場合には一時的な性質ということでなくても後位修飾が可能です．限定用法の形容詞は限定詞（冠詞・指示詞・数量詞・所有格）と名詞の間に置くのが原則ですが someone などには「間」がないので後部に追いやられたということかもしれません（高橋）．(1) では，名詞の後に関係節がある形をベースにするという考え方を見ましたが，その他にも，次のように形容詞が前位修飾の位置にあって名詞が移動していることで表面的に後位修飾の形になっているという説もあります．

(3) ‘someone tall’
　　a. [名詞句 some [tall [名詞 one]]]
　　b. [名詞句 some + one [tall [名詞 ＿＿]]]

とはいえ，理論的な複雑化・精緻化が進んでいるところで正確なところはまだはっきりしませんが，私たち学習者としては (2) のような形はどちらかといえば someone などの語彙の特殊事情による例と考えておくのがよいでしょう．

14.2　数や量を表す形容詞 (many, much, few, little, enough)

14.2.1　many, much

many は複数可算名詞につけて「多数の …」，much は不可算名詞につけて「多量の …」の意味になりますが，(4) にある例文のように主に疑問文と否定文で使われ，肯定文では (5) にあるように他の表現がよく使われます．[2]

[2] 伝統的には本文のように説明されてきましたが，フォーマルな書き言葉では many や much が使われることも多いようです．また，「much は（特に会話において）肯定文には使わない．many（と a lot of）は肯定文，否定文，疑問文のいずれでも使える」と説明されることもあります．

(4) a. Were there **many** people at the meeting?
(会議には多くの人が出席していましたか？)

b. There isn't **much** water in the pond today. (今日は池にあまり水がない)
《否定文では「あまり … ない」という意味になります》

(5) a. There were **a lot of** [**lots of**, **a** (**large**) **number of**, **numerous**, **a great** [**good**] **many**, **plenty of**] people at the meeting.
(会議には多くの人が出席していました)
《肯定文ではここにある表現が使われます．動詞が複数形の were であることにも注意》

b. **A large amount of** money was spent on the army every year.
(毎年軍備に巨額のお金が使われる)
《このほかに，**a great** [**good**] **deal of**/**a large** [**great**] **quantity of**/**a lot of**/**lots of**/**plenty of** などの表現が使われます (a lot of/lot of/plenty of は《量》にも《数》にも使えます)．単数形の was で受けていることにも注意》

なお，many/much は (i) 主語になるときと (ii) how/so/too/as に続くときには肯定文でも使われます．

(6) a. **Many** people think so. (たくさんの人がそう思っている)

b. **Much** effort will be required. (たいへんな努力が必要とされる)

c. So **many** things have happened. (とても多くのことが起こった)

d. It would be too **much** work. (それは仕事量が多すぎる)

14.2.2 few, little

「ほとんど … ない」という意味で few を複数可算名詞に，little を不可算名詞につけます．肯定的に言うときは 'a few' や 'a little' の形になります．細かく言えば，予期していたよりもどうであるかが問題で，「期待［予想］していたのに少ししかない」というのが few や little で，「ないと思っていたのにあるぞ (emphasizing that there are indeed some)」というのが 'a few' と 'a little' の意味であることを理解しておきましょう．

(7) a. There are **few** mistakes in it. (その中にはほとんど誤りがない)

b. There are **a few** mistakes in it. (その中に若干の誤りがある)

c. There is **little** hope of victory. (勝利の望みがほとんどない)

d. There is **a little** hope of victory. (勝利の望みが少しある)

'quite a few'「(かなり) 多数の」や 'a good few' はかなり多い (a considerable number) という意味で, 'only a few' は「ほんのわずかの (very few)」ということです.[3]

(8) a. **A good few** [**Quite a few**] people came to the concert even though it was a stormy night. 〈*Chambers*〉
(その夜はあらしだったのに多数の人々がコンサートに集まった)

b. **Only a few** people could understand the book.
(その本を理解できる人はほとんどいない)

練習問題を 1 つ.

(9) (A) of the castles in Japan are crowded with (B) young people because of the recent history boom.
① A: Many B: quite a few ② A: Many B: very few
③ A: Much B: quite a few ④ A: Much B: very few
〈センター試験〉

「歴史ブームで日本の多くの城が大勢の若者でごった返している」という内容ですから, B には 'quite a few' が入ります. A はその後が castles という複数形になっていますから可算名詞を修飾する many がつきます. 正解は①です. なお, この many は代名詞で, 'many of ...' の形で「... の多く」の意味を表します.

14.2.3 enough

形容詞の enough は「... するために (to *do*) 十分な」とか「... のために (for＋名詞) 十分な」という意味で, 普通は名詞の前に置かれます. (「十分に」という意味の副詞としての用法は第 15 章の冒頭を参照.)

[3] 'not a few' (「少なからぬ」, 「たくさんの」) は文語的な言い方です.

(10) a. There's **enough** time [time **enough**] to do that./There's **enough** time [time **enough**] for that.
(それをするための時間は十分にある／そのための時間は十分にある)

b. I had but one desire, Mr. Holmes, and I had **enough** money to gratify it. 〈Doyle「覆面の下宿人」〉
(私には1つしか望みはありませんでした，ホームズ様．そしてその望みを満足させる (gratify) だけの十分なお金はありました)

c. "Before you return I may have just time **enough** to find out where the stone is." 〈Doyle「マザリンの宝石」〉
(君が戻ってくるまでに，宝石がどこにあるか見つける時間は十分にあるよ)

次のような例は副詞としての enough です．

(11) a. Is this large **enough**?
(これの大きさは十分ですか？)《形容詞 large を修飾》

b. I don't know him well **enough** to borrow money from him.
(お金を借りられるほど私は彼のことを知っているわけではない)《副詞 well を修飾》

14.3　分詞形容詞

現在分詞や過去分詞は形容詞のように使われることがあります (それを分詞形容詞と呼ぶことがあります)．たとえば，accomplish は「... を達成する」という意味の他動詞ですが，'an accomplished task' (達成された任務) では accomplished が動詞的性質を保持した過去分詞であるのに対して，'an accomplished pianist' (熟達したピアニスト) では accomplished は形容詞化しています．形容詞化していることは，very をつけて 'a very accomplished pianist' (とても熟達したピアニスト) と言えるといった事実からもわかります ('ˣa very accomplished task' とは言えません)．形容詞化しているケースでは日本語訳も「熟達した」というように過去分詞的な色合いがなくなっていますね．お化粧して別人のようになったお母さんみたいなもの？

注意すべきなのは，人間の心理になんらかの影響を与えるという意味内容を表す動詞のグループです (心理的述語と呼ばれることもあります)．これらの動詞は人間を目的語としてとり，主語として抽象的な名詞を取ることができます．例えば surprise は「... を驚かす」という動詞で "Her story surprised us." (彼女の話が私たちを驚かせた）といった文を形成します．主語が「彼女の話」で目的語が「私たち」という関係になっています．この動詞 surprise の現在分詞 surprising が形容詞化すると，“Her story was **surprising** to us.”（彼女の話は私たちにとって驚くべきものだった）というような文で使われます．主語が「彼女の話（her story）」で目的語が「私たち（us）」ですから，“Her story surprised us.” のときと同様の能動の関係（「彼女の話が（私たちを）驚かす」）になっています．それに対して，過去分詞 surprised が形容詞化すると，“We were **surprised** at her story.”（私たちは彼女の話に驚いた）といった文で使われます．ここでは主語の「私たち（we）」が心理的な影響を受けた立場ですから，いわば「私たちが驚かされる」という受動の関係になっています．（ただし，surprised は形容詞化しているので，‘her story’ の前には前置詞として by ではなく at が入っています．‘be amused by [at]’（… をおもしろがる）のように by が入る語もありますが，その場合でも ‘by …’ は動作の主体という意味内容にはなりません．）つまり，主語との関係が能動であれば現在分詞形を，受動であれば過去分詞形を用いるということで，分詞を作るもとになる動詞が持つ主語との能動・受動の関係は形容詞化しても変わりません．お化粧して別人のようになってもお母さんの性格は変わらないということですかねσ(^_^;)

このように，分詞が形容詞として使われている場合でも，主語との関係が能動であれば現在分詞の形を使い，受動の関係であれば過去分詞の形を使うということを理解しておけば大丈夫です．次の問題を解いてみましょう．

(12)　No topic is (　　) if you are not interested.
　① interest　② interested　③ interesting　④ interestingly
〈センター試験〉

英文の内容は「興味をかき立てられることがなければ，どんな話題だって面白いとは感じられない」ということです．「話題」という主語（問題の英文では ‘No topic’）に対して「面白い（人に興味を持たせるような）」という能動の関係にある述部になる語ということで③の interesting が正解です．

interested/interesting（興味を持っている／興味深い）以外に次の例があります．

amused/amusing（おもしろがった／楽しくさせる），bored/boring（退屈した／退屈な），confused/confusing（混乱した／頭を混乱させる），disappointed/disappointing（(… に）がっかりした／(人を）がっかりさせる），excited/exciting

（興奮した／興奮させる），pleased / pleasing（満足している／愉快な），satisfied / satisfying（満足した／満足感の得られる）《satisfactory「まずまずの」は 14.4 参照》

14.4　つづりや意味のまぎらわしい形容詞

次の問題を解いてみましょう．

(13) a. The pleasing combination of unusual ingredients in her cooking is so (　　).
① imaginary　② imaginative　③ image　④ imaginable
b. Sherlock Holmes is an (　　) person.
① image　② imaginable　③ imagination　④ imaginary
c. She is so (　　) that she cried for days when her pet rabbit died.
① impressed　② impressive　③ sensible　④ sensitive
〈センター試験〉

imaginative は「想像力豊かな」とか「独創的な」，imaginary は「想像上［架空］の」．sensitive は「敏感な」，sensible は「分別のある」．正解は (13a) が②（「彼女の料理は普通と違う素材のすばらしい組み合わせがとても独創的だ」），(13b) が④（「シャーロック・ホームズは架空の人物だ」），(13c) は④（彼女はとても傷つきやすくて，ペットのウサギが死んだとき何日も泣いた））です．

そのほかにも次のような例があります．注意を要するものには例文を入れました．

➢ **industrial / industrious**「工業の／勤勉な」

▶ ‘**Industrious** people’ does not mean people who work in **industrial** factories.
（「industrious な（勤勉な）人」というのは industrial な工場で働いている人々という意味ではない）

➢ **forgetful / forgettable**「忘れっぽい（often forgetting）／忘れられやすい《反対語は unforgettable》）

▶ His **forgetfulness** about the key would have mattered little upon any other occasion, but on this one day it has produced the most deplorable consequences. 〈Doyle「3 人の学生」〉
（彼が鍵を忘れやすいというのは他のときならどうということはないのですが，この 1 日ばかりは嘆かわしい（deplorable）結果をもたらしました）

➢ **regretful / regrettable**「（人が）後悔している，悲しんでいる（feeling and expressing sorrow）／残念な，惜しむべき（that should be regretted）」

▶ It is **regrettable**（= We are **regretful**）that the affair ended like that.
（事態がそのように終結して残念です）

➢ **respectable / respectful / respected**（⇒ 14.6.10）

➢ **alike / likely**「似ている／ありそうな」（⇒ 14.6.11）

▶ Unless they are quite new, no two of them write exactly **alike**.
〈Doyle「花婿失跡事件」〉
（（タイプライターというものは）まったくの新品でもないかぎり，どの 2 台をとっても，全く同じに文字を打てるものはないのです）

➢ **alive / lively / living**「生きている／生き生きとした／（今）生きている」

▶ a **lively** child（活発な子）

▶ **living** things（生物，生きとし生けるもの）

➢ **considerable / considerate**「かなりの／思いやりのある」

▶ He has **considerable** gifts himself. 〈Doyle『四つの署名』〉
（彼はかなりの才能を持っているのだよ）

▶ It has not been **considerate** enough to leave any of its hair behind it.
〈Doyle「背の曲がった男」〉
（あとに毛を一本も残してくれなかったのは思いやりに欠けるがね）

➢ **convenient**（⇒ 14.5, 14.6.5）/ **fortunate**（⇒ 14.5, 15.1.3）

➢ **invaluable**（⇒ 14.6.8）/ **priceless / worthless / valueless**「（… にとって）貴重な／（値段がつけられないくらいに）貴重な）／価値のない／無価値な［つまらない］」

▶ **priceless** jewels（お金では買えない宝石）

▶ Local aid is always either **worthless** or else biased.

〈Doyle「ボスコム谷の謎」〉

（現地の（警察の）手助けは役に立たないか偏ったやり方しかできないものだ）

➢ **last / late / latest / later / latter**「最後の／遅い／最新の／もっとあとの／後半の」

➢ **literal / literary / literate / illiterate**「文字通りの／文学の／読み書きのできる／読み書きのできない」

➢ **low** (⇒ 14.5) / **cheap** (⇒ 14.5)

➢ **punctual / sharp**「時間を守る／きっかりに《副詞》（＝punctually）」

▶ Come at six o'clock **sharp**.（6時ちょうどに来てください）

➢ **recent (ly) / late (ly)**「最近の，最近／遅い，最近」

➢ **satisfying / satisfactory**「満足感の得られる／（非常によいというわけではないが）まずまず満足できる」

▶ a **satisfying / satisfactory** meal（満足感のある／まずまずの食事）

➢ **worth / worthwhile / worthy**「… の価値のある／（金・時間・労力などをかける）価値のある／… に値する」

▶ It's **worthwhile** [**worth**, **worth while**] asking him to join our club.

（私たちのクラブに入ってくれるよう彼に頼んでみる価値はあるよ）

《to 不定詞を続けるのであれば worth ではなく worthwhile になります》

▶ Still, it might be **worth while** [**worthwhile**, ×**worth**] to call Holmes' attention to it. 〈Doyle「ボスコム谷の謎」〉

（それでもそれにホームズの注意を引いてみる価値はあるかもしれない）

《この例のように 'worth while' と書く場合もあります》

▶ "I have some papers here," said my friend Sherlock Holmes, as we sat one winter's night on either side of the fire, "which I really think, Watson, that it would be **worth** your **while** to glance over.

〈Doyle「グロリア・スコット号」〉

（「ここにちょっとした書類があるんだが」とわが友シャーロック・ホームズが言った．ある冬の夜に私たちは暖炉の両側に座っていたときのことだった．「僕が思うに，ワトソン，君が目を通してみる価値があると思うよ」）

《'it is worth A's while to *do* [*do*ing]' の形で「A が … するだけの価値があ

る」の意味．この場合，例文のように to 不定詞になることのほうが多いと言われます》

▶ The book is well **worth** [×**worthwhile**] reading.（この本は読んでみる価値がある）

《'reading it' としないよう注意（次節 14.5 参照）．また，このように動詞（ここでは read）の意味上の目的語が主語になって動名詞や to 不定詞が続く形は worthwhile では未確立とされています》

▶ The case is **worthy** of being placed upon record.

＝The case is **worthy** to be placed upon record.

＝The case is **worth** placing upon record.

（その事件は記録しておくに値する）

➢ **wrong / different**「間違った／異なった」

▶ I'm afraid you have the **wrong** number.（電話番号をお間違えのようですよ）

14.5　その他注意すべき形容詞

次の問題を解いてみましょう．

(14) a.　His research paper is worth (　　).

①to read　②to reading　③reading　④for reading

b.　It is worth (　　) to read his research paper.

①enough　②lot　③while　④why

(14) は 'A is worth *do*ing'（＝It is worth *do*ing A / It is worth while [worthwhile] to *do* A / It is worth while [worthwhile] *do*ing A）の形で「A は … する価値がある」という意味になることを理解しておきましょう．正解は (14a) が③の reading で，(14b) は③の while が入ります．14.4 の worth / worthwhile / worthy の項の解説を確認してください．

次の問題を解いてみましょう．

(15) a. I frankly admit that I am (　　) to prove it.　〈Doyle「3 人の学生」〉
① impossible　② incapable　③ possible　④ unable
b. I don't believe there is any gentleman in this University who is (　　) of profiting by such an action.　〈Doyle「3 人の学生」〉
① can　② possible　③ capable　④ able

'A is unable to *do*' (＝A is incapable **of** *do*ing) の形で「A (人) が ... することができない」という意味です．(15a) は「私はそれを証明することができないと率直に認めるよ」という意味で④の unable が入ります．(15b) は「この大学にそんなことをして得をする人などおりません」という内容です．'be capable of *do*ing' のパターンで，正解は③の capable です．capable は永続的な能力や資格・適正があるかについて述べるときに使う語です．

続けて次の問題を解いてみましょう．

(16) a. Could you call me back if (　　) not convenient for you to talk now?
① we are　② it is　③ you are　④ I am　〈センター試験〉
b. カッコ内の語を適切に並び替えて文を完成させなさい．ただし不要な語が 1 つ含まれています．また文頭に来る語でも小文字で始まっています．
(absolutely necessary, do, he, it, to, was) it in the open air.
〈Doyle「シルヴァー・ブレイズ」〉
c. It's (　　) that you have such a good friend.
① fortunate　② glad　③ happy　④ satisfied

convenient や necessary は「人」を主語にしない形容詞です．(16a) については，②が正解で 'if it is not convenient for you to talk now' といった言い方になります．「いま話すのが都合が悪ければ後でそちらから電話をかけ直してもらえますか？」という内容です．(16b) は「どうしても屋外でそれをする必要があったのです」という意味で，'It was absolutely necessary to do it in the open air.' となります．necessary の主語に「人」である he が来ることはできません．(16c) は「あんないい友達を持って君は幸せだ」という内容で，①の fortunate が入ります．fortunate は「人」を主語にすることも可能です（“You are fortunate **to** have such a good friend.” や “You are fortunate **in** hav**ing** such a good friend.” の形も可能，ただし “×It is fortunate **for** you **to** have such a good friend.” の形はありません）．

最後に次の問題を解いてみましょう．

(17) a. Nowadays not many students want to be teachers, probably because they find teachers' salaries very (　　).

① cheap　② expensive　③ inexpensive　④ low

〈センター試験〉

b. The soccer game was shown on a big screen in front of (　　) audience.

① a large　② a lot of　③ many　④ much　〈センター試験〉

c. This country is so (　　) that it takes no more than a day to drive around it.

① large　② narrow　③ small　④ wide　〈センター試験〉

(17a) については，low [small]/high [large] は給料が「安い／高い」，cheap/expensive は品物の値段が「安価な／高価な」ですから正解は④の low が入ります．英文は「最近では教員になりたがる学生が少ないが，おそらく給料が安いと思うからだろう」という意味です．(17b) に関しては，small/large は主に集合名詞 (group, audience, family など) やそれ自体に数量の概念を含む名詞 (profit, salary, income, price など) につけて量や数が「少ない／多い」を表します．‘in front of a large audience’ という形になりますから，正解は①が入ります．「そのサッカーの試合は大勢の聴衆の前の大きなスクリーンに映し出された」という内容です．(17c) は「(面積が) 狭いので 1 日しかかからない」という意味です．正解は③の small です．「狭い」という日本語に引きずられて narrow (幅が狭い) としないように注意しましょう．反対に「(国土の面積が) 広い」のであれば large になります．

14.6　形容詞の具体的な設問例

14.6.1　形容詞の叙述用法（1）

▶ I was boiling the kettle when I fell (　　), sir.　〈Doyle「海軍条約」〉
　① asleep　② sleep　③ slept　④ to sleep

「眠ってしまったとき私はやかんを火にかけておりました」という内容です.「(急に) … の状態になる」という意味の fall で「…」の部分には ‘fall ill [silent]’（病気［静か］になる）のように叙述的な語が入ります. 正解は①の asleep です. ②の sleep は ‘fall into sleep’（眠る）という形で使えます.

14.6.2　形容詞の叙述用法（2）

▶ I wouldn’t waste an hour in coming to him, sir, or you may not see him (　　).　〈Doyle「瀕死の探偵」〉
（彼のところに戻るのに 1 時間たりとも無駄にできません，そうでないと彼が生きているのを目にすることはできないかもしれませんよ）
　① alive　② live　③ lived　④ lively

‘see him alive’ で「知覚動詞＋目的語＋叙述用法の形容詞」の語順になっており alive は him の述部として機能しています. 正解は①の alive です.

14.6.3　形容詞の叙述用法（3）

▶ I assure you that there would not be the least chance of your coming back (　　).　〈Doyle『バスカヴィル家の犬』〉
（請け合いますが生きて戻ってこられる可能性は皆無なのです）
　① alive　② live　③ lived　④ lively

ここでは，動名詞 ‘your coming back’ において主語部分の your に対して ‘coming back’ が述部ですが，空欄に alive が入って your に対してのもう 1 つの述部（二次述語）になっています．正解は①の alive です．

14.6.4　形容詞の語順

▶ The Browns live in a (　　) house.
　① big, white, two-story　② two-story, white, big
　③ white, big, two-story　④ white, two-story, big　〈センター試験〉

14.1 で見たように，形容詞が複数ある場合「大小 < 色」の順に並びます．この問題を解くだけであれば，消去法でその順になっている①の ‘big, white, two-story’ を選べば正解となります．ただし，two-story（2 階建ての）は扱いがわかりにくいところがあります．‘a swimming pool’（水泳用のプール）とか ‘an escape hatch’（緊急避難用ハッチ）であれば ‘swimming pool’ や ‘escape hatch’ は 1 つの名詞のようになっていると考えられますが，たとえば ‘two-story [two-storied] house’（2 階建ての家）はそれほどまとまり感は強くなく，two-story と house を離すことはあまりありませんが，まれに ‘two-story wooden/Victorian/suburban house’（2 階建ての木造の／ビクトリア朝様式の／郊外の家）といった言い方を目にすることはあります．

▶ We have (　　) to walk before sunset.
　① another miles ten　② another ten miles
　③ ten another miles　④ ten miles another　〈センター試験〉

‘another ten miles’ で「もう 10 マイル」という意味です．another は数詞より前に置かれます．正解は②です．‘tem miles’ は全体でまとまった距離を捉えられるので another と整合します（田中）．

14.6.5　人が主語にならない形容詞

▶ Come at once if (　　).
　① you'll be convenient　　② you're convenient
　③ it's convenient for you　　④ it will be convenient for you

「都合がよければすぐに来てください」という内容です．convenient は人を主語にしない形容詞でした．また，'if …' とか 'when …' といった条件や時を表す節の中では未来のことでも現在形を使うのでしたね．正解は③です．《"Come at once if convenient—if inconvenient come all the same. —S. H."（「都合ヨケレバスグコラレタシ，ワルクテモコイ」〈Doyle「這う男」〉）というのはホームズがワトソンに送った電報の有名な文面です》

14.6.6　数量の慣用表現

誤りのある箇所を 1 つ選びなさい

▶ Many a man ① have ② had the life beaten out of ③ him for less.
〈Doyle『恐怖の谷』〉
（たくさんの奴らがもっと小さなことで命を落としてしまったのだ）
《'beat the life out of A' 部分は「A（人）を（叩き）殺す」ということで，例文では使役の ② had に続いて 'had the life beaten out of A' の形で「（たくさんの奴ら（＝A）が）殺された」という意味になります》

▶ There ① have been many ② a hammer ③ murder and no trace on the hammer.
〈Doyle『恐怖の谷』〉
（ハンマーを使った殺人事件でハンマーに痕跡が残ってないことはいくらでもありますよ）

'many a …'（たくさんの …）は '…' の部分が単数形になり，'many a …' 全体としても単数扱いで受けます．したがって正解はいずれも①の箇所で，have から has に訂正しなければならないということになります．また，上の方の問題では 'Many a man' を him という代名詞で受けていることからも単数形扱いになっていることがわかります．'many a …' は古くて堅い言い方ですが，入試で扱われることもありますので入れておきました.

▶ If you buy this, I will give you a (　　).
　① fifteen percent discount　　② fifteen percent of discount
　③ fifteen percents discount　　④ fifteen percents of discount
〈センター試験〉

普通 percent は単数形で使われます. 正解は①の 'fifteen percent discount' です. (cf. 'a five-year plan' → 12.2)

14.6.7 形容詞的に機能する 'of＋抽象名詞'

▶ Thank you for the updated file. This is (　　).
　① of great helpful　　② great helpful
　③ of great help　　④ great help

'be of great [little, no, some] help' で「とても役に立つ [ほとんど役に立たない, まったく役に立たない, 少し役に立つ]」という意味になります. 17.5.3 でも触れています. 正解は③の 'of great help' です.

14.6.8 紛らわしい派生形の形容詞 (1)

▶ The old Guiacum test was very clumsy and uncertain. So is the microscopic examination for blood corpuscles. The latter is (　　) if the stains are a few hours old. 〈Doyle『緋色の研究』〉
(昔ながらのグアイアック検査は使いづらくて (clumsy) 不正確だ. 顕微鏡で血球 (blood corpuscles) があるか探すのも同様だ. 後者は血痕が数時間もたったものだと<u>役に立たない</u>)
　① costly　　② valueless　　③ valuable　　④ invaluable

①の costly は「高価な」「費用のかかる」，③の valuable は「(金銭的な) 価値の高い」，④の invaluable は「計り知れない価値の」という意味です．正解は②の valueless で，「(金銭的に) 無価値な (having no value)」とか「つまらない (worthless)」といった意味です．

14.6.9　紛らわしい派生形の形容詞 (2)

▶ Watson there would tell you that I was a nervous, (　　) boy at school.

〈Doyle「海軍条約」〉

(そこにいるワトソン君ならわかってくれていますが，私は学校時代に神経質で臆病な子でした)

① sensible　② sensitive　③ sensual　④ sensational

①の sensible は「分別のある」，③の sensual は「官能的な」とか「身体的な感覚の」，④の sensational は「扇情的な」とか「センセーショナルな」という意味です．正解は②の sensitive で，「神経過敏な」とか「感じやすい」という意味です．

14.6.10　紛らわしい派生形の形容詞 (3)

▶ (　　) activities are those approved of by society because they are considered to be fair and honest.

① Respect　② Respectable　③ Respecting　④ Respective

〈センター試験〉

「尊敬 (する)」という意味の respect から派生した語に関する問題です．③の respecting はフォーマルな前置詞として「… に関して」(＝with respect to) という意味で用いられます．④の respective は複数形の名詞の前において「それぞれの」という意味で使われます．選択肢にはありませんが，respectful は「礼儀正しい」，respected は「評判の高い」とか「立派な」という意味です．正解は②の respectable ((社会的に) ちゃんとした) を入れるのですが，「立派な」という訳語の場合に誤解するかもしれませんので少し解説しておきます．respectable の意味は「人や物事が（社会的に，道徳的に）ちゃんとしていると世間からみなされている」とか「物事の質や量が十分で満足できる」という意味です．悪いところがなくて堅実・まずまずといったニュアンスの語ですから，「とても尊敬できる（admirable, estimable)」と言うのとはかなり異なりますので注意しましょう．問題の英文は「まっとうな活動というのは公正で誠実であると思われて世間から認められるような行為のことだ」という意味になります．

14.6.11 「... しそうだ」という意味の形容詞

▶ His ambition to become president is (　　) to be realized.
　① capable　② likely　③ possible　④ probable　〈センター試験〉

英文の内容は「大統領になるという彼の野望は実現されそうだ」ということで，'be likely to' の形が使われています．正解は②の likely です．この 'be likely to' は 6.3 例文（13）でも出てきていますが，5.1.4 で appear/seem といった動詞に関して説明した内容を思い出してください．'be likely to' も同じで，下記の（i）のようにほぼ同じ内容の（ia）と（ib）をベースにして，（ia）では文頭の空所になっている主語の位置に It を入れて（iia）を作り，（ib）では John を文頭に移動して文全体の主語にして（iib）の形を作っています．

(i) a. ____ is likely [John will win]　《[　] 内が時制節》
　b. ____ is likely [John to win]　《[　] 内が to 不定詞節》
(ii) a. It is likey [(that) John will win].
　b. John is likely [____ to win].

問題の文は次のようなプロセスで出来上がります．

(iii) a. ____ is likely [____ to be realized his ambition to become president]
　《[　] 内が to 不定詞節で，'his ambition to become president' は動詞 realize の目的語です》
　b. ____ is likely [his ambition to become president to be realized ____]
　《[　] 内で，'his ambition to become president' が主語の位置に移動

して受動文の形になります》

c.　his ambition to become president is likely [＿＿ to be realized ＿＿]

《'his ambition to become president' が文全体の主語の位置に移動して完成です》

14.6.12　heavy／light の慣用的用法

▶ The traffic is (　　) on the street during rush hour.

① a lot　② much　③ rapid　④ heavy

「ラッシュアワーにはその通りの交通量が多くなる」という意味です．("The street is busy during rush hour." とも言えます．)「交通（量）」という意味の traffic ですが，「多い［少ない］」と修飾する形容詞は 'heavy [light]' になります．正解は④です．名詞の前に修飾要素を入れて 'a lot of [little, not much] traffic'（多い［ほとんどない，少ない］交通量）とすることもできます．

14.6.13　most／almost の語順

▶ "Is English spoken in Japan?"

"Well, (　　) Japanese people don't use English in everyday life."

① almost　② any　③ most　④ none　〈センター試験〉

「たいていの日本人が毎日の暮らしにおいて英語を使っていない」という意味です．13.7.4 を確認しておきましょう．正解は③の most が入って 'most Japanese' の形になります．また，副詞の almost については 15.2.4 で扱います．

14.6.14　so／such の語順

▶ We would certainly make every effort to avoid scandal (　　).

〈Doyle「チャールズ・オーガスタス・ミルヴァートン」〉

① in a so delicate matter　② in such a delicately matter
③ in so delicate a matter　④ in such delicate a matter

「私どもとしてはかくもデリケートな事態にあっては何としてもスキャンダルを避けたいのです」という内容です．正解は③の ‘in so **delicate** a matter’ です．②は delicately ではなく ‘in such a **delicate** matter’ なら正しい言い方になります．10.1.2 の内容を確認しておいてくださいね．

第15章 副　詞

15.1　副詞が修飾する要素

副詞については，それが含まれている文のどの部分を修飾しているかを正確に把握することが重要です．以下で具体例を見ていきましょう．

15.1.1　形容詞や副詞を修飾する副詞

前章で見た通り，形容詞としての enough は名詞の前または後ろ（原則的には名詞の前）におかれました（下記の (1) および (2) は 14.2.3 を参照）．

(1) There's **enough** time [time **enough**] to do that. / There's **enough** time [time **enough**] for that.
（それをするための時間は十分にある／そのための時間は十分にある）

副詞としての enough（十分に）はおもに形容詞や副詞の後に置かれます．

(2) a. Is this large **enough**?
（これの大きさは十分ですか？）《形容詞 large を修飾》
b. I don't know him well **enough** to borrow money from him.
（お金を借りられるほど私は彼のことを知っているわけではない）《副詞 well を修飾》

enough のように形容詞や副詞を修飾する副詞は「程度」を表しますが，そのような副詞は下の例のように修飾する対象の直前におくのが普通で enough が例外的であることに注意しておきましょう.

(3) a. He was **pretty** sly.（彼はかなりずるい）
《この pretty は副詞（15.2.1 参照）で，形容詞 sly を修飾します》
b. She did it **quite** well.（彼女はそれをかなりうまくやった）
《副詞 well を修飾》

15.1.2 動詞を修飾する副詞

動詞というより，正確には動詞句を修飾する副詞で，意味内容によって下記のように分類されますが，どの位置に置かれるかにも注意しておきましょう.

☞ **様態**

(4) a. "I see no connection."
"Very likely not; but I can **quickly** show you a close connection.
〈Doyle「踊る人形」〉
(「つながりがわからないのだけど」「わからないだろうね．でもすぐに密接な関連があることを説明してあげるよ」)
b. If we act **quickly** and **wisely**, we can cut this thing short.
〈Doyle『恐怖の谷』〉
（もし我々がすばやく，うまいこと立ち回れば，ことをすんなりすませられます）

この種の副詞には angrily, carefully, fast, quickly, quietly, slowly, suddenly, well などがあり -ly のつくものが多くあります．動詞の前や，動詞句の後（他動詞であれば目的語の後）におかれますが，微妙に意味の違いも生じます．たとえば，(4a) では，副詞 quickly が動詞句（'show you a close connection'）の前にあります．この会話はホームズがワトソンの指についた粉を見て，ワトソンが友人から勧められた金鉱への投資をする気がないと思ったのを推理してワトソンを驚かせた場面ですが，ホームズの発言の焦点は行為の内容にあって，ワトソンが「つながりがわからない」と言ったのに対して「関連があることを（すぐに）説明してあげる」と述べている部分にあります．それに対して，(4b) では副詞 quickly と wisely が動詞の後にありますが，この場合に発言の重点は quickly と wisely という副詞が意味する様態自体にあります．「(私たちが立ち回るのが）迅速で抜け目なければ

(すんなりいくよ)」という感じでしょうか.

☞ **頻度や否定**：

always, often, sometimes, generally, usually, never, seldom, hardly, rarely

(5) a. I **often** go to the theater. (私はしょっちゅう観劇に行きます)
《これらの副詞は動詞の前に置くのが普通》
b. I should see him more **often**. (私は彼ともっと頻繁に会う必要がある)
《これらの副詞は文頭や文末にも生じるが always は文末には出ない》
c. He is almost **always** right. (彼はほぼ常に正しい)
《be 動詞の場合はその後に置く》
d. I've **seldom** experienced such rudeness.
(私はそんな失礼な目にあったことはめったにない)
《助動詞と動詞の間に置く》

☞ **場所・方向・時**：

there, here, home, southward, homeward, upward, now, tonight, soon

(6) a. I'll be **back soon**. (すぐに戻ってきます)
《場所・方向 (back) が時 (soon) に先行する》
b. I arrived **there last night**. (私は昨夜そこに到着しました)
《場所・方向 (there) が時 (last night) に先行する》
※there (そこへ) は副詞なので '×arrive at there' などと前置詞を入れたりしないよう注意しましょう. 次の例もよく間違えそうになりますよ.
abroad (外国に [で, へ]) ／home (家 [自国] へ) ／outdoors [indoors] (屋外 [屋内] で) ／overseas (海外に [で, へ]) ／upstairs [downstairs] (上階 [階下, 1階]) で)

15.1.3　文副詞

文副詞は, 文頭や動詞の前 (まれにカンマを伴って文末) に置かれて, それが修飾する文全体について話者の判断を表します. 話し手のコメントを示す言い方として, 'it is＋形容詞＋that 節' という形でパラフレーズできることがしばしばです. 文副詞の意味は次のような種類があります.

☞ **文の内容に対する話し手の判断：**
luckily（運良く），strangely（奇妙なことには），happily（幸いにも）など

(7) a. **Unfortunately** I didn't have enough money to study abroad.
（残念ながら私は海外で勉強するほどのお金を持っていなかった）
b. It is [was] **unfortunate** that I didn't have enough money to study abroad.
（私が海外で勉強するほどのお金を持っていなかったのは残念だ［だった］）
《'It is unfortunate to *do*' の形は不可》

☞ **文の可能性についての話し手の判断：**
certainly（きっと），definitely（確かに），probably（おそらく（確率大））など

(8) a. Jim **possibly** left early.（ひょっとするとジムは早くに出発したかもしれない）
b. It is **possible** that Jim left early.
（ジムが早く出発したということはひょっとしたらありうる）

☞ **主語の行為についての話し手の判断：**
bravely（勇敢にも），carefully（注意深いことに），cleverly（賢いことに）など

(9) a. **Rudely**, Bill left in the middle of the meeting.
（失礼にも，ビルは会議の途中で出て行った）
b. Bill was **rude** to leave in the middle of the meeting.《＝It was rude of Bill to leave in the middle of the meeting.》
（会議の途中で出て行ったのはビルが無礼だった）

☞ **話し手の視点：**
briefly（手短に言えば），generally（一般的に言えば），strictly（厳密に言えば）など

(10) a. **Frankly**, you are unable to prove it.
（率直に言って（＝to be honest），君はそれを証明することができない）
b. **Frankly speaking**, you are unable to prove it.

ほかにも allegedly（申し立てによると），presumably（おそらく），reportedly（報告によれば），supposedly（一般に考えられているところでは，おそらく）などがあります．

(11) a. He was **allegedly** involved in the robbery.《=It is alleged that he was involved ...》
(伝えられているところでは彼は強盗事件に関与しているらしい)
b. He is **reportedly** going to resign tomorrow.《=It is reported that he is going to .../According to reports he is going to ...》
(報道によれば彼は明日辞任するらしい)

文副詞は下の (12b) のように文の後に生じることもありますが，(13b) のような例との区別には注意しておきましょう．(13b) の例にある文末の副詞 (happily) は文副詞ではありません．

(12) a. **Personally**, I find it difficult to believe her.
(個人的には，彼女を信じがたいと思う)〈英文は『現代英文法総論』p. 313から引用〉
b. I find it difficult to believe her**, personally**.
《文副詞が文末に生じるときはコンマを伴います》
(13) a. **Happily** he did not die. (幸運にも彼は死ななかった)
b. He did not die **happily**. (彼は幸福な死に方をしなかった)
《(13b) の happily は文副詞ではなく動詞(句)を修飾しています》

日本語の「特に」に相当する意味の副詞として，particularly を使いたくなるかもしれませんが，particularly には文全体を修飾する用法はありませんので注意しましょう (田中)．下の例 (Internet から採録) のように，'in particular' なら文全体を修飾するときにも使えます．

▶ I enjoyed the exhibition. **In particular**, I liked the impressionist paintings.
(私はその展示を楽しみました．特に，印象派の絵が気に入りました)

15.2　使い分けに注意する副詞

15.2.1　-ly の有無で意味の異なる副詞

以下に -ly の有無での意味の違いに注意する副詞をあげておきます．必要に応じて例文も入れておきます．

➢ **close**「接近して」
closely「綿密に」「注意して」

➢ **late**「遅く」
lately「最近」

➢ **hard**「熱心に」「激しく」
▶ He trains **hard** every day.（彼は毎日激しい訓練を積んでいる）
hardly「ほとんど～ない」
▶ Steve **hardly** touched his lunch.
（スティーブは昼食にほとんど手をつけなかった）

➢ **high**「高く」
highly「非常に」「尊敬して」
▶ The school thinks very **highly** of their new teacher.
（全校生徒が新しく着任したその教員をとてもりっぱだと思っている）

➢ **just**「ちょうど」「単に」
justly「公正に」
▶ The offender was **justly** dealt with by the court.
（その犯罪者は法廷で公正に扱われた）

➢ **most**「最も」
▶ Steve earned **most** that year among all the salesmen.
（その年にスティーブが全セールスマンの中で最高に稼いだ）
mostly「たいていは」「大部分」
▶ The gossip about the film star is **mostly** made up by the tabloids.
（その映画スターに関するゴシップはたいていがタブロイド紙の作り話だ）

➢ **near**「近くに」
nearly「ほとんど」

➢ **pretty**「かなり」
▶ The new model of this car is **pretty** fast.（そのの新型はかなり速い）
prettily「かわいく」

➢ **sharp**「きっかり」「ちょうど」
▶ Please arrive at three o'clock **sharp**.（3 時ちょうどに到着してください）

sharply「するどく」「急に」「きびしく」「はっきりと」

▶ They **sharply** decided not to go ahead with the plan.
（彼らはその計画を進めないことに急きょ決定した）

なお，-ly の語尾がついても形容詞である語として，costly（高価な，費用のかかる），daily（weekly，monthly，yearly（毎日・週・月・年の）），elderly（年配の），friendly（友好的な），lively（元気な，軽快な），lonely（孤独な，さびしい），manly（男らしい），womanly（女らしい），orderly（整然とした），timely（適時の）などをよく目にします．

15.2.2 「～前に」の使い分け：ago / before

‘期間＋ago’ は，現在からさかのぼって「（今から）… 前に（before now）」という意味です．過去時制（完了時制では不可）とともに用いられます（下記（14a）参照）．‘期間＋before’ は，現在でない時点から見て「その時より前に［早く］（before then, earlier）」という意味です．「（過去のある時点から見てそれ以前の）… 前に」という意味では過去完了で用いられることがしばしばです（下記（14b）参照）．現在でない時点から見るので，before は（14c）のように先の話をするときに使うこともできます（高橋）．

（14） a. It was just about two hours **ago**. 〈Doyle「ウィステリア荘」〉
（それはほんの 2 時間ほど前のことでした）

b. …, and there, sure enough, was the man, exactly as he had been the two weeks **before**. 〈Doyle「1 人ぼっちの自転車乗り」〉
（そしてそこに確かにその男がいたのです，2 週間前と全く同じように）

c. I'll be there a few days **before**.（私はそこに数日前に着いているつもりです）
《この before は earlier とか ‘before then’ の意味》

なお，before は単独で用いられて「現在より以前に」の意味になることがあり，その場合は過去形や現在完了形とともに用いることもできます．

（15） a. “How very absurd! I never noticed that **before**.” 〈Doyle「まだらの紐」〉
（「へんですわね！ これまで気がつきませんでした」）
《過去形とともに》

b. He and I have worked together **before**. 〈Doyle『四つの署名』〉
（彼と私は以前一緒に仕事をしたことがあるのです）
《現在完了形とともに》

c. …, but we had never set eyes upon each other **before**.

〈Doyle「赤毛組合」〉

(それまで私たちはお互いに顔を会わせたことはなかったんだ)

《過去完了形とともに》

15.2.3 「もう／まだ」の使い分け：already / yet / still

already はあることが（予期していたたよりも）早めに起きたことを言う語で，通例動詞とともに文の中ほどに置かれます．yet は疑問文と否定文で用いられ，文末に置かれるのが普通です．現在完了の文でよく使われます．

(16) a. It's **already** finished.[1] (もうそれは終了してしまった)

《予想より早くという含みがあります》

cf. It's not finished **yet**. (まだ終わっていない)

《already は 'not yet' と反対の意味です》

b. Have you **already** eaten?

(もう食事をすませたよね？／もう食事をすませてしまったの（早いね）？)

《純粋な疑問文というよりは，'Yes' という返答を想定した言い方（日本語訳左側）であったり，驚きの表現（日本語訳右側）であることがよくあります[2]》

cf. Have you eaten **yet**? (もう食べましたか？)

《(16b) の already とは異なり，この yet は単に情報を求める言い方です》

still はある状況が近く終わることを予期していたり，まだ終わっていないことに驚きを表すのに使われます．（疑問文や否定文でも使われますが）通例肯定文で用いられ，動詞とともに文の中ほどの位置に置かれます．[3]

---

[1] already を文末において驚きを強調することもできます．

(i) It's finished **already**! (もう終わっちゃってるよ！)

[2] 上の脚注にある通り，この場合も already を文末において "Have you eaten **already**?" とすれば驚きの感じがより明確に出せます．

[3] 略式では still が文末に来ることがあります．

(i) I am rather in the dark **still**. 〈Doyle『緋色の研究』〉
(僕にはまだわからないんだがなあ)

(ii) Do you make your own dresses **still**? (あなたは今も服を自作しているの？)

(17) a. He is **still** busy.（彼はまだ忙しい）

b. Will he **still** be there?（彼はまだそこにいるつもりかしら？）

c. By Saturday he had **still** not replied to my letter. / By Saturday he **still** hadn't replied to my letter.

（土曜まで彼はまだ私のメールに返信していなかった）

15.2.4 almost / most / mostly の使い分け

almost は nearly とほぼ同じ意味で（almost ≒ very nearly），almost のほうがより近い感じがあります．

(18) It's **almost / nearly** one o'clock.（もうすぐ／そろそろ 1 時だ）

また，almost は動詞の前に置かれて「もう少しで …（する）」，「危うく … するところ」の意味になります．

(19) a. I had **almost** decided upon this, when he solved the problem for me.

〈Doyle『四つの署名』〉

（私がこう決めかけたとき，奴のほうが問題を解決してくれました）

b. She **almost** fell under a moving car.

（彼女は転んで危うく走行中の車にひかれるところだった）

almost は副詞なので，限定詞のように直接名詞を修飾することはできません（つまり，'×almost students' とはなりません）．そこで，下の（20a–b）にあるように，almost は all / any（anyone）/ every（everyone）/ no などの語の前に置かれます．(20c) のような形容詞の most と混同しないよう注意しましょう．また，代名詞のように 'of the …' を続けることはできません（つまり，'×almost of the students' とはなりません）．(20d) のような代名詞としての most と混同しないよう注意しましょう．

(20) a. **Almost** all (of) the students in my class have mobile phones.[4]

（私のクラスの学生ほぼ全員が携帯電話を持っている）

---

[4] 'almost all of the …' というように of が入った場合の almost の品詞は副詞なのかという疑問がありますが，この場合には 'almost all' というかたまりで 1 つの代名詞となっていると考えるのも 1 つの可能性かもしれません（参考：So far, **almost all** are still on Windows XP. **Almost all** is in place, but …（いずれも Corpus of Contemporary American English より採録））．また，'almost everyone' といった言い方も合わせて考えていく必要があるかもしれません（横河）．

《'almost all (of) the A' と 'most of the A' は同じような意味ですが，'most of the A' のほうがやや少ないという含みになると言われています》

b. **Almost** all people speak English in the country.
(その国ではほとんどの人が英語を話す)

c. **Most** people, if you describe a train of events to them, will tell you what the result would be. 〈Doyle『緋色の研究』〉(＝12.7.4 (35b))
(たいていの人は一連 (train) の出来事を説明してあげれば結末がどうなるかわかるものだよ)

d. **Most** of the rooms were unfurnished, but none the less Holmes inspected them all minutely. 〈Doyle「ノーウッドの建築業者」〉
(部屋のほとんどには家具もなかったが，それでもホームズは全部を綿密に (minutely) 調べた)

では練習問題を 1 つ.

(21) a. (　　) the seats are available now.
① Almost all　② Almost of　③ Most of all　④ The most of

b. (　　) our company employees have started to use public transportation because of the increasing price of gasoline.
① Almost　② Almost all of　③ Most　④ Most of the

(i) **Almost everyone** in here is a suspect. (ここにいる誰もが容疑者だ)
説明の可能性の 1 つとして，実は (iib) のように内部構造に空の名詞があり，副詞の almost は形容詞 all の部分だけを修飾していると説明することができるかもしれません (中身が空の [名詞 ∅] については 13.2 脚注 1 も参照). そうすると，(iib) の構造は (iic) にあげた 'almost every one of the students' と並行的であることになります.

(ii) a. **almost** all of the students (cf. almost all the students)
b. [名詞句 [名詞句 almost all [名詞 ∅]] of [名詞句 the students]]]
c. [名詞句 [名詞句 almost every [名詞 one]] of [名詞句 the students]]]

そうだとすると，次の (i) のように副詞の almost が名詞の everyone を修飾しているように見える例についても，実は (iiib) でグレーのハイライトで示したように副詞の almost は every の部分だけにかかっていると説明することができるかもしれません. (someone とか everyone に階層構造がある可能性については 14.1 の (3) での説明も思い出してください.)

(iii) a. **almost** everyone
b. [名詞句 almost every [名詞 one]]]

とはいえ，よくわからない点も多いので今後の研究を待つ必要があります.

(21a) は「ほとんどどの席も今なら空いています」という意味です．(20c) で見たように，'most＋名詞（複数扱い）' の most は形容詞，'most of the＋名詞（複数扱い）' の most は代名詞で無冠詞で使われます．したがって，これらの用法での most には the がつきませんから (21a) のにある④の選択肢は誤りです．また，(20a–b) で見たように almost は副詞ですから②の形は誤りです．したがって，(21a) の正解は①です．'almost all (of) the [*one's*] A' = 'most of the [*one's*] A' ですから③が 'Most of' であれば正解になります．[5] (21b) は② 'Almost all of' が正解です．④の 'Most of the' は 'our company' に限定詞の our があるので使えません．

mostly は副詞で「だいたいにおいて」とか「たいていの場合」といった意味です．

(22)　"And these other people?"
"They are **mostly** sent on by private inquiry agencies. They are all people who are in trouble about something, and want a little enlightening. …
〈Doyle『緋色の研究』〉
(「それじゃあ，その他の人たちは？」「彼らはたいてい民間の興信所の紹介でこちらにまわされてくるんだ．何かしらの問題を抱えていて，解決策をもとめているのさ…)

ただし，次のように「主として」，「主に」，「大部分」といった意味でも使われます．

(23)　The air we breathe is **mostly** / ×~~almost~~ nitrogen and oxygen.
(私たちが呼吸する空気は大部分が窒素 (nitrogen) と酸素 (oxygen) だ)

almost を「ほとんど」と丸暗記していると，日本語訳にひきずられて (23) のような例で almost を使ってしまいそうになるので注意しましょう．

---

[5] ③の 'most of all the seats' といった言い方がなぜダメなのかというのは実は日本語話者には感覚的に難しいところです．日本語では「ほとんどすべての席が」というような言い方ができますからね (横河)．理屈としても説明は難しいところがありますが，'most of …' で「…」の場所に入るのは典型的には the / this / that / these / those / my / your / his / her / our / their などをともなう意味的に限定された語句（定名詞句）であるということのようです．all は限定された意味の要素ではないので 'most of …' の「…」の場所になじまないというように考えられるのかもしれません．most と all はどちらも比率を表す言い方で，'most of all the seats' ではそれらが重なっているためにおかしく聞こえるというようにも考えられます (田中)．

15.3　接続詞の働きをする副詞

however や nevertheless とか otherwise は品詞としては副詞ですが，まるで接続詞のように節と節をつなぐ働きをします．次の問題をやってみましょう．

(24)　You must leave now; (　　), you will be late for your social studies class.

① instead　② therefore　③ otherwise　④ accordingly

〈センター試験〉

「もう出かけなければいけません；そうでなければ，社会科の授業に遅刻しますよ」という内容です．正解は③の otherwise（もしそうでなければ）が入ります．

以下では，接続詞的に用いられるその他の副詞の例をあげておきます．

➢ **however**「しかしながら」

▶ I had begun to think that my companion was as friendless a man as I was myself. Presently, **however**, I found that he had many acquaintances, …

〈Doyle『緋色の研究』〉

（私の同居人は私同様知り合いがいないのだと思うようになっていた．しかしながら，ほどなく（presently）彼には多くの知り合いがあることがわかった）

《however は，前の文を受けた次の文の中に挿入されます．and や but と違い，1つの文の中で ×[A however B]（A だが B）といった形にはならないことを理解しておかないと英作文でも失敗しますよ 経験者は語る (^^;)．ただし次のような例に注意しましょう》

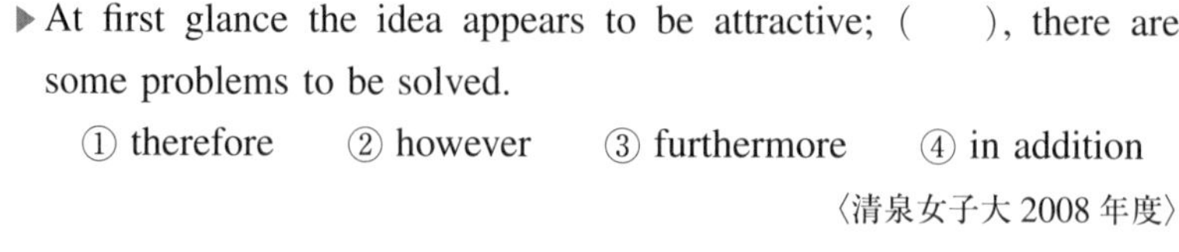
▶ At first glance the idea appears to be attractive; (　　), there are some problems to be solved.

① therefore　② however　③ furthermore　④ in addition

〈清泉女子大 2008 年度〉

《この例では（　　）の前がセミコロンになっていて，いったん文が区切れている点が重要です．内容からも「そのアイディアは一見すると魅力的だ．

しかしながらいくつか解決が必要な問題がある」ということで②の however が適切です》

➢ **besides**「その上」，「さらに」（＝moreover / in addition / furthermore）

▶ It's too late to go out now. (　　), it's starting to rain.
　① All the same　② At least　③ Besides　④ Therefore
〈センター試験〉

besides は前に述べられている内容よりもさらに決定的な情報を付け加えるときに用いられます．この問題は「出かけるには遅い時間になった．それに雨まで降ってきた」という内容です．正解は③の Besides です．

▶ This car is fuel-efficient; **moreover**, it is affordable; **furthermore**, it is the best-selling model in its price range.
（この自動車は燃費がいいし，それに値段も手ごろだし，その上この価格帯でいちばんよく売れているモデルだ）
《besides や moreover を使ってしまった後に，さらに情報を付け加えるときには furthermore が使えます》

➢ **nevertheless**「それにもかかわらず」「それでも」

▶ You make a good point. **Nevertheless**, I have to disagree.
（君の言っていることは実に的を射ている．それでも私は反対だと言わざるを得ない）
《前に述べられている内容を認めながらも，それと矛盾するような内容を導入するときに用いられます》

➢ **still**（'but (...) still'）

▶ This pain was bad, **still** he didn't complain.
（痛みはひどかったが，それでも彼は文句を言わなかった）
《前に述べられている内容を認めながらも，それと対照的な内容を導入するときに用いられます》

➢ **instead**「その代わりに」，「それどころか」

▶ But there was no sign within it of that desperate and defiant villain whom we expected to see. **Instead** we were faced by an object so strange and so unexpected that we stood for a moment staring at it in amazement.

〈Doyle『バスカヴィル家の犬』〉

（その中には私たちがいると思っていた凶暴非道な悪者（desperate and defiant villain）の姿はどこにもなかった．その代わりに［それどころか］，私たちはとても奇妙な思いもかけないものを見てしばらく茫然と立ちつくしてしまった）

《前の文を受けて，instead の後にいっそう重要な内容が来る形になります》

➢ **consequently**「その結果」，「したがって」，「それゆえに」

▶ She didn't explain it clearly—**consequently** he didn't understand.

〈*Chambers*〉

（彼女はそれをちゃんと説明しなかった．それゆえに彼は理解しなかった）

➢ **accordingly**「したがって」「だから」

▶ I met him **accordingly** next morning and we traveled down to Woking together. 〈Doyle「海軍条約」〉

（そんなわけで翌日また彼と会って，ウォーキングまでいっしょに出かけた）

《'Accordingly, …' の形で文頭に置かれることがしばしばです．また，この意味では therefore や thus のほうが普通に使われます》

第16章 接続詞

前章の最後では，副詞が接続詞的に用いられる例を見ました．次の例では「まだ」とか「もう」という意味の副詞が接続詞として使われて「それでも」とか「けれども」という意味になっています．

➢ **yet/and [but] yet**「それにもかかわらず」，「それでも」

▶ It is strange, **yet** (it is) true.（それは奇妙なことだが，それでも本当のことだ）

▶ If you were asked to prove that two and two made four, you might find some difficulty, **and yet** you are quite sure of the fact. 〈Doyle『緋色の研究』〉
（2と2で4になることを証明しろと言われたらちょっと困るだろうが，それでも4であることが確かなのはまぎれもないのだ）

▶ I agree with you, **but yet** I cannot consent.
（君と同意見だが，それでも賛成はいたしかねる）
《対比・対照を示す内容を導入し，驚きや意外感を表します．but や however より対比の感じが強い言い方です》

この章では，本格的に各種の接続詞について見ていくことにします．内容としては，等位接続詞，節を導く従属接続詞の順で主要な用法を取り上げます．

16.1 等位接続詞

まず1つ問題を見てみましょう．

(1)　I think he is a very intelligent person, (　　) many people don't agree with me.
　① but　② for　③ which　④ who　〈センター試験〉

選択肢③と④は関係代名詞ですが，問題文中のカンマ (,) 以降の部分は節として完結していますので，その中から関係代名詞が出てきたとは考えられません．したがって，③と④はあてはまりません.[1] ②の接続詞 for は問題文全体の意味を考えるとうまく整合しません．①の接続詞 but が正解で「私は彼が聡明な人物だと思うが，多くの人が私に同意しない」という内容になります．

文法的に，つまり語・句・節のレベルや品詞などの観点から見て同等の要素を結びつけるのが等位接続詞で，and や but はおなじみですし，nor は次のような例をよく目にします．前に述べられている否定を含んだ文を受けて，「また … ない」というように nor 以下の文の内容を否定する形になります．(nor については，9.1.4 の内容も思い出してください．)

(2)　There was no letter or message, **nor** has he heard a word since.
〈Doyle「退職した絵具屋」〉
(手紙や書き置きもなかったし，以降は彼に音信もない)
《nor に続く節は下線部のように主語と助動詞の倒置が起きることに注意しましょう》

また，「命令文＋and [or]」(… しなさい，そうすれば［さもないと］) の形もおなじみでしょう．下の文は応用例で ‘or else’ (さもないと (＝otherwise)) の形になっています．

(3)　Hurry up, **or else** you'll be late. (急ぎなさい，さもないと遅れますよ)

ほかにもおなじみのものとして，‘not A but B’ (A ではなく B)，‘not only A but (also) B’ (A だけでなく B も)，‘A as well as B’ (B だけでなく A も) といった言い方も思い出してください．

[1] 次の形であれば③の which を使うことが可能です (高橋)．
(i)　I think he is a very intelligent person, **which** many people don't agree on with me.
(私は彼が聡明な人物だと思うが，それについては多くの人が私と意見が一致しない)
《cf. Many people don't agree on that with me. (多くの人がそれについて私と意見が一致しない)》

(4) a. He is **not** a scholar **but** a writer.（彼は学者ではなく作家だ）
b. **Not only** he **but also** I am capable of doing it.
（彼だけでなく私もそれをすることができる）
《be 動詞がそれに近い方の代名詞（he ではなく I）に呼応して変化していることに注意》
c. I **as well as** she am wrong.（彼女だけでなく私も悪いのです）
《be 動詞が主語の ‘A as well as B’ のなかで情報として重要な A（she ではなく I）のほうに対応して変化していることに注意》

このように接続詞と副詞など他の要素のペアが連携して全体として接続詞の役目を果たすものを相関接続詞（correlative conjunction）と呼ぶことがあります．‘so … that’ とか ‘whether … or’ も相関的な表現の例です．

(5) a. I can’t decide **whether** to go **or** not.
（行くべきか否か私は決めることができない）
b. It’s **so** small **that** I can’t see it.（それはとても小さいので私には見えません）

‘both A and B’ / ‘either A or B’ / ‘neither A nor B’ といった相関接続詞でも等位接続詞が使われます．そのような相関的な表現が主語の場合に動詞を A あるいは B のどちらに一致させるかに注意しましょう．

(6) **Both** Italy **and** America are full of stories of his dreadful powers.
〈Doyle「赤い輪」〉
（イタリアとアメリカの両方で彼の恐ろしい話が知れわたっています）
《主語の ‘both A and B’ は複数形扱いになります》

動詞を ‘either A or B’ / ‘neither A nor B’ の A あるいは B のどちらに一致させるかについて言えば，あくまで文法的にはということですが，(7) のようになるというのが規則ということになります．ただし，実際の発話ではこのような言い方は好まれず，まず使われないと思っていいでしょう．ネイティブ・スピーカーなら，たとえば【　】内にあるような表現にします（McAulay）．

(7) a. **Either** she **or** I am [are] to blame.【Either she is to blame, or I am.】
（彼女か私が責めを負うべきである）
《主語の ‘either A or B’ では動詞が B を受けて変化するのが原則（ただし，くだけた用法では複数扱いされることもあり）》

b. Is **either** she **or** I to blame? 【Is she to blame? Or me?/Is she or me to blame?/Is she to blame, or am I (to blame)?】
(彼女か私が責めを負うべきであろうか)
《主語の 'either A or B' で選択疑問文になっている場合，主語・助動詞の倒置で前置された助動詞は A を受けて変化します》

(8) a. **Neither** she **nor** I am [are] right. 【She is not right, and neither am I.】
(彼女も私も正しくない)
《主語の 'neither A nor B' でも動詞が B を受けて変化するのが原則．ただし複数扱いされることもあり，その頻度は 'either A or B' のときより高いと言われます》

b. Is **neither** she **nor** I right? 【Is she not right? Me neither?】
(彼女も私も正しくないのであろうか)
《主語の 'neither A nor B' で選択疑問文になっている場合も，主語・助動詞の倒置で前置された助動詞は A を受けて変化します》

16.2 節を導く従属接続詞

16.2.1 節を導く that, whether, if

伝統的な学校文法では，that を接続詞とみなし，その後の節とともに名詞節を形成すると説明されます．本書ではそのような考えはとらず，これまでに述べてきた通り（7.1 参照），that は単に節を導く要素であるとみなします（whether や if も同様に節を導く要素であると考えるのでしたね）.[2] 次の例で（9a）は（9b）とほぼ同じ意味です．そこでは，that 節はいずれも名詞 proof や動詞 prove の目的語です．（9a）で that 節は名詞 proof と同格になっているとかややこしいことを考える必要はありません．that 節の働きは（9a）と（9b）で特に違いはありません．また，that の働きは日本語訳にある「と」や「という」のと変わりありません．

(9) a. We have no **proof** that the person who came back was the person who went out. 〈Doyle「海軍条約」〉
(出て行った人物が帰って来た人物であるという証拠はないのだ)

[2] 言語学の用語では「補文標識（complementizer）」といいます．後に文が続くことを示す標識ということです．

b. We cannot **prove** that the person who came back was the person who went out.

(出て行った人物が帰って来た人物であると証明できはしないのだ)

なお，that 節は前置詞の目的語にはなりませんが，次の ‘in that ...’ や ‘except that ...’ の形は可能です.[3]

(10) a. The expression ‘in that ...’ is unique **in that** a preposition takes a *that*-clause.

(「in that ...」という表現は前置詞が that 節をとっているという点で普通と違う)

b. Your essay was good **except that** (=apart from the fact that) it was too long.

(君のエッセイは長過ぎることを除けばよい出来だった)　〈*Chambers*〉

問題も 1 つやってみましょう.

(11) Last winter was rather unusual (　　) that very little snow fell in northern Japan.

① about　② by　③ in　④ on　〈センター試験〉

(11) の英文は「日本の北国でほとんど雪が降らなかったという点で昨年の冬は例年とかなり違っていた」という意味で，これも (10a) と同様に that 節が前置詞の目的語にはなっている例です．正解は③の in です.

他動詞の目的語としては that 節のみならず whether 節も if 節も可能です．ただし，主語としては下の (12a) のように whether 節を主語の位置に置くことは可能ですが，if 節は (12b) のように形式主語の it を置いた形でのみ可能です (もちろんこの形は whether 節でも可能です)．また，whether 節も (12c) のように，前置詞の目的語として使えます.

(12) a. Whether Miss Dunbar was her rival in a physical or in a merely mental sense seems to have been equally unforgivable in her eyes.

〈Doyle「ソア橋事件」〉

(ダンバー嬢が肉体的な面でも敵であるのか単に精神的な意味でなのか，彼女の

[3] ‘in that ...’ や ‘except that ...’ については次章 17.1 の冒頭も参照.

目からしてみれば同じように許しがたいことであったように思われる）

b. Does **it** really matter if he marries the girl? 〈Doyle「有名な依頼人」〉
（彼がその女性と結婚するかが本当に問題なのかい？）

c. I'm not sure **about** whether (×if) I shall go. 〈Doyle『緋色の研究』〉
（行くかどうかはっきりしておりません）

特殊な例として 'whether or not' もあります．下の例のように，whether の後の節が長いときに 'or not' を whether の直後に置いて形をすっきりさせることができます．

(13) Can you tell me **whether or not** the train has left? 〈*Chambers*〉
（列車が出てしまったかどうかわかりますか？）

16.2.2 いわゆる副詞節を導く従属接続詞

前の節では動詞の目的語となる節を作る例を見ましたが，この節ではいわゆる副詞節を導く従属接続詞について見ていきましょう．まず問題を１つ．

(14) I'll be surprised (　　) an accident. He drives too fast.
① if Tom doesn't have　② if Tom has
③ unless Tom doesn't have　④ unless Tom has 〈センター試験〉

「(スピードを出しすぎる) トムが事故を起こさないなら驚きだ」という内容です．'unless＝if … not' だなんて覚えていると痛い目にあう例です．(たしかに 'if … not' に置き換えることができることもあるのですが,) unless は「… でない限り／… の場合を除いては」('in all circumstances except if' / 'in any event other than') という意味です．問題の文の空所が④の 'unless Tom has' だとすると「トムが事故を起こすのでない限り私は驚く」「トムが事故を起こす場合を除いて私は驚く」という変な日本語になってしまうので unless が使われるところではないということがわかります．正解は①の 'if Tom doesn't have' です．後ほど出てくる本節の 'unless' の項も参照してください．

そもそも一般的な事実として，'unless …' は 'be glad / happy / surprised *etc.*' といった感情を表す言い方の後には続かないことが知られています．少々細かいことをいうと，'unless …' は「(主節で述べられた) ある事態が起きる」とか「… が真である」ための必要条件は「…」であるとき以外のすべてであるということを伝える言い方なので，たとえば④を入れて “I'll be surprised **unless** Tom has an accident.” としてみると「トムが事故を起こす以外のどんな状況であっても私は驚くでしょう」という意図しない不可解な意味になってしまいます.[4]

以下ではいわゆる副詞節を導く従属接続詞の代表的な例を見ていきます.

☞ **時を表す：**

when「… するとき」，while「… する間に」，as「… するとき［しながら，するにつれて］」，till [until]「… するまで」，before「… する前に［しないうちに］」，after「… してから」，since「… して以来」

《忘れがちですが，once「いったん … すれば」もあります》

▶ **Once** the bridge was up, I guess he thought he was safe.〈Doyle『恐怖の谷』〉

（いったん橋が上がってしまえば，彼は自分がもう安全だと思ったのかもしれません）

《ここでの橋（bridge）は屋敷の堀にかかっているはね橋のことです》

では問題を１つ.

(15)　It is a capital mistake to theorize (　　) you have all the evidence.

〈Doyle『緋色の研究』〉

（すべての証拠がそろわないうちに立論するのは重大な（capital）誤りだよ）

① after　② before　③ whether　④ while

日本語訳が「… しないうちに」となるけれども英文の方には not など否定語がないことに注意しておきましょう.「… の前に」という意味の②が入ります．簡単ですって？ 次の例文はどうですか？

(16)　**By the time** that their sailing-ship reaches Savannah the mail-boat will have carried this letter, and the cable will have informed the police of Savannah that these three gentlemen are badly wanted here upon a charge of murder.　〈Doyle「五つのオレンジの種」〉

（奴らの帆船がサヴァンナに着くまでには郵便船がこの手紙を運んでくれているだろ

---

[4] その他の点も含めて unless と ‘if … not’ については『ネイティブの語感に迫る アクティブな英単語力〈大学入学レベル〉』pp. 293–294 に詳細な説明をしてあります.

うし，電信でサヴァンナの警察もこの 3 人の紳士が殺人容疑でばっちり指名手配されていると情報を受けていることだろう）

《'by the time (that) ...' の形で「... までに（は）」という意味です．（until [till] は「... するまでずっと」でしたね．）'by the time' の後の that は省略されることがしばしばです．その that 節の中は，波線の下線で示したように (reaches)，未来のことを表していても現在形になります（⇒ 2.1）．また，直線の下線部のように主節側が未来完了形になっていることにも注意しましょう》

次の問題はどうですか？

(17)　I'm not going to sleep tonight (　　) I finish my homework.
① by　② during　③ until　④ since　〈センター試験〉

「宿題を終えてしまうまで私は今晩寝ないつもりだ」という意味で「... までずっと」という意味の until が入ります．正解は③です．ほかの例も見ましょう．

➢ **..., until ...**「そしてついに」

▶ He called on John Ferrier that night, and many times again**, until** his face was a familiar one at the farm-house.　〈Doyle『緋色の研究』〉
（彼はその晩，そしてそれから何度もジョン・フェリアを訪ね，ついにその農場でなじみの顔になった）

➢ **not ... until** ～「～してはじめて ... する」，「～するまで ... しない」

▶ ... but we did **not** know how very rich he was **until** we came to examine his securities.　〈Doyle『バスカヴィル家の犬』〉
（... しかし私たちは彼の有価証券を調べてみてはじめて彼がどれほどに資産家であったか知ったのです）

▶ It was **not until** we had reached home that I began to realize the true state of affairs.　〈Doyle「最後の挨拶」〉
（私たちが帰宅してからようやく本当の状況がのみこめたという次第なのです）

☞ **... するとすぐに：**

➢ **as soon as ...**「... するとすぐに」《過去・現在・未来すべてについて使える》

➢ **the moment ...**「... するとすぐに」

▶ **The moment** he arrives he will want to see me to get the last news of Shoscombe Prince. 〈Doyle「ショスコム・オールド・プレイス」〉
（彼は戻るとすぐに私に会ってショスコム・プリンスの最新情報を聞きたがるでしょう）《the moment の後は未来のことを表しても現在時制》

➢ **no sooner ... than** ～「... するとすぐに～」《過去について使うことが多い》

▶ He had **no sooner** arrived **than** he was told to start back again.
（彼は到着するとすぐに来た道をまた引き返す（start back）ように言われた）

▶ The word was **no sooner** out of my mouth **than** the whole crowd of spectators, well dressed and ill—gentlemen, ostlers, and servant-maids—joined in a general shriek of "Fire!" 〈Doyle「ボヘミアの醜聞」〉
（その言葉（「火事だ！」）が私の口から発せられるやいなや，いあわせた見物人たち（spectators）の群衆全体が，身なりのよいも悪いも，紳士も馬丁（ostlers）も，下女（servant-maids）も，いっせいに「火事だ！」と叫んだ）

▶ **No sooner** had our client unlatched it **than** the American lawyer burst excitedly into the room. 〈Doyle「3 人ガリデブ」〉
（私たちの依頼人が部屋の掛け金を外す（unlatch）とすぐにアメリカ人弁護士が興奮して入ってきた）
《文頭に no sooner が出ているため 'had our client' の形で主語（our client）と助動詞（had）の倒置が起きています（10.1.1 参照）》

➢ **scarcely / hardly / barely ... when / before** ～「... するとすぐに ～ した」，「... するかしないうちに ～ した」《過去のことについて使われる場合が多く，... の部分は過去完了形（ときに過去形）で～の部分は過去形》

▶ **Scarcely** had he gone out **when** it began to rain.
（彼が外出するとすぐに雨が降り始めた）《'had he' は倒置の語順》

▶ But **hardly** had the woman rushed from the room **when** Holmes, with swift, silent steps, was over at the other door.
〈Doyle「チャールズ・オーガスタス・ミルヴァートン」〉
（しかしその女が部屋から飛び出すやいなやホームズは機敏に忍び足でもう一方のドアのところに行った）《'had the woman' という倒置が起きています》

▶ **Hardly** had we reached the dark shadows **before** the step of the policeman was heard in the fog above. 〈Doyle「ブルース・パーティントン型設計図」〉
（暗い影に私たちが潜んだ途端に頭上の霧の中から警官の足音が聞こえてきた）
《'had we' という倒置が起きています》

※主節は過去完了形で when 以下が過去形となるのが普通です.[5]

※文頭に hardly/scarcely が出ているときは例文（下線部）のように主語と助動詞の倒置が起きていることに注意しましょう．下の例に見られるように，hardly/scarcely が文頭になければ倒置は起きません．

▶ I had **hardly** got in the room **when** the phone rang.

（部屋に入った途端に電話が鳴った）

▶ It had **hardly** died away **when** an amazing thing happened.

〈Doyle「ノーウッドの建築業者」〉

（声 (It) が消えるか消えないうちに驚くべきことが起きた）

《ホームズが警官たちに大声で「火事だ！」と叫ばせたシーン》

接続詞としての 'directly ...'「... するとすぐに（＝as soon as）」をあげている本もあるかもしれませんが，これは主にイギリス英語でかなり古い使い方です．

▶ Let me know **directly** he comes. 〈*ISED*〉

（彼が来たらただちに私に知らせてください）

☞ **理由を表す**：

➢ **as/since**「... だから《旧情報》」

▶ **Since** it is morally justifiable I have only to consider the question of personal risk. 〈Doyle「チャールズ・オーガスタス・ミルヴァートン」〉

（道義的には正しいのだから，あとは個人的な危険のことを考えるだけだ）

《'since ...' は通例文頭に置かれ，自明の理由を述べるのに使われます》

▶ He has just come from the tropics, **for** his face is dark, and that is not the natural tint of his skin, **for** his wrists are fair. 〈Doyle『緋色の研究』〉

（彼は熱帯から帰国したばかりだ，というのも顔は黒いが生まれつきの肌の色 (tint) ではない，だって手首は白い (fair) からね）

※since は as よりもやや格式張っていますが，多義的な as よりも since を使うほうが原因や理由を述べる接続詞であることが明確になります．なお，for は

---

[5] 主節が過去形になることもあります．'hardly A before B' の場合とか主節が be 動詞の場合に見られるようです．

(i) The words were **hardly** out of his mouth **before** a man appeared at the door of the room, a very fat and burly man, with a heavy stick in his hand. 〈Doyle「ぶな屋敷」〉
（彼（ホームズ）の言葉が終わるか終わらないうちにその部屋の戸口に男が現れた．とても太って大柄な男で，手に重いステッキを持っていた）

文末に置いて付け足しとして理由を述べる場合に用いられますが，あらたまった文章の中で使われます.

➢ **because**「… だから《新情報》」

▶ It is **because** he works hard that he has risen to the top in the company.
（彼がその会社のトップに上りつめたのは彼がよく働くからだ）
《because は新情報として聞き手がまだ知らない理由などを伝えるときの接続詞なので，because に導かれた節は，この例のようないわゆる ‘it is A that …’ の強調構文の焦点として A の位置に生じることができます（since に導かれた節は旧情報なのでこの位置には置けません）.

➢ **not [never] … because ～**「～ だからといって … ではない」

▶ When he was ruined I came to the college as servant, but I **never** forgot my old employer **because** he was down in the world.　〈Doyle「3 人の学生」〉
（旦那様が破産した後に私はこのカレッジに使用人として参りましたが，私は落ちぶれてしまわれた（down in the world）からといって前のご主人様の恩を忘れたことはございません）
《否定の範囲が because 以下にも及んでおり，この用法の場合 because の前にコンマや休止は入りません》
※下の例では ‘not … because ～’ が「～ だから … でない」の意味になっています.

▶ Just **because** they have never heard of it before, they think that such a thing can**not** be.　〈Doyle「ギリシア語通訳」〉
（単にそんなの聞いたことがないという理由で，彼らはそんなことはあり得ないと考えてしまうのです）《be:「存在する」「実在する」《文》》

問題を解いてみましょう.

(18)　A book is not always a good book just (　　) it is written by a famous writer.
　① because　② for　③ since　④ though　〈センター試験〉

「本というものは単に有名な作家が書いたからといって必ずしもよいというわけではないよ」という内容で，正解は①の because が入ります．‘just because’ には（フォーマルな言い方ではありませんが）次のような使い方もあります（田中）.

▶ **Just because** something has always been done a certain way does not make it right. 〈*COBUILD Advanced English Dictionary*〉
（いつも同じように行われてきたからといっても，そのやり方が正しいと保証するものではない）
《'Just because … a certain way' の部分が文の主語になっています》

➢ **now (that) …**「（今や）… なので」「… である以上」

▶ Because this treasure, these riches, sealed my lips. **Now that** they are gone I can tell you how I love you. 〈Doyle『四つの署名』〉
（この財宝，富（riches）が私の口を封じていたのです．今やそれらがなくなったので私がどんなにあなたを愛しているか言えるのです）

☞ **条件を表す：**

➢ **unless …**（→本節（14））「もし … でなければ（＝if … not）」，「… の場合を除いては（＝except if（… しない限り））」

▶ These are daring men, and though we shall take them at a disadvantage, they may do us some harm **unless** we are careful. 《unless＝if … not》
〈Doyle「赤毛組合」〉
（奴らは向こう見ず（daring）ですから，私たちが彼らを不利にしているといっても，もし気をつけていなければ危害を加えてきかねませんよ）

▶ It is seldom that any man, **unless** he is very full-blooded, breaks out in this way through emotion, … 《unless＝except if》 〈Doyle『緋色の研究』〉
（ひどい多血症の場合を除けば，興奮したくらいでこれほど鼻血がでることはまずなく，…）

将来起きる（生じうる）事態について述べるときは 'unless' を用います（*LDCE* p. 2001, *OALD* p. 1711 を参照）．実際には起きなかった事や真実ではないことを述べるときには 'if … not' を使います．したがって，unless 節には反事実仮想の仮定法は用いられないのが通例です（例外的に可能になることもあります）．

▶ I don't know what we would have done **if** we had**n't** booked train tickets in advance.
（事前に列車の切符を予約してなかったらどうなっていたことかわかったものではない）
《事実でないことを述べているので 'if not' の代わりに unless を使うことは

できません》

※次の（a）と（b）を比較して，（a）は雨が降っても出かけるかもしれない（＝'I might go even if it does rain.'）という含意があると説明されることがあります．

(a)　I'll go if it doesn't rain.

(b)　I'll go unless it rains.

しかしながら，現実のネイティブ・スピーカーの反応としては（a）は（b）と同様に晴れたときのみ出かけるという意味であると判断されることも多いようです《It（＝(a)）means I will only go if it is dry—the same as (b).〈McAulay〉》

➢ **provided [providing] (that)**「もし … ならば」

▶ 'I will swear it,' I answered, '**provided that** the fort is not endangered.'

〈Doyle『四つの署名』〉

（「誓うよ」私は答えた．「ただしこの砦（fort）が危険にさらされるのでなければだ」）

※'providing (that) …' は，昔の本では正しい用法ではないとされていましたが，今は辞書でも紹介されています．そのほかに，'if (…) only …'「ただ … でさえあればなあ」（⇒ 2.4.3.3）や，'only (…) if …'「… という条件の場合にだけ」，"What if …?"「… したらどうか／… したらどうなるのだろうか」などの表現もおさえておきましょう．

▶ I can finish the work on time, **provided** that I get a little help from you.

（時間内に仕事を終わらせられるよ，少しあなたが手伝ってくれるならば）

▶ OK, I'll go—**providing** you promise to go too.

（わかった，行くよ，君も行ってくれるならね）

▶ Oh, **if** he could **only** come!　〈*ISED*〉

（彼が来てくれさえすればなあ！）

▶ "Will you come?"　"**Only if** you promise not to invite Mary."

（＝I'll only come if you promise me that you won't invite Mary.）

〈*Chambers*〉

（メアリーを招待しないと約束してくださる場合に限り私は参ります）

▶ **What if** she finds out that you've lost her book?　〈*Chambers*〉

（もしあなたが彼女の本をなくしたことが彼女に知れたらどうなるだろう（大変だ））

《What if＝What will [would] happen if …?》

▶ **What if** it's true? (＝even if it it's true, what does it matter?) 〈*ISED*〉

(それが本当だとして，だから何だ (かまうものか))

➢ **supposing that**「もし … ならば」

▶ "Well, then, **supposing that** 'C.C.H.' does stand for 'Charing Cross Hospital,' what further inferences may we draw?" 〈Doyle『バスカヴィル家の犬』〉

(よし，じゃあ，「C.C.H.」が「Charing Cross Hospital」のことだとして，さらにどんな推理 (inferences) ができるかな？)

➢ **on condition that**「… ならば」，「… という条件で」

▶ His property was divided into three parts, and I was to have one **on condition that** I found two Garridebs who would share the remainder. 〈Doyle「3 人ガリデブ」〉

(彼の財産は三分割されて私がその 1 つをもらうことになったのですが，そのための条件は私が残りを分けるための 2 人のガリデブを見つけることでした)

☞ **譲歩を表す：**

➢ **although [though] …**「… だけれども」

▶ **Although** it was cold, he didn't light a fire. (＝It was cold, but he didn't light a fire.) (寒かったが，彼は火を焚かなかった)

➢ **even if**「たとえ … でも」《「…」は仮の話や，これから起こること，可能性の低いこと，あるいは事実ではない内容》《if 単体でもこの意味になることがあるので注意》

▶ I'll lend you the money, **even if** I have to borrow it myself.

(僕がお金を借りてでも君にそのお金を貸してあげるよ)

▶ I'll do it **if** I die in the attempt! 《if＝even if / granted that (仮に … としても)》

(その試みにおいて死ぬことになっても私はそれをやります！)

➢ **even though** (＝in spite of the fact that)「たとえ … ではあっても」《過去に起こったこと，現在起こりつつあること，既知の情報について「… であるのに」とか「… であることは承知だが」という言い方をするのに用います．'even if' との違いに注意しましょう》

▶ I like the job **even though** it's badly paid.

（安い給料ではあるが私はその仕事が好きだ）

問題の実例を見てみましょう．

(19) This food tastes terrible! I couldn't eat it (　　) I were starving.
① after ② because ③ even if ④ only when 〈センター試験〉

「この食べ物はまるでおいしくない！ たとえ飢えていても食べられないよ」という内容で正解は③の even if が入ります．

➢ **whether ... or ～**「... であろうが～であろうが」

▶ **Whether** you like the idea **or** not, I'm going ahead with it.
（その考えを君が気に入ろうと気に入るまいと，私はそれを進めるつもりだ）
《この例のように，or の後が節でなく not だけの形になることもしばしばです》

➢ **... as＋主語＋動詞**「... だけれども」[6]

▶ Rich **as** he is (＝though he's rich), he's not happy. 〈*ISED*〉
（お金持ちではあるが，彼は幸せではない）
《通例 ... の部分には形容詞や副詞が入ります》

☞ **様態を表す：**

➢ **as ...**「... するように」

▶ Do in Rome **as** the Romans do. (＝When in Rome, do **as** the Romans do.)
（ローマではローマ人がするようにしなさい，郷に入りては郷に従え《ことわざ》）

▶ "And **leave** the litter **as it is**?" he cried, mischievously.
〈Doyle「マスグレイヴ家の儀式」〉
（「がらくた (litter) をそのままにしておいてかい？」彼はいたずらっぽく声を上げた）
《「そのままに」とか「あるがままに」という意味で，状況に応じて it 以外の人称代名詞も使われます》

---

[6] これは "As rich as he is, ..." とも言えますが，その文頭の as が落ちて "~~As~~ rich as he is, ..." となったと考えられます．それに対して "As he is rich, ..." という言い方の語順が変わって形容詞の rich が前置されて "Rich as he is, ..." という語順ができることもあります．この場合は「彼はお金持ちなので」という意味になります．

➢ **as if [though] …**「あたかも … するように」,「まるで … であるみたいに」

▶ You seems to know as much about it **as if** you were there, sir.

〈Doyle『四つの署名』〉

（まるでそこにおられたかのようによくご存知でいらっしゃいますね）

▶ His back was curved **as though** he carried a heavy burden.

〈Doyle「退職した絵具屋」〉

（彼の背中はまるで重い荷物を背負っているように曲がっていた）

☞ **目的を表す：**

➢ **so that＋主語＋can [will, may] …**「… するために」《that は口語では省略されることがあります》

▶ May I ask whether you were seated at the breakfast-table **so that** you **could** see out of the window?　〈Doyle「独身貴族」〉

（朝食会では窓の外が見える席におすわりになりましたか？）

▶ I'll wash this dress **so** (**that**) you **can** wear it.

（あなたが着られるように私がこの服を洗います）

▶ If they come to arrest me before I have finished my story, make them give me time **so that** I **may** tell you the whole truth.

〈Doyle「ノーウッドの建築業者」〉

（もし私が話し終える前に彼らが私を逮捕しに来たら，私があなたに真実のすべてを語れるよう彼らを待たせてください）

※ 次のように '…, so that' として so that の前にカンマを置く例では「それで」とか「その結果」という意味になります．

▶ He got up very late**, so that** he missed the bus and was late for work.

（彼はとても遅く起きたので，バスに乗り遅れて仕事に遅刻した）

➢ **in order that＋主語＋can [will, may] …**「… するために」

▶ I am sure that you inquired your way merely **in order that** you **might** see him.　（＝5.1.8 (51)）〈Doyle「赤毛組合」〉

（君はただ彼を見ようとして道を尋ねたのだね）

➢ **for fear** (**that**) **…**「… しないように」,「… する場合に備えて」

▶ … and he dared not leave her long out of his sight **for fear** he should lose his influence over her.　〈Doyle『バスカヴィル家の犬』〉

（奴は彼女への影響力を失わないように，自分の目の届かないところに長くはいさせ

なかった）

※‘lest ＋主語＋（should）*do*’も同じ意味ですが，文語的な表現です．

▶ I should never marry myself, **lest** I bias my judgment.

〈Doyle『四つの署名』〉

（僕は結婚しないでいるよ，判断を狂わせるといけないからね）

➢ **in case＋主語＋動詞 …**「… する場合に備えて」《「今 … する［しない］」というときの理由を述べる言い方です》

(20)　You should write down Satsuki's number (　　) you forget it.

① in case　② in the case　③ so far as　④ so long as

〈センター試験〉

「忘れるといけないから（用心として）サツキの電話番号を書き留めておきなさい」という内容で，正解は①の‘in case’です．

▶ Don't wait up for me **in case** I should be late.　〈Doyle「緑柱石の宝冠」〉

（私の帰りが遅くなるかもしれないので［遅くなったら］先に寝ててくれ）

▶ Have your pistol ready **in case** we should need it.

〈Doyle「まだらの紐」〉（＝13.1 (2)）

（君のピストルを準備しておいてくれよ，それを必要とする場合に備えてね）

《この例文のように‘in case’以下の節内に should が使われることもあります．should が入るのはフォーマルな言い方です》

※「もし［万一］… なら《≒if》」という意味での用法もあります（主に《米》）．

▶ **In case** I forget, please remind me about it.

（もし私がそれを忘れていたら，どうぞ思い出させてください）

※‘in case’に続く「主語＋動詞 …」の部分が否定形であれば「… するといけないので」という意味になります．

▶ **In case** you can't find my house, I'll email you a map.

（私の家が見つからないといけないので，地図をメールで送信しておきます）

※‘in case’に続く「主語＋動詞 …」の部分が過去形であれば「… するかもしれなかったので（〜した）」という意味になります．

▶ **In case** you couldn't find my house, I emailed you a map.

（私の家が見つからないかもしれなかったので，地図をメールで送信しておいたので

す）

※主にくだけたイギリス英語で 'in case' を lest「… することのないように (so that … not)」のように「阻止」したいと思うことについて使います．(lest はきわめてフォーマルな言い方です．)

▶ He left early **in case** he should miss the last train (i.e '… so that he should not miss it').

〈*A Communicative Grammar of English,* Leech, G and J. Svartvik 1975. Longman〉

（最終列車に乗り遅れることがないように彼は早めに出かけた）

16.2.3　その他の注意すべき接続詞

☞ **'as [so] far as …' と 'as [so] long as …'**

➢ **as [so] far as …**「… する［の］限りでは」

▶ Your husband, **as far as** you could see, had his ordinary clothes on?

〈Doyle「唇のねじれた男」〉

（ご主人は，あなたがご覧になった限りでは，いつもの身なりでしたか？）

▶ "Yes, it is correct, **as far as** it goes."　〈Doyle「独身貴族」〉

（(新聞に書かれた自分の記事に目を通した依頼人が)「はい，ここに書いてあることは事実です」）

※ 'as [so] far as it goes' は，「正しいのだけれどその（it が示すところの）範囲に限ってだ」という満足ではない感じを出す言い方です．

▶ "**As far as** you are personally **concerned**," remarked Holmes, "I do not see that you have any grievance against this extraordinary league ….

〈Doyle「赤毛組合」〉

（「あなた個人に関していえば」ホームズは言った．「この奇妙きてれつな組合に不満 (grievance) を言えた義理ではありますまい …」）

※ 'as far as A is concerned'（= 'Where A is concerned'）は，「(他はともかくとして) A に関する限り」とか「A の考えとしては」という意味です．

➢ **as [so] long as …**「… の間」，「… もの長い間」

▶ **As long as** all these questions were unsolved, I felt that sleep would be no easy matter, either for Holmes or myself.　〈Doyle『緋色の研究』〉

（これらすべての疑問が解決されるまではホームズも私も安眠できなかった）

※日本語ではいずれも「… する限り（では)」となりますが，'as [so] far as'

は「程度・範囲の限定」（"As far as I know, he is honest."「私の知る限りでは」），'as [so] long as' は「条件」あるいは「時間の限界」（"He'll work as long as he lives."「生きている限り」）です.

▶ **So long as** the law does not find some other victim you are safe from me. 〈Doyle「アベイ農場」〉

（法が他に犠牲者を見出さない限り，私はあなたを放免します）

※条件（'only if'）を表す 'so [as] long as' です.

☞ **結果・程度を表す接続詞：**

➢ **so … that ～**「とても … なので～」，「～するほど …」

▶ I was **so** tired **that** couldn't go out after work.

（私はとても疲れていて仕事の後に出かけられなかった）

下のような形になることもあります.（下線部は倒置になっている点にも注意）

▶ **So** interested was he **that** I had to repeat some of it twice before he was satisfied. 〈Doyle『バスカヴィル家の犬』〉

（彼はとても興味を示したので，私はそのうちのいくつかを彼が満足するまで二回も繰り返した）

▶ He could hardly stand still, **so** great was his mental agitation, and he ran towards Holmes with two eager hands outstretched. 〈Doyle「三人の学生」〉

（心の動揺（agitation）がとても激しくてじっと立っていられず，彼は両腕を広げてホームズに走り寄った）

《略式の話し言葉で見られる形です. 通常の語順なら "His mental agitation was **so** great (**that**) he could hardly stand still, and …" となりますし，"He could hardly stand still, his mental agitation was **so** great, and …" という語順になることもあります》

➢ **such … that ～**「とても … なので～」，「～するほど …」

▶ She's **such** a good teacher **that** the headmaster asked her not to leave the school.

（彼女はとてもすばらしい先生なので校長は彼女が学校をやめないよう頼んだ）

《'such＋a＋形容詞＋名詞' の語順になることに注意》

➢ **主語 is such that …**「（主語）はたいへんなものなので」，「（主語）は … するほどのものだ」

▶ His appearance was **such that** he might have been the very genius or demon of the region. 〈Doyle『緋色の研究』〉

（彼の姿はその地の守護神（genius）か魔人と思わせるほどのものだった）

※「とても … なので～」や「～するほど …」という意味の 'so … that ～' や 'such … that ～' はおなじみでしょうが，上の例文は '主語 is such that … ' の形で「（事が）あまりにはなはだしいので …」の意味になります．堅い書き言葉で倒置形になると次のようになります．

=**Such** was his appearance **that** he might have been ….

▶ **Such** was the force of the explosion **that** …

（爆発力は（たいへんなもので）… するほどだった）

=the force of the explosion was **such that** … 〈*ISED*〉

☞ **while の三用法**

(i) 時の while（=during the time that）「… する間」，「… している間」

▶ He had an accident **while** (he was) coming here. 〈*ISED*〉

（彼はここに来る間に事故にあった）

《while 以下の節の中は下線部のように進行形になることがしばしばです．また，例文のように，主節の主語と同一の場合には while 以下の節の中の「主語 + be」は省略できます》

(ii) 対比の while（=whereas）「… なのに（対して）」，「（… である）一方では」

▶ I have remained poor**, while** my brother has made a fortune.

（兄はひと財産作ったというのに，貧乏なままだ）

《この意味では例文の下線部のように while の前にカンマを置き，while 以下の節を文の後半におくのが典型的な形です》

問題を少しやってみましょう．

(21) Curry in southern India tends to be very hot and spicy, (　　) curry in northern India tends to be milder.

① for　② since　③ so　④ while 〈センター試験〉

正解は④の while で，（南部のカレーと北部のカレーの）対比を表しています．次の問題では似たような意味の表現を見てみましょう．

(22) The government recognizes that the number of children (A) falling on one hand, while life expectancy is increasing (B).
① A: are B: on another　② A: are B: on the other
③ A: is B: on another　④ A: is B: on the other
〈センター試験〉

この例文にあるような '... on one hand, ... on the other (hand)' という「一方で ...，他方で ...」という表現も対比を表しています．'the number of ...' は単数扱いなので動詞の受け方に注意しましょう．ここでは is になります．正解は④です．

(iii) 譲歩の while（＝though，although）「... だが」，「... だけれども」

▶ **While** I sympathize, I can't really do very much to help.
〈*Chambers*〉

（同情はするけれども，たいした助けはできません）
《この意味では例文のように while 以下の節を文の前半におくのが典型的な形です》

第Ⅲ部

前置詞と熟語

第Ⅲ部では，前置詞と熟語について見ていきます．「英熟語」という言い方はかなりあいまいで何を指すのかというきちんとした定義はないと思いますが，以下では前置詞句，群前置詞，句動詞，イディオムなどを見ていきます．熟語を扱わずに前置詞を説明することはできませんし，前置詞のことを抜きにして熟語を理解することもできません．日本語の発想とはかなり遠いところが多い分野ですが，実例をしっかり見ていきましょう．

第 17 章　前置詞
第 18 章　句動詞と定型的な表現

第17章 前置詞

日本語では「… に」,「… の方へ」,「… から」,「… の前に」といった表現になりますが，英語では名詞(句)の前に前置詞を置く形になります．この章では，前置詞の使い方に注意する点や慣用的な表現などについて見ていきます．

17.1 前置詞がとる要素

15.2.1 節で見たように，that 節を前置詞がとっている例があります．

(1) a. The expression ‘in that …’ is unique **in that** a preposition takes a *that*-clause.
(「in that …」という表現は前置詞が that 節をとっているという点で珍しい) (= 16.2.1 (10))

b. Your essay was good **except that** (=apart from the fact that) it was too long.
(君のエッセイは長過ぎることを除けばよい出来だった) 〈英文は *Chambers*〉

c. I could think of nothing **save that** (=except) he was running a tunnel to some other building. 〈Doyle「赤毛組合」〉
(私は彼がどこか他の建物へのトンネルを掘っている以外に思いつかなかった)
《この save は前置詞で，かたい言い方.《英》では《古／文》》

このような ‘in that …’ (「… という点で」) や ‘except that …’ (「… 以外は」) とか ‘save that …’ (「… を除いては」) は例外的な定型表現と考えておいてよいでしょう．

また，次のように前置詞の後に形容詞や副詞が続く例も定型的な表現としてそのまま覚えるものとなります．

➡ **前置詞＋形容詞：**

in general「概して」，in short「結局」，in vain「むだになって」「むなしく」，before long「ほどなく」，from bad to worse「さらに悪く」

➡ **前置詞＋副詞：**
at once「ただちに」，from now「今から」，from here「ここから」，since then「それから」，till recently「最近まで」，for ever (and ever)「永遠に（＝forever)」

また，前置詞の後に前置詞句がくる二重前置詞句の形も from の後などでよく目にします．

➡ **前置詞＋前置詞句：**

from among the members「メンバーの間から」
from behind the curtain「カーテンの後ろから」
from under the table「テーブルの下から」
from within the room「部屋の中から」
in between us「私たちの中間に」
since before the war「戦争の前から」
till after dinner「ディナーの後まで」

以上が例外的なケースで，前置詞は通常（代名詞を含む）名詞句を目的語としてとります．次節から前置詞句の使われ方の具体例を見ていきましょう．

17.2　いわゆる補語としての前置詞句

☞前置詞句が be 動詞の後などで述部の中心となる例

○**be at a loss**「とほうにくれている」，「困っている」（＝at *one*'s wit's [wits'] end)

▶ I was so surprised by what he said that I was **at a loss** how to reply.
（彼の言ったことにとても驚いてしまって，どう応じればいいか途方に暮れている）

▶ I'm **at my wits' end** for money.（資金繰りがうまくいかなくてまいっている）

○ **be at ease**（=free from anxiety or embarrassment）「気楽な」，「安心して」，「くつろいで」

▶ He's so friendly and outgoing that he always seems **at ease**, even with complete strangers.
（彼はどてもフレンドリーで社交的なので，全く知らない人たちといるときでさえも，いつも気楽にしているように思える）

○ **be at hand**（=near, within reach）「近づいて」，「間近で」

▶ Do you have a dictionary **at hand**?（手もとに辞書がありますか？）

○ **be beyond control**「制御［管理，コントロール］できない」

▶ The firefighters soon realized that the fire was **beyond** their **control**.
（消防士は火事が自分たちの手に余るほどのものだとすぐに悟った）
《cf. 'bring [get] A under control'「A を制御［管理，コントロール］する」》

▶ At last, the owner was able to bring his enraged dog **under control** again.
（やっとのことで，飼い主は怒った飼い犬に言うことをきかせることができる状態へ戻せた）

○ **be beyond description**（=too good/big/bad *etc.* to be described easily）「ことばでは言い表せないほど」

▶ The sunset was beautiful **beyond description**.
（夕日は言葉では言い表せないほど美しかった）
《cf. It is beyond [above] me.（それは私の能力の限界を越えている）》

○ **be for sale**「売り物だ」

▶ My house has been **for sale** for three months now, but I still haven't found a buyer.
（僕の家はもう 3 か月も売出し中だが，まだ買い手を見つけられない）

○ **be in charge of**（=to control and be responsible for）「… を担当している」，「… の責任者で」

▶ She was promoted quickly, and is now **in charge of** sales in Tokyo.

（彼女はすぐに昇進して，東京地区の販売責任者になっている）

○**be in favor of**（＝on the side of, in sympathy with）「… に賛成である」

▶ I was not **in favor of** the voting age being lowered to eighteen.

（選挙権の下限を 18 歳に下げることに賛成ではなかった）

《for 単体でも「賛成の」となります．“Are you **for** or **against** the proposal?”「あなたはその提案に賛成ですか反対（against）ですか？」》

○**be in order/be out of order**「きちんとして［調子よく］／故障して」

▶ I've installed new software, so your PC should be **in order** again.

（新しいソフトを入れておいたから，パソコンはまた調子よくなるはずだよ）

▶ Please use a different toilet as this one is **out of order**.

（このトイレは故障中ですから，他のトイレをご使用ください）

○**be in tears**「泣いている」

▶ The whole family were **in tears** at the funeral.（家族全員が葬式で泣いていた）

○**be in time for**「… に間に合って」

▶ If you don't get out of bed soon, you won't be **in time for** the train.

（すぐにベッドから出ないと，電車に間に合わないよ）

○**be in vain**「むだである」（＝for nothing, to no purpose）

▶ All the efforts to bring lasting peace to the Middle East have been **in vain**.

（中東に持続的な平和をもたらそうとしたあらゆる努力が無駄になってしまっている）

○**be of use/be of no use**「役に立つ」／「役に立たない」

▶ If you want to improve your English grammar, I have a textbook which will be **of use** to you.

（英文法の力をつけたいんだったら，君に役立つテキストがあるよ）

▶ This screwdriver is too big, so it's **of no use** for what I want to do.

（このドライバー（ねじ回し）は大きすぎて，私のやりたいことの役には立たない）

○**be on duty**（＝carrying out *one*'s duties）/**be off duty**（＝not engaged in performing *one*'s duty）「勤務中［当番］／非番である」

▶ The guard is **on duty** until six o'clock tomorrow morning.

（その守衛は明朝 6 時までの勤務だ）

▶ In the past, when soldiers were **off duty**, they often wrote letters.
（昔は，兵士が非番のときによく手紙を書いていた）

○ **be under construction**「建設中だ」

▶ Several venues are **under construction** for the forthcoming Olympics.
（今度のオリンピックに向けて，いくつかの開催会場が建設中だ）

17.3　名詞(句)を修飾する前置詞句

前置詞句が名詞(句)を修飾することもあります．次の例では，斜体字の部分の前置詞句が名詞(句)を修飾しています．

a coat *with* (＝which has) *three pockets*（ポケットが 3 つあるコート）　〈*ISED*〉
a gentleman *in black*（黒い服を着た紳士）《「着衣の in」と呼ばれる用法です》
a person *of ability*（有能な人）
《'of ability'＝able（有能な）という意味です．ほかに 'of use'＝useful / 'of help'＝helpful / 'of value'＝valuable / 'of sense'＝sensible（'a person of sense'「分別のある人」）などがあります》

▶ Please let me know if I can be **of** any **help** to you.
（何かお役に立てることがありましたらどうぞお知らせください）

17.4　「空間・場所」や「時間」に関する前置詞

前置詞句が（副詞句のように）文中の修飾要素として生じることもありますが，大半は時間や空間・場所に関する表現になります．注意すべき点のあるものをいくつか見ておきましょう．

17.4.1　空間・場所に関する前置詞句

☞ **at**「…（のところ）に［で］《1 つの地点を指す》」／**in**「…（広がりのある場所の内部）に［で］」:

次の例で at（ある地点とか比較的狭い場所を示す）と in（ある程度の三次元的な範囲の中であることを示す）の感覚の違いを感じ取ってみましょう．

(2) a. … you'll find my little bookshop **at** the corner of Church Street, …
〈Doyle「空き家の冒険」〉
(私の小さな本屋をチャーチ・ストリートの角に見つけられますよ)

b. "She is there," said Holmes, and he pointed to a high bookcase **in** the corner of the room. 〈Doyle「金縁の鼻眼鏡」〉
(「彼女はそこにいますよ」とホームズが言って部屋のすみの背の高い本棚を指差した)

同じ 'the corner of' という表現ですが，(1a) ではその前に at が使われていて本屋がある一点を指して，その場所の大きさは意識していない感じになります．それに対して (1b) では犯人が部屋のどこに隠れているかをホームズが探し当てる場面です．部屋のすみっこのスペースにあるという感じの前置詞として in が使われている感覚が伝わるでしょう？[1]

at のもう 1 つの主要な意味内容としては，経路のなかで動作や出来事（イベント）がおきるポイントとなる地点を示すということがあります．[2]

(3) Holmes stopped **at** a post-office and sent off a telegram on our way.
〈Doyle「這う男」〉
(ホームズは途中で郵便局に立ち寄って電報を 1 本出した)

イベントそのものについても at が使われます．

(4) There were a lot of people **at** the party/meeting/wedding.
(そのパーティー／会議／結婚式にはたくさんの人がいた)

---

[1] そのほかにも on を使って 'someone **on** a street corner' とも言えます．これは人が通りのかどにいるのを見ているという感じです．'someone **at** a street corner/crossroads' だと頭の中の地図上で人がいる地点を矢印で指し示しているイメージの言い方になります．また，in や on だと比較的近いところからの視点という感じになり，at は遠くからの視点（'zoom out'）でも近いところからの視点でも使われます．また，地点が固有名詞の場合には at が好まれます（"we met at The Ritz" > "we met in The Ritz"「私たちはザ・リッツ（ホテル）で会った」)．固有名詞ではなく建物にして "we met in the hotel/restaurant/theater, *etc.*" とすると，完全に自然な言い方になります（壁や屋根などのある構造物ということで in となじむと考えられます)．

[2] 地名の場合は in が普通（'in Oxford'）ですが，経路の途中であれば at も使えます．

(i) Does this train stop **at** Oxford? (=**at** Oxford station) 〈*English Grammar in Use*〉

この at は上の脚注にある at の「遠くからの視点」を示すはたらきの一種ともいえます．Oxford station という地点を遠くから見れば駅を含む Oxford という都市になりますからね．路線の各駅を「点」のように捉えています．

☞ **on**「… の上に［で］《接触（面［線］上），「… に沿って）》」:

on は 'on the table'（テーブルの上に）という上面のみならず，側面の 'on the wall'（壁に）とか，下面の 'on the ceiling'（天井に）という場合にも使われることに注意しましょう．一枚の紙の「表［裏］面に」（'on the front [back] of'）というときにも使われます．また次のような川，沿岸（'on the Atlantic coast'「大西洋沿岸に」），国境などの「そばに」とか「… に沿って［面して］」という近接した位置関係にも使われます．

(3)　a house **on** the river (=on or near the edge of the river)　〈*ISED*〉
（川沿い［川のそば］に立っている家）
a village **on** the river (on=near or beside)　〈*Chambers*〉
（川のそばにある村）

on の特殊な用法として次の例もおさえておきましょう．

「… について」:
'a lecture **on** Shakespeare'（シェイクスピアについての講義）
《about より専門性が高い状況で》）
'to congratulate a person **on** something'（… について（人に）おめでとうと言う）
「電話［ラジオなど］で［を介して］」《over より on のほうが普通》:
I spoke to him **on** [**over**] the phone.（私は彼と電話で話した）
cf.　He's on/×~~over~~ the phone (=on the line).（彼と電話がつながっています）
I heard the news **on** [**over**] the radio.（そのニュースをラジオで聞いた）

☞ **out of**「（中から外へ）… から」／**from**「…（出発点）から」:

out 単体では副詞ですが，'out of' は前置詞のように機能します．どちらも日本語訳は「… から」となりますが意味の違いに注意しましょう．図で示したイメージを参考にしてください．

(4)　a.　She ran **out of** the room.（彼女は部屋から走り出た）
《駆け込むのであれば "She ran **into** the room." となります》
b.　He jumped (down) **from** the chair.（彼は椅子から飛び降りた）

☞ **above**「（離れて）… より上［上方］に」⇔ **below**「（接触していないで）… より下［下方］に」:

(5) a. The airplane was **above / over** the clouds. (=higher than)
(その飛行機は雲の上に出ていた)
《above も over も「… より高い」という意味で交換可能です》

b. All children **above** six years of age must go to school. 〈*ISED*〉
(年齢が6歳を越えている子は就学しなければならない)

c. There is nothing in this shop **above** 50 cents. (=that costs more than 50 cents) 〈*ISED*〉
(この店には値段が50セントを越えるものはない)
《b, c の例にあるように，数値を上か下かで見る場合には above が使われます．ただし，ひとまとまりで数値表現になる場合は over (=more than) が使われます．(7c) 参照[3]》

(6) a. ‘a black box ○under / ×~~below~~ a white one’
〈*English Prepositions Explained*〉

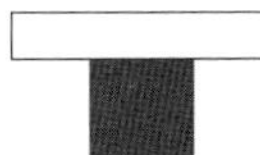

b. ‘a black box ○under / ◎below a white one’

《この場合 below を使うほうがより正確に伝わります》

☞ **over**「… の (真) 上に」⇔ **under**「… (広がりのある物) の (真) 下に」:

(7) a. She put the blanket **over** / ×~~above~~ him. (彼女は彼に毛布をかけた)
《over は above (あるものから離れて上にある) と違い，離れているかどうかは関係ありません》

b. An apple has been tossed **over** / ×~~above~~ a box.
(リンゴが箱越しにほうり投げられた)
《above は静的な情景の描写に使われ，over は動的な場面でも静的な場面でも使われます》

---

[3] 標高は ‘… above sea level’ で表されます．
(i) The summit of Everest is <u>over 8000 meters</u> **above sea level**. (=more than 8000 meters higher than sea level)
(エベレストの頂上は海抜8千メートル以上ある)

c. There were **over** 100,000 people at the music festival.
（その音楽祭には 10 万人以上が集まった）
《数量表現では above より over を用いるのが普通です．ただし，上下の関係を念頭においた言い方のときには下の例のように above が使われます[4]》
The temperature is three degrees **above** zero.（気温は 3 度である）
※「…（飲食）しながら」(while *do*ing, having etc.)
▶ My little son fell asleep **over** (his) dinner.
（私の幼い息子は夕食を食べながら眠ってしまった）
▶ We discussed it **over** lunch.
（私たちは昼食をとりながらそれを話し合った）

☞ **between**「…（A と B の）間で」／**among**「… の中で」,「… の間で」:
2 つまたは 3 つの物（人，国など）の間にある［囲まれている］というというときに between が使えますが，その場合には囲んでいるものがあまり多くなく，また個別に分離して意識されていることが必要です．[5] among は 3 つ以上のものに囲まれているというのが原義で，名詞の複数形や集合体を表す集合名詞（crowd など）が続きます．

(8) a. The Mediterranean Sea is **between** Europe and Africa. 〈*ISED*〉
（地中海はヨーロッパとアフリカの間にある）
b. Our house is **between** the woods, the river and the village. 〈Swan (2005: 88)〉
（私たちの家は森と川と村に囲まれている）
《cf. His house is hidden **among** the trees. 〈Swan (2005: 88)〉》
c. an agreement **among** [**between**] the three nations 〈『ジーニアス』〉
（3 国間の協定）
d. She was standing laughing **among** a crowd of journalists.
（彼女は一群のジャーナリストの中で笑いながら立っていた）
e. Paris is **among** (=is one of) the largest cities in the world. 〈*ISED*〉
（パリは世界で最も大きな都市の 1 つである）

---
4 Swan (2005: 4).
5 Lindstromberg (2010: 94) も参照.

☞ **across**「… を横切って［横断して］」／**through**「… を通り抜けて」:

一方の側から反対側まで動くときに用いられますが，across は on のイメージがあって表面の動きを示し，through には in のイメージがあり周囲を囲まれた 3 次元的な空間を通ることを示します．次の例で確認しておきましょう．

(9) a. We know, also, that he ran **across** the lawn, entered the room, accompanied by a strange animal, and … 〈Doyle「背の曲がった男」〉
(ほかにわかっているのは，そいつは芝生の上を渡って部屋に入ったのだが，奇妙な動物を連れていて …)

b. I ran **across** the heath and peered **through** the trees. 〈Doyle「1 人ぼっちの自転車乗り」〉
(私はヒース（英北部などの平坦な荒地）を走って横切り木立の中からのぞいてみた)
《雑草や灌木しかなくて身を隠すことのできない荒地を横切って木立の中に入り，そこに隠れてのぞいたという状況です》

c. Blindly we ran **through** the gloom …. 〈Doyle『バスカヴィル家の犬』〉
(よく見えないまま私たちは暗闇（gloom）の中を駆け抜け …)

次のような用法にも注意しましょう．

(10) “Have you handed in the English assignment?”
“No, but I’m halfway (　　) it.”
① across　② around　③ over　④ through　〈センター試験〉

‘be through A’ で「A を終えている」という意味です．正解は④の through です．

日本語話者の私たちにとって意外な前置詞が使われることがありますので注意しましょう．

(11) Mt. Fuji stands impressively (　　) the blue sky.
① against　② among　③ behind　④ by　〈センター試験〉

「… を背景として」というときの against で正解は①です．次のような言い方もよく使われます．

(12) **Against** this backdrop, U.S. stock prices were down nearly 8 percent on the period.
(これを背景 (backdrop) として，アメリカの株価はその期に 8% 近く下落した)

'against the [a] backdrop of' は「… を背景として」という句です.

17.4.2 時間に関する前置詞句

☞ **at**《特定の時点を指す》, **in**《幅のある期間や時の経過を表す》, **on**《特定の日／午後／夜》:

空間・場所について at が「1 つの地点」を指す働きをしたように，時間においても「特定の時点」を表します. in は「ある期間」, on は「特定の期間」を表します.

at six o'clock / **at** Christmas / **at** the end of this lesson [midnight] *etc.*
《時刻，一日の一点，時間軸上の一点 (週末など) を示します》

in January / **in** (the year) 1940 / **in** the morning [afternoon, evening] *etc.*
《午前・午後といった一日の部分，比較的長い期間の週・月・年などにつけます》

※ in の他の用法として，あることが今からどのくらい経ったら起こるかとか，あることが起こるのにどれくらいの時間がかかるのかを示す使い方があります. (副詞の '期間 + ago / before' は 15.2.2 で見ました.)

▶ I'll be back **in** a few minutes. (数分で戻ります)
《未来の話. 過去のことであれば "She came back **after** an hour." (彼女は 1 時間後に戻ってきた) のように after を使います. 「… 以内に」であれば **within** を使います》

on Thursday / **on** the 1st of January (上の 'in January' と比較) / **on** the morning of July 4th (the fourth of July) / **on** that day / **on** New Year's day / **on** Friday afternoon (曜日が形容詞としてつく場合. 上の 'in the afternoon' と比較) *etc.*
《曜日や日付に使われます. 特定の日の朝 [午後，夜] という言い方でも使われることに注意》
《'on time' は「時間通り [ぴったり] に」, 'in time (for, to *do*)' は「… (するの) に間に合って」》

☞ **by** と **until [till]**：

till と until は同じ意味（「… まで（ずっと)」で，どちらかと言えば till が会話で, until は会話体でも文語体でも使われます．by（「… までに（は)」）はある時点，あるいはその前に動作が完了していることを表します．

(13) a. The holiday lasts **until** September.（お休みは 9 月まで続きます）
　b. He gambled **till** dawn.（彼は明け方までギャンブルをした）
　《"He gambled **till** he had lost all his money." は接続詞としての用法》
　c. Can you finish it **by**/×~~until~~ tomorrow?
　（あなたはそれを明日までに終えられますか？）

(14) Is it possible for you to postpone today's meeting (　　) next Wednesday?
　① by　② in　③ on　④ until　〈センター試験〉

「次の水曜日まで今日の会議を延期できるかな？」という内容で，「… まで」という期限の終点をいうときの until で正解は④です．

☞ **for** と **during**：

for（… の間）は期間を表し，数詞や many/a few などのついた語句をともなうのが普通です．during は「… の間ずっと（throughout)」という意味にも「… の間（のあるとき）に（at some point of time in)」という意味にもなります．

(15) a. The World War lasted (**for**) more than four years.　〈*ISED*〉
　（その世界大戦は 4 年以上も続いた）
　《継続を表す動詞のあとの時間や距離を表す for はしばしば省略されます》
　b. The sun gives us light **during** the day.
　（太陽は日中ずっと私たちを照らしている）
　《(during = throughout) 状態動詞とともに用いられるパターン》
　c. He called **during** my absence.（彼は私の留守中に電話してきた）
　《(during = at some point of time in) 行為動詞とともに用いられるパターン》

17.5　その他の意味に注意すべき前置詞

以下，重要な前置詞(句)の用法について個別に取り上げていきます．

17.5.1　日本語との比較に注意すべき前置詞

➢ **go *doing* in / at / on**：

'go *do*ing' の後に続く前置詞句では *do*ing の内容に合致する前置詞を使います．《下線部の「に」に引きずられて to としないよう注意 (田中)》

▶ go fishing in / ×~~to~~ the river (川に釣りに行く)

▶ go shopping at / ×~~to~~ a department store (デパートに買い物に行く)

▶ go skating on / ×~~to~~ the pond (池にスケートに行く)

➢ **within / within A of B**：

▶ within (＝in less than) an hour (1 時間以内に)

▶ within a few miles **of** / ×~~from~~ London (ロンドンから数マイル以内のところに)

《日本語の「... から」に引きずられて from としないよう注意[6]》

➢ **begin [start] with**：「... から始める」，「... で始まる」

▶ All sentences begin **with** a capital letter. (文はすべて大文字で始まる)

▶ Which book should I start **with**? (どの本から始めましょうか？)

《日本語の「... から」に引きずられて from としないよう注意》

cf. To begin **with** (＝in the first place, firstly)：「まず第一に」

▶ We can't give him the position. **To begin with**, he's too young; secondly, I want my own son to have the position. 〈*ISED*〉

(私たちは彼にそのポジションを提供できない．まず第一に若すぎるし，第二に私はそのポジションを息子に継がせたい)

《'to start with' のほうがくだけた言い方》

---

[6] 日本語訳が「から」となるのに from ではないというわけで，日本語話者にとっては感覚がわかりにくい例です (横河)．基本的には of が使われ，まれに of が使えないときなどに from が使われることもあるということのようです．また，of と from が交換可能なケースもあります．ほかにも，of は形容詞の wide や short の後でも距離を表すのに用いられます (『実用英文典』(斎藤秀三郎 (著)，中村捷 (訳述)，開拓社，2015 年) pp. 543-544 を参照)．

(i) a. The shot went wide **of** the mark. (弾丸は的を大きく外れた)

b. The shot fell short **of** the mark. (弾丸は的に届かなかった)

▶ To start **with**, we haven't enough money. 〈*ISED*〉
（まず第一に，私たちには十分な資金がない）

➢ **order A from B**：「A（品物）を B（店・場所）へ注文する」
▶ I have ordered some new furniture **from** the shop.
（私は新しい家具を店に注文した）
《店から品物を取り寄せるというイメージで理解すると覚えやすいでしょう》

➢ **rise in the east / set in the west**：太陽が「東から昇る」／「西に沈む」
《「… から」や「… に」に引きずられて from や to としないように注意》

➢ **a [the] key to a difficulty / a puzzle / a problem / *etc.***：「（問題・困難などを理解・解決する）手がかり［鍵］」《to の後には動名詞もよく続きます．「適合・一致」の to として，'to *one*'s liking'「（人の）好みに合った」という言い方も抑えておきましょう》
▶ That's not **to** my **liking**.（それは私の好みに合わない）

17.5.2 「… のほかに（は）」besides ⇔ except

「… のほかに［は］」という日本語訳が可能なのでまぎらわしいのですが，以下に示すように，besides は含まれるものを「加える」場合の言い方で，except は除外されるものを述べる言い方です．[7]

➢ **besides**（= 'in addition to', 'as well as'）「… に加えて」
▶ What cities in France are worth visiting **besides** Paris?
（フランスではパリのほかにどの都市を訪れておくべきかな）
《副詞としては「さらに」「その上」（moreover, also）としても使われます》
▶ These shoes are expensive—**besides**, they're too small. 〈*Chambers*〉
（この靴は値段が高いや．それに，小さすぎるし）
《場所を表す beside「… のそばに」（前置詞）と混同しないように注意》
▶ Come and sit **beside** me（= at my side）. 〈*ISED*〉
（こっちに来て私のそばに座りなさい）

➢ **except**（= but, 'apart from'）/ except for

[7]『アクティブな英単語力』pp. 286–287 も参照．

▶ It was all in order, sir, **except that** in one corner was a bit of a human body. 〈Doyle「ショスコム・オールド・プレイス」〉
（そこ（納骨堂）はなんの変りもありませんでしたが隅っこに遺骸の一部があったのです）
《that 以下が倒置された形になっていることに注意》

※ **except** は「… を除いて」という前置詞です．ただし ‘except that …’ の形で that 節をとることができます．名詞は **exception**（例外）で，「… も例外ではない（含まれる）」というときは ‘be no exception’ です（‘be not an exception’ ではありません）．

▶ Firefighters are brave people, and Bill is no **exception**.
（消防士というのは勇敢な人たちで，ビルも例外ではない）

▶ **Except for** releasing the lady I will see that everything is kept exactly as I have found it, …. 〈Doyle「アベイ農場」〉
（夫人を解放するほかは万事発見した当時のままにしておきますが，…）

※ ‘except/except for’ はきちんと整理しておきましょう．(動)名詞の前で用いるとき，その句が文頭に置かれるなら ‘except for’ を使います．

※ ‘A except B’ というときに，A と B は同類のものについて述べます．“Everybody was busy except Mary.” という場合は，Mary も everybody と同類ですから Mary も busy で Everybody was busy. となる状況も論理的にはありえます．それに対して，‘A except for B’ というとき，A と B は同類でないことも可能です．次の例を見てみましょう．

▶ The classroom was silent, **except for** the busy scratching of pens on paper.
（紙の上を忙しく走るペンの音を除けば，教室は静まり返っていた）

※ ここでは，‘The classroom’ と ‘the busy scratching of pens on paper’ は同類のものではありません．
したがって，‘A except B’ では「B を除いた A は（A not including B）」というように先行する語 A を except B が修飾していますし，‘A except for B’ では「B を別にすれば（apart from B），A は … である」というように「A is …」の部分を修飾しているといえます．
ちなみに，**but** は nothing，all，anyone，everything，everyone などの後に続けて唯一何が（誰が）例外であるかという情報を加えます．

▶ … and no one **but** a sailor could have made the knots …

〈Doyle「アベイ農場」〉

（… それに船乗りしかそんな結び目をつくれなかったはずですし …）

except と **besides** を混同しないように注意しましょう．**except** は含まれないもの（something that is not included）について述べるのに対して，**besides** は「加えて（'in addition to'）」という意味です．（スペリングのよく似ている **beside** は「… のそばに」という意味の前置詞です．）

▶ It must have been a young man, and an active one, too, **besides** being an incomparable actor. 〈Doyle『緋色の研究』〉
（あれは若い男だったに違いない，それも活動的なやつだ，しかもたいした役者でもある）

否定文や疑問文では「… 以外に」とか「… を除いて」と訳すとよい場合があります．

▶ "Does anyone else **besides** your friend know?"

〈Doyle「プライアリイ・スクール」〉

（あなたの友人のほかに誰かが知っていますか？）

17.5.3　注意すべき with の用法

「同伴」の意味が基本の with は，さらに「… を持って」とか「… のついた」という所有の意味を表したり，「… で［を使って］」という「道具・手段」を表すのにも使われます．

▶ a room **with** a view（眺めのよい部屋）

▶ He broke the window **with**/×~~by~~ the hammer.（彼はハンマーで窓を壊した）
《with は使う物や道具について使いますが，by は望む結果を出すためにする行為について述べるのに使います．"He broke the window **by** hitting it."（窓をたたいて壊した）》

さらに次のような例にも注意しましょう．

➢ **with**《'with＋抽象名詞'，付帯状況の with》:
with の前置詞句 'with＋抽象名詞' が副詞のように様態を表すのに用いられます．

▶ to work **with** care（注意深く作業する）
《'with ease' は「容易［簡単］に」》

次のような付帯状況の with については 5.1.6 (40) およびそこの解説を参照のこと．

▶ to sleep **with** the windows open（窓をあけたまま寝る）

☞ 関連として **'of＋抽象名詞'** も見ておきましょう．

▶ a man **of** no importance（＝an unimportant man）（まるで重要でない男）
《of に形容詞の名詞形である抽象名詞を続ける言い方です．ほかに of use（＝useful（16.2）），of help（＝helpful），of sense（＝sensible）などがあります．抽象名詞の前には great/much/no/little などの程度を表す語をつけられるので便利な言い方です》

17.5.4　to を含む定型的な用法

☞ 'to *one*'s＋感情を表す名詞' の形で「(〜が) … したことには」：
'to *one*'s surprise'「A にとって驚いたことに」
'to *one*'s regret'「A にとって残念なことに」
'to *one*'s delight [joy]'「A にとってうれしいことに」
'to *one*'s disappointment'「A が失望したことに（は）」
'to *one*'s relief'「A がほっとしたことには」

17.5.5　by を含む定型的な用法

☞ **単位を表す by**:
'by the …'「… で」,「… ぎめで」,「… 単位で」《the をつけることに注意》

▶ He is paid **by** the day [week, month]（＝paid so much a day [a week, a month]）. 〈*ISED*〉
（彼は 1 日ごとに（週［月］決めで）給料をもらっている）
《上記下線部の 'so much' は「いくらいくら（の）」の意味》

☞ **差や程度を表す by**:

▶ House prices went up **by** 10%. 〈*OALD*〉
（住宅価格が 10%上がった）

▶ My brother is older than me **by** five years (=My brother is five years older than me).
(私の兄は私より5歳年長です)

▶ The bullet missed him **by** two inches. 〈*OALD*〉
(その弾丸は2インチの差で彼をはずれた)

▶ I missed it **by** seconds. (私は数秒の差で列車をのがした)

17.5.6 「譲歩」の despite (=in spite of)

➢ **despite A / in spite of A**「A にもかかわらず」

▶ He didn't get the job **despite** all his qualifications. 〈*ISED*〉
(彼はいろいろ資格を持っているにもかかわらずその仕事につけなかった)

▶ **In spite of** all the rain that had fallen, the ground was still pretty dry. 〈*Chambers*〉
(あれほど降った雨にもかかわらず，グラウンドはまだけっこう乾いている)

17.5.7 前置詞としての as

☞**「機能・役割」を表す as**「… として (=‘in the position of’)」:

▶ He is greatly respected **as** a person and **as** a politician.
(彼は人柄も政治家としてもたいへんに尊敬されている)

▶ He was elected **as** chairman. (彼が議長に選ばれた)
《(as ×a chairman) 1人しかいない役職の場合は無冠詞が普通．12.1 (4) とその解説も参照のこと》

17.5.8 前置詞としての like / unlike

☞**「類似」を表す like**「… に似た」,「… のような［に］」,「… らしい」(反意語は unlike):

▶ Don't speak to me **like** that (i.e. in that way). 〈*ISED*〉
(私に向かってそんな口をきくな)

▶ I cannot do it **like** you (i.e. as you do it). 〈*ISED*〉
(私は君のようにはそれをできない)

17.5.9 「観点・基準」の for

☞「… にしては」，「… のわりには」

▶ It is quite warm **for** January (=considering that it is January when it is usually cold). 〈*Chambers*〉
(1 月にしてはずいぶん暖かい)

17.5.10 ‘catch A (人) by the arm’ 型の定型表現

‘catch A by the arm’ とか ‘look A in the eye(s) [face]’ のように，体の一部に何かをするというときの言い方で，前置詞の後にその体や衣服の部位を示す語が定冠詞 the をつけて出てきます．

▶ He caught me **by** the hand. (彼は私の手をとった)
《me が文の焦点．“He caught my hand.” だとつかまれた腕が焦点》

▶ She looked me **in** the eye(s) [face].《eyes よりも単数形の eye のほうが普通です》
(彼女は私の目 (顔) をじっと見た)

そのほかに ‘hit A on the head’ (A の頭をたたく)，‘kiss A on the forehead’ (A の額にキスする)，‘catch A by the sleeve’ (A のそでをつかむ) などがあります．

動詞の目的語として影響を受ける人がまず置かれて，その後に体や衣服の部位の表現を含む前置詞句が続きます．‘catch me by the hand’ なんて言わずに ‘catch my hand’ だけでいいじゃない，英語なんて面倒くさい！ … なんて言わないで (^^)．まず「全体」を言ってから「部分」が続くというのは，日本語でも似たようなことをやっているかもしれませんよ．「象の鼻が長い」とか「文明国の男性の平均寿命が短い」という言い方だけではなく，「ゾウが鼻が長い (のは …)」(「ゾウ」と言ってからその一部である「鼻」のことを述べている) とか「文明国が男性の平均寿命が短い (のは …)」(「文明国」と言ってから「その中に住む男性の特性」をとりあげて述べている) というように「… が … が」という言い方をするときもそうですよね．なにか深いところに共通点があるのかもしれません．

問題で確認しておきましょう．

(16) Takashi gently took his grandmother (　　) the arm and led her to the sofa.
① at　② by　③ in　④ to　〈センター試験〉

「タカシが静かにおばあさんの手をとってソファのところに連れて行った」という文です．正解は②の by です．

17.6　群前置詞

以下，重要な群前置詞について個別に取り上げていきます．群前置詞とは「前置詞＋名詞＋前置詞」とか「副詞＋前置詞」という結合した形全体で 1 つの前置詞のような働きをするまとまりです．この節と次の第 18 章では，いわゆる熟語がまとめてありますが，基本的なものに☆をつけておきましたから，まずそちらをカバーすることから始めるとよいでしょう．

☞理由を表す群前置詞

☆**because of**《owing to はやや文語的》

▶ I missed the train **because of** sleeping too late.
（私は寝過ごしてその列車に乗り遅れた）

☆**by virtue of**（＝by means of）「のおかげで」

▶ She passed the examination **by virtue of** hard study.
（彼女は猛勉強したおかげで試験にパスした）

☆**due to**「が原因で（because of)」，「に当然支払われる［支払う］べき（to be paid)」

▶ Next Monday I have a large sum **due to** me, and … 〈Doyle「緑柱石の宝冠」〉
（次の月曜日に私に支払われるまとまった金があり，…）
《名詞句の後に置かれる例》

▶ The train's delay was **due to** the fog.《be 動詞の後に置かれる例》
（その列車の遅延は霧のせいだ）
cf. (??) Due to the fog, the train was late.

《以前はこの例のように 'due to' を副詞的に用いるのは好ましくないとされていましたが，最近では標準的な語法となっているようです》

○**on (the) grounds of** (＝because of)

▶ We gave him the job **on the grounds of** his long experience.

(彼は長い経験を積んでいるので私たちはその仕事を彼にまわした)

☆**on account of** (＝because of)

▶ We canceled the trip **on account of** the bad weather.

(悪天候のため私たちはその旅行をキャンセルした)

☆**owing to** (＝resulting by, due to, caused by)

▶ There was much delay **owing to** the floods. 〈*ISED*〉

(洪水のため大変な遅延が起きた)

☆**thanks to** (＝as the result of, due to)

▶ **Thanks to** your efficiency, we finished ahead of schedule.

(あなたが効率的にやってくれたおかげでスケジュールより前に終えることができました)

☞ **目的を表す群前置詞**

☆**for fear of *doing*** (＝because of anxiety about)「… しないように」

▶ I left very early, **for fear of** missing the plane.

(私は飛行機に乗り遅れないようにとても早く出発した)

☆**for the purpose of *doing***「… の目的で」

▶ This law is **for the purpose of** protecting the environment.

(この法律は環境を保護する目的がある)

☆**for the sake of A (for A's sake)**「… のために」

▶ She gave up work **for the sake of** her children. 〈*ISED*〉

(彼女は自分の子供たちのために仕事をあきらめた)

○**with a view to [of] *doing*** (＝with the intention of)「… する目的で」

▶ He has moved to Tokyo, **with a view to** finding a job there.

(彼が東京に移ったのは仕事を見つけようとしてのことだ)

☞ 譲歩を表す群前置詞

☆**for all** (cf. despite/with all/in spite of ; although)「… にもかかわらず」

▶ **For all** the staff's warnings, the boss proceeded with his foolish plan. 〈*ISED*〉

（スタッフが警告したにもかかわらず上司は自分の立てた愚かな計画を推進した）

☆**in spite of** (=notwithstanding, not to be prevented by)「… にもかかわらず」

▶ **In spite of** the heavy rain, we went out. (雨にもかかわらず私たちはでかけた)

○**irrespective of** (=without reference to, not taking into account, paying no attention to)「… を問わず」,「… に関係なく」

▶ You always do what you want **irrespective of** other people's advice.

（あなたはいつも他の人の助言に関係なく自分のやりたいことをやる）

☆**regardless of** (=paying no attention to)「… にかまわず」

▶ I will play golf tomorrow **regardless of** the weather.

（私は天気がどうであれ明日はゴルフをする）

☞ その他代表的な群前置詞

☆**according to** (=as said or told by)「によると」

▶ **According to** the weather forecast, it will rain tomorrow.

（天気予報によれば，明日は雨が降る）

☆**according to** (=in the order of)「に従って」

▶ People are promoted **according to** their length of service.

（勤めた長さに応じて昇進していきます）

○**across from** (=opposite)[8]「の向かい側［正面］に」

---

[8] 次の例で ‘across from’ の場合と ‘from across’ の場合の意味の違いに注意しましょう.

(i) You'll see the church **across from** the park.
（公園とは反対側に教会が見えるでしょう）
《たとえば，自分の左側に公園が見えて，右側に教会が見えるという状況です》

(ii) You'll see the church **from across** the park.
（公園の反対側から［向こう側から］教会が見えるでしょう）
《公園のはじあたりにいて，そこから公園の敷地を越えた向こう側に教会が見えるという状況です》

▶ My house is just **across from** a large supermarket.
（私の家は大きなスーパーマーケットの真向かいにある）

○ **along with**（＝together with, in company with）「といっしょに」
▶ I went to the party, **along with** two old friends.
（私はそのパーティーに昔からの友人２人といっしょに行った）

☆ **apart [aside] from**（＝except for, independently of）「はさておき」
▶ **Apart from** you, I have talked about this to no one.
（君は別として，私はこれについて誰にも話していない）

☆ **as for**（＝speaking of, concerning）「についていえば」，「はというと」《'as for' は通例文頭に置かれ，前の文脈に関連した新しい情報を対照的に取り上げます．A について話した後に「B はどうかというと」と話題をつなげて述べる言い方です》
▶ "... I would lay a thousand to one against him."
"You would lose your money," Sherlock Holmes remarked calmly. "**As for** the article, I wrote it myself." 〈Doyle『緋色の研究』〉
（「千対一のレートでも彼が間違っている方に賭けるね」「君は賭け金を失うはめになるよ」とシャーロック・ホームズが静かに言った．「その記事はというとね，僕自身が書いたのだよ」）
《推理の理論に関する記事を読んで，そんな推理などうまくいきっこないという方に賭けると自信満々に言ったワトソンに対してホームズが語っている場面です．ホームズの言葉は，賭けのほうについて言えば，賭けは君の負けになるだろうし，賭けの話をするもとになった記事のほうについて言えば，その記事は僕自身が書いたものなのだよという内容です》
▶ **As for** myself, I was silent, for the dull weather and the melancholy business upon which we were engaged, depressed my spirits.
〈Doyle『緋色の研究』〉
（私のほうはといえば，押し黙っていた．というのも，どんよりした天気とこれからとりかかる憂うつな仕事が私の心を落ち込ませていたのだ）
《'as for' は重要でないことについて言うという意味を出せるため，自分のことを謙遜していう場合には 'as to' より 'as for' が好まれます》

詳しくは『アクティブな英単語力』p. 95 を参照してください．

○**as of**（=as from, starting at (a particular time)）「… 以降」

▶ **As of** this spring, they have been living in Osaka.

（今年の春以降，彼らは大阪に住んでいる）

○**as regards**（=with reference to, as to, concerning）「に関しては」

▶ **As regards** your advice, I found it very helpful.

（あなたの助言につきまして，私はとても助けになったと思っています）

☆**as to**（=concerning, about）「についていえば」，「に関しては」

▶ **As to** whether you are correct, I really cannot say.

（あなたが正しいかどうかは，私は本当に言うことができないのです）

《'as to' の後には wh 節（句）や事を表す名詞がよく入り，'as for' と違って人が続くことはあまりありません》

▶ **As to** reward, my profession is its own reward …　〈Doyle「まだらの紐」〉

（報酬について申し上げておきますと，私の仕事自体が報酬となるので …）

《調査の依頼を引き受けるかという話をしているときのホームズのことば》

《'as to' が文頭に置かれると，前の文脈に関連した新しい情報を導く言い方にもなります．話題になっている事物のある一点を取り上げて「… だ」と述べるときなどに使われます》

☆**as well as**（=in addition to）「と同様に」

▶ I'm told he speaks Chinese **as well as** several other languages.

（私は彼が他のいくつかの言語と同様に中国語も話すと聞いています）

《'I'm told (that) …'「… だそうだ」，「… とのことだ」》

○**at (the) sight of**（=on seeing）「を見て」

▶ I was shocked **at the sight of** the dead body.

（私は死体を見てショックを受けた）

○**at the expense [cost] of**（=at the loss of, with the sacrifice of）「の費用で」，「を犠牲にして」

▶ The rescuer saved the child, **at the expense of** his own life.

（そのレスキュー隊員は自分の命を犠牲にしてその子供を救助した）

☆**at the mercy of**（=wholly in the power of, without defense against of）「のなすがままに（なって）」

▶ The mountaineers were **at the mercy of** the weather.

（その登山者たちは天候にほんろうされた）

☆**but for**（＝without）「がなかったら」

▶ **But for** your help, I would have failed the exam.

（あなたに手伝ってもらえなかったら，私はその試験に落ちていたでしょう）

☆**by [in] virtue of**（＝because of, by reason of）「のおかげで」,「によって」

▶ He received the Nobel Prize **in virtue of** his successful research.

（彼は研究の成功によってノーベル賞をもらった）

☆**by means of**（＝using, through, with the help of）「を使って」,「によって」

▶ The thief opened the door **by means of** some kind of tool.

（その泥棒は何らかの道具でそのドアをあけた）

☆**by way of**（＝as a kid of, as a substitute of）「のつもりで」

▶ He said a few words **by way of** apology.

（彼は口数少なく話したがお詫びのつもりだった）

《「を通って［経由して］」の意味でも用いられます》

☆**contrary to**（＝opposite, opposed to）「に反して」

▶ **Contrary to** your opinion, I think he is unsuitable for the job.

（あなたの意見に反して，私は彼がその仕事に適していないと思います）

☆**for fear of A/*doing***「を恐れて」,「… するといけないから」,「… しないように」

▶ **For fear of** failing the exam, I started studying before all my friends.

（試験に落ちないように，私は友達みんなに先んじて勉強を始めた）

○**for lack of**（＝for want of）「… 不足のために」

▶ The government's plan has been canceled **for lack of** money.

（政府のその計画は財源不足のために中止となっている）

☆**for the sake [benefit, good] of**（＝in order to benefit someone or something, for the purpose of）「のために」

▶ She stays at home all the time, **for the sake of** her old parents.

（彼女は年老いた両親のためにずっと家にいてあげている）

○**in (the) light of**（＝in view of）「に照らして」,「を考慮して」,「から見て」

▶ **In the light of** new evidence, the police have re-opened their investigation.
（新しい証拠を考慮して警察は捜査を再開した）

○ **in [during] the course of** （＝during）「の間に」
▶ **During the course of** the night, the bank was robbed.
（夜間に銀行が強盗の被害にあった）

☆ **in [with] regard to** （＝in respect of A）「に関して（は）」
▶ **In regard to** your suggestion, I would like to talk about that another day.
（あなたの提案に関しては，私はまた日を改めて話したいと思います）

☆ **in accordance with** （＝in agreement [conformity] with）「に従って」，「と一致して」
▶ One day, **in accordance with** my father's wishes, I will work in the family business.
（いつかは，父の希望している通り，家業を継ぐつもりだ）

☆ **in addition (to)** （＝as well (as), also, besides）「に加えて」
▶ **In addition to** her good looks, she's very kind too.
（彼女は美人なだけでなく，気立てもよい）

○ **in case of** （＝when (a particular thing) happens, in the event of）「の際には」
▶ **In case of** difficulty, please phone the helpline.
（お困りのときにはどうぞヘルプラインにお電話ください）

○ **in comparison to [with]** （＝when compared with）「と比べると」，「と比較して」
▶ **In comparison to** her brother, she seems highly intelligent.
（彼女の男兄弟と比べると，彼女はとても聡明そうだ）
▶ Of course, **in comparison with** our other staff, you haven't much experience.
（もちろん私たちの他のスタッフと比べれば，あなたは経験不足です）
《'by comparison with' とも言えます》

○ **in connection with** （＝with reference to, having to do with, about, concerning）「に関連して」

▶ I am contacting you **in connection with** your recent letter.
（先ごろいただいたお手紙に関しましてあなたにご連絡差し上げております）

○ **in contrast to [with]**「と対照的に」

▶ His soft voice is **in contrast with** his powerful physique.
（彼のソフトな声は彼のたくましい体格と対照的だ）

☆ **in front of**「の前に」

▶ For the photograph, the short people should stand **in front of** the tall people.
（写真を撮るので，背の低い人が背の高い人の前に並んでください）

☆ **in honor of** (honor＝great respect, high public regard)「に敬意を表して」,「を記念して」

▶ The school was named **in honor of** a local man who became a great scientist.
（その学校の校名は偉大な科学者になった当地の男性の名前をとってつけられた）

☆ **in place of** (＝instead of)「の代わりに」

▶ I was given a new TV **in place of** the damaged one.
（私は壊れたテレビの代わりに新しいのをもらった）

○ **in proportion to [with]** (＝in relation to, in comparison with)「に比例して［した］」

▶ Your score in an exam is not guaranteed to be **in proportion to** your effort.
（試験でのスコアはあなたがどれくらい努力したかを反映するとは限らない）

○ **in relation to** (＝about, concerning)「に対して」,「に関して」

▶ **In relation to** your idea, we will hold a meeting later.
（あなたの考えに関して，私たちは後ほど会議を開きます）

○ **in response to** (response＝answer)「に応じて［答えて］」

▶ **In response to** his letter, please say I can meet him next week.
（彼の手紙への返事には来週お会いしますと言っておいてください）

○ **in return (for)** (＝as an exchange (for something), as repayment (for))「の代わり［お返し］に」

▶ She received a large bonus **in return for** her efforts during the year.
（彼女は一年を通しての努力の見返りに巨額のボーナスを得た）

☆**in search of**「をさがして［求めて］」

▶ I am **in search of** a new place to live at the moment.
（私は今ちょうど新しく住む場所を探している）
《place は漠然とした場所という意味なので位置関係を示す前置詞がつかないのが普通で，この例でも 'live in' ではなく live だけになっています》
《'at the moment' は「ちょうど今（は)」,「目下」. 'for the moment' は「さしあたり」》

☆**in terms of**「のことば［用語］で」,「の点から」,「に基づいて」(＝using (something) as a terminology, a means of expression, a means of assessing value *etc.*)

▶ Please express your suggestion **in terms of** exactly which staff would carry it out.
（スタッフの誰が実行するかという観点から提案を述べてください）

▶ He spoke of the wounded soldier **in terms of** high praise. 〈*ISED*〉
（彼はその負傷兵についてたいへんな賛辞を呈した）

○**in the face of** (＝in spite of, in the presence of)「をものともせず」,「にあって」,「にもかかわらず」

▶ Our team won, **in the face of** everyone's pessimism.
（総悲観をものともせず私たちのチームが勝利した）

○**in the middle of** (＝to be busily occupied doing something)「の最中で（手が離せない)」

▶ Please don't interrupt. I am **in the middle of** working (＝I am busy working).
（いま何か言ってこないでください．仕事中で手が離せないのです）

☆**instead of** (＝in place of)「の代わりに」

▶ This weekend, **instead of** playing tennis, I played golf.
（この週末は，テニスをする代わりにゴルフをした）

○**on (the) top of**「… に加えて」(＝in addition to)

▶ He got expelled from school, then **on top of** that, he got arrested for

shoplifting.
（彼は学校を放校処分になり，それからさらにまた，万引きの罪で逮捕された）
《あまり好ましくないことについてよく使われます》

☆**on [in] behalf of**「を代表して」，「に代わって」（＝speaking [writing] for other people, in account of, as the representative of, in the interest of）

▶ I am here not for myself, but **on behalf of** my son.
（私がここに来たのは自分のこととしてではなく息子の代わりとしてだ）

○**on the occasion of**「の折に」（occasion＝a particular time）

▶ He received this gold watch **on the occasion of** his retirement.
（彼は退職に際して金時計を贈られた）

○**on top of**「に成功して」，「を支配［管理］して」（＝in complete control of a situation）

▶ After six months, I finally feel **on top of** the job.
（私は半年かかってやっと自分がその仕事を掌握していると思えるようになった）

○**other than**（＝different from）「とは異なる［違った］」

▶ **Other than** this one, have you no other winter coat?
（これ以外にほかに冬物のコートはありませんか？）

☆**up to**「（距離・時間・程度・数量が）… まで」

▶ He counted **up to** 100.（彼は 100 まで数えた）

▶ This work has been easy **up to** now.（この仕事は今のところまでは容易だった）

☆**with [in] regard [respect] to**（＝as far as (something) is concerned, about, concerning）「に関して（は）」

▶ **With regard to** our suggestion, the boss has not yet arrived at a decision.
（私たちの提案に関して，上司はまだ決心がついていない）
《'with regard to' のほうが 'in regard to' より普通とされています（『ジーニアス』）》

○**with a view to**（＝with the aim of）「… する目的で」

▶ I am changing my garden, **with a view to** planting a lot more flowers.
（私は庭を模様替えして，もっとたくさんの花を植えようとしています）

第18章 句動詞と定型的な表現

なにげなく「熟語」と言いますが，用語の定義も明確にはなされてはおらず，一般的な学習書では「句動詞」や「イディオム」も「熟語」としてひとくくりにされてしまっているようです．正確に言えば，「句動詞」とは動詞に前置詞や副詞をつけて1つのまとまった意味を表すもののことです．[1] 1つのまとまりとして他動詞あるいは自動詞のように機能します．「イディオム（idiom）」とは，本来は 'kick the bucket'（死ぬ）のようにまとまりを構成しているそれぞれの語の意味とは異なる意味を作り出す表現のことです．本章では，まず句動詞を見て，それからイディオムを含めた定型的な表現という順で見ていくことにします．

たとえば動詞 look を含む句動詞として次のようなものがあります．

《他動詞的に》

She looked **at** the newspaper.（＝turn the eyes in some direction; try to see）

（彼女は新聞を見た［新聞に目を通した］）

---

[1] 日本語話者には前置詞なのか副詞なのかわかりにくいことがあります．次の分類を参考にしてみてください（石渡）．（他の品詞としての用法はここでは考慮しません．）

(i) 主として前置詞の働きをする語のグループ：
after, against, at, for, from, into, like, of, to, with, without

(ii) 主として副詞の働きをする語のグループ：
away, back, forward, out

(iii) 前置詞としても副詞としても働く語のグループ：
about, across, along, around, before, behind, by, down, in, off, on, over, round, through, under, up

She looked **after** her dog. (=take care of)
(彼女は自分の犬の世話をした)
She looked **into** the matter. (=investigate [inspect] or examine closely)
(彼女はその問題を調査した)
She looked **for** the missing file. (=try to find)
(彼女は行方不明になったファイルを捜した)
She looked **over** the paper. (=examine, but not with great care)
(彼女はその書類にざっと目を通した)

《自動詞的に》

I've warned you, so look **out**! (=be careful)
(いいですね，気をつけなさいよ！)

また，1 つの句動詞が複数の意味を持つことも多いので注意しましょう．'take off' を例としてあげてみます．

He **took off** his coat. (=remove clothes etc.《他動詞的》)
(彼はコートを脱いだ)
The plane **took off** for Rome. (=(of airplane) to leave the ground《自動詞的》)
(その飛行機はローマに向かって飛び立った)

なお，「動詞＋副詞」の句動詞では，目的語が代名詞の場合は動詞と副詞の間に置かれます．

He **took** it **off**.《"He **took off** it." は不可．上の "He took off his coat." は "He took his coat off. も可能》

以下では次の分類で句動詞を見ていきます．

18.1　句動詞
　18.1.1　「動詞＋前置詞」の句動詞
　18.1.2　「動詞＋副詞」の句動詞（自動詞型）
　18.1.3　「動詞＋副詞」の句動詞（他動詞型）
　18.1.4　「動詞＋副詞＋前置詞」の句動詞
18.2　定型的な表現
　18.2.1　定型的表現：「動詞＋特定の名詞(句)＋前置詞」型
　18.2.2　定型的表現：「動詞＋目的語＋前置詞句」型

18.2.3　定型的表現：「be 動詞＋形容詞（分詞）＋前置詞句」型
18.2.4　定型的表現：「be 動詞＋形容詞（分詞）＋to 不定詞」型
18.2.5　動詞始まりの定型的表現
18.2.6　その他の定型的表現

18.1　句動詞

18.1.1　「動詞＋前置詞」の句動詞

☆**account for A**（＝explain）「を説明する」

▶ How do you **account for** the money being stolen in broad daylight?
（真っ昼間（broad「明るい」, daylight「昼間の明かり」「日中」）にお金を盗まれるなんて，君はどう説明するつもりだ？）
《explain は事態の良し悪しにかかわらず用いられますが，悪い状況についてどう申し開きするのかと相手を責めるようなときには ‘account for’ が使われます》

☆**account for A**（＝to form a particular amount [part] of something）「を占める」

▶ People against the government’s policy **account for** about forty per cent of the electorate.
（政府の政策に反対する人は有権者（electorate）の約 40 パーセントを占める）

○**adapt to A**（＝adjust to A, to alter so as to fit）「に適応する」

▶ Perhaps the dinosaurs died out because they failed to **adapt to** climatic change.
（おそらく恐竜は気候の変化に適応しそこなったために絶滅したのではないか）
《adapt と adjust の使い分けについては『アクティブな英単語力』pp. 97–98 参照》

○**add to A**（＝increase）「を増やす」

▶ The music will **add to** our enjoyment.
（その音楽が私たちの楽しみを増してくれる）
《‘add A to B’（＝put together）は「A を B に加える」》

▶ If you **add** some salt **to** the soup, it might taste better.
（そのスープにもう少し塩を加えると味がぐっとよくなるかもしれません）

○**adjust to A**（＝to change in order to become more suitable）「に順応する」

▶His eyes soon **adjusted to** the dark.（彼の眼はすぐに暗闇に慣れた）

☆**agree to A**（＝to say ‘Yes’, consent, to say that one will do or allow something）「同意する」，「一致する」

▶He **agreed to** both requests.（彼はどちらの要求ものんだ）

《‘agree to A’ は「A（提案など）に同意する（＝say yes）」ということで，（いわれたように）やりますとか，やっていいよと認める（＝to say one will do or allow something）という意味》

▶The strength of the typhoon **agreed to** the experts’ predictions.

（台風の強さは専門家の予測通りだった）

○**agree with A**（＝to think or say the same (as), match, conform）「と意見が一致する」；「（食物や気候が体に）合う」

▶That politician rarely **agrees with** the prime minister.

（その政治家は総理とめったに意見が合わない）

《‘agree with A’ は「A（人）と同意見である」とか「A（行動・提案など）をよい［正しい］と認める」という意味》

▶Cheese doesn’t **agrees with** me.（チーズは私の体に合わない）

○**aim at A**（to plan or intend；cf. aim A at B＝to point [direct] A at B）「をねらう」，「A を B に向ける」

▶These policies **aim at** helping working parents.

（これらの政策は働く親たちを助けることを目的としている）

▶The sniper **aimed** his rifle **at** President Kennedy.

（その狙撃手は彼のライフルをケネディ大統領に向けた）

○**allow for A**（＝take into consideration, make provision in advance）「を考慮に入れる［見越しておく］」

▶Let’s go early, to **allow for** the train being late.

（列車が遅延する可能性を考慮して，早く行きましょう）

☆**amount to A**（＝total, add up to）（総計が）「になる」，（額が）「に達する」

▶Failing to graduate from two universities does not **amount to** a good education.

（2 つ大学を中退したことを合算してもちゃんとした教育を 1 つ受けるのに及ばない）

○**answer for A**（＝be responsible for）「の責任を負う」，「の償いをする」

▶The suppliers will have to **answer for** the problems we are having with our computer system.

（サプライヤー（供給会社）は私たちが抱えているコンピュータ・システムの問題の責任を負わなければならないだろう）

○**apply for A**（＝to ask for (something)）「を申し込む」

▶My cousin has **applied for** a job in Moscow.

（私のいとこはモスクワでの仕事に就職の申し込みをした）

○**apply to A**（＝be relevant to）「に適用される」，「に当てはまる」

▶The right to vote in elections does not **apply to** children.

（選挙権は子供には適用されない）

○**approve of A**（＝think well of）「を（よいと）認める」，「に賛成する」

▶Her father didn't **approve of** her marriage to such a poor man.

（彼女の父は彼女がそんな貧しい男と結婚するのを認めなかった）

○**ask for A**（＝request, demand）「を頼む［求める］」

▶I don't have the courage to **ask for** a pay rise.

（私は賃上げ（pay rise《英》，《米》は pay raise）を要求する勇気はない）

☆**believe in A**（＝to accept the existence of A as a fact, to have a faith in the ability of A, to recognize the value [advantage] of A）（…の存在，可能性・将来性について）「を信じる」，「を信仰する」，「をよい［正しい］と信じる」

▶I **believe in** getting up early and going to bed early.

（私は早寝早起きがよいと信じている）

☆**belong to A**（＝be a possession of, be a member [part] of）「の所有である」，「に所属している」

▶Do you **belong to** the university tennis club?

（あなたは大学のテニス部に所属していますか？）

○**break into A**（＝to enter (a house, *etc.*) by force or unexpectedly）「に押し入る」

▶Someone **broke into** our house when we were on holiday.

（私たちが休日で留守にしていたときに誰かが家に侵入した）

《'break into laughter [tears, a smile]' で「急に笑い［わっと泣き，にこにこし］始める」という意味になります》

○**bump into A**（=meet by accident, run into）「にばったり出くわす」

▶I **bumped into** him the other day in the street.

（先日私はその通りで彼にばったりでくわした）

☆**burst into A**（=come [go] suddenly [violently]; burst into tears/laughter/*etc.* =suddenly begin to cry/laugh/*etc.*）「に乱入する［飛び込む］」

▶I was sitting quietly when suddenly my friend **burst into** the room.

（私が静かに座っていたら友人が突然部屋に飛び込んできた）

《'burst into laughter [tears]' で「急に笑い［わっと泣き］始める」という意味になります》

○**call at A**（=pay a short visit）「に立ち寄る」

▶Please **call at** the supermarket and buy milk on your way home tonight.

（今晩家に帰る途中でスーパーに寄って牛乳を買ってね）

☆**call for A**（=require, demand）「を求める」,「を必要とする」

▶A computer problem as serious as this **calls for** a specialist.

（こんなに深刻なコンピュータの問題には専門家が必要だ）

○**call in A**（=send for）「をその場に呼ぶ」

▶After the earthquake, the government **called in** the Self-Defense Force to help.

（その地震の後，政府は救助のために自衛隊を現場に呼んだ）

☆**call on [upon] A**（=visit）「を（短時間）訪問する」

▶Please **call on** me if you are ever near my house.

（近くにお越しの際はお立ち寄りください）

《「(人) を訪問する」は 'call on SOMEBODY',「(場所) を訪れる」は 'call at PLACE'. 'call on A for/to *do*' は「A に … を依頼する」》

☆**care for A**（=like (in negative/interrogative sentence); =look after (in affirmative sentence)）「がほしい《would を伴って》」,「が好きだ」;「の面倒を見る」

▶Would you **care for** something to drink?（なにか飲み物でもいかがですか？）

《「がほしい」,「が好きだ」の意味では疑問文や否定文で使われるのが通例》

▶ It's a huge burden **caring for** aging parents alone.
(年老いた両親のめんどうを1人で見るのはたいへんな負担だ)

☆**change into [to] A** (=become [make] different)「に変わる」
▶ After the princess kissed him, the frog **changed into** a handsome prince.
(王女が彼（カエル）にキスすると，カエルはハンサムな王子に姿を変えました)

☆**cling to A** (=to stick to；to be faithful to)「にしがみつく［執着する］」《比ゆ的にも使われます》
▶ I could endure it all, ill-usage, solitude, a life of deception, everything, as long as I could still **cling to** the hope that I had his love …
〈Doyle『バスカヴィル家の犬』〉
(虐待（ill-usage）にも孤独にも偽り（deception）の生活にもなんでも耐えられました，彼が私を愛しているのだという希望さえ捨てないでいられる限りは)

☆**come across A** (=happen to meet)「に偶然会う」
▶ When I was out for a stroll, I **came across** a shop which sells rare old books.
(散歩に出たとき，めったに売りに出ない古本を扱っている店に出くわした)

○**come by A** (=get, obtain)「を手に入れる」
▶ How did you **come by** such a valuable painting?
(そんな高価な絵をどうやって手に入れたの？)

☆**come from A** (=to have been born in/made in/*etc.*)「の出身である」
▶ My American friend **comes from** New York originally.
(私のアメリカ人の友人はもともとはニューヨーク出身だ)

○**come into A** (=receive, inherit)「相続する」
▶ My friend's father died recently, so he has **come into** a fortune.
(私の友人の父が最近亡くなって，彼は遺産を相続した)

○**compete with [against] A** (compete=take part in a race, contest, examination, *etc.*)「と張り合う」，(しばしば否定文で)「に匹敵する」
▶ It's difficult to **compete with** countries where wages are so much lower.
(賃金がそんなに低い国々と競合するのは困難だ)

○**concentrate on A** (=focus *one*'s attention on)(注意を)「に集中する」

▶ You should **concentrate on** your studies from now until the examination.
（君は今から試験まで勉強に集中するべきだ）

○ **conform to A**（=obey, be in agreement with）「に従う」,「にかなっている」

▶ You must **conform to** the rules.（あなたは規則に従わなければなりません）

○ **consent to A**（=to agree（to））「に同意する」

▶ He refused to **consent to** the plan.（彼はその計画に同意するのをこばんだ）

○ **consist in A**（=be in, lie in）「に存在する」

▶ The secret of success **consists in** never giving up after a setback.
（成功の秘訣はつまずいても決してあきらめないことにある）
《setback は「つまづき」,「挫折」》

☆ **consist of A**（=be made up of, be composed of）「から成る」

▶ Water **consists of** hydrogen and oxygen.（水は水素と酸素からできている）

☆ **contribute to A**「に貢献する」,「の原因となる」

▶ You've **contributed** greatly **to** our team's success.
（君は私たちのチームの成功に大いに貢献してくれた）

▶ I have made a small study of tattoo marks and have even **contributed to** the literature of the subject. 〈Doyle「赤毛組合」〉
（私は刺青について少し研究をしまして，その方面の論文を書いたこともあります）
《ここでは「寄稿する」という意味合いです》

▶ His gambling **contributed to** his downfall.（=His downfall was caused by his gambling）（彼はギャンブルで身を持ち崩した）

☆ **cope with A**（=to deal with [manage] successfully）「にうまく対処する」,「と折り合いをつける」

▶ I wonder if the new employees will be able to **cope with** such complicated things.
（その新しい従業員たちがそんな込み入ったことに対処できるだろうかと思う）

▶ They don't even know how to **cope with** it or **deal with** it.
（彼らはそれにどう気持ちの折り合いをつけたらいいのかも，どう対処していいのかもわかりもしません）
《'deal with' と同じように使われることも多いのですが，がまんして感情的に折り合いをつけるという意味合いでは 'cope with' がよく使われます》

○**correspond with A**（＝to match, to be in agreement with）「と符合［一致］する」

▶ His explanation does not **correspond with** yours.

（彼の説明は君のと一致しない）

○**correspond to A**（＝be the same as）「に相当する」

▶ The American Congress **corresponds to** the British Parliament.

（アメリカの米国議会はイギリスの英国議会に相当する）

○**count on A**（＝rely on, expect with confidence）「を当てにする」

▶ In the event of war, the country is **counting on** American help.

（戦争となると，その国はアメリカの援助に頼る）

《count on, rely on, depend on のニュアンスについては『アクティブな英単語力』p. 108 参照》

○**date from A / date back to A**（＝have existed since）「から始まる」，「にさかのぼる」

▶ These fossils **date from** the age of the dinosaurs.

（この化石は恐竜の時代のものだ）

○**dawn on A**（＝grow clear to the mind）「にわかる［わかり始める］」

▶ The truth at last **dawned on** him.（＝He began to see the truth.）

（彼にとうとう真実がわかってきた）

○**deal in A**（＝to do business especially to buy and sell）（商品について）「を扱う」

▶ Our company **deals in** fossil fuels, such as coal and oil.

（私どもの会社は石炭とか石油といった化石燃料を扱います）

☆**deal with A**（＝treat, handle）「を扱う」，「を処理する」

▶ I don't know how to **deal with** such a difficult person.

（私はそんな面倒な人をどう扱っていいかわからない）

☆**depend on [upon] A**（＝rely on）「に頼る」

▶ Our team **depends** too much **on** a few key players.

（うちのチームは数人の中心選手に頼りすぎている）

○**derive from A**（＝to come or arise from）「に由来する」，「から派生する」

▶ The word *spaniel* is **derived from** the word *Spain*, apparently.
（スパニエルという語はスペインという語から派生したのだろう，おそらくね）

☆**die of [from] A**「が原因で死ぬ」

▶ He was very old, and he **died of** natural causes.
（彼はとても高齢で，自然死だった）
《死因の直接・間接にかかわらず of も from もどちらも使われるようです》

○**differ from A**（＝be unlike, be distinguishable）「と異なる」

▶ Do you know how a crocodile **differs from** an alligator?
（クロコダイルとアリゲーターがどう違うかわかる？）《アリゲーターは米国南東部や中国東部産，クロコダイルはアフリカや南アジア産のワニ》

○**dispose of A**（＝to get rid of）「を処分する」

▶ Radioactive materials must be **disposed of** with great care.
（放射性物質は細心の注意を払って処理されなければならない）

☆**do with A**（＝to need; to be satisfied with; to deal with）「が欲しい」《「を扱う［処置する］」の意味では ‘deal with’ を使うのが普通[2]》；「で満足する［間に合わせる］」（⇒ ‘make do with A’）

▶ I’m really sleepy. I could **do with** a cup of coffee to wake me up.
（本当に眠い．目が覚めるようコーヒーが欲しい）

▶ Can you **do with** cold meat for dinner? I’ve been too busy to prepare a hot meal. 〈*ISED*〉
（夕食は冷肉ですませてもらえますか？ とても疲れていて暖かい食事を用意できないのです）

※“I can’t **do with** loud music/his rude manner.”（私は騒々しい音楽／彼の無作法が我慢ならない）のような「(cannot などと共に) を我慢できない (can’t tolerate, to be unable to bear)」の意味での用法は使わないというネイティブ・スピーカーが多いようです．‘can’t be *do*ing with A’（A がわずらわしい）の形はイギリス英語のインフォーマルな言い方にあります．

---

[2] ただし ‘what … do with A’ という定型的な形はよく使われます（厳密には ‘do A with B’ の形ということになります）．

(i) I don’t know **what** to **do with** my daughter.
（私は娘をどう扱っていいかわからない）

☆**do without A**（＝to dispense with, go without）「… 無しでやっていく」

▶ Could you **do without** your mobile phone for even a day?

（1日でも携帯電話無しでいられるかい？）

○**draw on A**（＝to A (memory, money, strength, *etc.*)）「を利用する」

▶ He **drew on** his imagination and experience to write the novel.

（彼はその小説を書くのに自分の想像力と経験を生かした）

○**dwell on A**（＝to think, speak, or write about something for a long time）「長々と［くよくよと］考える［話す，書く］」

▶ Let the weight of the matter rest upon me now, and do not let your mind **dwell upon** it further. 〈Doyle「花婿失跡事件」〉

（事件の心配事は私にまかせて，くよくよ考えないでいなさい）

○**end in A**「に終わる」

▶ The war **ended in** defeat for Napoleon.

（その戦争はナポレオンの敗北に終わった）

○**enter into A**（＝to take part in, to begin to discuss ; to form a part of）（交渉など）「に入る［参加する］」；（計画や計算などで）「に入っている」，「の一部である」

▶ America and China have **entered into** trade negotiations.

（アメリカと中国は貿易交渉に入った）

▶ I guess the price didn't **enter into** the discussion. 〈*Chambers*〉

（価格のことは議論の中に入っていなかったようだ）

○**fall into A**（＝to move down into (something); to begin (something), to enter (a state); to be divided into (kinds), to belong to）「に陥る［なる］」，「を始める」，「に分類される」

▶ The bear **fell into** the hunter's trap.（その熊はハンターのわなにはまった）

▶ One day he had met me, and **fell into** talk about the ways of thieves, and how they could get rid of what they stole. 〈Doyle「青いガーネット」〉

（ある日彼が私と会って，盗みの方法とか盗んだものをどう始末するかという話を始めたことがありました）

▶ These books **fall into** three classes.（これらの本は3種類に分類される）

○**fall on A**（＝come, occur [happen]）（災いなどが）「に降りかかる」，（休日な

どが)「に当たる」

▶ All the expenses **fell on** me. (i.e. I had to pay them) 〈*ISED*〉
(すべての出費が私に降りかかってきた)

▶ Christmas **falls on** a Monday this year. (今年はクリスマスは月曜日に当たる)

○ **focus on A**「に (注意を) 集中する」,「にピントが合う」

▶ I need to **focus** more **on** improving my French pronunciation.
(私はフランス語の発音を向上させることにもっと集中する必要がある)

☆ **get off A** (=to leave a vehicle) (大型乗物から)「降りる」

▶ I **got off** the train at about nine o'clock. (私は 9 時ごろに列車から降りた)

☆ **get on A** (⇔ get off) (電車やバスに)「乗る」

▶ Whenever I **get on** the morning train, all the seats are already taken.
(私が朝の列車に乗るときはいつも全席が埋まっている)

○ **get over A** (=overcome, recover from)「を乗り越える」,「から立ち直る [回復する]」

▶ It took her some years to **get over** her sister's death.
(彼女が姉 (妹) の死を乗り越えるには数年を要した)

○ **get through A** (=to manage to do or complete something)「を通り抜ける」; (困難などを)「乗り切る」; (仕事などを)「終える」

▶ He seems confident he can **get through** the work soon.
(彼はその仕事をすぐに終える自信があるようだ)

○ **get to A** (=to manage to go, reach, arrive at (a place))「に行き着く」,「にたどり着く (困難なイメージを伴うことがしばしば)」

▶ My train was delayed, so I **got to** the office later than the others.
(電車が遅延したので，私は他のみんなより遅くに会社に着いた)

▶ I don't know how to **get to** Tokyo Station.
(東京駅にどう行ったらいいかわからない)
《到達点に関心のある言い方で，上の例の文脈では 'go to' より 'get to' を使うのが普通》

○ **go into A** (=to discuss [describe] (something) in detail, to make a careful study [inquiry])「を徹底的に論じる」,「を詳しく調べる」

▶ I'm sorry, I haven't got time to **go into** the details today.
（すみませんが，今日は細部に立ち入る時間がありません）

○ **go over A**（＝check or examine carefully）「を点検する」
▶ I'll **go over** your translation and compare it with the original.
（あなたの翻訳を点検して原文と比較してあげましょう）
（＝repeat or practice）「を読み返す［復習する］」
▶ The politician **went over** her speech several times the night before.
（その政治家は前の晩にスピーチを何度も読み返した）

☆ **go through A**（＝examine carefully）「を調べる」
▶ Please slowly **go through** the instructions for what to do during an emergency.
（緊急時にどうすべきか説明書をゆっくり確認してください）
（＝to experience or suffer）（つらいことを）「経験する」
▶ The soldiers **went through** awful things during the war.
（その戦争中に兵士たちはとてもつらい経験をした）

☆ **go with A**（＝match）「に合う［調和する］」
▶ Brown shoes don't **go** well **with** a black suit.
（茶色の靴は黒いスーツに合わない）

○ **graduate from A**「を卒業する」
▶ Apparently he **graduated from** a famous Italian university.
（どうやら彼はイタリアの有名大学を卒業したようだ）
《かつては非標準でしたが，graduate を他動詞として使うことも多くなってきたようです》

○ **head for [toward] A**（ある方向へ）「進む」
▶ I'm **heading for** my holiday home when work ends today.
（私は今日仕事が終わったら別荘に向かいます）

☆ **hear from A**「から（手紙などを）もらう」
▶ I **heard from** an old friend for the first time since leaving university.
（大学を出てから初めて私に旧友から便りがあった）

○ **hear of A**「のことを耳にする」，「の存在を知っている」

▶ Did you ever **hear of** a Frenchman who wasn't interested in food?
（食べ物に関心のないフランス人なんて聞いたことがありますか？）
《疑問文，否定文，完了形でよく使われます》

○**hit on [upon] A** (=to find (an answer, *etc.*) by chance or unexpectedly)「を思いつく」

▶ The inventor **hit upon** a simple way of improving car engines.
（その発明家は自動車エンジンを改良するシンプルな方法を思いついた）

☆**insist on [upon] A** (=to state [emphasize] firmly, to demand or urge)「を（強く）主張する」

▶ He **insists on** inviting complete strangers to his house.
（彼は自分の家にまったく見ず知らずの人たちを招待すると言ってきかない）

○**interfere with A** (=to prevent, stop or slow down the progress of (something))「を妨げる」

▶ There is no smell which might have **interfered with** his power of scent.
〈Doyle『バスカヴィル家の犬』〉
（彼（犬）の嗅覚の妨げになりかねなかったにおいなどありはしないのだ）
《'interfere in' は「に干渉する」》

▶ Various countries are **interfering in** the Middle East.
（いろいろな国々が中東に干渉している）

○**keep to A** (=do what one has agreed to do, limit oneself to)「に従う」

▶ If you **keep to** the rules, you'll have no problems.
（規則を待っていれば何の問題も起きませんよ）

○**lead to A** (=cause, bring about, give rise to, result in)「A（結果）になる」

▶ The heavy rain **led to** serious floods.（その大雨でひどい洪水になった）

▶ Arriving late too often could **lead to** you being fired.
（何度も遅刻していると解雇されかねませんよ）
《この例文は 'lead to A *do*ing' の形で（ある事が）「A（人）が … することにつながる」という意味になる言い方です》

○**lie in A** (=(of abstract things) exist, ≒consist in)（事実や問題などが）「A にある」

▶ The cause of the border problem **lies in** the past.

（国境問題は過去に原因がある）

☆**live on A**（＝to be supported (financially) by）「A（収入など）で暮らす」,「を主食［常食］にする」

▶ He **lives on** his earnings from his part-time job.
（彼はパートタイムの仕事の稼ぎで生活費をまかなっている）

○**live with A**（＝to accept something unpleasant）「（困難などを）受け入れる」

▶ Although the job involved a lot of stress and pressure, he learned to **live with** it.
（その仕事はストレスとプレッシャーが多かったが彼はそれを我慢できるようになった）

☆**long for A**（＝to wish (for) very much, desire earnestly）「を切望する」

▶ I **long for** an opportunity to appear in a movie.
（私は映画に出る機会がどうしても欲しいと願っている）

☆**look after A**（＝take care of）「の世話をする」

▶ You spend too much time **looking after** your dog.
（あなたは自分の犬の世話に時間をかけすぎだ）

☆**look for A**（＝search for）「をさがす」

▶ I'm **looking for** a new place to live.（私は新しく住む場所を探している）

☆**look into A**（＝investigate, examine）「を調べる［調査する］」

▶ The police are **looking into** the matter already.
（警察はその件をすでに調査中だ）

○**look to A (for … / to *do*)**（＝rely on）（… を／… するように）「A（人）に期待する［頼る］」

▶ The company **looks to** the CEO **for** strong leadership.
（その会社はその最高経営責任者に強いリーダーシップを期待している）

☆**major [specialize] in A**「を専攻する」

▶ My cousin **majored in** law at university.（私のいとこは大学で法律を専攻した）

○**make for A**（＝go toward, head for ; to cause, lead to）「A のほうへ進む」,「に役立つ」

▶ The mountaineers **made for** the summit, but the bad weather stopped them.

（登山者たちは頂上へ向かったが悪天候で阻止された）

▶ I don't know if heavy armaments **make for** peace or war.

（軍備の強化が平和につながるのか戦争につながるのか私にはわからない）

○ **occur to A**（＝to come into *one*'s mind）（考えなどがふと）「A の心に浮かぶ」

▶ It did not **occur to** me that my own brother had taken the money.

（僕自身の兄弟がそのお金を取ったなんて思いもよらなかった）

○ **part with A**（＝to be separated from, to give away）「ヲ手放す［売り払う］」

▶ I need money quickly, so I'll have to **part with** my gold ring.

（至急お金がいるので，金の指輪を売らなくてはならないでしょう）

《☞ 'part from A' は「A（人）と別れる」》

▶ I **parted from** my friends at the station.（私は駅で友人たちと別れた）

○ **participate in A**（＝take part in, to be one of a group of people actively doing something）「ニ参加する」

▶ On the school sports day, parents can **participate in** some events.

（学校の運動会では親がいくつかの競技に参加できる）

○ **pay for A**（＝give money for goods, service, *etc.*; receive punishment）「ヲ支払う」,「ノ償いをする」（cf. 'pay A for B' は「B に対して A（料金）を払う」 'pay rent for the house' は「家の家賃を払う」）

▶ Most students do not **pay for** their mobile phone themselves.

（たいていの学生は携帯電話の代金を自分では払っていない）

▶ You'll have to **pay for** your crime.（やった罪の罰は受けなくてはならない）

《☞ 'pay for itself'：「採算が取れる」》

▶ This machine will **pay for itself** in five years.

（この機械は 5 年で元が取れるだろう）

○ **persist in A**（＝to keep doing [thinking] in spite of opposition or difficulty）（信念などを）「固く守る」,「ヲしつこく言う」

▶ He **persists in** believing aliens regularly visit the earth.

（彼は異星人がしょっちゅう地球に来ているという信念をあくまでも貫いている）

○ **pick on A**（＝treat A badly or in an unfair way）「ヲいじめる」,「ヲ目の敵にする」

▶ Why **pick on** me?（どうして僕を目の敵にするんだ？）

○**play on A**「(恐怖心や信頼に) つけ込む」

▶ She **played on** my sympathy until I lent her $1,000.
（彼女が私の同情心につけ込んできて，とうとう私は1000ドル貸した）

☆**prepare for A**（＝to make or get ready）「の準備をする」

▶ If you don't start **preparing for** the exams soon, it will be too late.
（すぐに試験勉強を始めないと手遅れになるよ）
《教員が試験をあらかじめ作って準備するのであれば他動詞で 'to prepare an exam' と言えます》

○**recover from A**（＝to become well again）「から（健康を）回復する」，「から正常に戻る」

▶ This is such a serious illness that few people **recover from** it.
（これは深刻な病気で回復した人はあまりいない）

☆**refer to A**（＝to look at a book, map, *etc.* for information）「を参照する」，「を調べる」

▶ Before beginning your research in this field, you should **refer to** other researchers' work.
（この分野で研究を始める前に，他の研究者の研究を調べておくべきだ）

（＝to talk [write] (about something), to mention (something)）「に言及する」

▶ I had reckoned upon solving the matter when once I had found the place **referred to** in the Ritual; but …　〈Doyle「マスグレイヴ家の儀式」〉
（僕は儀式書の中で言及されている場所を見つけさえすれば事件を解決できると思っていた（'reckon on *do*ing'「… を期待する」）のだが …）
(cf. 'refer to A as B')「A を B と呼ぶ」

▶ Euclid is often **referred to as** the 'Father of Geometry.'
（ユークリッドはしばしば「幾何学の父」と呼ばれる）

○**reflect on [upon] A**（＝to think carefully）「をじっくりと考える」

▶ If you fail in something, you should **reflect on** the reasons for your failure.
（もし何かで失敗したらその原因をよく考えてみるべきだ）

☆**refrain from A**（＝keep from）「を差し控える［慎む］」

▶ Please **refrain from** smoking in the hospital.
（病院内では喫煙を控えてください）

☆**rely on [upon] A** (cf. count on)「をあてにする」

▶ I **rely on** my mother to wake me up every morning.
（私は毎朝母親に頼って起こしてもらっている）
《'rely on' はこれまでの経験から信頼できるというニュアンスのある言い方（『アクティブな英単語力』p. 108)》

○**resort to A**（=to use or do (something) as a way of solving a problem, *etc.* when other methods have failed)「に頼る」

▶ He even **resorted to** fraud to make himself rich.
（彼は金もうけのためなら詐欺 (fraud /frɔːd/) すらいとわない）
《しばしば（しかたなく）好ましくない手段に訴えるという感じが込められます》

○**rest on A**（=be supported by A)「に基づいている」,「… 次第である」

▶ His argument **rests on** the assumption.（彼の議論はその想定に基づいている）

○**result from A**（=to be caused by something)「の結果として生じる」

▶ The accident **resulted from** the driver's inattention.
（その事故は運転者の不注意が原因で起きた）

☆**result in A**（=to cause or have as a result)「A という結果になる」

▶ The train crash **resulted in** several people being injured.
（その列車事故で何人も怪我をした）

○**run across A**（=to find (something) or meet (someone) by chance; come across)「に偶然出会う」,「を偶然見つける」《'run across' は好ましい人や物との出会いによく使われます》

▶ I have **run across** old friends in the train a few times recently.
（このところ何度か電車で旧友に出くわした）

▶ You **came across** someone who was smarter this time.〈Doyle「瀕死の探偵」〉
（今回お前は自分よりすぐれた相手に出会ったのだよ）

○**run into A**（=to meet by chance, to start to experience a difficult/unpleasant situation)「に出くわす」,「(困難などに) 遭遇する」

▶ No, I **ran into** him by chance.（違うの，彼と偶然出くわしたの）

▶ Then he **ran into** another problem.（それからまた彼は別の問題に巻き込まれた）

○ **run over**（=rehearse, check or revise quickly）「をざっと説明する」，「を復習する」

▶ The actors only had half an hour, so they **ran over** the play one last time.
（その俳優たちは30分しか時間がなかったのでざっと最後のリハーサルをした）
《'one last time'「最後にもう一度だけ」》

○ **search for A**「を求めてさがす」（なくしものを「さがす」というときには 'look for A' が普通）

▶ Our company is **searching for** a new office.
（私どもの会社は新しいオフィスをさがしているところです）
《他動詞としての search「…（家・場所）を捜索する」は場所を目的語としてとります．「家宅捜索する」は 'search a house'》

☆ **see to A**（=to deal with, to attend（=to look after and care for））「にきちんと対応する」，「を取り計らう」

▶ Will you **see to** reserving a room for the party?
（パーティーのための部屋の予約を担当してくれますか？）

○ **send for A**（=to ask（somebody）to come, to order（goods）to be delivered）（医者・警察・消防などを）「呼ぶ」

▶ A water pipe is leaking, so please **send for** a plumber.
（水道管が水漏れしているから，水道屋さんを呼んでくれますか）

○ **set about A**（=to start, deal with（='go about'））「に取りかかる」，「A し始める」

▶ If you needed a million yen quickly, how would you **set about** getting it?
（もしすぐに100万円必要となったら，その工面に何から始めますか？）

☆ **stand by A**（=to support）「を擁護する」，「に味方する」

▶ In difficult times, you need family and friends to **stand by** you.
（困難なときには，味方してくれる家族や友人が必要だ）

☆ **stand for A**（=to represent, mean）「を表す［意味する］」

▶ USA **stands for** United States of America.

(USA は ‘United States of America’ の略だ)

○**stare at [into] A** (＝to look fixedly)「じっと［じろじろと］見る」

▶ In the past, foreigners were so rare that children often **stared at** them.

(昔は外国の人がとても珍しかったので子供たちがじろじろ見たものだ)

○**stick [cling] to A** (＝not to abandon)「に固執する」，(主義などを)「曲げない」

▶ He still **sticks to** methods that are twenty years out of date.

(彼は 20 年も時代遅れな手法にいまだにしがみついている)

○**submit (*oneself*) to**「に屈服する［服従させる］」

▶ I refuse to **submit** (myself) **to** his control.

(彼の支配下に置かれるなんてごめんだ)

☆**succeed in A** (⇔ fail in)「に成功する」

▶ He **succeeded in** becoming a doctor. (彼はめでたく医者になれた)

☆**succeed to A** (＝inherit)「を継承する」

▶ One day, the children will **succeed to** their father's huge fortune.

(いつかその子供たちが父親の巨大な財産を相続する)

☆**suffer from A** (＝feel [have] pain/loss *etc.*) (病気などに)「苦しむ」

▶ Many people **suffer from** lack of confidence.

(多くの人が自信を持てなくて困っている)

☆**take after A** (＝resemble, look like)「に似ている」

▶ Look at the shape of her mouth. She **takes after** her mother.

(彼女の口の形をごらんよ．彼女は母親似だ)

○**take to A** (＝come to like, begin to like)「が好きになる」

▶ I soon **took to** Japanese food. (私はすぐに日本食が好きになった)

○**tell on A** (＝affect)「に効き目がある［響く，こたえる］」

▶ The constant overtime began to **tell on** her health.

(毎日の残業は彼女の健康状態に響いてきた)

☆**think of [about] A**「を［について］考える」

▶ I would like to ask you what you **think of** our new boss.

（私はあなたが私たちの新しい上司をどう思っているか知りたい）

○**turn into A**（turn＝to change in nature, quality, condition, *etc.*）「に変わる」

▶ 19th century Japan quickly **turned into** a modern country.

（19 世紀の日本は急速に近代国家への変貌を遂げた）

○**turn to A**（＝to ask [rely on]（someone）for help/advice/information, *etc.*）「（助言などを）A（人）に求める」

▶ Whenever I have a problem at work, I **turn to** my boss for advice.

（仕事で困ったことがあれば，いつも私は上司にアドバイスを求める）

○**wait on [upon] A**（＝serve）「仕える」，「給仕する」

▶ Several servants always **waited on** the nobleman.

（何人もの召使いがいつもその貴族に仕えていた）

○**watch over A**（＝to guard or take care of）「を見守る」，「の世話をする」

▶ The nurse **watched over** the sleeping patient.

（その看護師が寝ている患者を見守っていた）

☆**wish for A**「を願う」

▶ I sometimes **wish for** a new and completely different job.

（私はときどき今と全然違う新しい仕事につけたらなあと思うことがある）

cf. work on [upon] A（＝spend time and effort to improve something）「に取り組む」

▶ The professor is in his office **working on** a new idea he has had.

（その教授は研究室にいて自分が温めてきた新しいアイディアに取り組んでいる）

○**yield to A**（＝submit to, surrender to, give in to, give way to）「に屈服［降参］する」，「に負ける」

▶ After running out of food, the army finally **yielded to** the enemy.

（食料が尽きてしまい，その軍隊はとうとう敵に降伏した）

18.1.2 「動詞＋副詞」の句動詞（自動詞型）

☆**break down**（＝to stop working properly）「故障する」

▶ My car **broke down** when I was far from any town.

（どの町からも遠いところにいるとき私の自動車が故障した）

○**break in**（=to enter by force or unexpectedly）「に押し入る」，「に（無理やり）侵入する」

▶ While I was out, someone **broke in** through the window.
（私の外出中にだれかが窓から侵入した）

○**break [cut] in**（=interrupt［自動詞］）「（横から）口をはさむ」

▶ It's annoying when someone **breaks in** constantly when you are talking.
（話をしているときに誰かが横から何度も口をはさんでくると頭にくる）

cf. break [cut] in on …（=interrupt［他動詞］）「を妨げる」

▶ While I was talking, one of the other staff **broke in on** my explanation.
（私が話していると，他のスタッフの 1 人が私の説明に割り込んだ）

☆**break out**（=to happen [appear] suddenly）「（災害などが）急に起こる」，「（病気が）発生する」

▶ A serious epidemic **broke out** in the school and three of the boys died.
〈Doyle『バスカヴィル家の犬』〉
（猛烈な伝染病が学校ではやって，男子生徒のうちの 3 人が亡くなったのです）

cf. break out of …（=to escape from prison/restrictions *etc.*）「から脱走する」

▶ The convicts **broke out of** the prison at night.
（その囚人たちは夜に脱獄した）

○**break up**（=to finish or end）「解散させる［する］」，「ばらばらにする［なる］」

▶ The crowd **broke up** when the police arrived.
（警察が到着すると群衆はばらばらに散った）

《☞ 他動詞的にも用いられます》

▶ The police **broke up** a street fight.（警察が路上のけんかをやめさせた）

○**burn down**（=to destroy completely by fire）「（建物が）焼け落ちる［全焼する］」

▶ The tall building was completely **burnt down** to the ground by the fire.
（その高層ビルはその火災で全焼して倒壊した）

○**calm down**（=to become [make] quiet or still）「落ち着く」，「静まる」

▶ The sea **calmed down**.（海はおだやかになった）

《☞（他動詞的に）「落ち着かせる」》

▶ He was extremely angry, and nobody could **calm** him **down**.

（彼は猛烈に怒っていて，誰も彼を落ち着かせることができなかった）

☆**carry on**（＝to continue）（仕事などを）「続ける」

▶ Even if I am not there, please **carry on** with the work.

（私がそこにいなくても，仕事を続けてください）

○**catch on**（＝to become popular；to understand）「流行する」，「理解する」

▶ There's a reason that kind of dress didn't **catch on**.

（その種のドレスが流行らなかったのには理由がある）

▶ Physics was enjoyable to learn, and I **caught on** fast.

（物理は勉強して楽しかったしすぐわかるようになった）

○**cheer up**（＝to become happy《他動詞的な用法もあり》）「元気づく」，「元気づける」

▶ His worried family all **cheered up** when they heard the boy's operation had been successful.

（その男の子の手術がうまくいったと聞いて，心配していた家族はみんな元気づいた）

○**come about**（cf. bring about「引き起こす［他動詞］」）「起こる」，「生じる」

▶ I wonder how the American Civil War **came about**.

（どのようにアメリカの南北戦争は起きたのだろうと思う）

○**come out**（cf. bring out「引き出す」［他動詞］）「出てくる」，（事実などが）「明らかになる」，（商品が）「店頭に出る」

▶ The sun **came out** through the clouds.（太陽が雲の間から顔を出した）

▶ One night his secret **came out**. 〈Doyle「赤い輪」〉

（ある晩，彼が隠していたことが表に出てきたのです）

○**come to**（＝become conscious）「（ある状態などに）なる《to の後は名詞》」；「意識を取り戻す（この意味ではアクセントは 'còme tó' で to にあります）」

▶ If matters **came to** a crisis I should endeavour to be present in person; but … 〈Doyle『バスカヴィル家の犬』〉

（もし事態が危険な状態ということであったら私自身がいるようにするのですが…）

《endeavour《英》＝endeavor:（'endeavor to *do*'「… するよう努める」）》

▶ Two minutes after he was knocked out, the defeated boxer **came to**.

（ノックアウトされて２分ほどして，負けたボクサーは意識を取り戻した）

○**draw on**（＝to come near in time）「(時間的に) 近づく」

▶ Winter is **drawing on**.（冬が近づいている）

☆**drop in** [by, over]（＝to pay a short unannounced visit, to visit someone casually and without being invited）「ひょっこり（前ぶれなしに）立ち寄る」

▶ I was sitting at home when an old friend **dropped in** unexpectedly.

（家にいて何もしないでいたら古い友人が予期せず訪問してきた）

《人や場所を加えて言うときは，'drop in on A（人)'，'drop in at A（場所)'；'drop by A（場所)'；'drop over to A（場所)' という形になります》

▶ … we could **drop in on** each other in the evenings without an invitation.

〈Doyle「ライオンのたてがみ」〉

（私たちは夜ともなれば別に招待などされてなくても立ち寄るという間柄だった）

▶ … I shall **drop in at** Norwood and see how you are getting on.

〈Doyle「ノーウッドの建築業者」〉

（私はノーウッドに立ち寄ってあなたの捜査の進行具合を拝見することにします）

☆**drop out**「から抜ける」，「脱落［退学］する」

▶ Unfortunately, he **dropped out** of university after six months.

（残念なことに，彼は半年で大学を中途退学した）

○**get by**（＝to manage; to be acceptable）「(お金や援助はあまりないが) 何とか生活していく」，「どうにか間に合わせる［対処する］」

▶ I can't **get by** on $100 a week.（週 100 ドルではどうにもやっていけない）

▶ The definition is not very good but it will probably **get by**.

（その定義はあまりよいものではないが，なんとか間に合うだろう）

○**give in**（＝to surrender, to stop fighting and admit one has been defeated）「に降参［屈服］する」

▶ Don't **give in** just because you encounter a few problems.

（いくつか問題にぶつかったからってくじけなさんな）

☆**give up**「あきらめる」

▶ I can do nothing more; I **give up**.

（もう無理．あきらめます）

☆**go ahead**「進む［はかどる］」,「先に行く」;（許可して）「ええ，どうぞ」

▶ My boss gave me permission to **go ahead** with the new method I suggested.

（私の上司は私の提案した新しい手法でやってよいという許可を与えてくれた）

☆**go by**（＝to pass）「（通り）過ぎる」

▶ I can't believe how quickly the last few years have **gone by**.

（この数年というものがなんと早く過ぎたことかと信じられないくらいだ）

○**go off**（＝to explode）（爆弾が）「爆発する」,（銃などが）「発射される」;（明かりが）「消える」,「立ち去る」

▶ It seems a terrorist was killed when his bomb **went off** unexpectedly.

（テロリストが死んだのは自分の爆弾が予想外に爆発したことによるらしい）

▶ The couple **went off** together last week—destination untraced.

〈Doyle「退職した絵具屋」〉

（先週その男女は逐電し，行方知れずというわけさ）

☆**go on**（＝to continue）「進んでいく」,「続ける」

▶ I hoped the speeches would be short, but the first speaker **went on** for twenty minutes.

（スピーチがどれも短くなりますようにと願ったが，最初の人が20分も話し続けた）

☆**grow up**「大きくなる」,「成長する」

▶ Humans **grow up** much more slowly than animals.

（人間は動物よりずっとゆっくりと成長する）

○**hang about [around]**「ぶらぶらする」,「うろつく」

▶ I knew that he was staying at Halliday's Private Hotel, and I **hung about** all day, but he never came out. 〈Doyle『緋色の研究』〉

（奴がハリデイ・プライベート・ホテルに宿泊しているのはわかっていたので1日中近くにいてみたんだが，奴は出てこなかった）

○**hang on**（＝to wait for a short while; hold the line（＝hold on））「ちょっと待つ」,「電話を切らずにおく」

▶ If you can **hang on** a few minutes, I will come and help you.

（数分ほど待ってもらえれば私がそちらに行ってお手伝いします）

▶ **Hang on**, please.＝Hold the line, please.＝Hold on, please.

（電話を切らずに待ってください）

（☞ hang on in there/hang in there/hang on in＝persevere, hold on「あきらめず頑張る」）

▶ **Hang in there**! = Hold on!（あきらめるな，最期まで頑張れ）

《☞「手を放さない」，「（かぜなど病気が）抜けない」という意味でも使われます》

▶ **Hang on** tight, please.（しっかり捕まってください）

▶ coughs that **hang on** for months（何か月も抜けない咳（せき））

☆**hang up**（⇔ hang on）「（受話器を）置く」

▶ Don't **hang up** (on me). I still have things to talk to you.

（電話を切らないで．まだ話しておきたいことがあるのです）

《☞ 他動詞的にもなります》

▶ Whenever I get a call from someone trying to sell something, I just **hang up** the phone.

（何か売りつけたいという電話をもらうたび，私はただ受話器を置く）

☆**hold on**（＝to persist, endure）「持ちこたえる」，「（困難なことを）継続する」

▶ People trapped by the floods had to **hold on** for hours until rescuers arrived.

（洪水で身動きが取れなくなった人たちは救助隊が到着するまで何時間も辛抱しなければならなかった）

○**hold out**（＝to last, to continue to survive）「持ちこたえる」，「に屈しない」

▶ The town was besieged, but the defenders **held out** for six months until help came.

（その町は包囲された（be besieged）が，防衛隊は援軍が来るまで半年持ちこたえた）

☆**hurry up**「急ぐ」

▶ If you don't **hurry up**, we will miss the train.

（急いでくれないとその列車に乗り遅れるよ）

○**keep away**（＝to avoid going there, to remain at a distance）「近づかない」，「近づけない」

▶ You should **keep away** from people who take illegal drugs.

（違法ドラッグの使用者には近づいてはいけません）

○ **keep off**（＝to remain at a distance）「離れている」

▶ I tend to **keep off** from people.（私は人と距離をおきがちだ）

《他動詞的にも使われます（この off は前置詞）》

（＝to stay away from）「離れている」，「近づかない」

▶ Tourists must **keep off** the grass in the palace garden.

（旅行者は宮殿の庭の芝生に入ってはいけません）

○ **keep on**（＝to continue）「をそのまま続ける」

▶ You should try to **keep on** until you pass the exam.

（試験に受かるまでそのまま続けなさい）

▶ **Keep on with** your studies however hard it seems.

（難しそうに思えても自分の研究をそのまま続けなさい）

《「… を」と入れるときには 'with …' が続きます》

▶ He **kept on** talking until I fell asleep from boredom.

（彼が話し続けて私は飽きて寝てしまった）

《'keep on *do*ing' は 'keep *do*ing' よりも「しつこく」や「くり返し」とか「がまんして」といったニュアンスがあることがしばしばです》

○ **leave off**（＝to stop）「（雨などが）やむ」，「中断する」

▶ Has the rain **left off** yet?（雨はもうやんだかな？）

○ **look back**（＝to think about the past）（過去・うしろを）「振り返る」

▶ Do you ever **look back** on decisions you made and regret them?

（自分のくだした決断を振り返って後悔することはありますか？）

○ **look on**（＝to watch instead of doing something）（援助・参加などせず）「傍観する」

▶ I could only **look on** as the doctor helped my injured friend.

（私は医者が怪我をした私の友人を助けるのを見ているしかなかった）

《3.2.1 で見たように could は「… できた」という意味で肯定平叙文ではあまり使われませんが，否定語の not や準否定語の barely，hardly，just，only を伴う場合や before 節内で「… しないうちに」というときには過去の特定の行為について使えます》

cf. look on A as（＝regard，consider）「A を … とみなす《他動詞型，この on は前置詞》」

▶ The old man **looked on** the boy **as** a son.

（その老人はその少年を息子だとみなした）

○**look out**（＝to be watchful）「気をつける」（“Look out!”「あぶない！」）

▶ Drivers must **look out** for children crossing the road.

（運転者は道路を横断する子供たちがいないか気をつけなければならない）

○**pass away**（＝to die）「死ぬ（婉曲な表現）」

▶ The old woman **passed away** at the age of ninety-eight.

（その老女は 98 歳で亡くなった）

○**pass by**（＝to move past（someone/something）without offering help,（of time）to go by）「そばを素通りする」,「（時が）過ぎる（“A year passed by.”「1 年が過ぎた」）」

▶ So many people **pass by** and never notice the old lonely people who stay in their home all day. 〈*Longman Dictionary of Phrasal Verbs*〉

（たくさんの人が素通りで終日家にいる孤独な老人に見向きもしない）

○**pull up**「（車が）止まる」cf. ‘pull over’「（車が）道のわきに寄る」

▶ The ambulance **pulled up** in front of the gates.

（救急車がゲートの前に停止した）

《他動詞型の用法もあります》

○**run out**（＝to become exhausted, lack）（たくわえ・余裕などが）「尽きる」

▶ One day, if current trends continue, all the oil in the world will **run out**（＝the world will **run out of** oil）.

（現在の傾向がつづけば，いつか世界中の石油が底をつく）

○**run over**（＝to overflow）（液体などが）「あふれる」

▶ I left the tap on, and a while later water **ran over** the sides of the sink.

（私が蛇口をあけたままにして，しばらくしたらシンクの側面を越えて水があふれ出た）

○**set in**（＝to begin, start）（悪天候・よくないことなどが）「始まる」,「起こる」

▶ Winter has **set in** early this year.（今年は冬の始まりが早かった）

☆**set out**（＝to start, set off）「出発する」,「着手する」

▶ When we **set out**, it was so early that no one was on the streets.

（私たちが出発したとき，とても早い時刻だったので道には誰もいなかった）

○ **settle down** (＝to become calm)「落ち着く」,「定住する」

▶ Let the excitement **settle down**. (興奮を静めなさい)

▶ I'm single and I've lived in several countries, but one day I want to get married and **settle down**.

(私は独身で何か国にも住んできたが，そのうち結婚してどこかに腰を据えたい)

○ **show off** (＝to try to impress people by making a display of *one*'s wealth, learning, abilities, *etc.*)「いいところを見せる」

▶ A talented person doesn't need to **show off**. (能ある鷹は爪を隠す)

《☞他動詞型として「を見せびらかす」》

▶ He loves **showing off** his knowledge of English literature.

(彼は自分の英文学の知識をひけらかすのが好きだ)

☆ **show [turn] up** (＝to arrive)「姿を現す」

▶ I've invited about twenty of my friends, but I wonder how many will actually **show up**.

(私は20人ほど友人を招待したが，何人が実際に来てくれるだろうか)

☆ **shut up**「話をやめる」;(他動詞型として「を閉める」)

▶ I thought my son was being rather rude to our guest, so I told him to **shut up**.

(お客様にかなり失礼になっていると思ったので私の息子に話をやめるように言った)

☆ **slow down**「減速する」

▶ As you approach the traffic lights, you should **slow down**.

(信号機に近づいたら減速しなさい)

○ **speak out [up]** (＝to speak loudly)「大きな声で［公然と，堂々と］言う」

▶ I feel very strongly that our approach is wrong, so I intend to **speak out** at the meeting this afternoon.

(我々のやり方が間違いだと痛切に感じるので午後の会議で強く言うつもりだ)

○ **stand out** (＝to be noticeable)「目立つ」,「突き出ている」

▶ He's very tall and has dyed his hair purple, so he **stands out** even in a crowd.

(彼はとても背が高くて髪を紫に染めているものだから群衆の中にいても目立つ)

☆**stay [sit] up**（＝to remain late out of bed）（夜遅くまで）「起きている」

▶ Due to the time difference, I had to **stay up** very late to watch the football match.
（時差のせいで，私はサッカー［フットボール］の試合をテレビで見るためにとても遅くまで起きていなければならなかった）

○**take off**（⇔ land）「離陸する」，「急に上向く」

▶ The plane **took off** on time despite the bad weather.
（その飛行機は悪天候にもかかわらず定刻通りに離陸した）

○**turn out (to be)**（＝to prove (to be)）「であることがわかる［判明する］」

▶ People said he was too small to be a success as a football player, but he **turned out** to be excellent.（フットボール［サッカー］選手として大成するには背が低すぎると言われたが，彼は逸材であることがわかった）

☆**watch out**（＝to look out; cf. watch [look] out for ...）「に気をつける」

▶ **Watch out**! A car's coming.（気をつけて！車が来ているよ）

▶ Helicopter pilots flying low must **watch out** for tall buildings.
（低空飛行するヘリコプターのパイロットは高いビルに注意しなければならない）
《「... に」をつける場合には 'for ...' を続けます》

○**wear off**（＝(of effect, *etc.*) to become less; to disappear slowly）「次第になくなる」，「消えていく」

▶ The impression of strangeness will soon **wear off**.
（その違和感はすぐに消えていくだろう）

18.1.3 「動詞＋副詞」の句動詞（他動詞型）

○**bear out A [A out]**（＝to support or confirm）「を裏付ける」

▶ The facts, therefore, seem to **bear out** the theory of a poison which worked by combustion. 〈Doyle「悪魔の足」〉
（したがって，燃焼によって毒物の効果が出たのだという説をそれらの事実が裏付けているようだ）
《'The prediction is **borne out**.'（この予測は支持される）というように受身形でもよく使われます》

○**blow up A [A up]** (=to destroy with an explosion, destroy as if by an explosion)「を爆破する」

▶A terrorist bomb **blew up** the hotel.
(テロリストによる一発の爆弾がそのホテルを爆破した)

☆**break down A [A down]**「をこわす」,「を分解［分類］する」

▶Perhaps we can **break** this complex problem **down** into simpler parts.
(ひょっとすると私たちはこの複雑な問題をいくつかのもっと単純な部分に分解できるかもしれない)

☆**bring about A [A about]** (=to cause, lead to)(変化などを)「もたらす」,「を引き起こす」

▶The Lehman bankruptcy **brought about** financial problems all over the world.
(リーマン社の倒産が世界中に金融問題をもたらした)

○**bring back A [A back]**「を持って帰る」,(制度などを)「復活させる」

▶There is no death penalty in Europe, but some people think it should be **brought back**.
(ヨーロッパには死刑がないが,復活させる必要があると考える人たちもいる)

○**bring in A [A in]** (=to introduce a new law/rule/system *etc.*, earn money, ask someone to take part in an activity)(制度などを)「導入する」;(収入を)「生み出す」;「を持ち込む［連れ込む］」

▶The firm has just **brought in** a three-shift system.
(その会社は3交代制を導入したばかりだ)

▶Tourism is a big industry, **bringing in** 7 billion pounds a year.
(観光は巨大産業で,年に70億ポンドもの収入を生み出す)

▶Our company needs to **bring in** a new boss with new methods.
(私たちの会社は新しい手法を持つ新しい人に組織の長として来てもらう必要がある)

○**bring on A [A on]** (=to cause to happen)「(好ましくないことを)起こす」

▶Not eating enough **brought on** his bad illness.
(十分に食べなかったことが彼のひどい病気を引き起こした)

○**bring out A [A out]** (=to produce)「を引き出す［導き出す］」,(本や作品などを)「出す」

▶ Good coaching can **bring out** better performances from players.
（よいコーチングで選手のよりよいパフォーマンスを引き出せる）

☆**bring up A [A up]**（＝to raise, rear）「を育てる」,（話題や計画などを）「持ち出す［問題にする］」

▶ **Bringing up** children costs a lot of money.
（子供たちを育てるにはお金がたくさんかかる）

▶ There's no need to **bring up** her past.（彼女の過去を持ち出す必要はない）

○**call off A [A off]**（＝to cancel）「を中止する［取り消す］」

▶ Our football match was **called off** due to the bad weather.
（私たちのサッカー［フットボール］の試合は悪天候のため中止になった）

○**call (up) A [A up]**（＝to telephone）「に電話をかける」

▶ I was at home with nothing to do, so I **called up** a few friends for a chat.
（私は家にいて特にやることがなかったので何人かの友人とおしゃべりしようと電話した）

○**carry away A [A away]**（＝to move the feelings in such a way that correct judgment is impossible）「を運び去る」;（通例 'be [become, get] carried away' で）「興奮する［夢中になる，のぼせあがる］」

▶ … the intruder **carried away** the key with him when he left.
〈Doyle「背の曲がった男」〉
（侵入者が出ていくときに鍵を持ち去ったのです）

▶ "Don't **get carried away**!"（調子に乗りすぎないで！）

○**carry on (with) A [A on]**（＝to continue）（仕事などを）「続ける」

▶ Despite the pouring rain, we **carried on** with our game of golf.
（どしゃ降りの雨にもかかわらず，私たちはゴルフの試合を続けた）

☆**carry out A [A out]**（＝to perform, accomplish, execute, fulfill）「を実行［実施］する」

▶ The bank robbers **carried out** their plan perfectly, and escaped with the money.
（その銀行強盗たちは計画を完全に遂行し，金をもって逃走した）

○**cross out A [A out]**「線を引いて A を消す」

▶ The old address has been **crossed out**.
（その古い住所は取り消し線で消してあります）

○ **cut down A [A down]** (=to reduce)（費用などを）「切り詰める」

▶ They are always on the lookout for ways to **cut down** business expenses.
（彼らは常に仕事の経費を削減する方法がないかと目を光らせている）
《'*be* on the lookout for'「(獲物などを得ようと) 見張っている［さがしている］」》
cf. cut down on A「(摂取［使用］量などを) 減らす」

▶ You drink too much. You should **cut down on** alcohol.
（君は飲みすぎだよ．酒量を減らすべきだ）

☆ **figure out A [A out]** (=to calculate, understand, work out)「を理解する」，（問題を）「解決する」

▶ I'm not going to tell you the answer to this problem. **Figure** it **out** for yourself.
（私はこの問題の答えを教えないよ．自分で考えを出しなさい）

☆ **fill in A [A in]/fill out A [A out]** (=to complete applications, forms *etc*.)（書類の空欄に必要事項を）「書き入れる」

▶ Every time I go to the ward office, I have to **fill in** lots of forms.
（区役所（ward office）に行くといつもたくさんの書類に記入しなくてはならない）

○ **fill up A [A up]**「を満たす」

▶ Can you **fill up** the bath with hot water, please?
（お風呂にお湯をいっぱいにしてくれますか）

☆ **find out A [A out]** (=to discover)「を見つけ出す［探り出す］」，「を見破る」

▶ The Internet has made it very easy to **find out** all kinds of things.
（インターネットのおかげであらゆる種類のことをいとも簡単に見つけられるようになった）

○ **get down A [A down]** (=to descend [bring] down; to make (someone) feel nervous/ill/sad)「を下ろす」;「をがっかりさせる」

▶ Could you **get** my bag **down** from the rack for me, please?
（棚から私のバッグを下ろしてくださいませんか？）

▶ This wet weather is **getting** me **down**.

（この雨がちの天候で私はうんざりしている）

cf. get down to（＝to begin to give serious attention to something such as work）

（仕事に本腰を入れて）「取りかかる」

▶ It's time we **got down to** work.（もう本気で取り組むときだ）

☆**get off (of) A**（大型の乗り物から）「降りる」

▶ It was a small rural station, and very few people **got off** the train.

（そこは田舎の小さな駅だったので，列車から降りる人はまばらだった）

☆**get on A**（電車・バスなどに）「乗る」

▶ It was still dark and cold when she **got on** the express.

（彼女が特急列車に乗車したとき，まだ暗くて寒かった）

○**get A over (with)**（＝deal with it and be finished with it）（いやなことを）「済ませる［片付ける］」

▶ Now I know I have to have an operation, I just want to **get** it **over with**.

（手術しなければならないことはわかっているので，はやく済ませたいだけだ）

《この例のように with を伴うことがしばしば》

cf. get over（＝to recover from）「を乗り越える」《over は前置詞》

▶ It took me a few weeks to **get over** the attack of influenza.

（インフルエンザの攻撃から回復するのに数週間かかった）

○**give away A [A away]**（＝to give [send, present, *etc.*] something to someone (e.g. because one no longer wants it), to let other people know information that is meant to be secret）「をただで（人に）やる」，（秘密などを）「もらす」

▶ When did Sir Robert **give away** his sister's dog?

〈Doyle「ショスコム・オールド・プレイス」〉

（サー・ロバートが妹の犬をよそにやってしまったのはいつですか？）

▶ If you tell my mother a secret, she'll almost certainly **give** it **away**.

（私の母に秘密を洩らそうものなら，母はまず間違いなくみんなに言うよ）

cf. give out A [A out]（＝to send out）「を配る［分配する］」

▶ There were people **giving out** pamphlets to passers-by near the station.

（駅の近くで通行人に小冊子を配っている人たちがいた）

《☞自動詞的には「尽きる」とか「使い果たされる」という意味です》

▶ About the second week of it our water **gave out**, and …

〈Doyle「背の曲がった男」〉

（その二週目には我々の水が尽き，そして…）

☆**give up A [A up]**（=to abandon）「をやめる」,「をあきらめる」

▶ I wanted to do a doctorate, but due to lack of money I had to **give up** my studies.

（私は博士号をとりたかったが，お金がなくて研究をあきらめるざるをえなかった）

○**hand down A [A down]**（=to give A to a younger or smaller member of the family; to make a public statement）「A（物などを）子孫に残す」;「を正式に発表する［公表する］」

▶ My grandfather **handed down** this old watch to me.

（祖父が私にこの古い時計を残してくれた）

▶ The judge **handed down** his decision, which shocked the court into silence.

（裁判官が判決を言い渡すと，法廷がショックで沈黙に包まれた）

○**hand in A [A in]**（=to turn in, submit, give in）（書類などを）「提出する」

▶ I found a wallet in the street, so I **handed** it **in** at a police box.

（通りで財布を見つけたので交番に届けた）

○**hand out A [A out]**「を配る」

▶ The teacher **handed out** books to all the pupils.

（先生が生徒全員に本を配った）

○**have on A [A on]**（=to be wearing）「を身につけている」

▶ I **had** my favorite coat **on** that day.（私はその日お気に入りのコートを着ていた）

○**hold back A [A back]**（=to restrain）「を制止する」

▶ My father was so angry with the policeman that I had to **hold** him **back**.

（父がその警官のことをとても怒っていたので私は父を抑えなければならなかった）

○**hold down A [A down]**（=to keep staying in A (a job); to control (to prevent wages/prices/cost, etc. from increasing very much)）（職などを）「頑張って続ける」,「を抑えておく」

▶ He has never been able to **hold down** a job for very long.

（彼は仕事を長く続けられたためしがない）

▶ Did you think that his policy would **hold down** inflation?

（あなたは彼の政策がインフレを抑えると思いましたか？）

○ **hold up A [A up]**（＝to delay; to show [offer] A as an example）「を遅らせる」;「を引き合いに出す」

▶ The building of the new road has been **held up** by bad weather.

（新しい道路の建設が悪天候で遅れが出ている）

▶ When I was a child in the UK, people **held up** Churchill as a great man.

（私がイギリスで子供だった頃はみんなチャーチルを偉人の例としてあげました）

○ **keep out A [A out]**（＝to stay out, not enter）「を中へ入れない」,「を締め出す」

▶ This high fence **keeps out** deer and other animals.

（この高いフェンスで鹿や他の動物が入ってこられないようにしている）

○ **keep up A [A up]**（＝to maintain）「を続ける［維持する］」

▶ It's difficult to **keep up** your tennis if you don't have much time to play.

（プレーする時間がちゃんととれないと自分のテニスのレベルを維持するのは困難だ）

○ **lay off A [A off]**（＝to stop employing（cf. layoff「一時的解雇（期間）」,「レイオフ」); to stop doing something such as annoying someone）「を（一時）解雇する」;（悪い習慣などを）「やめる」

▶ 500 workers were **laid off** when the factory was closed after the fire.

（その火事の後，工場が閉鎖されて 500 人の労働者が解雇された）

▶ I am going to **lay off** drinking for a while.

（私はしばらく酒を飲むのをやめるつもりだ）

○ **leave A behind**「を置き忘れる［置き去りにする］」

▶ The other runners were much fitter than me, and so they soon **left** me **behind**.

（他のランナーはみんな私よりずっと快調で，私をすぐに置き去りにした）

《多くの場合 'leave behind A' よりも 'leave A behind' の形をとります》

○ **leave out A [A out]**（＝to omit）「を除外する［抜かす］」

▶ You **left out** some important parts in your explanation.

（あなたは説明の中でいくつか重要な部分を抜かしましたよ）

○**let down A [A down]** (＝to disappoint)「をがっかりさせる」

▶ The players are confident they will win the final and not **let** their supporters **down**.（その選手たちは決勝戦に勝ってサポーターたちをがっかりさせない自信がある）

○**let in A [A in]** (＝to allow A to enter a place)「を中に入れる」

▶ Open the door and **let** me **in**.（ドアを開けて私を中に入れてください）

《反対の意味は 'let out A [A out]'（を外に出す）で表します．'let out A [A out]' は「(うっかり) 秘密を漏らす」という意味でも使われます》

▶ I **let out** the secret in an unguarded moment.

（うっかりした瞬間に私はその秘密を漏らしてしまった）

○**look over A [A over]** (＝to examine [check] A in order to get a general idea of what it is like)「を調べる［点検する］」,「に目を通す」

▶ She asked me to **look over** her translation for mistakes.

（彼女は自分の翻訳に間違いがないか見直しをしてくれと私に頼んだ）

《全体を把握できるように調べるという意味ですが，状況によって，「(人や物を) 注意深く調べる」(＝to examine A carefully (≒scan)) とか，「(書類に) ざっと目を通す」(＝to examine A but not with great care (≒skim)) という意味で用いられると説明されます》

○**look up A [A up]** (＝to search for A (and find) in a book/timetable/map/*etc.*)（辞書／時刻表／地図などで）「調べる」

▶ It's probably easier to **look up** words online than in a paper dictionary.

（単語を調べるなら紙の辞書よりオンラインのほうがきっと簡単だよ）

☆**make out A [A out]** (＝to understand, comprehend)「を理解する［見分ける］」

▶ Can you **make out** what that notice says, or is your eyesight not good enough?

（この注意書きになんて書いてあるかわかるかな，それとも目がよくないのかい？）

《can や could を伴って疑問文や否定文でよく使われます》

○**make up A [A up]** (to invent; to be part of, to complete (a set, total, *etc.*))「を作成する」;「を補う」,（部分が全体を）「構成する」,（数量などを）「完全にする」《「化粧（する)」という意味の makeup/'make up' はカタカナ語として日本

語に定着しています》

▶ Any time he is criticized for what he did, he just **makes up** an excuse.
(自分がしたことを批判されるといつも彼は言い訳をでっち上げる)

▶ Only now, at the end of nearly ten years, am I allowed to supply those missing links which **make up** the whole of that remarkable chain.

〈Doyle「空き家の冒険」〉

(10年にもなろうかという今になって，私はあの驚嘆すべき連鎖全体を完結させるのに欠けていた部分を明らかにすることを許されたのだ)

○**pass by A [A by]** (=to move past (someone/something))「のそばを通り過ぎる」

▶ I **pass by** your house nearly every day on my way to work.
(私は通勤の途中であなたのお宅のそばをほぼ毎日通りかかる)
《cf. passer-by「通行人」，複数形は passers-by》

○**pick out A [A out]** (=to select, choose)「を選び出す」

▶ The crime victim tried to **pick out** the criminal from the people the police had brought in.
(その犯罪の被害者は警察が連れてきた人々の中から犯人を選び出そうとした)

☆**pick up A [A up]**「を拾い上げる」,「を車で迎えに行く」

▶ If you wait for me outside the station, I will **pick** you **up** in my car.
(駅の外で待っていてくれれば私の車で拾ってあげますよ)
《「選ぶ」という意味で「ピックアップする」と言うことがありますが，これは和製英語です．その意味では上の ‘pick out’ が使えます》

☆**point out A [A out]** (=to show, explain, draw attention to A)「を指摘する」,「を指し示す」

▶ The tour guide **pointed out** many interesting details of the castle.
(そのツアー・ガイドはそのお城の興味深い細かなところをあれこれ指し示してくれた)

○**put aside A [A aside]** (=to save, put by) (金や貯蔵品などを)「蓄える［取っておく］」,「を脇に置く」

▶ I try to **put aside** about ten percent of my pay every month to save for my old age.
(私は老後のために毎月給料の 10 パーセントほどを蓄えておこうと努めている)

▶ We may **put aside** this idea of Baynes's that Garcia's servants were concerned in the matter. 〈Doyle「ウィステリア荘」〉
（ガルシアの召使たちが本件に関与しているというベインズ警部のこの考えは除外しておいてよかろう）

○ **put away A [A away]** (＝to clear, tidy, put aside)「を片付ける」,「を取っておく」

▶ Once you have finished writing the letters, please **put away** the stationery.
（手紙を書き終えたら文房具を片付けておいてね）

○ **put down A [A down]** (＝to write down)「を書き留める」

▶ I didn't know the answer to the last question, so I **put down** a guess.
（最後の問題の答えがわからなかったので，私はあてずっぽうを書いておいた）

○ **put forward A [A forward]** (＝to offer, suggest)「を提案［推薦］する」,「提出する」

▶ He often **puts forward** original ideas to improve our business.
（彼はしばしば私たちのビジネスを上向かせるための独創的な考えを提案する）
《意味の似ている 'put forth A [A forth]'（計画などを提出する）はフォーマルでやや古めかしい言い方》

☆ **put off A [A off]** (＝to postpone)「を延期する」

▶ I'm busy this afternoon, so can we **put off** our meeting until tomorrow?
（今日の午後は忙しいので，ミーティングを明日の朝に延ばせるかな？）

☆ **put on A [A on]** (⇔ take off)「を身につける」

▶ It's cold outside, so you should **put on** a warm coat.
（外は寒いから暖かいコートを着たほうがいいよ）

○ **put out A [A out]** (＝to extinguish)（火や明かりを）「消す」

▶ The fire brigade arrived and quickly **put out** the fire.
（消防団（fire brigade）が到着してすぐに火事を消した）

○ **put together A [A together]** (＝to join, gather, to form A from different things or people)（考えなどを）「まとめる」,（部品などを）「組み立てる」

▶ Can you quickly **put together** some materials for the meeting today?
（今日の会議のための［に］資料を至急まとめてくれませんか）

○**rule out A [A out]**（＝to exclude）（可能性を）「排除［除外］する」，「を認めない」

▶ We can **rule out** any possibility of astronauts landing on Mars this decade.

（私たちはこの 10 年で火星に宇宙飛行士が降り立つ可能性はないと言える）

○**run over A [A over]**（車などが）「をひく」（cf. p. 432 'run over'）

▶ My cat was **run over** by a truck and killed.

（私の猫がトラックにひかれて死んだ）

○**see off A [A off]**（⇔ meet）「を見送る」

▶ My German friend was going home, so I went to the airport to **see** her **off**.

（私のドイツ人の友人が帰国するので，空港に彼女を見送りに行った）

○**send in A [A in]**（＝to send to someone）（書類などを）「提出する」

▶ She heard the university was hiring new people, so she **sent in** her resume.

（大学が新人を採用すると聞いて，彼女は履歴書を送った）

○**set [put] aside A [A aside]**（＝to save money or time）「を（予備に）取って［蓄えて］おく」

▶ I will **set aside** a few hours tomorrow to help you.

（私は明日あなたのお手伝いをするように何時間か取っておきます）

○**set down A [A down]**（＝to place A down; to record A in writing（＝write down））「を下に置く」；「を書き留める」

▶ I carried the heavy suitcases as far as I could, then **set** them **down** and had a rest.

（私は重いスーツケースを可能な限り運んで，それから下におろして休憩した）

▶ I have **set down** everything that happened, as I remember it.

（私は起きたことを覚えている通りにすべて書き留めておいた）

○**set off A [A off]**（＝to start A happening [working]; to show (something) to advantage; to balance）「を引き起こす［誘発する］」；「を引き立たせる」；「を相殺する」《自動詞的には「（旅に）出発する（'to begin a journey'）」の意味で使われます（"He **set off** for work an hour ago."「彼は 1 時間前に仕事に出かけた」）》

▶ The politician's speech **set off** violence in the crowd.
（その政治家のスピーチがもとで聴衆の中で暴力行為が起きた）

▶ That green dress **sets off** your necklace nicely.
（その緑色のドレスがあなたのネックレスをうまく引き立てています）

▶ Your debts can be **set off** by the money you earned.
（君の負債は君が稼いだお金で帳消しにできる）

☆**set up A [A up]**（＝to establish, found）「を設立する」

▶ Some young Japanese engineers **set up** Sony soon after the war.
（戦後すぐに何人かの若い日本人技術者たちがソニーを立ち上げた）

○**show off A [A off]**（＝to display）「をひけらかす」，「を見せびらかす」

▶ He loses no opportunity to **show off** his knowledge of French.
（ことあるごとに彼は自分のフランス語の知識をひけらかす）

☆**shut down A [A down]**（店などを）「閉める」

▶ Our business is going very badly, and we may have to **shut down** some offices.
（私たちのビジネスがうまくいってないので，いくつかのオフィスを閉鎖しなければならないかもしれない）

○**sort out A [A out]**（＝to arrange in groups）「をえり分ける［分類する］」

▶ The boy is **sorting out** the stamps he has collected.
（その男の子は収集した切手を分類しているところだ）
《☞主に《英》で「を解決する」とか「の手配をする」という意味でも使われます》

▶ Perhaps if he can help us, we can **sort out** the problem.
（もしも彼が手伝ってくれれば，私たちはその問題を解決できるかもしれません）

○**sum up A [A up]**（＝to make a total of an amount; to give a short account of A）「を総計する」；「を要約する」

▶ At the end, please **sum up** the key points of your presentation.
（最後に君のプレゼンテーションの重要点を簡潔に述べてください）
《'at the end'「最後に」，'in the end'「最後には，ついに」，'at [×in] the end of A'「A の終わりに」》

○**take away A [A away]**（＝to remove）「を運び［連れ］去る」

▶ The removal firm will come to **take away** my furniture tomorrow.
（引っ越し業者（removal firm《英》）が私の家具を引き取りに明日やって来る）

○**take down A [A down]**（＝to record A in writing; to pull to pieces）「を書き留める」;「を解体する」

▶ Please listen and **take down** my instructions carefully.
（私の指示を聞いてきちんと書き留めておいてください）

▶ It's sad to see the old theater being **taken down** to make way for a new shopping center.（新しいショッピングセンターにするためにその古い劇場が解体されるのを見るのはつらいことだ）

○**take in A [A in]**（＝to understand, comprehend）「を理解する」,「を取り入れる」

▶ All this new information is difficult to **take in** over a short period of time.
（この新しい情報をすべて短期間で頭に入れるのは困難だ）

☆**take off A [A off]**（＝to remove）「を取り除く［はずす］」;（衣類などを）「脱ぐ」

▶ Japanese people **take off** their shoes before entering a house.
（日本人は家に上がる前に靴を脱ぐ）

○**take on A [A on]**（＝to undertake, accept; employ）「を引き受ける」;「を雇う」

▶ I am sorry, I am too busy to **take on** more tasks.
（すみませんが，多忙なので新たに仕事を引き受けることができません）

▶ We have to **take on** new staff to complete the contract on time.
（私たちは契約を遅れずに履行するため新しくスタッフを雇わなければならない）

○**take over A [A over]**（＝to become a person or group in charge, to succeed to）（事業や責任を）「引き継ぐ」《会社などを買収するとか乗っ取るというときにも使われます（'a hostile takeover' は「敵対的買収」）》

▶ Our company will **take over** a small American business.
（私たちの会社はアメリカの小さな店を買収します）

○**take up A [A up]**（＝to occupy; to begin）（場所や時間を）「とる」;「を始める」,（問題などを）「取り上げる」

▶ I have a very small bedroom, so the bed **takes up** most of the space.

（私の寝室はとても狭いのでベッドがほとんどのスペースを占めている）

▶ Well, now, let us **take up** line B, which concerns Sir Robert.

〈Doyle「ショスコム・オールド・プレイス」〉

（さて，今度は第二の筋を考えてみよう．それはサー・ロバートに関係する方だ）

○ **talk over A [A over]**（=to consider A at length with somebody）「について十分に話し合う」

▶ I'd like to **talk** the new project **over** with you sometime.

（私はそのうちあなたと新規プロジェクトについて相談したいと思います）

○ **think over A [A over]**（=consider A seriously at length（often alone））「（結論を出す前に，しばしば1人で）をよく考えてみる」

▶ Please **think over** my proposal and give me your decision next week.

（私の提案をよく考えて来週あなたの決断を教えてください）

○ **think up A [A up]**（=to invent an idea）「を考え出す」

▶ **Think up** new ways to improve production.

（生産を向上させる新しい手だてを考えてください）

○ **try on A [A on]**（=to put on（clothes）to test the fit）（服を）「着てみる」

▶ I like the color of this jacket, but I want to **try** it **on** first.

（このジャケットの色が好きだけど，まず試着してみたい）

☆ **turn down A [A down]**（=refuse, reject）（申し出などを）「断る」；（ガスや明かりなどを）「弱める」

▶ I applied for several jobs, but was **turned down** for all of them.

（いくつも仕事に応募してみたのだけど，どれも断られた）

▶ Then he **turned down** the lamp, and we were left in darkness.

〈Doyle「まだらの紐」〉

（それから彼はランプの明かりを細くして，私たちは暗闇につつまれた）

○ **turn in A [A in]**（=to give [hand over] A to someone in authority）（報告書などを）「提出する」，（違法なものなどを）「差し出す」，（借りた物などを）「返却する」，（警察に犯人を）「引き渡す」

▶ A member of the public stopped the robber and **turned** him **in** to the police.

（1人の一般人がその強盗を捕まえて警察に引き渡した）

☆**turn off A [A off]**（水道やガスなどを）「止める」，（テレビやラジオなどを）「消す［切る］」

▶ Don't forget to **turn off** the light before going to bed.
（寝る前に明かりを消すのを忘れないでね）

☆**turn on A [A on]**（水道やガスなどを）「出す」，（テレビやラジオなどを）「つける」

▶ As soon as my brother arrives home, he **turns on** the TV.
（私の弟は帰宅するとすぐにテレビをつける）

○**turn over A [A over]**「をひっくり返す」，（ページを）「めくる」；（後任者などに）「任せる［引き渡す］」

▶ I **turned over** to the next page, eager to find what happened next in the story.
（この物語が次はどうなるだろうかと知りたくてページをめくった）

▶ He **turned** his business **over** to his son.（彼は自分の商売を息子に譲った）

○**turn up A [A up]**（=to increase (a flame, sound, *etc.*)）「を上に向ける」，「を強める」

▶ I can't hear the TV, so please **turn up** the sound a bit.
（テレビの音が聞こえないから，音量を少し上げてください）

○**use up A [A up]**（=to use A till none is left）「を使い果たす」

▶ One day, mankind will **use up** all the oil on the planet.
（いつの日か人類はこの惑星の石油をすべて使い尽くしてしまう）

○**wear out A [A out]**（=to make or become useless [worthless] as the result of use）「をすり減らす」《比ゆ的に使えるのは日本語と同じです（'I'm completely **worn out**.'「私は疲れ切っている」）》

▶ I walked many kilometers every day, so I soon ended up **wearing out** my shoes.
（私は毎日何キロも歩いたので，すぐに靴をすり減らしてしまった）

○**wipe out A [A out]**「を絶滅させる［根絶する］」，「（汚れ，不名誉などを）一掃する」

▶ He's trying to **wipe out** the memory of that terrible event.
（彼はあの恐ろしい出来事の記憶を拭い去ろうとしている）

○ **work out A [A out]**（＝to solve）「を解決する」，「を考え出す」

▶ Think about the problem and I'm sure you will be able to **work out** the answer.

（その問題をよく考えてみなさい．そうすればきっとあなたは答えを出せるはずです）

○ **write down A [A down]**（＝to record in writing）「を記録する［書き留める」］

▶ The next part of the test is a dictation, so **write down** exactly what I say.

（試験の次のパートはディクテーションなので，私の言うことを正確に書き取ってください）

18.1.4 「動詞＋副詞＋前置詞」の句動詞

☆ **catch up with A**（＝to overtake, come up with）「に追いつく」

▶ I started later, but I soon **caught up with** the slower runners.

（私は後からスタートしたが遅い走者にすぐ追いついた）

○ **come home to A**（＝to become fully known to A）「に痛切に感じられる」，「A の身にしみてわかる」

▶ I think it has finally **come home to** him that he will not pass the examination without a lot of hard study.

（彼はそうとう猛勉強しないと試験に受からないとようやく身にしみてわかったようだ）

《think の後の it は形式主語で that 以下の内容を指します》

《☞ 'bring A home to B' は「A を B（人）に十分に理解させる［痛切に感じさせる］」》

▶ The photographs of the war **brought home to** me（＝make me aware of）the suffering of the soldiers.

（その戦争を撮ったそれらの写真を見て私は兵士たちの苦しみがよくわかった）

《A の部分が長いので 'bring home to B A' の語順になっています》

○ **come up with A**（＝to have an idea of A）（案などを）「思いつく」

▶ Steve Jobs often **came up with** very innovative solutions to problems.

（スティーブ・ジョブズは諸問題に対してとても革新的な解決法をしばしば思いついた）

○ **cut down on A**（＝to reduce（something）（usually out of necessity））（必要に迫られて）「を減らす」

▶ She has **cut down** on smoking.（彼女はタバコの消費量を減らしている）

○**be cut out for A**（=to be fitted or suited for）（生まれつき（仕事などに））「向いている［適している］」

▶ If you hate the sight of blood, you probably **aren't cut out for** being a doctor.

（血を見るのがダメならあなたはおそらく医者になるのには向いていません）

☆**do away with A**（=to get rid of A）「を取り除く［廃止する］」

▶ Many countries have **done away with** the requirement for tourists to obtain a visa before arrival.

（多くの国が入国前に旅行客がビザを取らなくてはならないという制限を撤廃している）

○**drop in on [at] A**（on SOMEBODY / at PLACE）（=to arrive to pay a short informal visit, often without warning）「ひょっこり訪問する（on 人／at 場所）」

▶ He very unexpectedly **dropped in on** me at home one Sunday afternoon.

（ある日曜の午後にまったく思いがけず彼が私の家に立ち寄った）

○**end up in [at] A**（=to reach or come to an end（usually unpleasant））「最後は … にいることになる」,「ついには … の状態になる」

▶ I **ended up in** debt / (the) hospital.（私は借金を抱える／入院する羽目になった）

(cf. 'end up *do*ing'「ついには … することになる」)

▶ He tried various jobs, and finally **ended up** work**ing** in a restaurant.

（彼はさまざまな職についてみたが最後はあるレストランで働くことになった）

○**fall back on A**（=to rely on; to use some other person / thing when everything else has failed）「に頼る」,「を最後のよりどころとする」

▶ With the money stolen, there's nothing left to **fall back on**.

（そのお金が盗まれて，頼みの綱がもう残されていない）

☆**get along with A**（=to get on with; to have a friendly relationship with A）「進行する」;「なんとか［なかよく］やっていく」

▶ I find it very difficult to **get along with** my mother-in-law.

（私は義理の母とうまくやっていくのがとても難しいと思う）

○**get away with A**「A（悪事など）を（とがめられずに）うまくやってのける」

▶ How did he **get away with** fooling his wife?

（彼はどうやって妻をだまし通せたのだろう？）

○**get down to A**（＝to set about, go about, get to, set to）「に本腰を入れて取り組む」

▶ The sooner you **get down to** studying, the better your chances of passing the exam will be.
（本気で勉強し始めるのが早いほど，試験に合格する可能性は高くなる）

○**get through with A**（＝to finish or complete a task）（仕事などを）「仕上げる」

▶ I'm glad I **got through with** that piece of work!
（あの作品を仕上げることができてうれしいよ！）

○**give in to A**（＝to yield to, submit to, give way to）「に降参［屈服］する」

▶ The others were against my suggestion, and finally I **gave in to** them.
（他の人たちは私の提案に反対だったので，最後は私が折れた）

○**go in for A**（＝to choose；enjoy；be interested in）（趣味などとして）「を行う［始める］」；「に興味を持つ」；（職などに）「つく」

▶ I decided to start a new sport, and finally **went in for** tennis.
（私は新しいスポーツをしようと思い，ついにテニスを始めた）

▶ What kind of books do you **go in for**?（どういう本に興味があるの？）

▶ Their daughter decided to **go in for** law.
（彼らの娘は法律職に進むことを決めた）

（＝take part in）「に参加する」，（試験を）「受ける」

▶ Are you **going in for** the competition?
（あなたはその競技に参加するつもりですか？）

○**go on with A**（＝to continue）「をし続ける」

▶ After a short rest, the players **went on with** the match.
（短い休憩の後，選手たちは試合を続けた）

☆**keep up with A**（＝to go forward or make progress at an equal pace with A）「に遅れずついていく」

▶ My lack of stamina meant I couldn't **keep up with** the other runners.
（スタミナ不足のせいで私は他のランナーについていけなかった）
《'mean (that) ...' は「結果として … となる」という意味で用いられます》

○**live up to A**（＝to meet, satisfy）（期待などに）「添う」,「に基づいて生きる」,「に恥じない生活をする」

▶ Our new salesman has completely **lived up to** our expectations.
（私たちの新しい営業マンは私たちの期待に完璧に応えた）

☆**look down on [upon] A**（＝to think of A as being inferior）「を見下す」

▶ You shouldn't **look down on** people just because they didn't go to university.
（大学に行かなかったというだけで人を見下してはいけない）

☆**look forward to A**（＝to wait with pleasure for A）「を楽しみにして待つ」

▶ We are all **looking forward to** the summer vacation.
（私たちはみんな夏休みを心待ちにしている）

○**look out for A**（＝to be careful [watchful]）「に気をつける」

▶ The streetlights are very dim, so when you drive, **look out for** pedestrians.
（街路灯がとても薄暗い（dim）ので，運転するときには歩行者に気をつけなさい）

☆**look up to A**（＝to respect）「を尊敬する」

▶ At my high school, everyone **looked up to** one particular teacher.
（私の高校では誰もがある先生を尊敬していた）

☆**make up for A**（＝to compensate（for）, make amends for）「の埋め合わせをする」

▶ I **made up for** my slowness by working extra hours.
（私は時間外にも働いて遅れを埋め合わせした）

○**pull out of A**「（列車・車・船などが）A（駅など）から出る［出発する］」

▶ The train is just **pulling out of** the station.
（その列車はちょうど駅を出るところだ）

○**put up at A**（＝to stay at）《主に英》「に泊まる」,「を A に泊める」

▶ We were **put up at** a nice hotel in the city center.
（私たちは街の中心にあるいいホテルに泊めてもらった）

☆**put up with A**（＝to endure, stand, bear, tolerate）「を我慢する」

▶ I can't **put up with** loud music.（私は騒々しい音楽には我慢がならない）

○**run out of A** (cf. run short of) (=to lack)「を使い果たす」

▶When my car **ran out of** fuel, I had to walk to the nearest town to get some.
(車がガス欠になって，私はガソリンをいくらか入手しようといちばん近い町まで歩かなければならなかった)

☆**speak ill [badly] of A** (=to criticize) (人のことを)「悪く言う」

▶Never **speak ill of** the dead. (死んだ人のことを悪く言ってはいけません)

○**speak well [highly] of A** (=to praise) (人のことを)「ほめる」

▶One reason I decided to employ you was that my colleague **spoke well of** your work. (私があなたを雇おうと思った理由の1つは，私の同僚があなたの仕事をほめていたからです)

○**stand up for A** (=to defend, support)「を擁護する」,「に味方する」

▶We need to get a lawyer to help us **stand up for** our rights.
(私たちは自分の権利を守る助けをしてくれる弁護士を雇う必要がある)

○**watch out for A** (=to be careful of A) (危険なものに)「用心する」

▶Train drivers have to **watch out for** objects on the track ahead of the train.
(列車の運転士は列車の前方の線路上にものがないか気をつけなければならない)

18.2　定型的な表現

句動詞は動詞と前置詞や副詞がまとまりをなす形でした．以下では，句動詞以外の型の定型的な表現について扱うことにします．

18.2.1　定型的表現：「動詞＋特定の名詞(句)＋前置詞」型

この節では動詞が特定の名詞(句)をとる形を含む定型的な言いまわしについて見ていきます．

○**ask a favor of A** (=to ask A a favor)「に頼み事をする」

▶It's difficult to **ask a favor of** someone you don't know well.
(よく知らない人に頼み事をするのは難しい)

○**catch sight of A**（⇔ lose sight of）「を見つける」

▶ From the plane, we briefly **caught sight of** Mt. Fuji through the clouds.
（飛行機から雲のあい間に短い間だけど富士山を見つけた）

○**fall [come] short of A**（＝to be less than expected）（目標や期待などに）「達しない［不足する］」

▶ This thesis **falls short of** the standard expected to be granted a doctorate.
（この論文は博士号を授与されるのに要求される水準を満たしていない）

☆**find fault with A**（＝to criticize or complain）「のあら探しをする」

▶ I try my hardest, but my boss always **finds fault with** my work.
（私は目いっぱい頑張るのだけど，上司はいつも私の仕事のあら探しをする）

☆**get rid of A**（＝to remove, to make someone [oneself] free from something unwanted）（やっかいなものを）「取り除く［処分する］」

▶ This table is too big for my room, so I'm going to **get rid of** it.
（このテーブルは私の部屋には大きすぎるので処分するつもりです）

○**give birth to A**（＝to produce A（a baby），bring A into the world）「を生む」

▶ In the past, many women died **giving birth to** children.
（過去には出産で亡くなる女性が多かった）

☆**give rise to A**（＝to cause，bring about）（しばしば悪いことに用いて）「を引き起こす」

▶ The continued low rainfall has **given rise to** a water shortage.
（雨量が少ないことが続いて水不足になっている）

☆**give way to A**（＝to yield to，give in to，surrender to，submit to）「に屈する［譲歩する］」

▶ If someone is trying to overtake you in their car, it's safer to **give way to** them.
（他の人の車があなたの車を追い越そうとしていたら，譲ってあげるほうが安全だ）

○**have access to A**（access: way or right to meet someone or use something）（面会・利用などが）「できる」《access は面会・利用などの権利や機会，利用［使用，入手］権》

▶ Where I live, old people **have access to** free medical care.

（私の住んでいるところでは，老人は診療を無償で受けられる）

○**have a word [chat] with A** (chat: talk in an easy way (about things not very important))「とちょっと話をする」

▶ You should **have a word with** that boy about his bad attitude.
（君はあの少年と彼のよくない態度について少し話をする必要がある）

○**have [get, take] a look at A**「を一目見る」

▶ Can you have **a look at** the English essay I have written?
（私の書いた英語のエッセイを見てもらえますか？）

○**keep an [*one*'s] eye on A** (＝to look at, especially attentively or continuously)「を監視する［見守る］」

▶ Parents need to **keep an eye on** their children when they are at a swimming pool.
（子供がプールにいるときは親が見守っている必要がある）

○**keep pace with A** (＝to go at the same rate as A, not fall behind)「に遅れないようついていく［足並みをそろえる］」

▶ I'm worried that a student whose native language is not Japanese will not be able to **keep pace with** the others.（母語が日本語ではない生徒が他の生徒と歩調を合わせていくことができないのではと心配だ）

○**keep track of A** (＝to remain informed, follow the course of)「のなりゆきを把握している」,「の最新情報をつかんでいる」

▶ The company rules are changed so often that it is difficult to **keep track of** them.
（会社の規則がしょっちゅう変更されるので把握し続けるのが困難だ）

☆**lose sight of A** (＝to stop being able to see)「を見失う」

▶ Some of our sales people **lose sight of** their main objective, a profitable sale.
（うちの営業マンの中には主目的が利益の上がる販売であることを見失っている者がいる）

☆**make fun of A** (＝to ridicule, laugh at, tease)「をからかう」

▶ Some people **make fun of** his strong regional accent.

（彼の強いなまりをからかう人もいる）

☆**make the best of A**（＝to do whatever you can to make A（a failure/disaster/*etc.*）better）（不利な機会や条件などについて）「を乗り切る」,「を最大限生かす」

▶This is not really the company I wanted to join, but now I work there, I must **make the best of** it.（これは私が一番入りたかった会社というわけではないが，そこで働いているからには最善をつくさなければならないと思う）
《'now (that)'（いまや … だから，… である以上）は口語で '..., and [but] now (that) ...' の形でよく使われます》

○**make the most of A**（＝to take advantage of A（an opportunity, *etc.*）to the greatest possible extent）（有利な条件や機会などについて）「を最大限に利用［活用］する」

▶You'll only get one chance, so you'd better **make the most of** it!
〈*Chambers*〉
（チャンスは一度しかないだろうから，それを最大限に生かさないといけないよ！）

☆**make use of A**（＝to use, utilize）「を利用する」

▶Students can **make use of** the library both to borrow books and to study.
（生徒は図書館を本を借りるのにも勉強するのにも使える）

☆**pay [give] attention to A**（＝to look at/listen to/think about (someone/something) carefully）「に注意を払う」

▶When you are driving, you must **pay attention to** other road users.
（運転しているときは道を使っている他の人たちに注意を払わなければいけない）

○**pay [make] a visit to A**（＝to pay A a visit）「を訪問する」」

▶I **paid** my teacher **a visit** to thank her for all her help.
（私はいろいろお力添えいただいたことへの感謝の意を伝えるために先生のもとを訪れた）

○**play a role in A**「に一役買う」,「の一助となる」

▶Insufficient control of the banks **played a role in** the financial crisis.
（銀行を十分にコントロールできなかったことが金融危機の一因となった）

○**put an end to A**（＝to stop）「を終わらせる」

▶Advances in medicine have **put an end to** many diseases.

（医学の進歩が多くの病気を根絶した）

☆**run short of A**（=not to have enough）「を切らす」，「が足りなくなる」

▶If you **run short of** money, don't ask me for any!
（お金が足りなくなっても，私にくれなんて言うなよ！）

○**see nothing [much/something] of A**「にまったく会わない／しばしば会う／ときどき会う」

▶We used to meet regularly, but I have **seen nothing of** him recently.
（以前は彼と定期的に会っていたが，この頃はまったく会ってない）

○**take [have] a look at A**「を（一目）見る」

▶If you are in Tokyo, why don't you **take a look at** the Emperor's palace?
（東京にいるなら，皇居を見に行ったらどうですか？）

☆**take advantage of A**（=to make good use of A, profit by A）「を利用する」

▶The university has excellent facilities for sport, so please **take advantage of** them.
（大学にはすばらしい運動施設があるのでどうぞ活用してください）

☆**take care of A**（=to look after）「の世話をする」

▶It's difficult to have a full-time job and **take care of** small children.
（フルタイムの仕事をして，しかも小さい子供の面倒を見るのはむずかしい）

○**take [catch] hold of A**（=to catch）「をつかむ［とらえる］」

▶A sudden anxiety **took hold of** me.（私はふと不安にとらわれた）

○**take notice of A**「を気に留める」，「に留意する」

▶I have so many students that it is difficult to **take notice of** all of them.
（とてもたくさんの学生を抱えているので全員に注意を払うのは困難だ）

☆**take part in A**（=to participate, join in）「に参加する」

▶I would rather **take part in** the Olympics than watch them.
（オリンピックを観るよりも私は参加したいのです）

○**take pride in A/pride *one*self on A**（=to be proud of）「に誇りを持っている」

▶Japanese people can **take pride in** the many distinguished scientists the country has produced.

（日本の人たちは自国が輩出した多くのすぐれた科学者たちを誇りに思ってよい）

○**take the place of A**（＝to replace, take A's place）「の代わりをする」，「に取って代わる」

▶ We need someone younger to **take the place of** our CEO.

（私たちは今の最高経営責任者に代わるもっと若い人を必要としている）

18.2.2　定型的表現：「動詞＋目的語＋前置詞句」型

この節で扱うのは他動詞が目的語をとってさらに前置詞句が続く形でセットになっているパターンです．なにか特殊な意味になるということはありませんが，どの前置詞を使うかには注意しましょう．動詞のさらに詳しい情報については『アクティブな英単語力』を参照してください．

○**accept A as B**「A を B と認める」

▶ If you acquire American citizenship, people soon **accept** you **as** an American.

（アメリカの市民権を獲得すれば，周りがすぐにアメリカ人として受け入れてくれます）

☆**accuse A of B**「A（人）を B（不正行為など）で訴える」《正式な告訴をするというときには 'charge A with B' などの言い方が使われます》

▶ She was wrongly **accused of** shoplifting.

（彼女は間違って万引きの疑いをかけられた）

▶ He was **charged with** murder.（彼女は殺人の罪で告訴された）

○**add A to B**「A を B に加える」

▶ If you **add** sixty **to** thirty-three, you get ninety-three.

（60 を 33 に足すと 93 になる）

○**advise A on B**「A に B について助言する」

▶ It's difficult to **advise** people **on** marriage.

（人に結婚についてアドバイスするのは難しいものです）

☆**apply A to B**「A に B を適用する［応用する，当てる］」

▶ You should **apply** your knowledge of mathematics **to** this problem.

（君は自分の数学の知識をこの問題に応用すべきだ）

○**ask A for B**「A に B を求める」

▶ I **asked** my colleague **for** his opinion of our new recruit.

（私は同僚にうちの新入社員についての意見を求めた）

○**associate A with B**「A で B を連想する」

▶ I **associate** Switzerland **with** skiing and mountains.

（私はスイスといえばスキーと山を連想する）

○**assure A of B**「A に B を確信させる」,「A に B を請け合う」

▶ I **assure** you **of** my continued cooperation.

（私はあなたに継続的な協力を保証しますよ）

○**attach A to B**「A に B を取り付ける」;「A（重要性・性質など）が B にあると考える」

▶ Why don't you **attach** the phone **to** the wall?

（電話機を壁に取り付けたらどうですか？）

▶ I do not **attach** any importance **to** them. 〈Doyle『緋色の研究』〉

（私はそれらになんの重要性あるとも思いません）

○**attribute [ascribe] A to B**「A（原因など）が B にあると考える」

▶ People **attribute** many profound remarks **to** the French writer Voltaire.

（多くの深みのある名言がフランスの著述家ヴォルテールによるものだと考えられている）

☆**base A on [upon] B**「B に A の基礎を置く」

▶ America's latest fighter plane is **based on** recently developed technology.

（アメリカの最新型戦闘機は近年開発された技術に基づいている）

○**bear [keep] A in mind**「A を心にもつ」

▶ When you deal with him, you should **bear in mind** that he gets angry very easily.

（彼と取引するときには，彼がいともたやすく腹を立てることを心に留めておきなさい）

《例文では目的語 A に相当する that 節が文末に置かれています》

☆**blame A for B**「B を A のせいにする」

▶ Many people **blame** Western interference **for** the chaos in some Middle East nations.

（いくつかの中東諸国の混沌とした情勢は西側諸国の干渉のせいだと非難する人が多い）

☆**blame B on A**「B を A のせいにする」

▶ You can't **blame** your failure **on** other people.

（自分の失敗を他の人のせいにすることはできないよ）

○**bring A to light**（＝reveal）「を明るみに出す」

▶ I don't think the real story of President Kennedy's assassination will ever be **brought to light**.

（私はケネディ大統領暗殺の真相は決して明るみに出されることはないと思う）

○**change A into B**「A を B に変える」

▶ Alchemists sought a way to **change** lead **into** gold.

（錬金術師は鉛を金に変える方法を探した）

○**clear A of B**「A から B を取り除く」

▶ The man's alibi **cleared** him **of** any involvement in the crime.

（その男のアリバイは彼がその犯罪に何らかの関与をした可能性を一掃した）

☆**compare A to [with] B**「A と B を比べる」《「たとえる」の意味では to が使われることが多い．詳細は『アクティブな英単語力』p. 131 を参照》

▶ **Compared to** China, the UK has a tiny population.

（中国と比較して英国は人口が少ない）

☆**concentrate A on B**「A を B に集中する」

▶ I want to **concentrate** all my free time **on** practicing golf.

（私は自由な時間のすべてをゴルフの練習にあてたい）

☆**congratulate A on [upon] B**「A の B（成功・幸運など）を祝う」

▶ We all **congratulated** George **on** his appointment as professor.

（私たちはみなジョージに教授任命のお祝いを述べた）

○**convert A into B**「A を B に転換［変換］する」

▶ The farmland was **converted into** an amusement park

（その農地はアミューズメント・パークに転用された）

☆**deprive A of B**「A から B を奪う［はく奪する］」

▶ The illness **deprived** my uncle **of** all his energy.
（その病気が私のおじから全エネルギーを奪った）

○ **describe A as B**「A を B だと言う」

▶ I would **describe** him **as** talented but lazy.
（私に言わせれば彼は才能はあるが怠け者だ）

☆ **devote A to B**「A を B にささげる」

▶ He **devoted** all his free time **to** looking after his old father.
（彼は自由になる時間のすべてを年老いた父親の世話をするのにあてた）

☆ **distinguish A from B**「A を B と区別する」

▶ Can you **distinguish** Spanish wine **from** German wine?
（あなたはスペインのワインをドイツのワインと識別できますか？）

○ **divide A into B**「A を B に分ける」

▶ Let's **divide** the money **into** four equal amounts.（そのお金を四等分しよう）

○ **exchange A for B**（B を得るため）「A を B と交換する」

▶ I **exchanged** some German books **for** some English ones with a foreign student.
（私は留学生と本と交換し，ドイツ語の本を手放して英語の本を得た）

☆ **fill A with B**「A を B で満たす」

▶ I had pretty nearly **filled** a shelf **with** my writings.　〈Doyle「赤毛組合」〉
（私は棚を 1 つ私の書いたものでもうほとんどいっぱいにしましたよ）

○ **focus A on B**「A を B に集中する」

▶ **Focus** your attention especially **on** not making any careless mistakes.
（うっかりミスをしないように特に注意をすべて集中しなさい）

○ **force A on [upon] B**「B（人）に A を押しつける［強要する］」

▶ There have been problems with older students **forcing** excessive alcohol **on** younger ones.（上級生が下級生に過度の飲酒を強要する問題が起きている）

○ **have A in mind**「のことを考えている」，「を計画している」

▶ I **have** an ideal present **in mind** for your birthday.
（私はあなたの誕生日に理想的なプレゼントを考えている）

☆**have A in common**（… と）「を共通に持つ」

▶ Students from different countries **have** a great deal **in common**.

（出身国が異なる学生たちにたくさんの共通点がある）

☆**help A with B**「A が B するのを手伝う」

▶ Can you **help** me **with** my English homework?

（私が英語の宿題をするのを手伝ってくれますか？）

☆**inform A of [about] B**「A に B を知らせる」

▶ Please **inform** all the students **of** the date and time of the exam.

（学生全員に試験の日時を知らせてください）

☆**learn A by heart**（= memorize）「を暗記する」

▶ In the past, education was much more based on **learning** things **by heart**.

（昔は教育が今よりもずっと物事の暗記に根ざしていた）

○**leave A for B**「B（人）に A を残してやる」

▶ **Leave** some food **for** me.（私に食べるものを残しておいて）

「B に向けて A を出発する」

▶ I **left** my hotel very early **for** the airport.

（私はホテルをとても早い時間に出て空港に向かった）

○**leave A to B**「A を B（人）に任せる」

▶ I've eaten enough, so I'll **leave** the rest **to** you.

（もう十分食べたので，残りはあなたに任せます）

○**make A into B**「A（材料）を B（製品）にする」

▶ The carpenter **made** the wood **into** a beautiful table.

（大工がその木材を使って美しいテーブルを作った）

○**mistake A for B**「A を B とまちがえる」

▶ Today, I **mistook** a passer-by in the street **for** one of my friends.

（今日私は道にいた通りすがりの人を自分の友人だと思い違いをした）

○**name A after [for] B**「B の名をとって A に名をつける」

▶ Cape Kennedy is **named after** President John F. Kennedy.

（ケープ・ケネディはジョン・F・ケネディ大統領の名前をとって命名されている）

☆**owe A to B**（＝owe B A）「B（人）に A を借りている［負っている］」

▶ He says he **owes** all his success **to** his parents' help.

（彼は自分の成功はすべて両親の援助のおかげだと言っている）

☆**prefer A to B**「B より A を好む」

▶ Most older British people **prefer** tea **to** coffee.

（年配の英国人はたいていコーヒーより紅茶を好む）

○**present A with B**「A に B を贈る」

▶ My co-workers **presented** me **with** a gold watch when I retired.

（同僚たちが私の退職の際に金時計をプレゼントしてくれた）

☆**provide A for B**（＝provide B with A）「B（人）に A を供給［提供］する」

▶ The hotel **provides** a shuttle bus service **for** its guests.

（そのホテルは客にシャトルバスのサービスを提供している）

▶ The company **provides** all its workers **with** a laptop PC.

（その会社は社員全員にノートパソコンを供与している）

○**punish A for B**「A（人）を B（悪事など）で罰する」

▶ The court **punished** the criminal severely **for** his repeated crimes.

（その法廷はその犯罪者を彼の度重なる犯罪について厳罰に処した）

☆**put A into B**「A を B の中にしまう」;「A を B に翻訳する」

▶ Please **put** your shoes **into** this box.（靴はこの箱に入れてください）

▶ **Put** the underlined part **into** Japanese.（下線部を日本語に訳しなさい）

○**recognize A as B**「A が B であると気づく［認める］」

▶ Experts **recognize** the professor **as** one of the top researchers in her field.

（専門家たちはその教授を彼女の研究分野で第一線の研究者の 1 人だと認めている）

☆**regard A as B**「A を B とみなす」

▶ I **regard** you **as** one of my closest friends.

（私はあなたのことを親友の 1 人だと思っています）

☆**remind A of [about] B**「A に B のことを思い出させる」

▶ That photo **reminds** me **of** what my mother was like when she was younger.

（あの写真を見ると母がもっと若い頃どんなだったか思い出します）

○**replace A with B**「A を B と取り替える」

▶ I need to **replace** my old car **with** a new one as soon as possible.
（私はできるだけ早急に自分の古くなった車を新しいのに取り替える必要がある）

☆**rob A of B**「A の B を奪う」

▶ The fraudsters **robbed** old people **of** their savings.
（その詐欺師たちは老人たちから貯金を奪った）

○**see A as B**「A を B とみなす」

▶ I **see** you **as** a key player in our team.
（私はあなたがうちのチームの要（かなめ）の選手だと思っています）

○**share A with B**「A を B と共有する」

▶ I can't eat all this cake, so can I **share** it **with** you?
（このケーキを全部は食べられないから分け合いませんか？）

○**spend A on B**「A を B に使う［費やす］」

▶ He **spends** too much money **on** his mobile phone.
（彼は携帯電話にお金を使いすぎだ）

○**substitute A for B**「A を B のかわりに当てる」

▶ The coach **substituted** a defender **for** an attacker near the end of the match.
（コーチは試合終盤になって攻撃要員のひとりを守備要員に交代した）

○**supply A with B**「A に B を供給する」

▶ Iran used to **supply** Japan **with** a large percentage of its oil.
（イランはかつてその産油量のかなり高い割合を日本に供給していた）

○**suspect A of B**「A（人）に B の容疑をかける」

▶ I **suspect** one or two of the students **of** cheating on [in] the exam.
（私は学生のうちの 1 人か 2 人が試験でカンニングをした疑いがあると思う）

○**take A for B**（＝mistake A for B）「誤って A を B と考える」

▶ He looks so young that at first I **took** him **for** a high school student.
（彼はとても若く見えるので私は初めは高校生かと思った）

○**take A into account**「A（問題となる点）を考慮する」

▶ You should **take** the possibility of bad weather **into account** when you make the plan.
（計画を立てる際には悪天候の可能性を考慮しなくてはいけませんよ）

○ **take A into consideration**「A（状況・問題など）を考慮に入れる」，「しんしゃくする（allow for）」

▶ Will you **take** price **into consideration** when you buy your new car?
（新車を買う際に価格を考慮に入れますか？）

▶ You must **take** his illness **into consideration** before dismissing him.
〈*Chambers*〉
（彼を解雇する前に彼の病気のことを考えてやらなければなりませんよ）

○ **take A by surprise**「に不意打ちをくらわせる」

▶ She **took** us all **by surprise** when she announced she was getting married next month.
（彼女は来月結婚する予定だと公表して私たちみんなを驚かせた）

○ **tell A from B**「A と B を見分ける」

▶ You can **tell** Indian elephants **from** African elephants by the size of their ears.
（インド象とアフリカ象を耳の大きさで見分けることができます）
《通例 can や impossible など可能性や難易を示す語を伴います》

○ **transform A into B**「A を B に変化［変身］させる」

▶ Several hit products **transformed** the small company **into** a multinational.
（いくつかのヒット商品がその小さな会社を多国籍企業に変貌させた）

○ **translate A into B**「A を B に翻訳する」

▶ She **translated** the book **into** Italian.（彼女はその本をイタリア語に翻訳した）

☆ **turn A into B**「A を B に変える」

▶ I **turned** an old farm house **into** a holiday home.
（私はその古い農家を改築して別荘にした）

○ **view A as B**「A を B としてみなす」

▶ My father **views** me **as** his successor in the family business.
（私の父は私のことを家業の後継者として考えている）

18.2.3　定型的表現：「be 動詞＋形容詞（分詞）＋前置詞句」型

この節では形容詞（分詞）が中心となり前置詞句を従えた形になっているパターンのものを見ていきます．特殊な意味になるといったことはありませんが，どの前置詞を使うかはセットとして覚えましょう．

○**be absorbed in A**「に夢中になる」《absorb「を吸収する」，「を夢中にさせる」》

▶ I **was** so **absorbed in** the game that I didn't notice how late it was.
（そのゲームに夢中になっていて夜遅くなっていることに気づかなかった）

○**be [become] accustomed to A**「に慣れている［慣れる］」

▶ Most foreigners in Japan **become accustomed to** eating rice nearly every day.
（たいていの日本在住の外国人は毎日のように米を食べるのに慣れる）

☆**be [become, get] acquainted with A**「と知り合いである［になる］」，「を知っている」

▶ I **am acquainted with** the basics of the German language.
（私はドイツ語の基礎を知っている）

☆**be afraid of A**「がこわい」（cf. be afraid to *do*「… するのがこわい」）

▶ The boss is quite kind really, so don't **be afraid of** him.
（ほんとうはその上司はとても優しい人なので，こわがらないでください）

☆**be anxious about A**「を心配している」

▶ The owner **is** quite **anxious about** the future of the business.
（そのオーナーは商売の行く先をとても心配している）

cf. be anxious to *do*「しきりに … したがっている」

▶ **I'm anxious to** hear what you did on holiday.
（私はあなたが休日に何をしたか聞きたくて仕方がない）

☆**be anxious for A**「を切望している」

▶ **I'm anxious for** a chance to make up for my past mistakes.
（私は過去の過ちを埋め合わせる機会があるといいと思っている）

☆**be ashamed of A**「を恥じている」（cf. be ashamed to *do*「… するのが恥ずかしい」）

▶ **I'm ashamed of** some of the stupid things I did when I was younger.
（私はもっと若い頃にした愚行のいくつかを恥じている）

○ **be aware of A**「に気づいている」

▶ The dog, of course, **was aware of** the change far more quickly than you.
〈Doyle「這う男」〉
（犬はもちろんあなたよりもずっとすばやく変化に気づいていたのです）
cf. be aware (that) …「… ということに気づいている」
▶ **I'm aware** there is a hospital near here, but I'm not sure exactly where.
（ここいらに病院があるのはわかっているんだが，正確にはどこかわからない）

○ **be based on [upon] A**「… に基づく」，「… に基礎を置く」

▶ The film **is based upon** a very famous novel.
（その映画はとても有名な小説をもとにしている）

○ **be bound for A**「… 行きである」

▶ I got on the wrong train. It was **bound for** Yokosuka.
（私は間違った電車に乗ってしまった．それは横須賀行きだった）

○ **be busy with A**「で忙しい」

▶ Tonight, they **are busy with** their part-time jobs.
（今夜，彼らはアルバイトで忙しい）

○ **be caught in A**（雨や交通渋滞に）「あう［ひっかかる］」

▶ I was late because I **was caught in** heavy traffic.
（ひどい交通渋滞につかまったので遅刻した）

○ **be characteristic of A**「A に特徴的である」

▶ Mistakes like that **are characteristic of** beginners.
（そういうミスは初心者にありがちです）
cf. be characteristic of A to *do*「… するとはいかにも A らしい」
▶ It is **characteristic of** him **to** do so.
（そうするなんていかにも彼らしい）

○ **be composed of A**（=to consist of）「で構成されている」

▶ This alloy **is composed of** tin and copper.

（この合金（alloy）はスズと銅でできている）

○**be concerned about A**「について心配している」

▶ The prime minister says he **is deeply concerned about** the situation in the Middle East.

（総理は中東の情勢がとても心配だと述べている）

☆**be concerned with A**「に関心をもつ」，「に関係している」

▶ Our department **is** mainly **concerned with** exports.

（私たちの部署は主として輸出に関係している）

○**be confronted with A**（＝to be faced with A）「に直面している」

▶ Having changed my job recently, every day I **am confronted with** new challenges.

（最近仕事を変えたばかりなので，毎日新しい課題に直面します）

○**be conscious of A**「を意識している」

▶ Few people **are conscious of** the role of the coast guard in protecting the country.

（国防における沿岸警備の役割を意識している人などほとんどいない）

○**be content(ed) with A**「に満足した」

▶ They **are content with** their slow, peaceful life in the countryside.

（彼らは田舎でののんびりした平穏な暮らしに満足している）

○**be dependent on [upon] A**「… 次第である」

▶ Japan **is dependent on** other countries for food and raw materials.

（日本は食料や原料を諸外国に依存している）

☆**be different from A**（＝to differ from）「と異なる」

▶ Japanese monkeys **are** quite **different from** those in other countries.

（ニホンザルは他の国のサルとかなり違う）

○**be dying for A**（＝to have a strong wish）「A がほしくてたまらない」

▶ I'**m dying for** a drink.（＝I'm very thirsty.）

（私は飲みものがほしくてたまらない）

○**be eager for A**（＝to be full of desire）「を熱望している」

▶ They **are eager for** victory.（彼らは勝利を心から望んでいる）

○**be engaged in A**（=to be occupied with [in]）「に従事［没頭］している」

▶ Many of the students **are engaged in** preparing for the school festival.
（学生の多くが学園祭の準備に没頭している）

○**be engaged to A**「と婚約している」

▶ My colleague Tom **is engaged to** an old school friend of mine.
（同僚のトムは学生時代の私の旧友と婚約している）

☆**be equal to A**「に耐えられる」,「と等しい」

▶ I'm sure you **are equal to** this task.
（私はあなたがこの仕事をする力量があると確信している）

○**be faced with A**「に直面している」

▶ My daughter **is faced with** a very difficult decision.
（私の娘は非常に難しい決断を迫られている）

○**be familiar to A**「によく知られている」

▶ This song will **be familiar to** people who were teenagers in the 1980s.
（これは1980年代にティーンエージャーだった人たちには聞き覚えのある曲に違いない）

☆**be familiar with A**「に精通している」

▶ I've been to Paris several times, so I **am** quite **familiar with** it.
（私は何度もパリに行ったことがあるので詳しい）

☆**be famous for A**「で有名だ」

▶ My hometown **is famous for** its delicious ice cream.
（私の地元は美味しいアイスクリームで有名だ）

○**be fed up with A**（=to be tired of, be sick of）「にうんざりしている」

▶ I'**m fed up with** my long daily commute.
（私は毎日の長距離通勤［通学］にうんざりしている）

☆**be filled with A**「でいっぱいだ」

▶ The refrigerator **is filled with** beer.（冷蔵庫がビールでいっぱいだ）

○**be fit for A**「に適している」

▶ You **are** not **fit for** further adventures tonight. 〈Doyle『バスカヴィル家の犬』〉
（あなたは今晩これ以上の冒険は無理です）

▶ This is a meal **fit for** a king!（これは王様にふさわしい食事だ！）

☆**be fond of A**（＝to like）「が好きだ」

▶ **I'm** very **fond of** a girl in my class.（僕はクラスにとても好きな女の子がいる）

☆**be free from [of] A**「から解放されている」,「がない」

▶ I've fixed everything, so your PC should **be free from** problems now.
（みんな直しておいたから君のパソコンにはもう問題がないはずだ）

☆**be good at**（⇔ be poor at, be weak in）「が上手だ」

▶ He's naturally **good at** sport.（彼は生まれつきスポーツがうまい）

○**be good for A**「に役に立つ」,「に適している」

▶ Taking exercise every day **is good for** you.
（毎日運動するのはあなたの健康によい）

○**be ignorant of A**「を知らない」,「に気づかない」

▶ I'm afraid I'**m ignorant of** the political situation in your country.
（残念ながら私はあなたの国の政治事情がわからないのです）

○**be impatient for A**「を待ち望んでいる」

▶ She **was** always **impatient for** her birthday party and presents.
（彼女はいつも自分の誕生パーティーとプレゼントが待ち遠しくてたまらなかった）

☆**be independent of A**「から独立している」

▶ If I earn a little more, I can **be** completely **independent of** my parents.
（もう少し稼ぎがあれば両親から完全に独立できるのだけれど）

○**be indifferent to**（＝be unconcerned about）「に無関心な」

▶ **I'm** really **indifferent to** the result of tonight's match.
（今夜の試合の結果には本当に関心がない）

☆**be interested in A**（＝to have [take] (an) interest in）「に興味がある」

▶ More people **are interested in** rugby because of the World Cup.
（ワールドカップのおかげでラグビーに興味を持つ人が増えている）

○**be involved in A**「にかかわっている」,「に巻き込まれている」

▶ My mother **is involved in** the local school's PTA.
（私の母は地域の学校の PTA に参加している）

○**be keen on A**「に熱心である」

▶ He really **is keen on** tennis.（彼はほんとうにテニスに熱中している）

☆**be known for A**「で知られている」

▶ Kyoto **is known for** its fine old buildings.
（京都はそのすばらしい古い建造物で有名だ）

☆**be known to A**「に知られている」

▶ The mayor **is known to** most people in our town.
（町長は私たちの町のほとんどの人に知られている）

○**be lacking [wanting] in A**「が欠けている」

▶ Of course, our new staff **are** still **lacking in** experience.
（もちろん私たちの新しいスタッフにはまだ経験が欠けている）

☆**be made up of A**（=consist of）「で成り立っている」

▶ The United Nations **is made up of** almost all the countries in the world.
（国際連合は世界のほとんどすべての国で構成されている）

○**be noted for A**（=be famous for）「で有名だ」

▶ London **is noted for** its historic buildings.
（ロンドンはその歴史的な建造物で有名だ）

○**be occupied with [in] A**「で忙しい」

▶ All day I've **been occupied with** meetings.（一日中会議また会議で忙殺された）

○**be opposed to A**（=to be against）「に反対である」

▶ All the townspeople **are opposed to** having a nuclear power station built near here.
（町の住民すべてがこの近くに原子力発電所が建設されるのに反対である）
《'as opposed to A' で「A とは対照的に（=in contrast with）」》

○**be particular about A**「にこだわりがある」

▶ She's very **particular about** her appearance.
（彼女は自分の外見にとてもこだわる）

○**be peculiar to A**「に独特［固有である］」

▶ Those customs **are peculiar to** the east of the country.

（ああいった習慣はその国の東部に特有のものだ）

☆**be poor at [in] A**「が不得意［下手］だ」

▶ I've always **been poor at** mental arithmetic.

（私はずっと暗算を苦手としている）

▶ I always considered myself（to **be**）**poor in** mathematics.

（私はいつも自分は数学が苦手だと思っていた）

○**be popular with [among] A**「に人気がある」

▶ That player **is** very **popular with** the team's fans.

（その選手はチームのファンにとても人気がある）

☆**be proud of A**「を誇りに思っている」

▶ **I'm very proud of** our company's latest product.

（私はわが社の最新の製品を非常に誇らしく思う）

☆**be ready for A**「の準備ができている」

▶ Our university **is ready for** a large influx of international students in the next decode.

（私たちの大学は今後 10 年間の大規模な留学生の流入（influx）に備えができている）

☆**be responsible for A**「に対して責任がある」

▶ The police **are responsible for** security during the Olympics.

（警察はオリンピックの期間の安全に責任を負う）

○**be rich in A**（＝be abundant in, abound in）（⇔ be poor in）「を多く持って［含んで］いる」

▶ Africa **is rich in** natural resources.（アフリカは天然資源が豊富である）

☆**be satisfied with A**「に満足である」

▶ I **was** very **satisfied with** our team's performance today.

（私はうちのチームの今日の戦績にとても満足した）

○**be（dead）set on [upon] A**「A（名詞句または動名詞）しようと強く心に決めている《set は形容詞．「断固反対」なら '… against A'》」

▶ She **is set on** going to university.（彼女は大学に進学すると心に決めている）

○**be short of A**「に不足している」

▶ I'**m** rather **short of** money this month.（私は今月ふところがかなりさびしい）

○**be sick of**「にうんざりしている［いやになっている］」

▶ We'**re sick of** listening to his complaints.

（彼の不平不満を聞かされるのに私たちはうんざりしている）

☆**be similar to A**「と似ている［同様だ］」

▶ Gold **is similar** in color **to** brass.（金は色が真鍮（しんちゅう）と似ている）

《'be akin to A' は「と同類［同種］の」》

▶ It was not that he felt any emotion **akin to** love for Irene Adler.

〈Doyle「ボヘミアの醜聞」〉

（彼がアイリーン・アドラーに何か恋愛感情に似たものを感じていたというわけではない）《この例では be は使われません》

☆**be subject to A**「に従う」

▶ Our offer of employment **is subject to** you passing the medical examination.

（私たちがあなたを雇用できるかどうかはあなたが健康診断にパスするかどうかで決まる）《you は動名詞 passing の主語．5.2.1 参照》

○**be suitable for A**「にふさわしい［適切な］」

▶ Clothes like that **are** not **suitable for** hiking in the mountains.

（そのような服装は山でハイキングするのに適当ではない）

☆**be superior to A**「よりもすぐれている」

▶ In general, I think French wine **is superior to** Spanish wine.

（一般的に，私はフランスワインのほうがスペインワインより質が上だと思う）

☆**be sure [certain] of [about] A**「を確信している」

▶ I **am** not **sure of** the way home from here.

（私はここからの帰り道に自信がない）

cf. be sure to *do*「必ず … する」

▶ **Be sure to** lock the door when you leave the office tonight.

（今晩事務所を出るときに必ずドアに施錠してください）

☆**be tired from [with] A**「で疲れている」

▶ I **am tired from** staying up late over the last few days.
（私はここ数日遅くまで起きていて疲れている）

☆**be tired of A**「がいやになっている」

▶ He says he **is tired of** eating rice every day.
（彼は毎日米食でうんざりしていると言っている）

○**be true of A**（＝apply to）（原則などが）「に当てはまる」

▶ It **is true of** most Japanese men that they have at least some interest in baseball.
（多少なりとも野球に興味があるというのはほとんどの日本人男性に当てはまる）

○**be true to A**（＝be faithful to）「に誠実［忠実］な」

▶ He's always **true to** his promises.（彼はいつも約束を守る）

○**be typical of A**「によくある［特有な］」

▶ The excuse is **typical of** him.（これは彼らしい言い訳だ）

☆**be used to A**「に慣れている」

▶ I'**m** already **used to** living away from my parents.
（私はもう両親と離れて暮らすのに慣れている）

☆**be useful to [for]**「に役に立つ」《通例，人には to，物事には for が使われます》

▶ I have some knowledge, however, of baritsu, or the Japanese system of wrestling, which has more than once **been** very **useful to** me.
〈Doyle「空き家の冒険」〉
（ところが僕はバリツという日本式のレスリングを少々知っていて，これが一度ならず僕の役に立っているのだよ）

▶ It will **be useful for** his article.　〈Doyle「六つのナポレオン」〉
（彼の書く記事の助けになることでしょう）

○**be weak in**「が下手［苦手］だ」

▶ A lot of our students **are weak in** mathematics.
（私どもの生徒の多くが数学を苦手としている）

○**be worthy of A**「に値する［ふさわしい］」

▶ A serve like that **is worthy of** a professional tennis player.

（あんなサーブはプロのテニス選手に匹敵する）

18.2.4　定型的表現：「be 動詞＋形容詞（分詞）＋to 不定詞」型

☆**be about to *do***「まさに … するところである」

▶ I **am about to** go to America for my holidays.（休暇でアメリカに行くところだ）

○**be anxious to *do***「しきりに … したがる」

▶ Our boss **is anxious to** improve our sales figures.
（ボスはしきりに売上高をよくしたがっている）

☆**be apt to *do*** (apt＝likely)「… しがちである」

▶ My car engine **is apt to** overheat if I drive too fast.
（私の車はスピードを出しすぎるとエンジンがオーバーヒートしがちだ）

☆**be bound to *do*** (＝be certain to *do*)「… する運命にある」,「きっと … する」

▶ He's **bound to** forget about the meeting if you don't remind him.
（思い出させてあげないと，きっと彼はミーティングのことを忘れるよ）

○**be certain to *do***「必ず … する」,「きっと … する」

▶ He's **certain to** lose his job if he doesn't try harder.
（もっとがんばらないと間違いなく彼は仕事を失うよ）

○**be compelled to *do***（間接的な圧力などで）「… することを強いられる」

▶ By the way, about the bird, we **were compelled to** eat it.
〈Doyle「青いガーネット」〉
（ところで，その鳥なのですが，私たちが食べるほかありませんでした）

▶ I **felt compelled to** tell the truth, even if some people were angered by what I said.（たとえ私が話したことに怒りを覚える人がいても，私は真実を語らなければならないと感じたのです）《この例のように feel とともに使って，「そうせざるを得ないという責任を感じた」という意味合いでよく使われます》

○**be forced to *do***「… することを強いられる」

▶ In 18th century England, people **were** sometimes **forced to** join the navy.
（18 世紀のイギリスでは，人々はときに海軍に参加することを強いられていた）
《うむを言わせないという意味合いです．force，oblige，compel のニュアンスについては『アクティブな英単語力』pp. 20–21 も参照》

○**be [feel] free to *do***「自由に … する」

▶ Please **feel free to** take coffee or tea if you are thirsty.

（のどが渇いたら，コーヒーでも紅茶でもご自由にどうぞ）

☆**be going to *do*** (=to be going to (perform an action))「… するつもりである」;「… しそうである」

▶ I **am going to** tidy my desk, then go home.

（机を片付けてから帰宅するつもりです）

《動詞としての tidy「をきちんとする」です》

☆**be likely to *do***「… しそうである」

▶ It **is likely to** rain heavily tomorrow.（明日は激しい雨になりそうだ）

○**be not supposed to *do***「… しないことになっている」

▶ You'**re not supposed to** smoke in this room.

（この部屋では煙草を吸ってはいけないことになっています）

☆**be obliged to *do***「… することを強いられる」

▶ Please attend the meeting if you wish, but you **are** not **obliged to** come.

（もしお望みであればどうぞミーティングに出席してください．でも強制ではありませんよ）

○**be ready to *do***「喜んで … する」,「… する準備ができている」

▶ She **is ready to** help you if there is anything you don't understand.

（もし何かわからないことがあったなら，彼女が喜んでお手伝いしますよ）

○**be reluctant to *do*** (reluctant＝unwilling)「… するのに気が進まない」

▶ My son is twenty-five, but he **is reluctant to** leave home and live alone.

（息子は 25 歳だが，家を出て 1 人暮らしをすることをしぶっている）

☆**be supposed to *do*** (=to have a reputation of (being, *etc.*); to be expected to (do something, *etc.*))「… することになっている」;「… であると思われている」

▶ He **is supposed to** be the best doctor in town.

（彼は町一番の医者であると思われている）

▶ We **are supposed to** finish the work no later than this afternoon.

（遅くとも今日の午後までにその仕事を終えることになっている）

《『アクティブな英単語力』p. 99 参照》

☆**be sure to *do***「必ず … する」

▶ **Be sure to** send me a message to let me know you've arrived safely.
（必ず私にメッセージを送って無事についたと知らせてください）

○**be unlikely to *do***「… しそうもない」

▶ He **is unlikely to** finish the work soon.（彼はすぐには仕事を終えそうもない）

☆**be willing to *do***「… するのをいとわない」

▶ We need to finish the job quickly, so I **am willing to** work this weekend if necessary.
（その仕事はすぐに終わらせる必要があるので，私は必要とあれば今週末に仕事をしてもかまわない）

18.2.5　動詞始まりの定型的表現

最後に，この節ではこれまでの分類に入らなかったものをあげておきます．イディオムなども含みますので，意味にも十分注意しましょう．18.2.5 では動詞で始まる定型表現，18.2.6 ではそのほかの定型表現を取り上げます．

○**come of age**（＝to mature [develop] fully）「成年に達する」

▶ In your country, when do people **come of age**?
（あなたの国では，何歳で成人になるの？）

○**come to an end**「終わる」（cf. 'bring A to an end'「終わらせる」）

▶ He's in his fourth year, so his student days are **coming to an end**.
（彼は 4 年生で，学生の日々は終わろうとしている）

○**come to light**「明らかになる」（cf. 'bring A to light'「明らかにする」）

▶ New facts have **come to light** in an unsolved murder case.
（未解決の殺人事件で新しい事実が明らかになった）

○**come to terms with A**（＝to reach an agreement or understanding）「と合意に達する」，「を（あきらめて）受け入れる」

▶ She is still struggling to **come to terms with** the death of her father.
（彼女は父の死を受けとめようと今だに葛藤している）

☆**do A good / harm / damage / a favor / justice**「A のためになる（good は名詞であることに注意）」,「A の害になる」,「A にダメージを与える」,「A の頼みをきく」,「A を正当に扱う」

▶ Eating more vegetables every day will **do** you **good**.
（毎日もっと野菜を食べたほうが体にいいよ）

○**do the dishes**（＝to wash the plates, glasses, and silverware used at a meal）「食器を洗う」,「皿洗いをする」

▶ After the meal, both of us **did the dishes**.
（食事のあと，私たちは 2 人で食器を洗った）

○**do well to *do***「… するのが賢明である」

▶ I think, Watson, that you would **do well to** put that revolver where you can reach it. 〈Doyle「ブラック・ピーター」〉
（僕が思うに，ワトソン，そのリボルバーを君の手の届くところに置いておくのがいいよ）

○**force [compel, oblige] A to *do***「A に … することを強いる」

▶ She **forced** her son **to** tidy his room immediately.
（彼女は息子にすぐに部屋を片付けさせた）

○**get A across to B**（＝to cause something to be understood）「A を B（人）に理解させる」

▶ He found it difficult to **get** his American joke **across to** the Japanese audience.
（彼は自分のアメリカン・ジョークを日本の聴衆に通じさせるのは難しいと思った）

○**get fed up with A**（＝to be in low spirits, tired of or no longer interested in A）「にうんざり［あきあき］する」

▶ Even the keenest students sometimes **get fed up with** studying.
（とても熱心な学生でもときには勉強にうんざりすることがある）

☆**get in touch with A**（＝to contact）「A と連絡をとる」

▶ Recently I **got in touch with** a friend from primary school.
（最近，僕は小学校時代の友達と連絡をとった）

○**get on A's nerves**（＝to irritate, annoy, disturb）「A をいらいらさせる」,

「A の神経にさわる」

▶ My noisy neighbors **get on my nerves**.（隣の人がうるさくて，いらいらする）

○ **go out of *one*'s way to *do*** （＝to take the trouble to *do*, to inconvenience oneself, to do more than is really necessary）「わざわざ … する」,「無理［回り道］して … する」

▶ Some people **go out of their way to** help tourists.

（わざわざ観光客を助けてあげる人もいる）

○ **go so [as] far as to *do* / go so [as] far as *doing***「… しさえする」

▶ I won't [wouldn't] **go so far as to** say that he's a fool, but he does make stupid mistakes.

（彼のことを馬鹿だとまでは言わないが，彼はつまらない失敗をやらかす）

▶ I wouldn't **go as far as** resign**ing** but I am not happy with my present job.

（やめるとまでは言わないが，今の仕事に満足していない）

○ **grow out of A** （＝abandon, cease to practice）「（成長して）… しなくなる」

▶ He has **grown out of** bad habits he had as a boy.

（彼は子供の頃の悪い癖がなくなった）

○ **have a dream**「夢がある」

▶ She **has a dream** of being an opera singer one day.

（彼女はいつかオペラ歌手になりたいという夢がある）

○ **have a drink**「一杯やる」

▶ Every night, they **have a drink** just before bedtime.

（毎晩寝る直前に彼らは一杯やっている）

○ **have a rest**「休憩する」

▶ When I go jogging, I need to **have a rest** from time to time.

（ジョギングをするとき，私はときどき休憩をとらないといけない）

○ **have [make] a try (at [for])**「試しにやってみる」

▶ She wants to **have a try** at acting.（彼女は女優業をやってみたいと思っている）

○ **have a walk**「散歩する」,「歩く」

▶ I **have a** pleasant **walk** in the woods every morning.

（私は毎朝森の中を気持ちよく散歩する）

○**have an effect [influence] on**「に影響力がある」,「に影響を与える」

▶ What you say can **have a** big **effect on** the people around you.
（君の言うことは周りの人たちに大きな影響を及ぼしうる）

○**have [get] *one*'s (own) way** (＝to do [get] what one wants)「自分の思い通りにする」

▶ It's not good for a child's development to always **have his own way**.
（子供がいつも自分の思い通りにするのは，その子供の成長のためによくない）
《副詞の always が to と have の間に入っていますが，これによって always が 'have his own way' を修飾することが明確になります．このような 'to ＋副詞＋動詞原形' の形は分離不定詞（split infinitive）と呼ばれ，あいまいさをなくすといった理由があるときには容認されます》

☆**have no idea**「わからない」

▶ I **have no idea** what the capital of Venezuela is called.
（ベネズエラの首都が何というところか知りません）

○**have words (with)** (＝to quarrel [argue] (with), scold)「(… と) 口論する」「をしかる」(cf. 'have a word [chat] with'「とおしゃべりをする」)

▶ The boss **had words with** one of the staff about his poor timekeeping.
（その上司は時間管理のまずさについてスタッフの 1 人と口論した）

○**hold good** (＝to be true [valid]; to apply)「有効である」

▶ Does their promise to make a big order next month still **hold good**?
（来月大きな発注をするという彼らの約束はまだ有効だろうか？）

○**hold *one*'s breath** (＝to stop breathing often because of anxiety or to avoid being heard)「息を止める」

▶ Some divers can **hold** their **breath** under water for a surprisingly long time.
（ダイバーの中には水中で驚くほど長い時間息を止めることのできる人がいる）

○**hold *one*'s tongue** (＝keep silent)「黙っている」

▶ I felt very angry at what she said, but **held my tongue**.
（彼女の言ったことにとても腹を立てたが，黙っていた）

☆**keep A from *doing*** (＝to prevent, refrain)「A に … させないようにする」

▶Of course it was of the utmost importance to **prevent** you **from** thinking better of it, and also to **keep** you **from** coming into contact with anyone who might tell you that your double was at work in Mawson's office.

〈Doyle「株式仲買人」〉

（もちろん最重要だったのはあなたがそれを考え直してやめることのないようにすること，そしてまたあなたになりすました男（double）がモーソンの会社で働いていると教えかねない人物と接触しないようにすることでした）

《☞ 'keep A（物・事）from B（人）'：「A を隠して B に知られないようにする」》

▶The student **kept** the news of his failure **from** his parents.

（その学生は落第したことを両親に知らせなかった）

○**keep early [good] hours**（⇔ keep late [bad] hours（＝to stay up late））「早寝早起きをする」（⇔「夜更かしをする」）

▶It's healthy to **keep good hours**.（早寝早起きは健康的だ）

《「成句として今はまれ」（『ジーニアス』）とされています》

☆**keep in touch with A**（in touch: in communication [correspondence] with, able to talk to）「A と連絡を取り合う」

▶Do you **keep in touch with** many of your old friends?

（古い友達の多くと連絡を取り合っていますか？）

○**kill time（by *doing*）**（＝pass time aimlessly）「（… して）時間をつぶす」

▶My friend was late, so I **killed time** by having a cup of coffee.

（友人が遅れたので，コーヒーを一杯飲んで時間をつぶした）

○**leave [let] A alone**（＝not to interfere with）「A に干渉しない」，「A を放っておく」

▶**Leave** me **alone**!（私のことは放っておいてくれ！）

▶**Leave** him **alone** to do it.（＝Trust him to do it alone.）

（彼にまかせてそれをやらせてあげなさい）

○**leave A off B**「A（名前など）を B（リストなど）に入れないでおく」

▶I was deliberately **left off** the guest list

（私は意図的に招待者リストから外された）

《'leave off' は自動詞的に「やめる」「（雨などが）やむ（"The rain left off."

「雨がやんだ」)」という意味でも使われますし,《英》では「(習慣などを) やめる (“Leave off biting your nails.”「爪を噛むのをやめなさい」)」という意味でも使われます》

○ **let go of A** (=to release, to stop holding) (つかんでいるものを)「放す」

▶ One day, parents have to **let go of** their children and let them lead their own lives.

(いつかは親は子供を手放して自分たちで生活していかせなければならない)

《cf. Don’t **let go of** the rope. = Don’t **let** the rope **go**.「ロープから手を放すな」〈*Oxford Advanced Learner’s Dictionary of Current English*〉》

○ **lose *one*’s temper** (=get angry)「怒る」,「カッとなる」

▶ Try not to **lose your temper** over small things.

(些細なことで腹を立てないようにしなさい)

《「かんしゃくを起こしている」状態なら ‘be in a temper’ (temper: a short period of feeling very angry). 形容詞 (good, bad, foul, ill) が付く場合の temper は「気分」とか「きげん」の意味》

○ **make a face** (=to twist *one*’s face into a strange expression)「しかめっ面をする」,「(笑わせようと) 変な顔をする」

▶ When the teacher wasn’t looking, the boy she had scolded **made a face**.

(先生がしかった男の子は先生が見ていないときふざけた顔をした)

○ **make [earn, get, gain] a [*one*’s] living** (living: the way you earn money or the money that you earn)「生計を立てる」

▶ She **makes her living** from giving piano lessons.

(彼女はピアノを教えて生計を立てている)

○ **make do with A** (不十分だけれども)「で間に合わせる」

▶ I don’t have proper hiking boots, so I’ll have to **make do with** my sports shoes.

(ちゃんとしたハイキング用の靴を持っていないので, スポーツシューズで間に合わせなければならないでしょう)《‘make do with A’ = ‘make A do’》

○ **make (both) ends meet** (=to live within *one*’s income)「収支を合わせる」

▶ My income is so low, I can barely **make ends meet**.

(収入が低くて, やりくりするのがやっとだ)

○**make believe**（=to pretend）「ふりをする」,「見せかける」

▶My daughter likes to **make believe** her dolls are alive.

（私の娘は人形が生きているかのようにして遊ぶのが好きだ）

○**make it**（=to be able to be present at a place）「出席する」

▶I want to attend the meeting tomorrow, but I'm not sure if I will **make it**.

（明日の会議には出席したいが，出席するかはっきりしない）

☞（=to be successful in your career）「成功する」

▶The goal of most actors is to **make it** in Hollywood.

（ほとんどの役者の目標はハリウッドで成功することだ）

☞（=to succeed in reaching a place in time）「間に合う」

▶I thought I'd miss the train, but I **made it** to the station just in time.

（電車に乗り遅れると思ったが，ちょうど間に合って駅に着いた）

☆**make much of A**（=to treat [consider] A as very important）「A を大事にする」,「A を重大視する」（⇔ ☆ make light [little] of A「A を軽んじる」,「A を軽視する」）; 否定文で「ₒ理解する」

▶He's **making much of** a small piece of work.

（彼は小さな仕事にだらだら時間をかけている／ささいなことに大騒ぎしている）

○**make *one*'s way**（=to proceed/go on）「進む」(cf. 'feel/force/elbow/find *one*'s way'「手探りで進む（feel）」／「無理やり進む（force）」／「押しのけて進む（elbow）」／「たどり着く（find）」)

▶I slowly **made my way** home after a long, tiring day's work.

（長くてうんざりする 1 日の仕事の後，ゆっくりと家路をたどった）

○**make progress**「進行する」,「進歩する」

▶This task is very difficult, but at last I'm **making** some **progress**.

（この仕事はとても難しいが，ようやくいくらか進んでいる）

☆**make sense**（=to be understandable [reasonable, wise, practical]）「意味をなす」,「道理にかなう」

▶It **makes sense** to concentrate on English just before you go abroad.

（海外に行く直前にひたすら英語をやるのはもっともだ）

○**make sure that ...**（=to check that something is true [has been done]; to act so that something is certain or sure）「ₒ確認する」,「確実に ... する」

▶ I will **make sure that** all the staff know about the New Year party.
（スタッフ全員に新年会について確実に知らせます）

☆**make up *one*'s mind**（＝to decide, determine）「決心する」，「決める」
▶ I can't **make up my mind** whether to study in New York or Boston.
（ニューヨークで勉強するかボストンで勉強するか決めかねる）

○**put A to use**（＝to make use of）「A を利用する」
▶ His outgoing character means we can **put** him **to** good **use** in our sales department.（彼は社交的な性格なので，営業部でうまく使えるでしょう）

○**put [lay] *one*'s finger on A**（＝to point out exactly）「A を的確に指摘する」
▶ "I think I could **lay** my **finger on** it," said Holmes quietly.
〈Doyle「技師の親指」〉
（「正確に場所を特定できると思いますよ」とホームズが落ち着いて言った）

○**put on [gain] weight**（⇔ lose weight）「太る」，「体重が増える」（「やせる」，「体重が減る」）
▶ For several months, I took almost no exercise, and ended up **putting on weight**.
（何か月もほとんど運動をしなかったら体重が増えてしまった）

○**see A through B**（＝to give support to A until the end of B）「A（人）に B を切り抜けさせる」
▶ This money will **see** you **through** till the end of this week.
（このお金があればあなたは今週末まで切り抜けられるでしょう）

☆**take A for granted**「を当然のことと思う」
▶ He **takes** his wife **for granted**.
（彼は妻の存在を当然のことと思って（感謝を忘れて）いる）
▶ I **took** it **for granted** that you would come to the party.
（私は君が当然そのパーティーに来るものだと思った）

○**take delight in A**（＝to find pleasure in）「を喜ぶ」
▶ I **took delight in** my brother's success.（私は兄（弟）の成功を喜んだ）

☆**take it easy**「くつろぐ」，「気楽にやる」
▶ After working so hard for several weeks, you should **take it easy** for a

few days.
（何週間も懸命に仕事をした後なのだから2，3日のんびりするべきだよ）

☆**take *one*'s time**（＝to do (something) slowly as one wishes）「ゆっくりやる」《「必要以上に」という文脈で使われることもあります》

▶ There's no hurry, so please **take your time**.
（急がないでいいので，ゆっくりやってください）

☆**take place**（＝to be held, happen）「起こる」，「行われる」，「開催される」

▶ The concert will **take place** tomorrow night.
（そのコンサートは明日の晩に開催される）

○**think better of A**「A を考え直す」，「A を見直す」

▶ I **think better of** my boss now that I understand how hard he works.
（ボスがどれだけ一生懸命働いているかわかったので私は彼を見直している）

18.2.6　その他の定型的表現

最後に，これまで取り上げてこなかった定型表現をまとめておきます．イディオムなども含めさまざまな種類があります．

○**above all (things)**（＝especially）「とりわけ」，「中でも」

▶ Do the work quickly and neatly, and **above all** don't make any mistakes.
（その仕事は素早くきちんとやりなさい．何よりもまずミスをしないように）

☆**after all**「（期待などに反して）結局（は）」;「だって … だから《意見を述べて，さらに既知の理由を確認する言い方》」

▶ Facts are better than mere theories, **after all**.　〈Doyle『四つの署名』〉
（結局は事実が単なる理屈に勝るのですな）

▶ I won't invite him.　**After all,** I don't know him well.
（彼は招待しません．だって彼のことをよく知らないのですよ）

☆**all at once**（＝suddenly）「突然」

▶ The sky darkened quickly, and **all at once** a rainstorm began.
（空がまたたく間に暗くなり，突如として激しい雨が降り始めた）

○**all in all**（＝on the whole, all things considered）「全体から見て」

▶ **All in all**, we had done it well.
（全体として見て，私たちはそれをうまくやった）

○**all of a sudden**（＝suddenly）「突然」

▶ The room was completely quiet, when **all of a sudden** there was a loud noise.《, when＝and then》
（部屋が完全に静まり返っていたが，そのとき突然大きな音がした）

○**as a matter of course**（a matter of course＝a natural thing, a thing that is expected）「もちろん」，「当然のことながら」

▶ **As a matter of course**, the police checked the suspects were not wanted for any other crimes.
（当然のことながら警察は被疑者が他の犯罪で指名手配されていないか調べた）

☆**as a matter of fact**（＝in fact）「実は」

▶ **As a matter of fact**, it was not me who took that decision, but the boss himself.
（実はその決定をしたのは私ではなく，ボス自身なんだよ）

☆**as a rule**「概して」，「一般に」，「通例は」

▶ **As a rule**, I don't drink much, only a few bottles of beer occasionally.
（ふつうは私はあまり酒を飲まない．時折ビールを数本飲む程度だ）
《英米の瓶ビールは小瓶なのです（高橋）》

○**as yet**（＝so far, up to now）「まだ」，「今のところ」

▶ He said he would contact me, but he hasn't done so **as yet**.
（彼は私に連絡をくれると言っていたが，まだしてきてない）

○**at A's disposal**（＝available for A's use）「A が自由に使える」

▶ I'm **at your disposal** to act as your interpreter if you need one.
（必要とあれば，私を通訳として自由に使ってくださって結構です）

☆**at any rate**（＝in any case, at all events）「とにかく」，「いずれにせよ」

▶ I still have a lot of work to do, but **at any rate**, I'm having tomorrow off.
（まだたくさんやらなければいけない仕事があるが，とにかく明日は休む）

▶ It is worth trying, **at all events**. 〈Doyle『四つの署名』〉
（やってみるだけの価値はあるよ，いずれににせよね）

☆**at first**（=in the beginning）「初めは」

▶Her English is so good that **at first** I thought she was a native speaker.
（彼女の英語はとても素晴らしいので，初めは彼女がネイティブ・スピーカーだと思った）

○**at first hand**（=directly）「直接」

▶I had the story of the plane crash **at first hand** from someone who saw it happen.
（その飛行機事故が起きたのを見た人から，直接その話を聞きました）
《at が省略されることもあります》

○**at large**（=free, especially not confined in prison）「逃亡中で」;「一般の」（'the opinion of the public **at large**'「世間一般の意見」）

▶The escaped prisoner was **at large** for some weeks before being recaptured.
（その脱獄囚は再び捕まるまで数週間逃亡していた）

☆**at least**「少なくとも」

▶You should read **at least** one book every month.
（あなたは毎月少なくとも 1 冊は本を読むべきです）

○**at second hand**（=received from some source other than the original）「間接的に」

▶Did you hear that from the boss directly, or **at second hand**?
（それを上司から直接聞いたのですか，それとも間接的にでですか？）

○**at times**（=sometimes）「時折」

▶**At times**, I wonder if I have chosen the wrong career.
（時折，私は職業の選択を間違えたのかなと考えてしまう）

○**at work**「仕事中で」，「取り組んで」

▶Diplomats are **at work** trying to seek a compromise.
（外交官は妥協案の模索に取り組んでいる）

☆**be at a loss**（=to be puzzled and perplexed）「途方にくれて」，「困惑して」

▶The finance minister **was at a loss** for how to control the exchange rate during the financial crisis.（財務大臣は金融危機の期間にどうやって為替レートを

コントロールするか途方にくれた）

○**be badly off**（＝to be in unfortunate circumstances, poor）「暮らし向きが悪い」，「金に困っている」

▶ The family **is** quite **badly off** now that the father is unemployed.
（父親が失業しているので，その家族は暮らし向きがとても悪い）

○**be better off**（＝to be richer; to be in a more satisfactory state）「いっそう暮らし向きがよい」，「よりよい状態にある」（⇔ be worse off）

▶ On average, people with university degrees **are better off** than high school graduates.（平均して，高卒の人より大卒者のほうが暮らし向きがよい）

○**be mixed up with A**（＝to be involved）（めんどうな人・事と）「かかわり合いになる」

▶ Unfortunately, my son **is mixed up with** some quite bad people.
（不幸にも私の息子はたちの悪い連中と付き合いがある）

○**be on the point of *doing***（＝to be about to do something）「まさに … するところだ」

▶ I **was** just **on the point of** phoning you when you called me.
（まさに君に電話をかけようとしたところに電話をもらったんだよ）

☆**be second to none**（＝better than every other（person, thing, *etc.*）of the same type; very good）「誰にも負けない」

▶ That player's ability **is second to none**.
（その選手の能力は誰にもひけを取らない）

☆**be well off**（＝to be in fortunate circumstances（especially wealthy or prosperous））「暮らし向きがよい」，「裕福である」，「よい状態にある」

▶ Our family is not rich, but we **are** comparatively **well off**.
（うちの家族は金持ちではないが，比較的暮らし向きがよい）

☆**before long**（＝soon, presently）「まもなく」，「遠からず」

▶ **Before long**, I hope to marry and settle down.
（遠からず，結婚して落ち着きたいと思っている）

○**behave *oneself***「行儀よくする」

▶ "**Behave** your**self**!"（＝Don't be rude.）（「行儀よくなさい！」）

○ **behind A's back**（＝without A's knowledge or permission）「陰で」,「A のいないところで」（「A に面と向かって」）（⇔ to A's face（＝while A is present））

▶ It's not good to talk **behind people's backs**.（陰口はよくない）

○ **behind the times**「時代遅れで」

▶ Our company has very few female managers, so some people say we are **behind the times**.

（わが社はほとんど女性の管理職がいないので，時代遅れだと言われることがある）

○ **behind time**（＝late, behind schedule）「遅れて」

▶ I thought we would be nearly finished by now, so we have fallen **behind time**.

（今頃までにはほとんど終わっていると思っていたのだから，私たちは予定より遅れていることになる）

○ **beside [off] the mark**（＝wide of the mark）「的を外れて」

▶ Your guess was totally **off the mark**.（君の推測は全く的外れだった）

○ **beside [off] the point**（＝to have no connection with the subject being discussed, to be irrelevant）「的を外れて」,「要点を外れて」

▶ It's **beside the point** whether he's a pleasant person, as he has not got the skills for the job.

（彼はその仕事に必要なスキルを持っていないので，よい人柄かどうかは問題ではない）

○ **beyond A's control**（＝out of A's control）「A にはコントロールできない」,「A の力の及ばない」

▶ Now that my son is an adult, legally he's **beyond my control**.

（もう息子は成人なので，法的には私がどうこうできない）

▶ Whether our company offers you a job or not is **beyond my control**, I'm afraid.

（申し訳ないが当社があなたに仕事を提供するかどうかは私の力の及ぶところではない）

○ **beyond belief**（＝unbelievable）「信じられない」

▶ It's **beyond belief** that a civil servant could use public money in such a way.（公務員がそんなふうに公共のお金を使えるなんて信じられない）

○ **beyond (a) doubt**（＝with no possibility of doubt）「疑いなく」

▶ Most people accept that it is **beyond doubt** that mankind evolved from animals like apes.（たいていの人が，人類が類人猿のような動物から進化したことは疑いようがないという考えを受け入れている）

○ **beyond [out of]（all）recognition**（=change completely）「認識できない」，「見分けのつかないほど」《しばしば change や alter といった動詞と一緒に使われます》

▶ I hadn't met my childhood friend for nearly forty years, and she had changed **beyond recognition**.
（子供のころの友人に 40 年近く会っていなくて，彼女は見違えるほど変わっていた）

○ **beyond repair**「修理できない」

▶ I dropped my mobile phone, and apparently it's damaged **beyond repair**.
（携帯電話を落っことしてしまい，見たところ修理できないほど壊れているようだ）

○ **by and large**（=for the most part, generally speaking）「概して」

▶ **By and large**, I would say Yokohama is quite a convenient place to live.
（概して，横浜は住むには便利なところだと言える）

○ **by birth**「生まれは」

▶ **By birth**, she's Japanese, but she behaves more like an American.
（彼女は生まれは日本人だが，アメリカ人のように振る舞うことが多い）
《☝ "her parents are Japanese" ということです》

○ **by chance**（=accidentally, ☆ by accident）「偶然」

▶ **By chance**, my wife and I have the same birthday.
（偶然にも，妻と私は誕生日が同じだ）

○ **by degrees**（=gradually）「徐々に」

▶ After the end of the recession, economic activity is increasing **by degrees**.
（不況が終わった後，経済活動は徐々に増大してきている）

○ **by name**「名前は」

▶ I know his face but I don't know him **by name**.
（彼の顔は知っているが名前は知らない）

☆ **by nature**（nature: someone's character）「生まれつき」，「生来」

▶ **By nature**, I am quite shy, which means I find public speaking quite a

strain.
（生まれたときから僕はとても内気なので，人前で話すことはかなり負担に感じる）

○**by profession [trade]**「職業は」

▶**By profession**, my uncle is a lawyer.（私の叔父は職業が弁護士です）

○**by sight**（'know a person by sight' = 'be familiar with his appearance only'）「顔は」,「見ることによって」

▶All of my neighbors know me **by sight**.（近所の人は皆，私の顔を知っている）

☆**by the way**（= incidentally）「ところで」

▶**By the way**, you are coming tomorrow, aren't you?
（ところで，明日は来るんだよね？）

☆**day by day**（= every day）「日々」,「日ごとに」,「来る日も来る日も」

▶He's recovering well from the operation, and getting stronger **day by day**.
（彼は術後日を追うごとに回復し，力強くなってきている）
（cf. 'day after day'「来る日も来る日も（変わりばえせず退屈な感じ）」）

▶This went on **day after day**, Mr. Holmes, and on Saturday the manager came in and planked down four golden sovereigns for my week's work. 〈Doyle「赤毛組合」〉
（これが来る日も来る日も続いて，ホームズさん，土曜日にはマネージャーがやって来て私の 1 週間の仕事にソブリン金貨を 4 枚支払いました（plank down））

○**for good**（= forever, permanently）「永遠に」,「これを最後に」

▶We don't want a temporary solution. We want to solve the problem **for good**.
（一時的な解決策が欲しいわけではない．その問題を永久に解決することを望んでいる）

○**for nothing**（= without result, ☆ in vain; free, without payment）「無駄に」,「無料で」

▶In the end she failed the exam, so all her studying was **for nothing**.
（結局彼女は試験に落ちてしまい，勉強がすべて無駄になってしまった）

○**for one thing**（= for one reason）「1 つには」

▶I'm not going out at all today, because **for one thing** I'm feeling very tired.

（私は今日は一日出かけるつもりはありません，というのも 1 つにはとても疲れているからです）

○**for one thing … for another (thing) …**「1 つには …，もう 1 つは …」

▶I rarely travel these days, because **for one thing** I don't have time, and **for another** I'm trying to save money.

（近頃はめったに旅行しません．なぜかと言うと，1 つには時間がなく，もう 1 つはお金を節約しているためです）

☆**for short**「略して」，「短く言えば」

▶Benjamin is called 'Ben' **for short**.

（ベンジャミンは短くして「ベン」と呼ばれる）

○**for sure**（＝for certain，certainly，surely）「確かに」

▶One thing is **for sure**, I won't be going to such an expensive restaurant again soon.

（これだけは確かに言える．僕はあんな高いレストランにまたすぐに行ったりしない）

☆**for the first time**「初めて」

▶In my swimming class, there are some people learning **for the first time**.

（私の水泳のクラスには，初めて水泳を学ぶ人もいる）

○**for the first time in … years [months, days]**「… 年［月，日］ぶりに」

▶I met my old high school friends **for the first time in** about ten years.

（およそ 10 年ぶりに高校時代の旧友たちに会った）

○**for the time being**（＝for the present，for the moment）「差し当たり」，「当分の間」

▶My computer is slow and old, but **for the time being** I will continue to use it.

（私のコンピュータは遅いし古いが，当分の間使い続けるつもりだ）

☆**from a … point of view**（＝from … viewpoint [perspective]）「… の見方からすると」

▶**From a** foreigner's **point of** view, sometimes Japanese society is difficult to understand.（外国人の見方からすれば，時に日本人社会は理解しがたい）

cf. from time to time（＝occasionally，sometimes）「ときどき」

▶ I like to escape from the big city to the countryside **from time to time**.
（私はときどき大都会から田舎へ脱出したい）

○ **ill at ease**（=nervous, uncomfortable, embarrassed）「落ち着かない」,「不安な」

▶ I felt **ill at ease** there as everyone except me already knew each other.
（私以外は誰もがお互いに知ってたので，私はそこでは居心地が悪かった）

☆ **in a hurry**（=in haste, hastily）「急いで」

▶ If you are not **in a hurry** to go home, how about a few drinks in a bar after work tonight?
（急いで帰らなくてよいなら，今夜仕事の後バーで二，三杯飲んで行かないか？）

☆ **in a sense**（=in one way）「ある意味では」,「ある程度までは」

▶ I don't completely disagree with you, and **in a sense** you are partly right.
（まったく君に同意できないというわけではないし，ある意味，君は正しいところもある）

☆ **in advance**（=ahead of time, beforehand）「前もって」,「前金で」

▶ If you want to buy a house, you must pay ten per cent of the price **in advance**.
（もし家を買いたいのなら，価格の10%を前払いしなければならない）

○ **in any case**（=anyway, anyhow）「とにかく」,「いずれにせよ」

▶ Whether you decide to come to Tokyo on a weekday or a weekend, **in any case**, I really want to meet you.
（君が東京へ来るのを平日にするにせよ週末にするにせよ，いずれにしても，僕は本当に君に会いたいんだ）

☆ **in case**（=because of the possibility of *something* happening）「… する場合にそなえて」,「… するといけないので」

▶ He went early **in case** there were traffic jams later.
（後で交通渋滞になるといけないので早めに行った）

☆ **in case of A**（=in the event of）「… の場合には」

▶ **In case** of emergency, phone the fire brigade on this number.
（緊急の場合には，この番号で消防団（fire brigade）に電話してください）

○**in detail**「詳しく」(＝including every small point, thoroughly)

▶I'd like an explanation **in detail** of what I have to do to install the software.

(そのソフトをインストールするには何をしなければいけないかを詳しく説明していただきたい)

○**in earnest** (＝seriously)「真剣に」,「本気で」

▶It was only when he began playing **in earnest** that I realized how good my opponent was.

(対戦相手が本気でプレーし始めてようやく，私は相手がどんなにうまいかわかった)

☆**in general**「一般に」

▶**In general**, people from the north of China are taller than people from the south.

(一般に，中国北部出身の人は南部出身の人より背が高い)

○**in my opinion [view]**「私の考えでは」

▶**In my opinion**, the government needs to lower the rate of consumption tax as soon as possible.

(私の考えでは，政府はできるだけ早く消費税率を下げる必要がある)

○**in no time (at all) / in next to no time** (＝very quickly, soon)「すぐに」

▶She said she would get changed quickly, and in fact **in no time** she was ready to go.

(彼女はすぐに着替える (get changed) と言い，実際あっという間に出かける準備ができた)《'in less than no time' とも言います》

○**in *one*'s shoes** (＝in someone's place or position)「の立場になって」

▶I'd have done the same thing if I were **in** your **shoes**.

(私があなたの立場だったら同じことをしたでしょう)

☆**in other words** (＝that is (to say))「言い換えれば」,「つまり」

▶He's an undertaker, **in other words** a person who arranges funerals.

(彼は葬儀屋，つまり，葬式の手配をする人です)

☆**in particular**「特に」

▶Did any of the books I lent you interest you **in particular**?

（私が貸した本で特にあなたの興味を引いたものがありますか？）

○**in person**（＝personally）「本人が」

▶The prime minister went **in person** to the airport to greet the king.

（総理大臣本人が空港にその国王を出迎えに行った）

○**in private**（＝privately）「こっそりと」

▶You should tell him that **in private**, and not in front of the others.

（こっそりと，しかも他の人たちがいるところではなく，彼にそれを話すべきだ）

○**in public**（＝publicly）「人前で」

▶I am always very nervous about speaking **in public**.

（人前で話すのはいつもとても緊張する）

☆**in short**（＝in brief, to sum up）「要するに」，「手短に言えば」

▶Of course, I can give you my reasons in more detail, but **in short**, I intend leaving the company this autumn.

（もちろんもっと詳しく理由を言うことはできるけど，手短に言えば，この秋で会社を辞めるつもりだってことだ）

☆**in the long run**（＝finally, eventually, in the end）「結局は」，「長期的に見れば」

▶Short term, this strategy will cost our company money, but **in the long run**, it will be very profitable.

（短期的には，この戦略で我が社にはお金がかかるが，長期的に見ればとても利益を生むだろう）

○**in the way of A (in A's way)**（＝blocking someone's progress）「邪魔になって」（⇔ out of the way (of)「邪魔にならないように」）

▶Only his own lack of determination stands **in the way of** him succeeding in life.

（彼が人生で成功するのを妨げているのは，彼自身の決断力不足だけだ）

☆**in time**（＝eventually）「いずれは」，「やがて」，「そのうち」

▶I'm sure she'll decide what kind of job she wants to do **in time**.

（きっと，彼女はそのうちどんな仕事をしたいか決めると思うよ）

☆**in turn**（＝one after another）「順番に」

▶ All the customers waited patiently to be served **in turn**.
（すべての客は順番に対応してもらうのを忍耐強く待っていた）

○ **just in case** (=in order to be safe)「念のために」

▶ It might rain, so take an umbrella **just in case**.
（雨が降るかもしれないから，念のため傘を持って行ってください）

○ **know better than to *do*** (=to be wise enough not …)「… するようなばかなことはしない」

▶ You ought to **know better than to** go swimming after a big meal!
（たらふく食べた後に泳ぎに行くなんて馬鹿なことをしないほうがいいですよ！）

○ **let alone** (=much [still] less, to say nothing of, not to speak of, not to mention)「言うまでもなく」,「… はもちろん」

▶ I don't know many Japanese words, **let alone** speak the language fluently.
（日本語の単語はあまり知りませんし，ましてや流ちょうに話すなんてなおさらできません）

○ **little by little** (=by degrees)「少しずつ」,「徐々に」

▶ **Little by little**, I'm learning about the work.
（少しずつ，私はその仕事がわかってきている）

○ **next to** (=almost)「ほとんど」

▶ I've spent a lot recently, so there is **next to** nothing in my bank account.
（最近ずいぶんお金を使ってしまって，銀行口座にほとんど残っていない）

○ **no better than A** (=just the same as)「も同然だ」

▶ He's **no better than** a beggar. （彼は乞食同然だ）

☆ **(every) now and then [again]** (=sometimes, occasionally, from time to time)「時おり」,「ときどき」

▶ I don't go to the gym often, but I do go **every now and then**.
（ジムに行くのは頻繁ではありませんが，時おり行くことは行っています）

○ **off and on** (=intermittently, from time to time)「断続的に」《《英》では 'on and off'》

▶ He works **off and on**. （彼はときどき思い出したように働く）

▶ He has an **on-and-off** relationship with his girlfriend.

（彼はガールフレンドとくっついたり離れたりしている）

○**on (the) air**「放送中で」（=to be broadcasting on the radio or television at the present moment）

▶ The program will be **on air** in five minutes.（その番組は5分後に放送される）

cf. in the air「(考え・気持などが) 大勢の人の心に浮かんで」,「(変化などが) 起こりそうで」（=a lot of people feel something at the same time; to be going to happen very soon)）

▶ There was a sense of excitement **in the air**.

（興奮した雰囲気がただよっていた）

▶ Change is **in the air**.（もうすぐ変化が起きそうだ）

○**on a diet**「ダイエット中で」

▶ You aren't overweight at all, so why are you **on a diet**?

（君は全然太りすぎなんかじゃないのに，なんでダイエットしているの？）

cf. go [be] on a diet（=to start eating less or to only eat certain foods in order to lose weight)）「ダイエットする（している)」

▶ I've put on about five kilos, so I'm **going on a diet**.

（5キロくらい太っちゃったから，ダイエットするつもり）

○**on and on**（=continuously, persistently, without stopping）「長々と」

▶ I hoped his speech would be brief, but the speaker went **on and on**.

（話が短ければいいなと思っていたが，スピーチをした人は長々と続けた）

○**on demand**「要求［請求］があり次第」

▶ This check is payable **on demand**.

（この小切手 (check) は請求すればいつでも支払いを受けられる）

○**on end**（=continuously）「続けて」,「立て続けに」

▶ The explorers traveled through the desert for days **on end**.

（探検家たちは何日も続けて砂漠を旅した）

○**on end**（=in a vertical position）「直立して」

▶ If you try to stand a pencil **on end**, it will probably fall over.

（鉛筆をまっすぐ立てようとしても，たぶん倒れてしまうでしょう）

☆**on occasion**（=sometimes but not often）「時おり」,「ときどき」

▶ It's not very often, but I do go to the cinema **on occasion**.
（頻繁ではありませんが，ときどき映画を見に行きます）
《cinema《英》「映画館」（《米》(movie) theater, movie house)》

○**on *one's* face**（= on *one*'s stomach' face down)「うつぶせで」
▶ Do you sleep face up, or **on your face**?
（仰向けに寝ていますか，それともうつぶせで寝ていますか？）

○**on *one's* own**（= alone, by oneself)「ひとりで」
▶ I am finding living **on my own** great fun.
（1 人暮らしはとても楽しいと思い始めている）

☆**on purpose**（= intentionally, deliberately)「故意に」，「わざと」
▶ Do you think he bumped into you by accident or **on purpose**?
（彼はあなたに偶然出くわした［ぶつかった］(bump into) と思いますか，それとも意図してだったと思いますか）
《ここでの 'bumped into' は日本語訳（出くわした［ぶつかった］）にあるように 2 通りの解釈が可能で，どちらになるかは文脈次第で決まります (McAulay)》

☆**on sale**「売りに出されて」（= to be sold)
▶ Our company's new watches will be **on sale** from early November.
（わが社の新しい時計は 11 月の初旬より発売されます）

○**on strike**（= (of workers) to be striking)「ストライキ中で」
▶ The workers are threatening to go **on strike** over their low pay.
（労働者は自分たちの低賃金を争点にストライキを行うと言っておどしをかけている）

☆**on the contrary**（= in the opposite)「それどころか」
▶ I thought he would probably come late, but **on the contrary**, he was first to arrive.
（彼は遅れて来るだろうと思っていたが，それどころか最初にやって来た）

○**on the go**（= to be busy and active)「働きづめで」，「絶えず活動して」
▶ I'm so busy this month that I'm **on the go** from morning to night every day.
（今月はとても忙しくて毎日朝から晩まで働きづめだ）

○**on the rise [increase]**（= growing, increasing)「上昇中で」

▶ It seems violent crime is **on the rise** in many European cities.
（多くのヨーロッパの都市で暴力的な犯罪が増えているように思える）

○ **on the spot** (=at that place)「その場に」

▶ At the time of the accident, by chance there was a policeman **on the spot**.
（事故が起きたとき，偶然その場に警察官がいた）

○ **on the [*one's*] way** (=while going from one place to another; arriving/happening soon)「途中で」;「まもなく着く［起こる］」

▶ Unfortunately, I dropped my wallet **on the way** here.
（不運にも，ここに来る途中で財布を落としてしまった）

▶ More changes are **on the way**.（より多くの変化が起ころうとしている）

○ **on the whole** (=taking everything into consideration)「概して」,「全体として」

▶ **On the whole**, it was a very relaxing holiday.
（全体としては，とてもくつろいだ休日となった）

《☞ 'as a whole'（「… 全体として」）は通例名詞（句）の後に置かれます》

▶ I believe the economy **as a whole** is going to recover.
（私は経済全体としては回復していくと考えています）

○ **on time** (=punctually)「時間通りに」,「定刻に」

▶ Japanese trains are famous for arriving **on time**.
（日本の電車は時間通りに来ることで有名である）

○ **once (and) for all** (=finally, definitely)「きっぱりと」,「決定的に」

▶ The boss's announcement put an end to the rumors **once and for all**.
（ボスがきちんと話してくれたので，そのうわさ話はきっぱりと終わりとなった）

☆ **once in a while** (=occasionally)「ときどき」

▶ Drinking too much **once in a while** won't harm your health much.
（たまに酒を飲みすぎたところでたいして健康を害することにはならないよ）

○ **one by one** (=one after another [the other])「1つずつ」

▶ The teacher very kindly went through my mistakes with me **one by one**.
（先生はとても親切に私のミスを1つずつ私と一緒に調べて（go through）くれた）

○ **out of [beyond] (A's) reach** (reach: the distance that you can stretch out your arm to touch something)「手が届かない」

▶ Some of the war criminals fled the country, to be **out of reach** of justice.
（戦犯の何人かは，司法の手が及ばぬように国外逃亡した（fled: flee（逃げる）の過去形））

☆**out of control**「コントロールできない」,「制御不能で」（⇔ under control「コントロールされて」）

▶ The aircraft went **out of control** and crashed into the ground.
（その飛行機は制御不能となり地面に墜落した）

☆**out of date**「時代遅れだ」《⇔ up to date「最新で」》

▶ My PC is very **out of date**, so I should really buy a new one.
（僕のパソコンはすごく旧式だから，本当は新しいものを買うべきなんだ）

○**out of fashion**「時代遅れで」,「流行遅れで」（⇔ in fashion「流行して」）

▶ That kind of jacket is **out of fashion** now.
（その種のジャケットは今や流行遅れだ）

○**out of hand**（＝out of control）「手に負えない」（⇔ in hand「制御されて」）

▶ Sometimes, his behavior is really **out of hand**.
（ときに彼の振る舞いは本当に手に負えないことがある）

○**out of order**（＝not properly arranged, not working properly）「順序がばらばらで」「故障して」（⇔ in order「順序正しく」）

▶ These records were **in** date **order**, but now they are **out of order**.
（これらの記録は日付順で並んでいたのだが，今はばらばらだ）

○**out of place**（＝not in the right or proper place）「場違いで」（⇔ in place「適所に」）

▶ Wearing casual clothes made you look **out of place** at the wedding.
（結婚式でカジュアルな服装をしていて，君は場違いに見えたよ）

☆**out of the question**（＝impossible, not worth considering）「問題外で」

▶ With my average income, sending my three children to expensive private schools is **out of the question**.
（私の大したことのない収入で3人の子供を学費の高い私立校に通わせるのは不可能だ）

○**out of shape**（＝not in the proper shape）「不健康で」（⇔ in (good) shape)

「健康で」)

▶ He used to be in great physical condition, but now he's **out of shape**.
(彼は以前はとても健康状態がよかったが，今はよくない)

○ **out of sight**「見えないところに」(⇔ in sight「見えて」)

▶ As soon as he was **out of sight** of his parents, the boy lit up a cigarette.
(その少年は両親から見えないところに行くとすぐに煙草に火をつけた)

○ **out of the way / out of A's way** (＝not occupying the space that is needed by someone / A)「邪魔にならないところに」(⇔ in the way「邪魔になって」))；(＝remote)「人里離れて」

▶ "Get **out of** my **way**!" he said rudely.
(「邪魔だ，どけっ！」と彼は乱暴に言った)

▶ When I retire, I want to live in a quiet, **out-of-the-way** place.
(退職したら，静かで人があまりいないところで暮らしたい)

○ **out of work**「失業中だ」

▶ My cousin lost his job, and he has been **out of work** for six months.
(いとこは職を失って，6カ月間ずっと失業中だ)

☆ **right away** (＝immediately, at once, right now)「すぐに」

▶ If you need help, let me know **right away**.
(助けが必要なら，すぐに知らせてくれ)

☆ **so far / thus far** (＝up to this point)「今までのところ」

▶ **So far**, I think our project is progressing quite well.
(今までのところ，我々のプロジェクトは実にうまくいっていると思う)

☆ **step by step**「一歩一歩」，「着実に」

▶ I had followed **step by step** the methods by which he had traced the various windings of this complex case, …　〈Doyle「六つのナポレオン」〉
(私は彼がこのもつれた事件のさまざまに曲がりくねった道程をたどった方法を一歩一歩追ってみたが，…)

▶ Becoming proficient in a foreign language is a **step-by-step** process.
(外国語に熟達するには段階的な過程を経る)

○ **to a great extent**「かなりの程度まで」，「大部分は」

▶ **To a great extent**, his analysis of the situation is completely right.
（かなりの部分まで，彼の状況分析は完全に正しい）

☆**to some [a certain] extent**（＝to some [a certain] degree）「ある程度」
▶ The foreign students can already communicate in Japanese **to some extent**.
（その外国人学生たちは，すでにある程度は日本語で意思疎通ができる）

○**to the contrary**（＝in the opposite）「それとは反対に」
▶ Whatever he may say **to the contrary**, the problems are all his own fault.
（それと反対に彼が何と言ったところで，その問題はすべて彼が悪い）

○**to the effect that**「… という趣旨（effect＝meaning）の［で］」
▶ Inspector MacDonald had sent up a note **to the effect that** he would wait upon Mrs. Douglas in her room …　〈Doyle『恐怖の谷』〉
（マクドナルド警部はダグラス夫人の部屋で夫人に応対する（wait on）という旨の伝言を届けてあった）

○**to the minute**（＝sharp, on time）「時間通りに」,「きっかり」
▶ If you make an appointment with him, he always arrives **to the minute**.
（彼と会う約束をしたら，彼はいつも時間通りに到着するよ）

○**to the point**（＝relevant）「的を射た」,「要を得た」
▶ Can you keep **to the point** being discussed, please?
（今話し合われている点から脱線しないでいただけますか？）

○**under consideration**（＝being thought about [discussed]）「考慮中で」
▶ Your suggestion is **under consideration** by the top executives.
（君の提案はトップの重役たちが検討中だ）

○**under discussion**「議論中で」
▶ No decision has been taken, as the matter is still **under discussion**.
（その問題はまだ話し合われている最中で，何も決まっていません）

○**under investigation**「調査中で」
▶ The causes of the aircraft crash are **under investigation** by experts.
（その飛行機の墜落の原因は専門家たちによって調査されている）

○ **under repair**「修理中で」

▶ This road is **under repair** at the moment, so you will have to go by another route.

（この道路はちょうど補修中なので，別のルートで行かなければならないでしょう）

○ **under way**（＝in progress）「進行中で」

▶ The repair work is **under way** already.（その修復作業はすでに始まっている）

☆ **up to**「… の責任［義務］である」,「… の考えで決まる」（＝it is *one*'s responsibility or duty）

▶ It's **up to** you to decide.（＝It's your duty or business to decide.）

（決めるのは君の役［責任］だ）

▶ The final choice is **up to** you.（最終的な選択は君次第だ）

「… をする能力がある」（＝to be capable of）

▶ Are you sure such a young person is **up to** this difficult job?

（あなたはそんな若い人がこんなに難しい仕事をできるとほんとうに思いますか？）

（＝be physically or intellectually strong enough）

▶ With only three months' training, you won't be **up to** running a full marathon.

（たった3か月の練習だけでは，フルマラソンを走り切れるようにはならないだろう）

「…（悪事など）をしようとしている」（＝be planning to do something bad or evil）

▶ My son is so quiet that I think he must be **up to** something.

（息子が静かにしているので，何かよからぬことを考えているに違いないと思います）

○ **within (A's) reach / within the reach of A**「(A の) 手の届く範囲に」,「(A の) 力の及ぶ」

▶ Do you think getting into such a good university is **within his reach**?

（そんないい大学に入る力が彼にあると思いますか？）

○ **without fail**（＝for certain, for sure, certainly, surely）「確実に」

▶ Tomorrow morning at eight o'clock **without fail** I will be waiting for you in front of the station.

（明日の午前8時，必ず駅の前であなたをお待ちしています）

参考文献

本書では，文法のメカニズムについては主として，英語学の分野における理論研究の成果を踏まえて書かれている『実例解説英文法』（中村捷著，開拓社，2009 年）をベースにしています．その他については以下のリストを参照してください．

《参考書等》

浅川照夫・鎌田精三郎（1986）『助動詞』（新英文法選書 第 4 巻）大修館書店

安藤貞雄（2005）『現代英文法講義』開拓社

江川泰一郎（1991）『英文法解説』（改訂三版）金子書房

岸本秀樹・菊池朗（2008）『叙述と修飾』（英語学モノグラフシリーズ 5）研究社

高橋邦年（監修）（2001）『高校総合英語 Bloom』桐原書店

中島平三（2017）『斜めからの学校英文法』開拓社

中村捷（2018）『発話型英文法の教え方・学び方』開拓社

中村捷・金子義明（編）（2002）『英語の主要構文』研究社

中村良夫・高橋邦年・Alexander McAulay・山之内哲也（2018）『ネイティブの語感に迫る アクティブな英単語力〈大学入学レベル〉』開拓社

丸田忠雄・平田一郎（2001）『語彙範疇（II）』（英語学モノグラフシリーズ 7）研究社

安井稔（1983）『英文法総覧』開拓社

安井稔・秋山怜・中村捷（1976）『形容詞』（現代の英文法シリーズ 7）研究社

デクラーク，レナート・（著）・安井稔（訳）（1994）『現代英文法総論』開拓社

Lindstromberg, S. (2010) *English Prepositions Explained.* John Benjamins.

Murphy, Raymond (2019) *English Grammar in Use*. (Fifth edition) Cambridge University Press.

Palmer, F. R. (2001) *Mood and Modality.* Cambridge University Press.

Quirk, R., S. Greenbaum, G. Leech and J. Svartvik (1985) *Comprehensive Grammar of the English Language.* Longman.

Swan, M. (2005) *Practical English Usage*. (Third edition) Oxford University Press.

Thomson, A. J. and A. V. Martinet (1986) *A Practical English Grammar*. (Fourth edition) Oxford University Press.

《辞書》

（本文中では英英辞典の書名を下記のとおりの略称で表記しております）

ISED: Hornby, A. S., E.V. Gatenby, and H. Wakefield (1942) *Idiomatic and Syntactic English Dictionary.* Kaitakusha.

Chambers: Chambers Universal Learners' Dictionary. (1980) W & R Chambers Ltd.

OALD: Oxford Advanced Learner's Dictionary. (Tenth edition) Oxford University Press.

LDCE: Longman Dictionary of Contemporary English. (Sixth edition) Pearson Education Ltd.
『ジーニアス英和辞典』(第 5 版) 大修館書店
『スーパー・アンカー英和辞典』(第 5 版) 学研プラス
『ウィズダム英和辞典』(第 3 版) 三省堂
『ランダムハウス英和大辞典』(第 2 版) 小学館

索引

《事項索引》（数字はセクション番号を示す）

イディオム　4.2, 18.2.5, 18.2.6
埋め込み節　1.1
影響性の条件　1.2.4
可算名詞　12.2, 14.2.2
活動動詞　2.3
仮定法過去　2.4
仮定法過去完了　2.4
仮定法現在　2.4.3.1, ミニ講義 3
関係形容詞　7.3
関係節　5.1.7, 7.1
関係副詞　7.5
冠詞　9.1.4
間接話法　8.2
旧情報　ミニ講義 1, 10.2.2
強調構文　10.2.2
句　1.1
クジラ文　6.3
句動詞　4.2, 18.1
群前置詞　17.6
形式的な主語　13.3
形式的な目的語　13.3
形容詞句　1.1
形容詞的用法（to 不定詞）　5.1.7
結果句（結果述語）　ミニ講義 2
結果構文　ミニ講義 2
現在完了進行形　2.3
現在分詞　5.3.1
限定詞（決定詞）　9.1.4, 12.1
限定詞句　12.1
限定用法（関係節）　7.2
限定用法（形容詞）　14.1
合成名詞　5.3.1.1
語否定　9.2
固有名詞　12.2
再帰代名詞　13.4
最上級　6.5
削除　10.3
使役動詞　1.4.3
指示詞　9.1.4
時制　1.1
時制の一致　8.1.1
自動詞　1.2.1
主格補語　ミニ講義 2
主語・助動詞の倒置　10.1.1
主語・動詞の倒置　10.1.2
主節　1.1
主部　1.1
従属節　1.1
従属接続詞　16.2
熟語　18
述部　1
受動文（受動態）　4.1
授与動詞　1.3.4
準否定語　9.1.3
条件文　3
小節　4.1, 5.1.6
状態動詞　2.2.1, 2.3
焦点　10.2.2
情報の流れ　ミニ講義 1
省略　10.3
叙述用法（分詞）　5.3.1.2
叙述用法（関係節）　7.2
叙述用法（形容詞）　14.1
助動詞　2.4
所有代名詞　13.5
新情報　ミニ講義 1, 10.1.2, 10.2.2
心理的述語　14.3
随伴　7.1
数量詞　9.1.4, 13.7
絶対最上級　6.5
絶対比較級　6.5
先行詞　5.1.7, 7.1
前置詞　17.1
前置詞句　1.1
相関接続詞　13.7.2, 16.1
相互複数　12.2
代名詞　13.1
他動詞　1.2.1
知覚動詞　1.4.4
中間構文（能動受動文）　4.4

抽象名詞　12.2
直接話法　8.2
定冠詞　12.1, 13.1
伝達動詞　1.2.4
等位接続詞　16.1
動作主　4.1
動詞句の前置　10.1.2
倒置　10.1.1
同等比較　6.1
動名詞節　5.2
独立分詞構文　5.3.2
二次述語　ミニ講義 2
二重関係節（二重制限，積み重ね関係詞節）
　ミニ講義 5
二重前置詞句　17.1
二重目的語構文　1.3.2, 1.3.3, 1.3.4
能動文（能動態）　4.1
能動受動文（中間構文）　4.4
場所表現倒置構文　10.1.2
非制限的用法（関係節）　7.2
付加疑問文　1.1
不可算名詞　12.2, 13.1, 14.2.2
複合関係詞　7.5.2
副詞節　16.2.2
副詞的用法（to 不定詞）　5.1.8
付帯状況（の with）　4.6, 5.1.6, 5.3.2
普通名詞　12.2
物質名詞　12.2
不定冠詞　ミニ講義 1, 12.1
不定代名詞　13.6
部分否定　9.2
文　1.1
分詞形容詞　14.3
分詞構文　5.3.2
分詞節　5.3
文否定　9.1
文副詞　15.1.3
分離を表す of　1.3.5
分離不定詞　5.1.3, 18.2.5
方向表現倒置構文　10.1.2
補文標識　16.2.1
無冠詞　12.1
無生物主語　11.1
名詞句　1.1
名詞構文　11.2
名詞的用法（to 不定詞）　5.1.6
命令文　1.1
目的格補語　ミニ講義 2
ラテン比較級　6.4
リストの there 構文　ミニ講義 1
連鎖関係詞節　ミニ講義 5
話者の意思　3.4.2

be 動詞　1.1
be 動詞もどき　1.1
easy-to-do　5.1.9
get 受身　4.4
pretty 構文　5.1.9
SVC　1.1
SVO　1.1
SVOO　1.3.3, 4.1
SVOC　1.4, 4.1
that 節　1.1
there 構文　1.2.1, 1.4.1, ミニ講義 1, 13.7.3
to 不定詞節　5.1
tough 構文　5.1.9, ミニ講義 3
wh 疑問文　10.1.1
wh 疑問詞　5.1.7
yes-no 疑問文　10.1.1

5 文型　1.2.1, ミニ講義 2

《語句索引》（数字はページ数を示す）

A as well as B　187, 354
a bunch of　287
a cake of　286
a cluster of　287
a cup of　286
a few　321
a flock of　287
a good few　322
a great [good] deal of　321
a great [good] many　321
a herd of　287
A is to B as C is to D　222
A is to B what C is to D　222
a large [great] quantity of　321
a large amount of　321
a little　321
a lot of　321
a (large) number of　321
a school of　287
a sheet of　286
a slice of, 286
a spoonful of　286
a [the] key to a difficulty/a puzzle/a problem etc.　389
above　382
above all (things)　485
accept A as B　458
according to　397
account for A　407
accuse A of B　458
across from　397
across　385
adapt to A　407
add A to B　458
add to A　407
adjust to A　408
advise A on B　458
after all　485
against　385
agree to A　408
agree with A　408
aim at A　408
accomplished　323
accordingly　352
address　12
admirable　153
admit, 159
advise　31
advocate　31
afford　118
afraid　319
ago　345
agree　117
akin　319
alike　318, 326
alive　326
all　301, 302, 309
all at once　485
(all) by myself　314
all in all　485
all of a sudden　486
all the better for/because　197
(all) the more for　197
all things considered　176
all you have to do is (to)　143
allegedly　343
allow　274
allow for A　408
almost　347, 348
almost all (of) the [*one's*] A　348
alone　318
along with　397
already　59, 346
although　366
among　384
amount to A　408
an ear of　286
another　300
answer　12
answer for A　409

any of A　309
anything but A　255
apart [aside] from　398
apply A to B　458
apply for A　409
apply to A　409
apparent　153
appear　5, 119
apply A to B　401
appreciate　159
approach　12
approve of A　409
arise　10
arrange　117
as　229, 362, 367, 393
as a matter of course　486
as a matter of fact　486
as a rule　486
as a whole　435
as … as　180
as … as any A　189
as … as ever lived　189
as … as one can [could]　186
as … as possible　186
as for　398
as good as …　188
as if　73
as if [though]　368
as it were　65
as many　188
as of　399
as opposed to A　412
as regards　399
as [so] far as　329
as [so] long as　329
as soon as　360
as such　295
as though　73
as to　399
as well as　399
as yet　486
… as＋主語＋動詞　367
ashamed　319
ask　21, 31
ask a favor of A　453
ask A for B　459
ask for A　409
asleep　169, 319
associate A with B　459
assume　113
assure A of B　459
at　380, 386
at all events　486
at any rate 486
at A's disposal　486
at first　487
at first hand　487
at large　487
at least　487
at (the) least　206
at once　377
at *one*'s wit's [wits'] end　308, 334
at second hand　487
at the expense [cost] of　399
at the mercy of A　399
at the moment　355
at (the) sight of A　399
at times　487
at work　487
attach A to B　459
attempt　117
attend　12
attractive　149
attribute [ascribe] A to B　459
avoid　158
awake　319
aware　319
bad　114
barely　361
barking　169
base A on [upon] B　459
be [get] married to　106

be [keep, stay] in (close) contact with A 289
be [remain] seated in [on] 106
be able to 79
be about to *do* 475
be absorbed in 105
be afraid of A 466
be akin to A 413
be anxious about A 466
be anxious for A 466
be anxious to *do* 475
be apt to *do* 475
be ashamed of A 466
be at a loss 378, 487
be at ease 378
be at hand 378
be aware of A 467
be badly off 488
be based on [upon] A 467
be [become, get] acquainted with A 466
be [become] accustomed to A 466
be better off 488
be beyond control 378
be beyond description 378
be bound for A 467
be bound to *do* 475
be busy with A 467
be caught in A 105, 467
be certain to *do* 475
be characteristic of A 467
be characteristic of A to *do* 409
be compelled to *do* 475
be composed of 467
be concerned about 468
be concerned with 468
be confronted with [by] 106, 468
be conscious of A 468
be content(ed) with A 468
be convinced of 105
be cut out for 450
be (dead) set on [upon] A 472
be dedicated to *do*ing 166
be delighted with [at] 105
be dependent on [upon] A 468
be devoted to *do*ing 166
be different from A 468
be disappointed at [with, in] 105
be dressed in 106
be drowned in 106
be dying for A 468
be eager for A 468
be engaged in A 106, 469
be engaged to A 469
be equal to A 469
be faced with A 469
be familiar to A 469
be familiar with A 469
be famous for A 469
be fed up with A 469
be [feel] free to *do* 415, 476
be filled with A 106, 469
be fit for A 469
be fond of A 470
be for sale 378
be forced to *do* 475
be free from [of] A 410
be friends with 287
be going to *do* 54, 470
be good at 470
be good for A 470
be ignorant of A 470
be impatient for A 470
be in a temper 421
be in charge of 379
be independent of A 470
be indifferent to 470
be in favor of 379
be in order 379
be in tears 379
be interested in A 470
be in time for 335
be in vain 379

be injured in　105
be interested in　105
be involved in A　106, 470
be keen on A　471
be killed in　105
be known to as [for, to] A　106, 471
be lacking [wanting] in　471
be likely to *do*　476
be made up of A　471
be mixed up with　488
be not supposed to *do*　476
be noted for A　471
be obliged to *do*　476
be occupied with [in] A　471
be of no use　379
be of use　379
be off duty　336
be on duty　379
be on the lookout for　383
be on the point of doing　488
be opposed to *do*ing　165
be opposed to A　471
be out of order　379
be out of work　437
be particular about A　471
be peculiar to A　472
be pleased with [at]　105
be poor at [in] A　472
be popular with [among] A　472
be proud of A　472
be ready for A　472
be ready to *do*　476
be reluctant to *do*　476
be responsible for A　472
be rich in A　472
be satisfied with A　105, 472
be second to none　488
be short of A　473
be sick of　473
be superior [senior] to　200
be similar to A　473
be subject to A　473
be suitable for A　473
be superior to A　473
be supposed to *do*　123, 476
be sure [certain] of [about] A　473
be sure to *do*　477
be surprised [astonished, amazed] at　105
be tired from [with] A　473
be tired of A　474
be to　123
be true of A　474
be true to A　474
be typical of A　474
be under construction　380
be unlikely to *do*　477
be used to A　474
be used/accustomed to *do*ing　164
be useful to [for]　474
be up to　438
be us be useful to　414
be weak in　474
be well off　488
be willing to *do*　83, 477
be worthy of A　474
bear [keep] A in mind　459
bear out A [A out]　434
because　362
because of　395
become　5, 106
before　59, 345
before long　377, 488
behave *one*self　488
begin　118, 162
begin [start] with　388
behind A's back　488
behind schedule　426
behind the times　488
behind time　488
believe　45, 52, 101, 113, 127
believe in A　409
belong to A　52, 409

below 338
beside *one*self (with A) 299
beside [off] the mark 489
beside [off] the point 489
besides 351, 389
between 384
between ourselves 299
beyond (a) doubt 489
beyond [out of] (all) recognition 490
beyond A's control 489
beyond belief 489
beyond repair 490
blame A for B 459
blame B on A 460
blow up A [A up] 435
bored 324
boring 171, 324
both 251
both A and B 355
bother 117, 163
bother *do*ing 117
bravely 342
break [cut] in 426
break down 425
break down A [A down] 435
break in 426
break into A 409
break out 426
break up 426
briefly 342
bring 19, 275
bring [get] A under control 334
bring A home to B 394
bring A to an end 417
bring A to light 460
bring about A [A about] 435
bring back A [A back] 435
bring in A [A in] 435
bring on A [A on] 435
bring out A [A out] 435
bring up A [A up] 436
bump into A 410
burn down 426
burst into A 410
busy *do*ing 165
but for 400
but (...) still 314
buy 19
by 387, 392
by and large 490
by birth 490
by chance 490
by comparison with 354
by degrees 490
by [in] virtue of 353
by far 207
by means of 400
by name 490
by nature 490
by no means 254
by *one*self 298
by profession 491
by sight 491
by the time (that) ... 360
by the way 491
by virtue of 395, 400
by way of A 400
call (up) A [A up] 436
call at A 410
call for A 410
call in A 410
call off A [A off] 436
call on [upon] A 410
calm down 426
can 77, 78, 79
can't [cannot] 80
can't help 158, 161
can't stand [bear] 163
cannot help *do*ing 164
capable 329
care for A 410
carefully 340, 342

carry 275
carry away A [A away] 436
carry on 427
carry on (with) A [A on] 436
carry out A [A out] 436
catch 41, 44
catch A by the arm 394
catch A by the sleeve 348
catch on 427
catch sight of 454
catch up with A 449
cause 33, 274
cease 158
certain 151, 152, 319
certainly 342
change A into B 460
change into [to] A 411
change trains 287
charge A with B 401
cheap 327, 330
cheer up 427
choose 19
clear 23, 153
clear A of B 460
clever 114, 150
cleverly 342
cling to A 411
close 344
closely 344
come 5
come about 427
come across A 411
come by A 411
come from A 411
come home to A 449
come into A 411
come of age 477
come out 427
come to 113, 117, 427
come to an end 477
come to light 477
come to terms with A 477
come up with A 449
comfortable 141, 149
compare A to [with] B 460
complain of [about] 16
complained (to …) that 16
conform to 412
conscious 151
concentrate A on B 460
concentrate on A 411
congratulate A on [upon] B 460
consent 117
consent to A 412
consequently 352
consider 41, 53, 113, 127, 159, 161
considerable 326
considerate 326
consist in A 412
consist of A 52, 412
contain 52
continue 163
contrary to 400
contribute to A 412
convenient 326
convert A into B 460
convince 17
cook 19, 39
cope with A 412
correspond to A 363
correspond with A 413
cost 21
costly 334, 345
couldn't be better 95
count on A 413
crazy 114
cross out A [A out] 436
cure 23
cut down A [A down] 437
cut down on 449
cut down on A 384
daily 345

dangerous 116, 139, 149
dare 91
date back to A 413
date from A 413
dawn on A 413
day after day 428
day by day 428
deal in A 413
deal with A 413
decide 31, 117
dedicate A to *do*ing 166
definitely 342
delay 158
demand 31, 71
deny 159, 160
depend on [upon] A 413
depressing 153
deprive 23
deprive A of B 460
derive from A 413
describe A as B 461
desirable 71
despite A 393
despite *one*self 299
determination 71
devote A to B 461
devote *one*self to *do*ing 166
die of [from] A 414
differ from A 414
different 328
difficult 139
directly 362
discuss 13
dispose of A 414
distinguish A from B 461
divide A into B 461
do A good/harm/damage/a favor/justice 478
do away with A 450
do the dishes 478
do well to *do* 478
do with A 414
do without A 415
draw on 415
draw on A 428
dream of 27
drop in [by, over] 428
drop in on [at] A 450
drop out 428
drunken 318
due to 395
during 387
dwell on A 415
each 301, 302
easy 139
economical 141, 149, 150
either 249, 250
either A or B 250, 355
elder 318
elderly 345
enable 274
end in A 415
end up in [at] A 450
endow 22
endure 159
enjoy 159
enjoy *one*self 298
enough 322, 339
enough to *do* 144
enter 12
enter into A 415
envy 21
equip 22
escape 158
essential 71, 154
evade 158
even if 366
even though 366
ever 60
every 301
(every) now and then [again] 496
every other A 303

every other day 313
every second day 313
every two days 313
except 389
except for 390
except that 357, 376, 390
exchange A for B 461
excited 299, 324
exciting 324
excuse 159
expect 112, 113, 118
explain 16
explicit 153
fail 118
faint 319
fall [come] short of A 454
fall back on A 450
fall into A 415
fall on A 415
false 153
far from A 255
far from *do*ing 165
fear 52
feed 22
feel 5, 41, 113
feel like *do*ing 164
few 221, 248, 321
figure out A [A out] 437
fill A with B 461
fill in A [A in] 437
fill out A [A out] 437
fill up A [A up] 437
find 19, 41, 113, 138
find fault with A 454
find out A [A out] (=to discover) 437
finish 158
focus on A 416
focus A on B 461
foolish 114, 150
for 387, 394
for all 397
for ever (and ever) 377
for fear (that) 328
for fear of A / *do*ing 400
for fear of *do*ing 396
for good 491
for lack of 400
for myself 314
for nothing 310, 491
for one thing 491
for one thing …, for another (thing) … 492
for *one*self 299
for short 492
for sure 492
for the first time 492
for the first time in … years [months, days] 492
for the moment 355
for the purpose of *do*ing 396
for the sake [benefit, good] of 400
for the sake of A 396
for the time being 492
force 274
force [compel, oblige] A to *do* 478
force A on [upon] B 461
forget 52, 118, 145, 146
forgetful 325
forgettable 325
former 318
fortunate 326
frankly 342
friendly 342
from 338
from a … point of view 492
from among 377
from bad to worse 377
from behind 377
from here 377
from now 377
from time to time 429
from under 377

from within 377
furnish 22
furthermore 351
generally 341, 342
generally speaking 178
get 5, 19, 36, 39
get A across to B 478
get A over (with) 438
get along with A 450
get away with A 450
get by 428
get down A [A down] 437
get down to A 451
get fed up with A 478
get in touch with A 478
get off A 416
get off A [A off] 438
get on A 416
get on A [A on] 438
get on A's nerves 478
get over 438
get over (with) 438
get over A 416
get rid of A 454
get through A 416
get through with A 451
get to A 117, 416
give away A [A away] 438
give birth to A 454
give in 428
give in to A 451
give it a try 20
give out A [A out] 385
give rise to A 454
give up 158, 428
give up A [A up] 439
give way to A 454
go ahead 429
go [be] on a diet 433
go by 429
go *do*ing 147
go *do*ing in/at/on 388
go in for A 451
go into A 416
go off 429
go on 429
go on *do*ing 164
go on to *do* 147
go on with A 451
go out of *one*'s way to *do* 479
go over A 417
go so [as] far as *do*ing 479
go so [as] far as to *do* 479
go through A 417
go with A 417
good 89, 114
graduate from A 417
grow 5
grow out of A 479
grow up 429
had better *do* 95
had it not been for 74
had to *do* 87
halt 158
hand 19
hand down A [A down] 439
hand in A [A in] 439
hand out A [A out] 439
hang about [around] 377
hang in there 378
hang on 429
hang on in 378
hang on in there 378
hang up 430
happen 121
happily 342
happy 151
hard 139, 344
hardly 78, 247
hate 117, 163
have 34
have a dream 479

have a drink 479
have a hard time *do*ing 164
have A in common 462
have A in mind 461
have a rest 479
have a try 479
have a walk 479
have a word [chat] with A 455
have access to A 454
have an effect [influence] on 480
have [get, take] a look at A 455
have [get] *one*'s (own) way 419
have no idea 480
have nothing to do with 309
have on A [A on] 439
have to 86
have words (with) 480
head for [toward] A 417
hear 41, 53
hear from A 417
hear of A 417
heavy 143
help A with B 462
help *one*self (to A) 298
hesitate 117
high 330, 344
highly 344
hit A on the head 348
hit on [upon] A 418
hold back A [A back] 439
hold down A [A down] 439
hold good 480
hold on 430
hold *one*'s breath 480
hold *one*'s tongue 480
hold out 378
hold up A [A up] 440
hope 113, 117, 285
how about *do*ing 164
however 350
hurry up 430
I believe 211
I dare say 91
I should [would] like to *do* 90
I should say 89
if 48, 64, 333, 356
if (...) only ... 73, 365
if any 272
if anything 272
if it had not been for 73
if it were not for 73
if necessary 272
if not A 272
if only 73
ill at ease 493
illiterate 327
imaginary 325
imaginative 325
imagine 113, 127, 159
impede 158
implicit 153
important 71, 89
impossible 139, 149, 152
in 380, 386
in a hurry 493
in a sense 493
in accordance with 401
in addition 351
in addition (to) 401
in advance 493
in any case 493
in between 377
in case 493
in case of 401 493
in comparison to [with] 401
in connection with 401
in contrast to [with] 402
in detail 494
in *do*ing 165
in [during] the course of 401
in earnest 494
in front of 462

in general 377, 494
in (good) shape 436
in honor of 402
in itself [themselves] 299
in my opinion [view] 494
in next to no time 494
in no time (at all) 494
in *one*'s shoes 494
in order 136
in order that＋主語＋can [will, may] 368
in order to *do* 144
in other words 494
in particular 494
in person 495
in place of A 402
in private 495
in proportion to [with] 402
in public 495
in relation to 402
in response to 402
in return (for) 402
in search of 403
in short 377, 495
in spite of A 393, 397
in spite of *one*self 299
in terms of 403
in that 357, 376
in the face of 403
in (the) light of A 400
in the long run 495
in the middle of 403
in the way of 495
in the world 244
in time 495
in turn 495
in vain 377
in [with] regard to A 401
include 159
industrial 325
industrious 325
inferior 200
inform 17
inform A of [about] B 462
information 285
inner 318
insist 31
insist on [upon] A 418
instead 351
instead of 403
intend 117, 163
interfere with A 418
invaluable 326
involve 52, 159
irrespective of 397
it 119, 297
it goes without saying that … 165
it is (high / about) time (that) A *did* 66
it is [was] ～ that [who, which] … 268
it is … of A to *do* 114
it is no use *do*ing 165
it is time (for A) to *do* 75
join 13
judging from [by] 179
junior 200
just 58, 344
just in case 496
justly 344
keep 44, 171, 289
keep A from *do*ing 480
keep an [*one*'s] eye on A 455
keep away 430
keep early [good] hours 481
keep in touch with A 481
keep off 431
keep on 431
keep out A [A out] 440
keep pace with A 455
keep to A 418
keep track of A 455
keep up A [A up] 440
keep up with A 451
key to 344

kill time (by *do*ing) 481
kind 114, 150
kiss A on the forehead 394
know 15, 18, 28, 53
know better than to *do* 496
last 327
late 319, 327, 344
late(ly) 327
lately 59, 344
later 327
latest 327
latter 318, 327
lay 10
lay off A [A off] 440
lead 275
lead to A 418
learn A by heart 462
learn to 117
leave 44
leave [let] A alone 481
leave A behind 440
leave A for B 462
leave A off B 481
leave A to B 462
leave off 431
leave out A [A out] 387
lend 19
less A than B 193
less＋原級＋than … 191
lest＋主語＋(should) *do* 369
let 33
let alone 496
let down A [A down] 441
let go of A 482
let in A [A in] 441
let out A [A out] 387
lie in A 418
lie 10, 107
like 52, 117, 163, 393
likely 152, 326
listen to 43
literal 327
literary 327
literate 327
little 221, 248, 320
little by little 496
live 318
live on A 419
live up to A 451
live with A 419
lively 326, 345
living 318, 326
lone 318
lonely 345
long for A 419
look 5
look A in the eye(s) [face] 282, 394
look after A 419
look back 431
look down on [upon] A 451
look for A 419
look forward to A 451
look into A 419
look on 431
look on A as 379
look out 432
look out for A 452
look over A [A over] 441
look to A 419
look up A [A up] 441
look up to A 452
lose *one*'s temper 482
lose sight of A 455
lots of 286, 321
love 52, 117, 163
low 181, 327, 330
luckily 342
major [specialize] in A 369
make 33, 43, 45, 72, 274
make A *do* 38
make a face 482
make A into B 462

make [become] friends with A 289
make believe 483
make [both] ends meet 482
make do with A 482
make [earn, get, gain] a [*one*'s] living 482
make for A 419
make friends with 287
make fun of A 455
make it 483
make much of A 483
make *one*'s way 483
make *one*self at home 298
make *oneself* understood 34
make out A [A out] 441
make progress 483
make sense 483
make sure that 483
make the best of A 206, 456
make the most of A 205, 456
make up A [A up] 441
make up for A 452
make up *one*'s mind 117, 484
make use of A 456
manage 119
manly 345
many 286, 320, 333
marry 11
may 77, 79
may [might] *do* A as well as *do* B 97
may not 80
may well *do* 96
mean 117
mean to *do* 146
means 288
mention 13, 160
mere 318
might 65, 67, 79
might [may] (just) as well *do* 97
might [may] as well *do* … (as *do* ～) 98
mind 158
mind if 167
miss 158
mistake A for B 462
monthly 345
more than 255
moreover 351
most 311, 337, 344
most of the 348
most of the [*one*'s, this, these, etc.] 名詞 311, 349
most of the [*one's*] A 349
most of the＋名詞（複数扱い） 311
mostly 344, 349
much 286, 320
much/still/even less … 198
must 76, 80, 86
name A after [for] B 462
near 344
near to *do*ing 166
nearly 344
necessary 154
need 90
need *do*ing 147
need to be *done* 147
needless to say 144
neglect 163
neither 248, 263
neither A nor B 250, 355
never 157, 245
nevertheless 350, 351
next to 496
nice 109
no 248
no better than A 496
no (other) ～ is so [as] … as 199
no (other) ～ is 比較級 than A 199
no doubt 260
no less … than ～ 194
no less than 197
no more … than ～ 196
no more than 196
no sooner … than ～ 361

none　248, 304
none the less for　198
none the worse for　198
nor　248
not　245
not a few　253
not … in the least　206, 254
not … any　251
not … any more than　198
not long　253
not … until ～　360
not [never] … because ～　363
not … yet　59
not A but B　354
not as [so] ～ as …　186
not as … as　180
not less than　197
not more than　197
not only A but (also) B　354
not so … as　180
not so much A as B　186
not to mention A　144
not to say A　145
not to speak of A　144
nothing is + 比較級 + than A　199
nothing is as [so] … as A　199
notice　41, 43
now　58
now (that)　364, 399
numerous　321
obey　12
object to *do*ing　165
obligatory　71
observe　41
occur to A　420
of ability　336
of help　336
of sense　336
of use　336
of value　336
of which　208
of + 抽象名詞　392
off and on　496
offer　19, 119
often　59
ome close　166
on　382, 386
on a diet　497
on account of　396
on alternate days　313
on and on　497
on condition that　366
on demand　497
on *do*ing　165
on end　433, 497
on good [friendly] terms　290
on [in] behalf of A　404
on my own　314
on occasion　497
on *one*'s face　498
on *one*'s own　498
on purpose　498
on sale　498
on strike　498
on (the) air　497
on the contrary　498
on the go　498
on (the) grounds of　396
on the occasion of　404
on the [*one*'s] way　499
on the rise [increase]　498
on the spot　499
on (the) top of　404
on the whole　499
on time　499
on top of　403
once　59, 272, 359
once (and) for all　499
once in a while　499
one　292
one by one　499
one of the 最上級 + 複数名詞　204

one thing 301
ones 292
only 258, 318
only (…) if … 365
only a few 322
only to *do* 137
or else 354
order 31, 71
order A from B 389
orderly 345
other 288, 300
other than 404
other things being equal 110
others 300
otherwise 350
ought to 86
out of 338
out of [beyond] (A's) reach 499
out of control 500
out of date 500
out of fashion 500
out of hand 500
out of order 500
out of place 500
out of shape 500
out of sight 501
out of the question 500
out of the way / out of A' way 501
out of work 501
over 383
owe A to B 463
owing to 396
part with A 420
participate in A 420
pass 19
pass away 432
pass by 432
pass by A [A by] 442
pay 19
pay for A 420
pay for itself 370
pay [give] attention to A 456
pay [make] a visit to A (pay A a visit) 399
persist in A 420
personally 343
persuade 14, 17, 112
persuade A not to *do* 14
persuade A to *do* 14
pick on A 420
pick out A [A out] 442
pick up A [A up] 442
plan 117
play a role in A 456
play on A 421
plenty of 321
point out A [A out] 442
polite 114, 150
possess 52
possibly 342
postpone 158
practice 159
prefer 117, 163, 164, 201
prefer A to B 463
preferable 201
prepare for A 421
present 22, 319
present A with B 463
presumably 342
pretend 119
prettily 344
pretty 143, 344
prevent 275
priceless 326
prior to 201
probable 152
probably 342
promise 113, 119
proposal 71
propose 31, 117, 164
prove 121
provide 22

provide A for B 463
provide B with A 405
provided [providing] (that) 365
pull out of A 452
pull over 432
pull up 432
punctual 327
punish A for B 463
put A into B 463
put A to use 484
put an end to A 456
put aside A [A aside] 442
put away A [A away] 443
put down A [A down] 443
put forth A [A forth] 389
put forward A [A forward] 443
put [lay] *one*'s finger on A 484
put off 158
put off A [A off] 443
put on [gain] weight 484
put on A [A on] 443
put out A [A out] 443
put together A [A together] 443
put up at A 452
put up with A 452
quit 158
quite a few 322
raise 10
rarely 247
reach 12
read 107
recently 59
recognize A as B 463
recommend 31, 159
recover from A 421
refer to A 421
reflect on [upon] A 421
refrain from A 421
refuse 117, 277
regard A as B 463
regardless of 397
regards 288
regret 146
regretful 326
regrettable 326
reject 158
relieve 23
rely on [upon] A 422
remain 29, 107, 171
remember 118, 145, 167
remind 17
remind A of [about] B 463
remove 26
rent 19
replace A with B 464
reportedly 342
request 31
require 31
resemble 12, 52
resist 158
resolve 117
resort to A 422
respect 335
respectable 326, 335
respected 326, 335
respectful 326, 335
respecting 326, 335
respective 326, 335
responsible 319
rest on A 422
result from A 422
result in A 422
rid 23
right away 501
rise 10
rise in 344
rise in the east 389
rob 23
rob A of B 464
rule out A [A out] 444
rumor has it that 297
run across A 422

run into A 422
run out 432
run out of A 452
run over 423, 432
run over A [A over] 444
run short of A 457
satisfactory 325, 327
satisfied 325
satisfying 325, 327
save 21
save that 376
say 16
scarcely 247, 361
scarcely/hardly A … when/before ～ 361
scorn 163
search for A 423
see 41
see A as B 464
see A through B 484
see nothing [much/something] of 457
see off A [A off] 444
see to A 423
see (to it) that … 297
seek 117
seem 5, 119
seldom 247
sell 107
send 19
send for A 423
send in 444
senior 200
sense 41
sensible 325, 335
sensitive 325, 335
set about A 423
set down A [A down] 444
set in 432
set in the west 389
set off A [A off] 390
set out 444
set [put] aside A [A aside] 444
set up A [A up] 445
settle down 380
shake hands (with) 287
shall 81, 82
share A with B 464
sharp 327, 344
sharply 344
sheer 318
shocked 151
shocking 153
show [turn] up 433
show off 433
show off A [A off] 445
should 26, 31, 65, 67, 71, 74, 85, 151, 154
show 19
shut down A [A down] 445
shut up 433
significant 154
simple 139
since 359, 362
since before 377
since then 377
sleeping 169
slow down 433
smell 5, 41, 52
so 263
so … that ～ 371
so A as to *do* 144
so as 136
so as to *do* 144
so far/thus far 501
so that＋主語＋can [will, may] 368
so to speak [say] 145
some 287, 299, 307, 313, 316
some day 309
some of A 309
something of a … 311
something wrong [the matter] with 310
sorry 138
sort out A [A out] 445

sound 5
spare 21
speak ill [badly] of A 453
speak out [up] 433
speak to 104
speak well [highly] of A 453
spend A on B 464
spend ⟨time⟩ *do*ing 164
stand by A 423
stand for A 423
stand out 433
stand up for A 453
stare at [into] A 424
start 118, 164
stay 107
stay [sit] up 433
steal 25
step by step 501
stick [cling] to A 424
still 346
stop 147, 158, 275
strange to say 145
strangely 342
strictly 342
stupid 114, 149
submit (*one*self) to 424
substitute A for B 464
succeed in A 424
succeed to A 424
such 181, 263, 267
such (…) that 330
suffer from A 424
suggest 16, 31
suggestion 71
sum up A [A up] 445
supply 22
supply A with B 464
supposedly 342
supposing that 366
sure 151
surprising 153, 324
suspect A of B 464
swimming 169
take 275
take A by surprise 465
take A for B 464
take A for granted 484
take A into account 464
take A into consideration 465
take advantage of A 457
take after A 424
take away A [A away] 445
take care of A 104, 457
take delight in 484
take down A [A down] 446
take [have] a look at A 457
take hold of 457
take in A [A in] 446
take it easy 484
take notice of A 457
take off 406, 434
take off A [A off] 446
take on A [A on] 446
take *one*'s time 485
take over A [A over] 391
take part in A 457
take place 485
take pride in A / pride oneself on A 457
take the place of A 458
take to A 424
take turns *do*ing [to *do*] 287
take turns in [at] 287
take up A [A up] 446
talk A into *do*ing 14
talk A out of *do*ing 15
talk over A [A over] 447
taste 5, 52
teach 19
tell 17, 19, 112, 240
tell A from B 465
tell on A 424
terminate 158

than　191, 229
than ever　201
than expected　201
thanks to　396
that　213, 232, 244, 249, 294
that＋名詞＋of＋所有代名詞　314
the　281
the＋比較級＋of the two（＋名詞の複数形）199
the＋比較級，the＋比較級　199
the＋序数詞＋最上級　205
the day before　242
the last　255
the moment　360
the night before　242
the one　293
the other ones　300
the＋形容詞　290
there　27, 28
There is no *do*ing　165
There is something 形容詞 about ...　311
the＋最上級＋名詞＋(that) A have ever *done*　205
think　18, 28, 41, 53, 90, 247
think better of A　485
think of　18, 27
think of [about] A　424
think over A [A over]　447
think up A [A up]　447
till　342
those　294
though　272, 366
through　385
till after　377
till recently　377
timely　345
to a great extent　501
to be frank with you　144
to be sure　145
to begin [start] with　145, 343
to do A justice　145
to make matters worse　145
to *one*'s delight [joy]　346
to *one*'s disappointment　346
to *one*'s liking　344
to *one*'s regret　346
to *one*'s relief　346
to *one*'s surprise　346
to *one*self　298
to say nothing of A　144
to say the least　144
to some [a certain] extent　502
to start with　343
to tell (you) the truth　144
to the best of *one*'s knowledge [belief, recollection, ability]　206
to the contrary　502
to the effect that　502
to the minute　502
to the point　437
tolerate　159
too　265
too A to *do*　143
tough　139
transform A into B　465
translate A into B　465
trouble　163
try　113, 117, 146, 277
try on A [A on]　447
turn　5
turn A into B　465
turn down A [A down]　447
turn in A [A in]　447
turn into A　425
turn off A [A off]　448
turn on A [A on]　448
turn out　5, 121
turn out (to be)　434
turn over A [A over]　448
turn to A　425
turn up A [A up]　448
unable　329

under 383
under consideration 502
under discussion 502
under investigation 502
under repair 503
under way 503
unfortunately 342
unless 272, 358, 364
unlike 393
until 272, 359, 387
up to 404, 503
upper 318
urge 31
urgent 154
use up A [A up] 448
used to *do* 84
utter 318
valueless 326
very best 207
view A as B 465
visible 319
wait on [upon] A 425
want 52, 113, 117
want *do*ing 147
warn 17
watch 41, 43
watch out 434
watch out for A 453
watch over A 425
wear off 434
wear out A [A out] 448
weather permitting 176
weekly 345
were 65
were it not for 74
were to 66
what 220
what … is ～ 269, 270
what A am/are/is 221
what A was/used to be 222
what do you say to *do*ing? 166
what if 365
what is called 222
what is more 222
what is worse 222
what with A and (what with) B 222
what's the matter? 310
what's wrong? 310
whatever 230, 234
when 48, 272
when it come to A 315
when it comes to *do*ing 166
whenever 230, 235
whether 356
whether … or 355
whether … or ～ 367
whether or not 358
whichever 230, 235
while 176, 271, 330
who(m)ever 230, 235
whom 210
will 49, 54, 76, 81, 83
wipe out A [A out] 448
wise 114
wish 69, 72, 117
wish for A 425
with 127, 391
with [in] regard [respect] to 404
with a view to 404
with a view to [of] *do*ing 396
with＋抽象名詞 391
withdraw 26
within 388
within A of B 388
within (A's) reach (within the reach of A) 503
without fail 503
womanly 345
wooden 318
work on [upon] A 374
work out A [A out] 449
worth 319, 327, 328

worth *do*ing　148, 328
worthless　326
worthwhile　328
worthy　327, 328
would　49, 65, 71, 72, 83, 84, 85
would (often) *do*　84
would rather (that) A *did*　95
would rather *do* (than …)　95
would you mind *do*ing …?　165
write　19
write down A [A down]　449
wrong　328
yearly　345
yet　59, 346
yield to A　425

著者紹介

中村 良夫（なかむら よしお）

横浜国立大学国際社会科学研究院・経済学部教授．1962年生まれ．博士（情報科学）．専門は英語学および広告論．主な編著書に，*Culture and Contents: Understanding Contents Business in Japan and the World* (2010, IUDICUM Verlag, Reinhard Zöllner と共編著)，『小学校英語の発音と指導：iPad アプリ「白柴さくらのえいごカルタ」読本』（2015年，開拓社，共著），『ネイティブスピーカーの語感に迫る アクティブな英単語力』（2018年，開拓社，共著）など．

執筆協力

高橋 邦年（たかはし くにとし）

横浜国立大学名誉教授（英語学）

Alexander McAulay（アレクサンダー・マッコーレー）

横浜国立大学国際社会科学研究院・経済学部教授（応用言語学）

石渡 圭子（いしわた けいこ）

横浜国立大学国際社会科学研究院・経済学部准教授（英語教授法・異文化コミュニケーション）

田中 秀毅（たなか ひでき）

横浜国立大学教育学部准教授（英語学）

山之内 哲也（やまのうち てつや）

横浜国立大学非常勤講師（英語学）

宗像 孝（むなかた たかし）

横浜国立大学非常勤講師（英語学）

横河 繁久（よこがわ しげひさ）

鳥取県立倉吉東高等学校教諭

森 眞二（もり しんじ）

広島県立賀茂高等学校教諭

大学で英語を教える父が高校生の娘に贈る
プレミアムな英文法・熟語　〈一歩進める英語学習・研究ブックス〉

2020年11月28日　第1版第1刷発行
2021年 1 月24日　　　　　第2刷発行

著作者　中村良夫
発行者　武村哲司
印刷所　日之出印刷株式会社

発行所　株式会社　開拓社
〒112-0013 東京都文京区音羽 1-22-16
電話　(03) 5395-7101（代表）
振替　00160-8-39587
http://www.kaitakusha.co.jp

ISBN978-4-7589-1214-3　C0382